Сергей Чернышёв
Sergey Chernyshev

Сергей Егорович Чернышев.
1915–1920 гг. Из семейного архива

Sergey Yegorovich Chernyshev.
1915–1920. From family archives.

Деду и прадеду — легенде, которую мы
продолжаем для себя открывать.
А. П. Кудрявцев и П. А. Кудрявцев

Dedicated to our grandfather and great-grandfather –
the legend that we continue to discover for ourselves.
Alexander Kudryavtsev and Petr Kudryavtsev

# Сергей Чернышёв
# Архитектор *Новой Москвы*
# 1881–1963

Иван Лыкошин, Ирина Чередина

# Sergey Chernyshev
# Architect of *The New Moscow*
# 1881–1963

Ivan Lykoshin, Irina Cheredina

DOM publishers

Авторы выражают искреннюю благодарность семье А. П. Кудрявцева за любезное предоставление личного архива С. Е. Чернышева, Государственному научно-исследовательскому музею архитектуры им. А. В. Щусева и лично директору И. М. Коробьиной, Музею истории московской архитектурной школы (Музею МАРХИ) и лично директору Л. И. Ивановой-Вэен, без материалов которых, многих опубликованных впервые, был бы невозможен иллюстративный ряд этой книги.

Эта книга публикуется в рамках совместной исследовательской программы Государственного музея архитектуры им. А. В. Щусева и *DOM publishers* «Архитекторы и архитектурные памятники Советского Союза», соглашение о которой было подписано в Москве 23 июля 2013 года.

The authors of this scientific publication express their sincere gratitude to the family of Alexander Kudryavtsev for kindly providing materials taken from the private archives of Sergey Chernyshev, the Shchusev State Museum of Architecture (Moscow) and its director Irina Korobyina, the Museum of the Moscow School of Architecture (MARKhI) and its director Larisa Ivanova-Veen. Without these materials – many being published for the first time – this publication would not have been possible in its current form.

This publication is part of the cooperation and resesearch programme *Architects and Buildings of the Soviet Union* which was agreed on 23 July 2013 in Moscow between the Shchusev State Museum of Architecture (Moscow) and *DOM publishers* (Berlin).

## Содержание

6     Глава 1. Начало

18     Глава 2. Дом Юшковых

24     Глава 3. Уроки Бенуа

32     Глава 4. Утро перед бурей

44     Глава 5. Памятник искусства первоклассного достоинства

56     Глава 6. На сломе эпох

66     Глава 7. Мавзолей интеллекта

76     Глава 8. От фаланстеров к рабкоммунам

86     Глава 9. Архитектура высокого напряжения

96     Глава 10. Город-сад

106     Глава 11. Магнитные бури

120     Глава 12. Новая Москва

142     Глава 13. 35-й и другие годы

180     Глава 14. Гранитные берега

194     Глава 15. Империя победителей

226     Заключение

236     Имена

## Contents

6     Chapter 1. Starting out

18     Chapter 2. Yushkov House

24     Chapter 3. The lessons of Benois

32     Chapter 4. The morning before the storm

44     Chapter 5. Top class art monument

56     Chapter 6. At the cusp of an era

66     Chapter 7. The Mausoleum of intellect

76     Chapter 8. From utopian communal living to workers' communes

86     Chapter 9. High-voltage architecture

96     Chapter 10. Garden city

106     Chapter 11. Magnetic storms

120     Chapter 12. New Moscow

142     Chapter 13. 1935 and other years

180     Chapter 14. Granite banks

194     Chapter 15. The empire of victors

226     Conclusion

236     Biographies

# Глава 1.
# Начало

Оглядываясь назад из исторической перспективы на Россию конца XIX века, в наше время она кажется оазисом стабильности и процветания, гигантским кораблем, готовым к далекому и славному путешествию. Общие успехи во внешней политике, невероятный прирост территорий за счет Средней Азии, царь-исполин, завязывающий в узел столовые приборы на дипломатических раутах, на фоне экономического и общественно-политического подъема культура Российской империи процветает в величественных и зачастую помпезно-патриотических формах.

Торжество псевдорусского стиля ощутимо не только в архитектуре — национальная идея Третьего Рима с его общеславянским прошлым отражается в производстве массивных предметов мебели и оформлении праздничных церемоний. Официанты в косоворотках и девы в кокошниках обслуживают гостей по меню, набранному стилизованным старославянским полууставом, облагородившееся внешне купечество уже не носит поддевок, но роняет рассыпчатые лохмотья черной икры на накрахмаленные пластроны изысканных фрачных пар. Русская литература стала явлением мирового масштаба — имена Достоевского и Толстого, Тургенева и Чехова звучат на всех языках мира, а словосочетание «русский писатель» становится таким же общим местом и приметой времени, как в нынешние года «голливудский сценарист» или «немецкий дизайнер».

# Chapter 1.
# Starting out

Looking back at Russia in the late nineteenth century, it has the appearance of an oasis of stability and prosperity, a large ship which is primed for a long and glorious journey. An overall successful foreign policy, a staggering growth of territory owing to its expansion into Central Asia, as well as the Tsar – a giant of a man who tied tableware into knots at diplomatic receptions – all form the backdrop to the economic and social-political upsurge. The culture of the Russian Empire flourished, assuming grand, often pompous and patriotic forms.

The triumph of the pseudo-Russian style was not only felt in architecture: the national idea of the Third Rome with its shared Slavic past is reflected in the production of massive furniture and the decoration which accompanied festive ceremonies. Another example were the waiters in *kosovorotka* (national Russian shirts) and waitresses with *kokoshniks* (a national Russian headdress worn by women) who served guests from a menu composed by a stylised Old Slavic statute, or the merchants who smartened up their appearance and dispensed with their long tight-fitting coats, but may still occasionally have dropped a dollop of caviar on to the starched shirt-fronts of their exquisite coattails. Russian literature achieved global recognition through names such as Dostoyevsky and Tolstoy, Turgenev and Chekhov – names which resonate in all languages. Nowadays, the term "Russian writer" is as much of a cliché as "Hollywood screen-writer" or "German designer".

На рубеже веков Чайковский и Глинка звучат из оркестровых ям Вены и Рима, парижская выставка присуждает медаль за медалью продуктам из России — неважно, будь то кружевное литье чугунов из уральских Каслей и нижегородской Выксы, нежнейшее, со слезой, масло из Вологодской губернии или высокотехнологичные по своим временам проекты железнодорожных мостов над стремительными потоками Оби и Енисея.

В Европе зарождается противоборство великих идей. Панславизм и пангерманизм назовут позже миной замедленного действия, заложенной под фундамент тогдашнего мироустройства. Но пока лингвисты из Чехии доказывают свое родство с Россией и настаивают на единстве славянского мира, крупнейшая из империй — лоскутная Австро-Венгрия — душит в последнем порыве любые проявления славянского свободомыслия, справедливо усматривая в них успехи российской политики. В то же время поверенные Эдисона в Европе всеми правдами и неправдами отговаривают от поездки в Петербург гениального сербского юношу Николу Теслу, вдохновленного научными успехами русских ученых — Яблочкова, Лачинова и Чиколева.

Таким был триумфальный фон рубежа веков. Таким был первый план, сверкающий и великолепный фасад Российской империи. Изнанка той жизни наверняка осталась за кадром для тех детишек, которые вырастут, переживут кошмар революций, гражданской войны и разрухи и лишь в обрывках счастливого детского сна будут грезить волшебной страной, дороги в которую нет и не будет.

Шмелев, Бунин и Алексей Толстой — все они, последние мальчики девятнадцатого века, в той или иной степени создадут реквием по почившей мечте. По бескрайним просторам полей, пыльным летним проселкам, былинным странникам и сказочным раскудрявым косцам — пасторальной картине мира, ушедшей навсегда.

Таким же, одним из последних отпрысков славного для России XIX столетия, стал мальчик Сережа — крестьянский сын из деревни Александровское Коломенского уезда Московской губерни. В историю он войдет как Сергей Егорович Чернышев — архитектурный мэтр, один из основоположников великого и большого стиля, автор, которому суждено будет творить категориями не отдельных строений — больших городов…

At the turn of the century, Tchaikovsky and Glinka's works were performed by orchestras in Vienna and Rome; at an exhibition in Paris, medal after medal was awarded to Russian products, be it lacelike cast iron articles from Kasli in the Urals and Vyksa in Nizhny Novgorod, soft mouth-watering butter from the Vologda governorate or the designs of railway bridges over the fast-flowing Ob and Yenisey Rivers which represented cutting-edge technology at the time.

In Europe, a conflict brewed between two great movements, Pan-Slavism and Pan-Germanism, which would later be described as a time bomb under the world's foundations at that time. In the meantime, however, linguists from Bohemia were at pains to prove their kinship to Russia as well as insisting upon the unity of the Slavic world, while the largest empire – the patchwork Austro-Hungary – quashed any manifestations of Slavic free-thinking, correctly viewing these as a result of Russian policy. In the meantime, Thomas Edison's solicitors in Europe used every trick in the book to persuade Nikola Tesla, the Serbian youth, not to travel to Saint Petersburg in order to follow up the scientific exploits of the Russian scientists Yablochkov, Lachinov and Chikolev.

Such was the triumphal backdrop at the turn of the century. The glittering, magnificent facade of the Russian Empire constituted the foreground. The seamy side of life at the time certainly escaped those little children who grew up to survive the nightmare of revolutions, as well as Russian Civil War and devastation. There is no road to the fairyland which only existed in snatches of their happy childhood dreams, nor will there ever be. To a certain extent, Shmelev, Bunin and Alexey Tolstoy – the last youths of the nineteenth century – created a requiem for a dream that never was – a requiem for a pastoral image of a world which had vanished forever, a world made up of boundless fields, dusty summer dirt roads, wayfarers from Russian *bylinas* (folk tales) and haymakers with flowing curly locks as if in a fairytale.

Seryozha, a boy born into a peasant family in the village of Alexandrovskoye, Kolomna district (Moscow province), was one of the last offspring of Russia's glorious nineteenth century. He entered history as Sergey Yegorovich Chernyshev, a master architect and one of the pioneers of a great and significant style, as well as being an architect who thought in terms of cities.

А пока Сережа помогает отцу — самоучке-иконописцу, освоившему канон и правила древнего ремесла не в учениках у мастера, не в келье наставника-чернеца, а по зову сердца и порыву души. Наблюдая за вдохновенной — а какой еще могла быть работа иконописца, выбравшего это старинное ремесло исключительно добровольно, — работой отца, мальчик пробовал себя в необычном для среднерусского крестьянина деле.

Уголь и карандаш, недорогая бумага одной из многочисленных мануфактур — чудом сохранившиеся в архивах работы Сережи Чернышева, по мнению специалистов, уже тогда раскрывали недюжинные художественные дарования будущего мастера.

Смелость линий и достоверность поз, тонко подмеченные черты персонажей и уверенный стиль произвели впечатление не только на современных искусствоведов. Всю мизансцену сельского схода деревни Александровское, посвященного лишь одному вопросу — как не зарыть в землю, словно в библейской притче, талант одаренного мальчика, воспроизводит в своих воспоминаниях сам Сергей Егорович: «По прежним порядкам нужно было мне как крестьянскому сыну получить так называемое увольнение от общества крестьянского. Вот за этим я и поехал в деревню. При помощи одного соседа, старика, николаевского солдата, служившего швейцаром немецкого клуба в фабричном селе, собравшего крестьян на сход, прибыли рабочие, и за беспокойство крестьянам, за отрыв от работы я должен был вино ... Сочинил тот же отставной николаевский солдат протокол ‹увольнения› от общества, текст уже не помню, и расписались каракулями все присутствующие на сходе».

Вторым этапом сбора и подготовки документов для поступления было аналогичное «увольнение» от общества. Чернышев вспоминал позже об этих событиях так: «пошли мы с теткой Авдотьей в так называемое волостное село — в восьми верстах от села, где я родился. Помню, был серенький денек, накрапывал дождик, пешком шли, приятный был воздух, с удовольствием вспоминаю этот денек. Пришли в волостное село, оказалось, что старшины нет. Что же делать, пришлось ждать. Пошли на площадь, там чайная волостного управления была, стали ждать. К нашему счастью, скоро приехал старшина.

In the meantime, Seryozha helped his father, who was a self-taught icon painter. Seryozha's father learnt the canon and rules of this ancient craft not through being an apprentice to a monk in a monastery cell, but owing to an inner urge in his heart and soul. Watching the animated way in which his father worked – it could not be described as anything else since he had chosen of his own accord to master the ancient craft of painting icons – the boy tried his hand at a craft which was unusual for a peasant in Central Russia.

According to specialists, even back then the works of Seryozha Chernyshev in which he uses charcoal, a pencil and cheap paper – produced in one of the numerous factories, since paper production was one of the most profitable and flourishing industries at the time – are a testament to the future master's prodigious artistic gifts, evident even then. These works have been miraculously preserved in archives.

Seryozha's bold lines, authentic poses, the delicately captured features of his characters which are accurately captured and his confident style did not impress contemporary art scholars alone. Sergey Chernyshev reproduces the mise en scene of a meeting with the inhabitants of the Alexandrovskoye village which was was devoted to a single issue, namely how – in keeping with a biblical parable – not to bury the talent of a gifted boy into the ground: "In accordance with the customs of the time as a peasant son, I had to obtain 'leave' from the peasant community. So I went to my village. A neighbor, an old man, a veteran under Tsar Nicholas who served as a janitor at the German club in a factory town, helped me by calling peasants to a meeting. Some workers arrived as well and I had to treat them all to wine to compensate for the trouble I had given the peasants for forcing them to interrupt their work ... The same retired soldier made a protocol of 'leave' on behalf of the community (I do not remember the text) and all those present attached their squiggles which passed for signatures. The second stage for the collection and preparation of papers for entry was a similar 'leave' on behalf of society."

Chernyshev later recalled these events as follows: "Aunt Avdotya and I went to the "Volost" village, which is situated eight *versts* (Russian measurement of length of approximately one kilometre) from the village where I was born. It was a dull day with a light drizzle in the air. We walked on foot;

*— Куда же это вы поступаете?*

*— В училище живописи, ваяния и зодчества, — отвечаю.*

*— А, это куда наш Володя поступает, — обращается он к соседнему с ним сидящему человеку.*

Потом забрал я эти документы — было мне неполных двенадцать лет — и пошел рисовать на экзамен. Попалась мне как раз голова Ромула с улыбкой на лице. Рисовал я, рисовал его, а он у меня — плачет. Я тогда еще не знал, что, чтобы получить улыбку, надо поднять уголки рта …»

Был ли отец инициатором схода, а может быть, меткий набросок карандашом, сделанный с патриархального вида физиономии сельского старосты, сыграл в судьбе мальчика определяющую и важную роль, мы, к сожалению, никогда не узнаем. Однако, вопреки расхожему мифу о косности и необразованности, замшелости и скопидомстве деревенского мира царской России, община подмосковной деревни Александровской всем миром постановила отправить Сережу в Училище живописи, ваяния и зодчества в Москву. По воспоминаниям Чернышева, «отец смотрел на это как на детскую блажь — пусть он, мол, никаких надежд, — а тут вот взял и поступил».

the air was pleasant and I have fond memories of that day. We arrived at the Volost village to be told that the village elder was away. What to do? We had to wait. We went to the tea room in the village square and waited. Luckily, the elder soon arrived. 'What school are you going to enter?' – 'The painting, sculpture and architecture school', I replied. 'Ah, that's the place our Volodya is trying for,' he told the man sitting next to him. I then picked up these documents – I was not yet twelve years old – and went to sit my exam. My assignment was *The Head of Romulus*, who had a smile on his face. No matter how hard I tried, the face looked as if it was crying. I did not know yet that to paint a smile one has to lift the corners of the mouth …"

Unfortunately, it will never be known whether it was Seryozha's father who initiated the meeting or whether a brisk pencil sketch of the village elder's rustic face perhaps played a decisive role in the boy's fate. However, contrary to the common myth concerning the backwardness, ignorance, callousness and stinginess of the rural folk in Tsarist Russia, the Alexandrovskaya village community located near Moscow shelled out some of their hard-earned money, choosing to send Seryozha to the Moscow School of Painting, Sculpture and Architecture. Chernyshev remembered that "my father saw it as a child's whim – 'let him try without a hope in the world' – but the child succeeded against all odds".

Егор Никифорович
и Сергей Егорович Чернышевы.
Конец XIX века.
Фото из семейного архива

Yegor Nikiforovich and
Sergey Yegorovich Chernyshev.
Late nineteenth century.
Photograph from family archives.

Чаепитие летним вечером.
Деревня Александровское
Коломенского уезда Московской
губернии. Конец XIX века.
Фото из семейного архива

Evening tea in summer.
Alexandrovskoye village, Kolomna
district, Moscow governorate.
Late nineteenth century.
Photograph from family archives.

Жительницы деревни
Александровское Московской
губернии. Конец XIX века.
Фото из семейного архива

Residents of Alexandrovskoye
village, Moscow governorate.
Late nineteenth century.
Photograph from family archives.

Егор Никифорович
Чернышев с косой. Деревня
Александровское. Конец XIX века.
Фото из семейного архива

Yegor Nikiforovich Chernyshev with
a scythe. Alexandrovskoye village.
Late nineteenth century.
Photograph from family archives.

Семья Чернышевых возле дома в дер. Александровское Коломенского уезда Московской губернии. Конец XIX века.
Фото из семейного архива

The Chernyshev family next to their house in Alexandrovskoye village, Moscow governorate. Late nineteenth century.
Photograph from family archives.

Вид улицы Кузнецкий Мост снизу. Москва. 1888 г.

View from the lower end of Kuznetsky Most Street. Moscow. 1888.

Виды старой Москвы. Охотный ряд. 1890-е гг.

View of old Moscow. Okhotny Ryad. 1890s.

ВЛАДИМІРСКІЯ ВОРОТА

Владимирские ворота.
Въезд в Китай-город.
Вид со стороны Лубянской
площади. Москва. 1886 г.

Vladimir Gates. Entry into Kitay-gorod. View from Lubyanskaya Square. Moscow. 1886.

Вид из-за Яузы, от церкви Симеона Столпника. Москва. 1884 г.

View beyond the Yauza River from the Church of Saint Simeon the Stylite. Moscow. 1884.

Вид Ильинки от Юшкова переулка к Бирже. Москва. 1887 г.

View of Ilyinka Street from Yushkov Lane, which leads to the Exchange. Moscow. 1887.

Кремль. Вид с Замосковорецкой набережной от Москворецкого моста. Москва. 1883 г.

The Kremlin. View from the Zamoskovoretskaya Embankment at the Moskvoretsky Bridge. Moscow. 1883.

# Глава 2.
# Дом Юшковых

# Chapter 2.
# Yushkov House

Красивое желтое здание, угловой ротондой белых колонн выходящее на Мясницкую, памятно москвичам не только тем, что построено по проекту легендарного мастера В. И. Баженова. Пышный особняк, прежде известный как дом Юшкова, принадлежал некогда славной, но обедневшей московской фамилии, вынужденной под гнетом финансовых обстоятельств сдать часть своего родового гнезда в аренду Московскому художественному обществу.

В 1844 году уже весь дом Юшковых отошел в безраздельное пользование Общества, и тогда же список высших учебных заведений Московского учебного округа пополнила запись: Училище живописи. В 1865 году к училищу присоединилась Московская архитектурная школа, и словосочетание «Московское училище живописи, ваяния и зодчества» прочно вошло в художественную историю России, а может быть, и всего мира.

В Училище преподавали в разное время Василий Перов и Константин Коровин, Алексей Саврасов и Константин Савицкий — знаменитых и славных имен преподавателей в истории училища наберется немалый список. На рубеже веков Московское училище отличалось демократичностью и передовыми, новаторскими взглядами в искусстве.

Для талантливых выходцев из народной среды, а именно таким был двенадцатилетний Сережа Чернышев, Московское училище было, пожалуй, единственным

Muscovites remember the beautiful yellow building with white columns – which is situated on the corner of Myasnitskaya – not only because it was designed by the legendary master Vasily Bazhenov. The sumptuous mansion, formerly known as Yushkov House, once belonged to a famous but impoverished Moscow family that was forced to rent out part of their family nest to the Moscow Art Society due to financial struggles. In 1844, the Society became the owner of the entire Yushkov House and the Art School was added to the list of higher education institutions in the Moscow Educational District. In 1865, the Moscow Architecture School merged with the Art School. The word combination "Moscow School of Art, Sculpture and Architecture" entered Russia's artistic history and perhaps that of the whole world.

At various times, the school's teachers were Vasily Perov and Konstantin Korovin, Alexey Savrasov and Konstantin Savitsky – an impressive list of famous and remarkable teachers in the school's history. At the turn of the century, the Moscow School was noted for its democratic spirit as well as its advanced and innovative views on art.

For talented students from rural areas, such as twelve-year-old Seryozha Chernyshev, the Moscow School was probably the only available means to ascend the social ladder. There were no social class restrictions in admissions, although the applicant had to display extraordinary talent and skills.

социальным лифтом в художественной среде. Никаких сословных ограничений на прием не существовало, однако талант и работоспособность требовались от соискателей недюжинные. Среди молодежи училище обладало особой репутацией и популярностью — в кремово-желтые стены дома Юшковых стекались бесконечным потоком талантливые самородки со всей России. В среде, далекой от богемных исканий и позерства, будущие художники вынуждены были сами обеспечивать себя работой и пропитанием — поэтому студенческая жизнь текла в сосредоточенном и рабочем ритме взаимной заинтересованности в профессии.

Мальчик быстро вписался в настрой и деловитую обстановку училища — первые номера при оценке работ зачастую присуждались именно Чернышеву. Стоит отметить, что главным художественным направлением училища безоговорочно признавался реализм — в том полном и глубоком его понимании, которое всегда было присуще московской школе. Умение разглядеть новое в традиционных формах, понимание самодостаточности реалистической манеры, понятие традиционности и преемственности — десятилетия спустя идеологемы московской школы проявятся в полной мере в его работах.

Но сейчас, открыв для себя мир архитектуры и древнего зодчества, Сережа принимает решение, ставшее судьбоносным. Отказавшись от дальнейшего изучения живописи, молодой человек перешел в архитектурный класс.

Возможно, не увлекись Чернышев новым для себя направлением, Россия получила бы еще одного живописца — среди выпускников Училища таких было немало. Однако выбор был сделан — и все свое время будущий градостроитель посвятил плотному изучению академических программ.

Изучение стилей — на этом фундаменте строилось в те годы обучение архитектора. Стиль, стиль и еще раз стиль — отточенный до мелочей, сопоставимый с мучительной тренировкой спортсмена, раз за разом повторяющего бесчисленное количество подходов к одному и тому же снаряду с одной только целью — добиться абсолютно точного и совершенного исполнения всех, даже самых мелких деталей. Ученикам архитектурного отделения предлагалось выполнить проекты зданий и сооружений в четко заданном стиле — романский замок и античный

The School enjoyed a very special reputation and popularity among young people: gifted youths from all over Russia flocked to the orange walls of Yuzhkov House. In an environment which dispensed with bohemian quests and preening, future artists had to look for jobs themselves as well as earn a living, so that student life was characterised by endeavor and a shared interest in the profession. The boy quickly settled into the businesslike atmosphere of the school. Frequently, Chernyshev was awarded the highest grades in the class. It must be noted that Realism – in its complete and profound interpretation – has always been the hallmark and leading artistic trend at the School. The ideas propounded which are namely the ability to recognise new features in traditional forms, the conviction that the realist manner was self-sufficient and the notions of tradition and continuity – manifested themselves in his works decades later.

In the meantime, having discovered the world of architecture and ancient architectural crafts, Seryozha made what turned out to be a fateful decision. Renouncing further study of paintings, he transferred to the architecture class. Perhaps if Chernyshev had not developed this new interest, Russia would have been able to count one more genius painter, making him one of several among the School's graduates. However, Seryozha made his decision and instead the future urban developer devoted much time to his academic syllabus.

In those years, architectural training was based on the study of style. Style, style, style – polished down to the tiniest detail and evoking an athlete's painstaking training as he repeats the same exercise numerous times with only one aim: to perfect the performance of every – even the smallest – detail. Students at the Architecture Department were told to design buildings and structures in a strictly assigned style. These buildings involved a Roman castle, an ancient temple, a "Rastrelli palace" or a Russian Medieval monastery. Precision of detail and faithfulness to historical prototypes, but not simply reproducing or copying existing designs: the Moscow School of Art, Sculpture and Architecture took its students on a journey through history as it were, presenting the science of architecture in such a way that enabled the work of a young Moscow architect to be met with the same level of enthusiasm among a Roman patrician as the the Pope's nuncio. Sergey's

храм, «дворец Растрелли» или монастырскую постройку русского средневековья. Точность в деталях и соответствие историческим образцам, но только не воспроизведение и не копирование готовых проектов — Московское училище живописи, ваяния и зодчества словно проводило своих выпускников через толщу истории, преподавая архитектурную науку таким образом, чтобы и римский патриций, и папский нунций в равной степени удовлетворились мастерством молодого московского зодчего, будь на то предоставлена техническая возможность. О характере и природе увлечений Сергея свидетельствует его дипломный проект (он также предполагал исследование архитектурных стилей). Проект монастырского собора на тысячу прихожан был признан лучшим среди представленных в тот год дипломных работ и удостоен медали.

В наши дни трудно оценивать весь проект в целом — все, что имеется в распоряжении исследователей творчества Чернышева, — это лишь пожелтевшие фотографии одного из фасадов. Однако, по мнению современных авторов, даже небольшая часть проекта позволяет судить о таланте и даровании юного автора.

«Собор, выполненный в духе русской архитектуры XV века, был красиво решен композиционно — стройный белокаменный пятиглавый храм на высоком подклете, с галереями, вызывающий ассоциации с храмами владимиро-суздальской и московской школ. В проекте чувствуется тонкое понимание древнерусской традиции, проникновение в ее суть, а не использование внешних декоративных элементов, как это было распространено в архитектуре того периода».

Блестящее признание дипломной работы позволяет юному специалисту уверенно перейти к следующему шагу в успешной карьере русского архитектора рубежа веков. По окончании Московского училища живописи, ваяния и зодчества двадцатилетний Сергей Чернышев поступает в Высшее художественное училище при Императорской Академии художеств.

diploma project (which also involved the study of architectural styles) attests to the character and nature of his interests. The design of the monastery cathedral for a thousand parishioners was declared the best among the diploma projects presented that year and was awarded a medal.

Nowadays, it is hard to assess the project as a whole. Faded photographs showing one of the facades are all what remains of the project which researchers of Chernyshev's work have at their disposal. However, contemporary architects are of the opinion that even a fragment of the project attests to the young architect's talent and extraordinary gift.

"The cathedral, built in the style of fifteenth century Russian architecture, had a beautiful composition solution: the five-domed soaring white stone church was placed on a tall pediment with galleries which invited comparisons to the Vladimir-Suzdal and Moscow schools of thought in relation to church building. The project demonstrates a keen sense of the old Russian tradition, penetrating its very essence rather than using external decorative elements, as was common in the architecture of that period."

The recognition of his brilliant diploma work enabled the young specialist to advance to the next stage in his successful career as a Russian architect at the turn of the century. Upon graduating from the Moscow School of Art, Sculpture and Architecture, twenty-year-old Sergey Chernyshev was admitted to the Higher Art School at the Imperial Academy of Arts in Saint Petersburg.

171. Москва.   Мясницкая.

Здание Московского училища живописи, ваяния и зодчества. Так называемый дом Юшкова.
Москва, Мясницкая улица, д. 21. 1896 г.
Архивное фото

The Moscow Institute of Painting, Sculpture and Architecture ("Yushkov House").
Moscow, 21 Myasnitskaya Street. 1896.
Archival photograph.

Погоны учащегося УЖВЗ
(Училища живописи, ваяния и зодчества).
1900-е гг. Из собрания Музея МАРХИ

Epaulets of a student of the Institute of Painting, Sculpture and Architecture. 1900s.
From the collection of the MARKhI Museum
(Moscow Architectural Institute Museum).

Портрет мальчика. Рисунок С. Е. Чернышева. 1900-е гг.
Собрание Музея архитектуры им. А. В. Щусева

Portrait of a young boy. Drawing by S. Chernyshev. 1900s.
Collection of the Shchusev Museum of Architecture.

Жанровые сценки. Рисунок С. Е. Чернышева. Альбом зарисовок. 1900-е гг. Собрание Музея архитектуры им. А. В. Щусева

Genre sketches. Drawn by S. Chernyshev. An album of sketches from the 1900s. Collection of the Shchusev Museum of Architecture.

Жанровая сценка. Рисунок С. Е. Чернышева. Альбом зарисовок. 1900-е гг. Собрание Музея архитектуры им. А. В. Щусева

A genre sketch. Drawing by S. Chernyshev. An album of sketches from the 1900s. Collection of the Shchusev Museum of Architecture.

Из серии зарисовок на улице. Мальчики, играющие в городки. Рисунок С. Е. Чернышева. 1900-е гг. Собрание Музея архитектуры им. А. В. Щусева

Taken from a series of street sketches. Boys playing "gorodki" (a traditional Russian folk game which is often played on streets). Drawing by S. Chernyshev. 1900s. Collection of the Shchusev Museum of Architecture.

Дипломный проект
С. Е. Чернышева.
Фасад монастырского собора
на тысячу человек.
1902 г. Из семейного архива

S. Chernyshev's graduate
thesis project. The facade of
a monastery cathedral which
has a capacity of 1,000 people.
1902. From family archives.

# Глава 3.
# Уроки Бенуа

Если учеба в Москве стала своего рода «путевкой в жизнь» для талантливого деревенского самородка, то столичная Академия художеств в Санкт-Петербурге не делала демократических скидок на происхождение и не испытывала ни малейшего пиетета к московскому училищу. В Петербург Сергей Чернышев прибыл с дипломом о среднем образовании и скромным званием неклассного художника-архитектора — но все это было лишь минимальным условием для восхождения на следующую ступень мастерства. Академисты начинали свое обучение практически с нуля — им словно бы предлагалось забыть о полученных ранее знаниях и штудировать шаг за шагом зодческую науку с самых низов.

«На первом курсе Академии начали с рисования гипсовой фигуры, — вспоминал одновременно с Чернышевым учившийся в Академии Григорий Бархин, — значительные навыки в рисовании, полученные нами, окончившими предварительно художественные школы, способствовали тому, что мы быстро и успешно прошли фигурный класс. На втором курсе рисовали с обнаженной натуры. Кроме рисунка, по которому нужно было набрать определенное число высоких категорий, и теоретических предметов, мы занимались зарисовкой деталей архитектурных памятников разных эпох, обмерами и анализом этих же памятников».

Практичный подход петербургской школы заключался, прежде всего, в тесном слиянии художественного и научно-технического образования будущих архитекторов.

# Chapter 3.
# The lessons of Benois

If his studies in Moscow were a stepping stone for the talented peasant lad, then the Saint Petersburg Academy of Arts made no allowances for the young man's humble origins and was not inclined to think highly of the Moscow School. When he arrived in Petersburg, Sergey Chernyshev carried a secondary education diploma which entitled him to a modest job as an extramural artist or architect. This was the minimum requirement needed to progress up the career ladder. Students at the Academy began their education practically from scratch – they were more or less expected to forget what they had learnt earlier and to study architecture step by step, starting from the very beginning. "The first year at the Academy began by drawing a gypsum sculpture", recalled Grigory Barkhin, the future founder of the Soviet Union of Architects who studied at the same time as Chernyshev. "Considerable drawing skills acquired by those who had previously finished art schools enabled us to pass the figures class quickly and successfully. In the second year we painted nudes. In addition to drawing – for which one had to acquire a good grade – as well as theoretical subjects, we also sketched details of architecture monuments of different eras and conducted measurements and analyses of these monuments."

The Petersburg School's practical approach predominantly consisted of merging the artistic and scientific-technical education of future architects. The new era dictated the terms since building materials tested over the centuries were fast receding into the past. The industrial revolution provided humanity with new materials. Concrete and steel, light structures from metal

Новое время диктовало свои условия — проверенные столетиями материалы стремительно отходили в прошлое. Промышленная революция дарила человечеству новые материалы. Бетон и сталь, ажурные конструкции из металла и монолитное строительство — XX век начинался стремительными переменами, и прежних теоретических знаний и отвлеченных представлений о гармонии и пропорциях недостаточно было для архитекторов нового времени.

Последующие исторические события сделали невозможной плавную эволюцию традиционной архитектуры в новые формы. Перелом и переворот в общественной жизни совпали с поиском новых путей и способов авторского самовыражения во всех видах искусства, но небольшой период истории, с начала века до Первой мировой, стал наглядным свидетельством поисков адекватного симбиоза классической формы и новаторского содержания.

Одним из подобных примеров можно считать сосредоточенную и многогранную деятельность одного из наставников Чернышева — историка русской архитектуры Владимира Васильевича Суслова

Для сына иконописца уроки Суслова очевидно должны были органично лечь на благодатную почву, подготовленную традиционным искусством отца и удобренную годами обучения в Московском училище живописи, ваяния и зодчества.

Владимир Васильевич стремился погрузить своих учеников в глубинную суть древнерусской архитектуры, раскрыть принципы мастеров прошлого. Увлеченный историк одним из первых стал сопровождать свои лекции демонстрацией таблиц и иллюстраций — и погружение в древний мир русского зодчества тоже стало одним из веяний времени.

Глубокое и систематическое изучение русской архитектуры в немалой степени стало возможным под общим влиянием патриотического подъема в обществе на рубеже столетий. Вне всяких сомнений, студенческое увлечение традиционной архитектурой Руси оказало внушительное воздействие на всю последующую систему ценностей начинающего архитектора, начисто избавив его от присущих многим авторам комплексов «ущербности» и «недостаточности» национального искусства. На базовое обучение в Академии отводилось три года. Подразумевалось само собой, что этого времени хватит на постижение основ

and monolith construction: the twentieth century dawned bringing rapid change so that previous theoretical knowledge and abstract ideas of harmony and proportions were no longer sufficient for modern-day architects. Subsequent historical events enabled the smooth evolution of traditional architecture towards new forms. Dramatic social upheavals coincided with the quest to find new ways and methods of self-expression in all the arts, although the brief period from the beginning of the century until the First World War witnessed a search for a symbiosis of classical form and innovative content.

The focused and multifaceted activities of Vladimir Suslov, a historian of Russian architecture and one of Chernyshev's mentors, provides one example. For the son of an icon painter, Suslov's lessons should have borne fruit owing to his father's traditional art and years of study at the Moscow School of Art, Sculpture and Architecture. Vladimir Suslov attempted to introduce his pupils to the inner essence of old Russian architecture and demonstrate the principles followed by the masters of the past. A dedicated historian, he was one of the first to begin accompanying his lectures with presentations of tables and illustrations. Immersion in the ancient world of Russian architecture was one of the notable trends at that time.

To a large extent, the profound and systematic study of Russian architecture was studied owing to the general patriotic upsurge in society at the turn of the century. Without any doubt, the students' enthusiasm for the traditional architecture of Rus had a far-reaching impact on the eventual system of values developed by the budding architect. This shielded him from an "inferiority complex", a sense experienced by many authors that national art was somehow bereft.

The basic course at the Academy lasted three years. It was taken for granted that this was enough time to gain an understanding of the foundations of art and to perfect technique. Considering that only graduates of art schools were admitted to the Academy, three years was indeed ample time. The next stage consisted in working as an apprentice with an experienced master. The young architect was lucky to have Leonty Nikolayevich Benois, an outstanding professional and representative of the famous Benois artistic dynasty, as his personal teacher. A professional to the marrow of his bones, Benois approached teaching with European thoroughness and pedantry. He was

Здание Императорской Академии художеств.
Университетская набережная, д. 17,
Санкт-Петербург. 1900-е гг. Архивное фото

Imperial Academy of Arts. 17 University Embankment,
Saint Petersburg. 1900s. Archival photograph.

Леонтий Николаевич Бенуа
(1856–1928). Академик
архитектуры (1885)
и действительный член (1893)
Императорской Академии
художеств. Фото начала XX века

Leonty Nikolayevich Benois
(1856–1928). Fellow of the Academy
of Architecture (1885) and the
Imperial Academy of Arts (1893).
Photograph from the beginning
of the twentieth century.

Фотография с другом-студентом.
Москва. Около 1900 г.
Из семейного архива

Photograph with a fellow student.
Moscow. Circa 1900.
From family archives.

мастерства и отработку техники. Учитывая, что в Академию принимались исключительно выпускники художественных училищ — срок более чем достаточный. Следующий этап обучения подразумевал художественную деятельность под руководством опытного мастера-наставника. И здесь молодому архитектору повезло — личным его педагогом стал выдающийся профессионал, представитель знаменитой художественной династии Бенуа — Леонтий Николаевич.

Профессионал до мозга костей, Бенуа подходил к процессу обучения с европейской тщательностью и педантизмом. Его мало интересовала, как бы сейчас сказали, «виртуальность» и относительность проекта, разрабатываемого подопечными, — он требовал такого тщательного соблюдения деталей и нюансов, словно рассчитывал немедленно воплотить в жизнь архитектурные фантазии учеников.

Каждый проект отрабатывался до тончайших подробностей, нередко изготавливались даже шаблоны к фантазийным сооружениям. Другой отличительной чертой педагогики Леонтия Николаевича, главным идеологическим его посылом, было пристальное внимание к образу архитектурного сооружения, точнее, к его правдивости.

При работе над зданием профессор настаивал на одновременной, а не последовательной проработке фасадов и разрезов, приучая будущих архитекторов формировать целостное восприятие и ощущение зданий. Именно эта идеология целостности и взаимной связи станет определяющей в формировании собственного стиля Сергея Чернышева, во всем том единстве образа и формы, который стал характерным олицетворением советской архитектуры 30–50-х годов прошлого века, периода, сохранившегося в народной этимологии в качестве «сталинского».

При всей изящности классического подхода Леонтия Бенуа, с его особым вниманием к владению акварелью и цветом, с его фанатичной одержимостью историей стиля, обязательной лепкой орнаментов по архитектурным оригиналам и непременными занятиями монументальной живописью, техническое совершенствование будущих специалистов стояло на одном из первых мест.

С изящным искусством, «застывшей музыкой» классической архитектуры, соседствовали суровые курсы типологии зданий, расчета железобетонных конструкций и сооружений

not bothered by the fact that the projects were "virtual", to use modern terminology. He demanded that his pupils pay attention to the tiniest details and nuances as if he were on the verge of bringing his pupils' architectural fantasies to life. Each project was planned down to the finest detail. In the case of some structures, templates were even prepared. Another feature which distinguished Leonty Benois as a teacher – his main ideological premise – was paying close attention to the image of the architectural structure, or more precisely its faithful representation.

When working on an assignment, the professor insisted that students work simultaneously on facades and cross-sections rather than consecutively, thus encouraging the future architects to form a complete perception and sense of the buildings. The ideology of holism and interconnection would form the basis of Sergey Chernyshev's own style. This is characterised by the unity of image and form that became a hallmark of Soviet architecture between the 1930s and 1950s, the period popularly known as the "Stalin" period.

Despite the elegance of Leonty Benois's classical approach – his special attention to mastery of water colour and colour in general, his obsession with the history of style, the obligatory molding of ornaments from architectural originals and mandatory monumental painting classes – special focus was given to the perfection of technical skills in the training of future specialists. Fine art, the "frozen music" of classical architecture, went hand-in-hand with rigorous courses on the typology of buildings, calculations of reinforced concrete structures and other hard-headed engineering matters. By employing a practical approach characteristic of the Benois dynasty, Leonty Benois regularly instilled in his pupils a sense of real living conditions, the hard businesslike conditions under which they would have to work in real life.

The expertise Benois instilled, which propelled the future master forward on his path, were realism and practicality combined with the classical school of thought, as well as a consummate command of style. This was Sergey's approach when the time came for him to write his diploma project, "The Building of the Arbitration Court at the Hague". The actual project has not survived, but the Imperial Academy of Arts declared the academic achievements of the twenty-eight-year-old craftsman "outstanding". Grade Ten, which conferred the right to build

и прочие приземленные материи инженерного свойства. С практичностью, вообще свойственной династии Бенуа, Леонтий Николаевич последовательно ориентировал своих протеже на реальные жизненные условия, на суровый и приземленный быт, с которым им предстоит работать в обычной жизни.

Реализм и практичность в сочетании с классической архитектурной школой и абсолютным владением стилем — эти навыки, привитые Бенуа, стали последним и главным напутствием мастеру. Именно с этих позиций Сергей подошел к реализации своего дипломного проекта — «Здание Третейского суда в Гааге». История не сохранила до наших дней самого проекта — зато Императорская Академия художеств расценила успехи в обучении двадцативосьмилетнего мастера как «отменные».

Чин X класса, право производить постройки, а главное — заслуженное и заветное звание самостоятельного и полноценного «художника-архитектора» стали итогом долгих пяти лет обучения в Петербурге. Талант и заслуги молодого и перспективного автора Академия поощрила, помимо лестных характеристик, еще и четырехмесячным пансионом на заграничное путешествие — и крестьянский сын Сергей Чернышев смог открыть для себя пространство архитектурного мира Европы.

1908 год стал для него годом живого знакомства с классическим строем эллинских Афин и византийско-османским пышным устройством Константинополя, парадно-кремовой роскошью Вены и имперской суровостью столицы нового германского государства — Берлином. Австро-Венгрия и Германия, Франция и Италия — не увеселительной прогулкой, а познавательным путешествием обернулся для молодого архитектора этот вояж. Количество карандашных набросков и рисунков, сделанных Чернышевым во время своей заграничной поездки, могло бы уверенно конкурировать в количестве с современным фотоальбомом туриста-профессионала, а обилие в зарисовках тщательно проработанных отдельных архитектурных деталей наглядно доказывало — уроки Московского училища и Леонтия Бенуа не прошли впустую.

and most importantly bestowed the well-earned and coveted title of "artist and architect", now independent and full-fledged, was the result of seven long years of study in Saint Petersburg.

In addition to receiving flattering references, the young and promising architect's talent and achievements were rewarded with a four-month foreign trip. This is when Sergey Chernyshev, the son of a peasant, discovered the architectural world of Europe. In 1908, Sergey had amassed hands-on experience with the classical Hellenic style of Athens and the sumptuous Byzanthian-Ottoman layout of Constantinople, as well as the cream-coloured splendour of Vienna and the imperial austerity of Berlin, the capital of the new German state. Austro-Hungary, Germany, France and Italy – for the young architect this was not a junket but a journey in search of knowledge. The number of pencil sketches and drawings Chernyshev made during his foreign trip could easily compete with the number of pictures taken by a professional travelling photographer. The abundance of carefully drawn architectural details in these sketches proved that the lessons of the Moscow School and Leonty Benois had not been wasted on him.

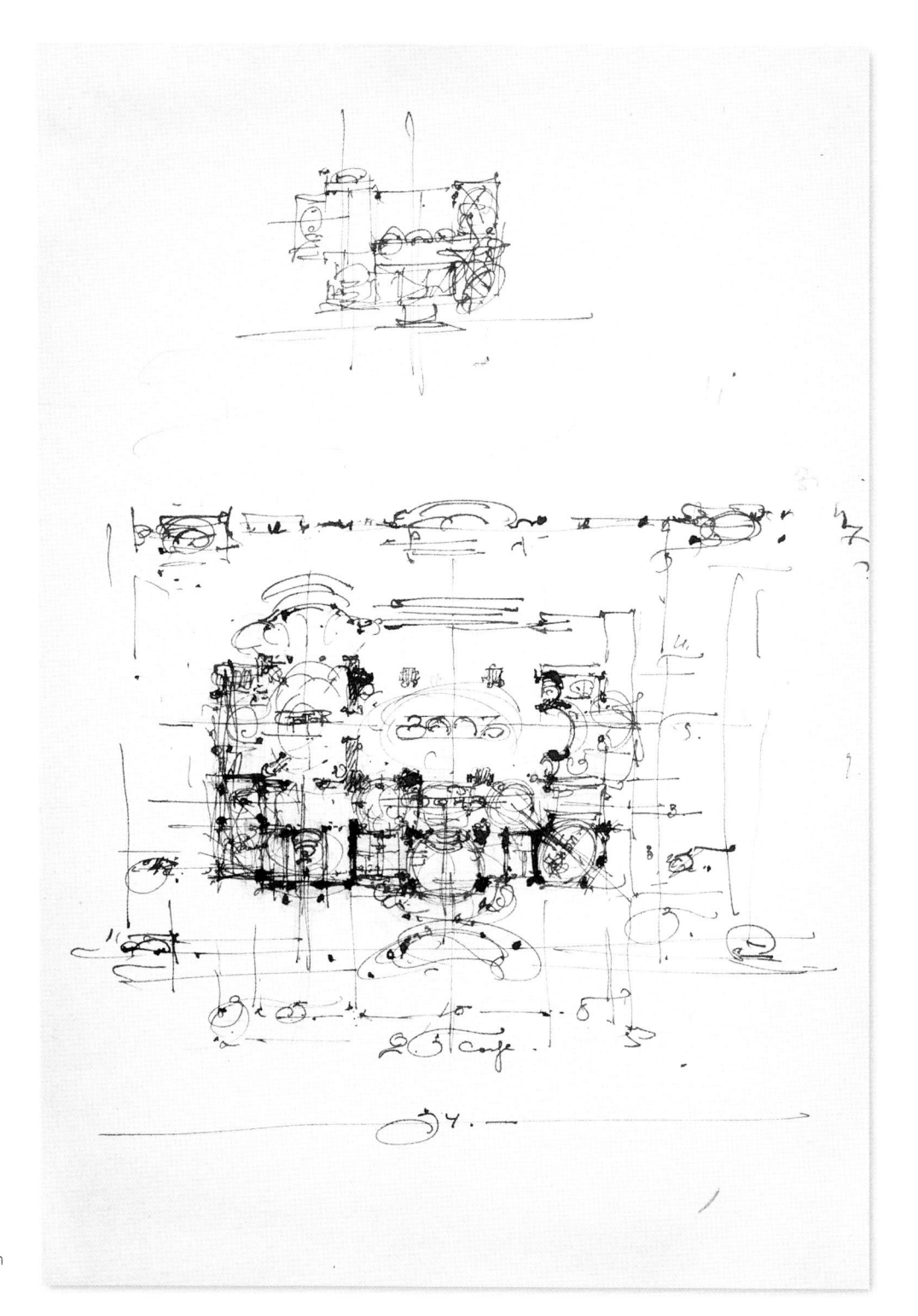

Эскиз к студенческому проекту.
План неизвестного здания
с овальным залом.
Рисунок С. Е. Чернышева.
1900–1910 гг.
Собрание Музея архитектуры
им. А. В. Щусева

Sketch for a student project.
Plan of an unidentified building
with an oval hall. Drawing
by S. Chernyshev. 1900–1910s.
Collection of the Shchusev Museum
of Architecture.

В мастерской Л. Н. Бенуа в Академии художеств. Слева направо стоят: Н. Лансере, А. Таманян, Л. Шретер, Н. Васильев, К. Бобровский; сидят: А. Владовский, С. Чернышев, В. Щуко, З. Левинский. Около 1903 г. Из семейного архива

L. Benois's studio at the Academy of Arts. From left to right, standing: N. Lansere (Lanceray), A. Tamanyan, L. Shreter, N. Vasilyev, and K. Bobrovsky; seated: A. Vladovsky, S. Chernyshev, V. Shchuko, and Z. Levinsky. Circa 1903. From family archives.

Эскиз орнаментального декора.
Рисунок С. Е. Чернышева. 1900–1910 гг.
Из семейного архива

Sketch of ornamental decor.
Drawing by S. Chernyshev. 1900–1910s. From family archives.

Зарисовки в Италии. Фрагмент росписи потолка П. Веронезе на вилле Мазер. Рисунок С. Е. Чернышева. 1910-е гг. Собрание Музея архитектуры им. А. В. Щусева

Sketches in Italy. Section of a ceiling fresco by Veronese at Villa Barbaro in Maser. Drawing by S. Chernyshev. 1910s. Collection of the Shchusev Museum of Architecture.

С. Е. Чернышев. 1906 г. Из семейного архива

S. Chernyshev. 1906. From family archives.

Копия свидетельства № 3091 об окончании Академии художеств и присуждении звания художника-архитектора, датируемого 28 октября 1908 г. Из семейного архива

Copy of Academy of Arts graduation certificate No. 3091, dated 28 October 1908, which bestows the title of "artist and architect". From family archives.

КОПИЯ

РИСУНОК

№ 3091

Определением Императорской Академии Художеств 31 октября 1907 г. состоявшимся, бывший ученик Высшего Художественного Училища при Академии Сергей Чернышев за отличные познания в искусстве и науках, доказанные им во время пребывания в архитектурном отделении Училища, удостоен звания художника-архитектора, с присвоением оному, на основании § 65 высочайше утвержденного 15 октября 1893 года временного устава императорской Академии Художеств, правом на чин X класса при поступлении на государственную службу и с предоставлением производить постройки. В уверение чего дан Чернышеву сей диплом, за надлежащим подписанием и с приложением Академической печати.

С.-Петербург, октября 28 дня 1908 г.

Президент /подпись/
Ректор /подпись/
Секретарь /подпись/

Гербовая
печать

# Глава 4.
# Утро перед бурей

Работа архитектора в классическом мире предреволюционной России в принципе была подчинена сложившемуся ритму и схеме, отработанной десятилетиями, если не веками. Стоит учитывать, что масштабные проекты возведения в чистом поле городов, освоения новых пространств, требующих комплексного «облагораживания», остались где-то в блистательной эпохе царствования Екатерины II, да и тогда опыт реального макетирования в стопроцентном масштабе не был принят современниками, и опыт наглядных презентаций графа Потемкина снискал ему сомнительную славу фальсификатора. Простодушный обыватель не разглядел за объемным макетом средства визуализации образа и счел фанерные фасады в степи попыткой обмануть императрицу.

Вряд ли видел для себя подобные перспективы и Чернышев — даже в самых смелых фантазиях реалии традиционной монархической империи не предполагали комплексного проектирования и формирования градостроительной политики. Пределом мечтаний могла быть цепочка последовательно возрастающих в объеме и финансировании архитектурных заказов, ведущая, при удачном стечении обстоятельств, к выполнению значительного подряда на одно-два пусть и грандиозных, но все же отдельных сооружения.

Девятилетний период творческой деятельности Сергея Чернышева в промежутке между окончанием Императорской Академии и до революционных встрясок 1917 года

# Chapter 4.
# The morning before the storm

In the classical world of pre-revolutionary Russia, the work of the architect followed a rhythm and scheme perfected over decades, if not centuries. It must be borne in mind that ambitious projects to build cities in empty fields or develop new spaces which involved comprehensive "beautification" fell by the wayside during the brilliant era of the reign of Catherine. Even then, the practice of real life-size modeling was not adopted by contemporaries, while Count Potemkin's experience concerning his visual presentations earned him the dubious fame of being a falsifier. Ordinary people did not perceive the 3D mockup as a visualisation of an image, but believed that the plywood facades built in the midst of a steppe were meant to deceive the empress. It is unlikely that Chernyshev visualised such prospects for himself: even in his boldest fantasies, the reality associated with the traditional monarchy fell short of comprehensive designing or the emergence of an urban development policy. The most he could dream of was to land a string of architectural orders, increasing in number and cost, which would lead – with any luck – to a significant order for one or two stand-alone structures, even if these were on a grandiose scale.

Nowadays, the nine years Sergey Chernyshev spent working in the period between finishing his studies at the Imperial Academy and the revolutionary upheavals of 1917 would be described as the "commercial design phase" or "an era of private contracts". These descriptions should not be regarded

сегодня назвали бы «фазой коммерческого проектирования» или «эпохой частных подрядов». Не стоит видеть в подобных формулировках уничижительного отношения и оттенка снисходительности — напомним, карьере, подобной той, что открывалась перед Сергеем Егоровичем, могли бы завидовать десятки, если не сотни, менее одаренных и менее трудоспособных коллег.

По возвращении из-за границы Чернышева ждало вполне заманчивое и коммерчески привлекательное предложение должности помощника архитектора в архитектурно-строительном бюро гражданского инженера Никиты Герасимовича Лазарева.

Предстоящая деятельность подразумевала, прежде всего, выполнение частных заказов — основной объем подрядов бюро Лазарева приходился на проектирование жилых домов. Плотность московской застройки того времени, необходимость «вписать» готовый проект в существующую среду — участки частных владельцев отличала весьма затейливая конфигурация — все это стало практическим испытанием для начинающего свою работу автора.

Однако только за два года, с 1908-го по 1910-й, Чернышев и Лазарев разработали и воплотили в жизнь более 10 проектов. Сегодня, в эпоху типовой застройки, логистики и научного распределения ресурсов эта цифра кажется вполне впечатляющей, однако в те годы подобный размах казался еще более удивительным, учитывая индивидуальный подход к каждому из отдельных заказчиков.

Участки под каждый такой дом находились в частной собственности заказчика, и в градостроительную историю Москвы они в большинстве своем так и вошли — под именами домовладельцев и заказчиков.

Дом Каютовой на Тверском бульваре стал архитектурным дебютом тандема Лазарева — Чернышева. В наши дни его облик далек от первоначального, однако архивные планы и чертежи донесли до нас образ типично московского сооружения в четыре этажа, с украшенной четырьмя пилястрами верхней частью фасада и нижней — оштукатуренной «под руст». Абсолютную симметричность окон подчеркивало расположение точно по центру входа в здание, а строгие ионические капители удачно вписывали постройку в стройные линии особняков бульвара.

as humiliating or condescending. A career similar to that which blossomed before Sergey Chernyshev would be the envy of tens, if not hundreds, of less gifted and less industrious colleagues.

Upon returning from his foreign trip, Chernyshev received an alluring and commercially attractive job offer as an assistant architect at the architectural and construction office of civil engineer Nikita Lazarev. The job mainly involved fulfilling private orders. The bulk of orders placed at the Lazarev office concerned the design of residential houses. The density of Moscow development at the time, coupled with the need to adjust the finished project to the environment and complicated landscapes – the land plots of private owners usually had a very intricate configuration – were practical challenges which the fledgling architect encountered. However, between 1908 and 1910 – in the space of just two years – Chernyshev and Lazarev designed and built more than ten projects. Nowadays, in the era of machine-made houses involving logistics and scientific distribution of resources, this figure does not seem to be particularly impressive. Yet in those days, the scale was all the more remarkable in light of the individual approach adopted to suit each customer.

The land for each house was owned by the client. Therefore, most of these houses entered Moscow's urban construction history under the names of their owners and clients. The Kayutova House on Tverskoy Boulevard was the architectural debut of the Lazarev – Chernyshev duo. Its present look is a far cry from its original appearance, although archive plans and blueprints preserve the image of a typical Moscow four-storeyed building with the top of its facade adorned with pilasters and the bottom decorated with rustication. The precise symmetry of the windows emphasised the rigorous central location of the entrance to the building. The severe Ionic capitals blend in with the clear rows of mansions which lined the boulevard. The exterior of the building offered no clue as to its function, although there was only living space on the top storey whereas the lower storeys were strictly meant for commerce.

Nowadays, it is safe to say that such a design would be included in a catalogue of hand-me-down architectural designs, as well as cloned or copied in each of the country's cities. However, Lazarev and Chernyshev preferred designs which thought outside the box, as demonstrated by the fact that the

Внешний облик здания никак не раскрывал его внутреннего предназначения, однако жилые помещения располагались только на верхнем этаже дома, в то время как нижние были отведены целиком под торговлю. Сегодня подобный проект мог быть смело включен в каталог готовых архитектурных решений и растиражирован в тысячах клонов и копий на всем городском пространстве страны, однако Лазарев и Чернышев проявили склонность к неординарным решениям в полном объеме, и находящийся рядом с домом Каютовой дом Грефе выполнили в совершенно иной стилистике.

Этот доходный дом отличался обилием декоративных элементов. Рельефные медальоны со вставками на мифологическую тематику, тонкие карнизы с растительными орнаментами, наличники, изящные арки окон и фальшбалконы не перегрузили фасада и не создали ощущения помпезной безвкусицы. Архитекторам удалось пройти по лезвию бритвы, искусным образом балансируя между модными веяниями и потребностями заказчика и классическими канонами гармонии и художественного вкуса.

Удивительным образом, исполняя бесспорно коммерческий проект в буржуазных вкусах мещанина-домовладельца, Чернышев сумел проявить индивидуальность решений и обнаружить под прессом традиционно обильных желаний заказчика творческий почерк подлинно выдающегося архитектора. Подобное обстоятельство привлекало внимание поздних исследователей его творчества, отмечавших, помимо таланта начинающего выпускника, особую атмосферу архитектурного бюро Лазарева, стремившегося обеспечить целостность и гармоничность решений даже в далеких от творческого полета условиях.

Впрочем, пространство для реализации креативных, как было бы сказано сегодня, идей обильно предоставлялось начинающим архитекторам разного рода архитектурными объединениями, и в первую очередь Московским архитектурным обществом.

Проекты, которые начинающие мастера предоставляли на рассмотрение жюри вместе с маститыми мэтрами, не предполагали обязательной реализации в будущем — подобной чести, вкупе с денежным вознаграждением, удостаивался лишь обладатель первой премии. Однако именно конкурсы становились своеобразным смотром архитек-

Grefe House, which was adjoined to the Kayutovo House, was executed in a completely different style. This house to let was replete with decorative and structural elements. Relief medallions with mythological inserts, thin cornices with floral ornaments, architraves, elegant arched windows and false balconies did not overwhelm the facade, nor did they create a sense of tasteless pomp. The architect managed to walk the razor's edge, skillfully balancing the latest fads with the demands of the client and classical canons of harmony and artistic taste.

It is surprising that by fulfilling a thoroughly commercial project to suit the bourgeois tastes of the house owner, Chernyshev managed to bestow individuality to his designs and reveal the hand of a truly outstanding architect. This was despite the pressure from the client who, as usual, had many special requests. This accomplishment attracted later students to his work who – in addition to the talent of the recent school graduate – noted the unique atmosphere in Lazarev's architectural office. Even under conditions which were not conducive to creative flights of fancy, the office was committed to the harmony of designs.

Various architectural associations such as the Moscow Architectural Society also offered beginner architects ample space to implement what are known today as "creative ideas". The projects which beginners submitted to the jury and established masters would not necessarily be implemented. This honour, including a monetary reward, was only bestowed to the winner of the top prize. However, these competitions offered the opportunity to review architectural resources and were seen as showcases which helped would-be clients form an idea of the style and skill of various architects. The cash prize enabled the winner of the contest to open his own workshop. At the same time, the publicity gained by the annual journal of the Moscow Architectural Society immortalised the project in what was an urban development chronicle of the historical capital.

Nowadays, when leafing through the Moscow Architectural Society Yearbook, it is clear that these competitions were the most popular mechanism for future academics of Soviet architecture to attain creative fulfillment. Future Constructivists such as the brothers Leonid, Alexander and Viktor Vesnin and of course Sergey Chernyshev regularly took part and won almost all of the MAS competitions from 1910 onwards.

↑ Дом Н. И. Миндовского (Дом Московского торгово-строительного акционерного общества). 1906 г. Москва, Пречистенский переулок, д. 6. Архитектор Н. Г. Лазарев. Архивное фото

Mindovsky house (Main office of the Moscow Commerce and Construction Joint-Stock Society). 1906. Moscow, 6 Prechistensky Lane. Architect: N. Lazarev. Archival photograph.

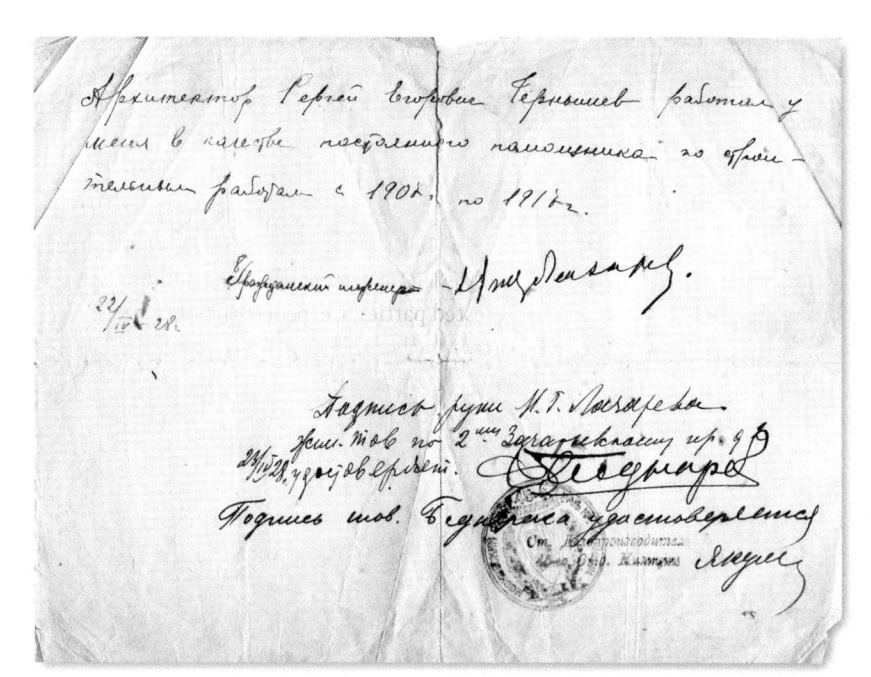

↑ Н. Г. Лазарев (1866–1932), архитектор. Работал в стилистике русского модерна, затем неоклассике. Москва. Фото 1920-х гг. Предоставлено М. В. Нащокиной

N. Lazarev (1866–1932), architect. Initially adhered to the Russian Art Nouveau style, then Neoclassicism. Moscow. Photograph from the 1920s. Courtesy of M. Nashchokina.

← Справка, написанная Н. Г. Лазаревым, о том, что С. Е. Чернышев работал у него в мастерской с 1907 по 1917 г. Из семейного архива

Certificate written by N. Lazarev to confirm that S. Chernyshev worked in his studio from 1907 to 1917. From family archives.

турных ресурсов и определенной витриной, при помощи которой будущие заказчики могли получить представление о стилистике и мастерстве того или иного автора.

Денежная премия за победу в конкурсе позволяла открыть победителю собственную мастерскую, а публикация в ежегодном сборнике Московского архитектурного общества увековечивала проект в своеобразной градостроительной летописи исторической столицы.

Сегодня, просматривая страницы ежегодника МАО (так аббревиатурно звучало название общества), становится очевидным, что конкурсы были самым востребованным и наиболее популярным механизмом творческой реализации будущих академиков советской архитектуры. Исследователи отмечают, что с 1910 года почти во всех конкурсах МАО участвуют неизменно и с неизменным постоянством одерживают победы легендарные в будущем конструктивисты, братья Леонид, Александр и Виктор Веснины, и, разумеется, Сергей Чернышев.

В 1912 году он, в соавторстве с Лазаревым, получает первую премию за проект под девизом «MOTTO L» «Доходный дом при бесплатной лечебнице военных врачей» и третью премию за проект «Особняк госпожи К. на Волге». В том же году две вторых премии получают проекты доходных домов, один из которых, «Доходный дом братьев Берг», несмотря на второе место, ежегодник МАО настоятельно рекомендует к приобретению и публикует наиболее выразительную часть проекта. Именно здесь пересекаются впервые и напрямую творческие подходы Чернышева и братьев Весниных. Первый станет впоследствии ключевой фигурой сталинского неоклассицизма, вторые — иконой конструктивизма.

Проект Весниных отличается максимальной рациональностью и полезным использованием всех имеющихся ресурсов. Сплошной фасад здания занимает всю возможную длину отведенного участка, образуя на языке профессионалов «улицу-коридор». Даже декоративное оформление фасадной части было подчинено принципам функциональности и рационализма — главным пластическим элементом длинного фасада стали эркеры. Внешне они дробили и облегчали визуальное восприятие длинной стены, функционально — давали дополнительные площади. Чернышев,

In 1912, Chernyshev and Lazarev won the top prize for their "MOTTO L", "The Guest House at the Free Military Doctors' Hospital" and third prize for the design of "Mrs K.'s Mansion on the Volga". In the same year, the two second prizes were awarded to guest house projects. One of these, "The Berg Brothers Guest House", was strongly recommended – despite coming second place – by the MAS Yearbook, which printed the most memorable part of the project.

The creative approaches adopted by Chernyshev and the Versnin brothers clashed for the first time while working on the project. The resulting discrepancy became the main contradiction during the emergence of the Soviet-era architectural style. The Vesnin project is thoroughly rational and seeks to make use of all available resources. The facade of the building occupies the entire length of the land plot, forming a "corridor street" to use professional jargon. Even the facade decoration follows the principles of functionality and rationalism, with the main plastic element of the long facade being the bay windows. As far as the building exterior is concerned, the brothers broke up and alleviated the visual perception of the long wall. In terms of function, they offered additional space.

Chernyshev, on the other hand, fitted his project into the existing street space, placing aesthetics above functional requirements and the interests of the client. His project "Berg Brothers Guest House" was separated from the street by a "court of honour", which was borrowed from palace architecture. Each entrance to the living quarters only led from the separated courtyard. This was not only more convenient for the occupants of the house, but also for passers-by. In other words, the street space and aesthetic perception of the building by commercially interested parties, i. e. pedestrians and city folk, were just as important to the architect of the project as the efficient use of the square metres allocated to the building. It could be argued that this highlights the main feature which defines Chernyshev as an architect: the ability to think and design on a global scale and to visualise the project in all cross-sections at once, as Benois had instructed him. Chernyshev's concern about how a building would be perceived by ordinary people singles out his work method and creative approach which are reminiscent of classical music and literature. Chernyshev's work entailed taking many levels of perception into consideration,

в свою очередь, вписывал свой проект в существующее пространство улицы, предпочтя интересам заказчика и максимальной функциональности здания заботу об эстетической составляющей. Его «доходный дом братьев Берг» отделял от улицы курдонер — пришедший из дворцовой архитектуры парадный дворик. Все проходы в жилые помещения запланированы были исключительно с изолированной дворовой территории, обеспечивая комфортные условия не только для жильцов дома, но и для пешеходов. Иными словами, пространство улицы и эстетическое восприятие здания коммерчески незаинтересованной стороной — пешеходами и жителями города — волновало автора проекта ничуть не меньше, чем сверхэффективное использование выделенных для застройки квадратных метров.

Возможно, именно здесь наиболее выпукло и рельефно проявляется главная особенность архитектора Чернышева — умение мыслить и проектировать категориями глобального масштаба, видеть проект, как наставлял Бенуа, во всех разрезах одновременно. Забота о восприятии неподготовленным зрителем выгодно отличает его работы и творческий подход, который напоминает классическую музыку и литературу. Множество уровней восприятия — и комфортность на каждом уровне — вполне возможно, что в наши дни мастер одобрил бы такого рода характеристику своей деятельности.

Профессионал-архитектор отметит сложность решений и композиции, инженер по достоинству охарактеризует работу с конструкциями и материалами, историк найдет параллели с эпохой, художник заметит пропорции и расположение, а неподготовленный человек — ребенок ли это или прохожая бабушка — просто скажет «красивый дом».

Подобные «красивые дома» раннего Чернышева, как уже говорилось выше, украшают Москву в количестве более десяти. Нет нужды подробно перечислять архитектурные особенности, к примеру, ампирного особняка Абрикосовых на углу Остоженки и Тургеневского переулка или первой самостоятельной работы Чернышева — дома Родионовой в Долгом переулке, и поныне украшающих столицу.

plus ensuring living comfort at every level – a description which would no doubt be met with approval by him today. A professional architect would note the complexity of designs and compositions; an engineer would appreciate the handling of structures and materials; a historian would find parallels among the era; an artist would note the proportions and location whereas an ordinary passerby – whether a child or an elderly woman – would simply say, "It's a beautiful house".

As mentioned earlier, more than ten of these "beautiful houses" designed by Chernyshev in his early years grace the capital today. There is no need to enumerate the architectural features of, for example, the stone five-storeyed Rodionova House on Malaya Yekaterininskaya Street, although the building was Sergey Chernyshev's first fully independent work. The building is still to this day a credit to the city, despite having been refurbished to suit the needs of office tenants. The story concerning the building regulations approval for this building is also amusing and, to a certain extent, revealing. In the space of just three years spent working at Lazarev's office, Chernyshev experienced a meteoric career rise from assistant to independent architect, which was proven when the order to build Rodionova House was addressed to him personally.

Доходный дом Н. П. Каютовой. 1908 г. Москва, Тверской бульвар, 10–12. Архитектор С. Е. Чернышев, под руководством Н. Г. Лазарева. Перестроен в советское время. Современное состояние

Apartment house of N. Kayutovaya. 1908. Moscow, 10–12 Tverskoy Boulevard. Architect: S. Chernyshev under the direction of N. Lazarev. Reconstructed during Soviet years. Present-day condition.

↑↓ Доходный дом В. Ф. Грефе. 1910 г. Москва, Тверской бульвар, д. 8. С. Е. Чернышев, под руководством Н. Г. Лазарева. Перестроен в советское время. Современное состояние

Apartment house of V. Grefe. 1910. Moscow, 8 Tverskoy Boulevard. Reconstructed during Soviet years. Present-day condition.

↓ Доходный дом В. Ф. Грефе. Фасадный декор

Apartment house of V. Grefe. A section of the facade.

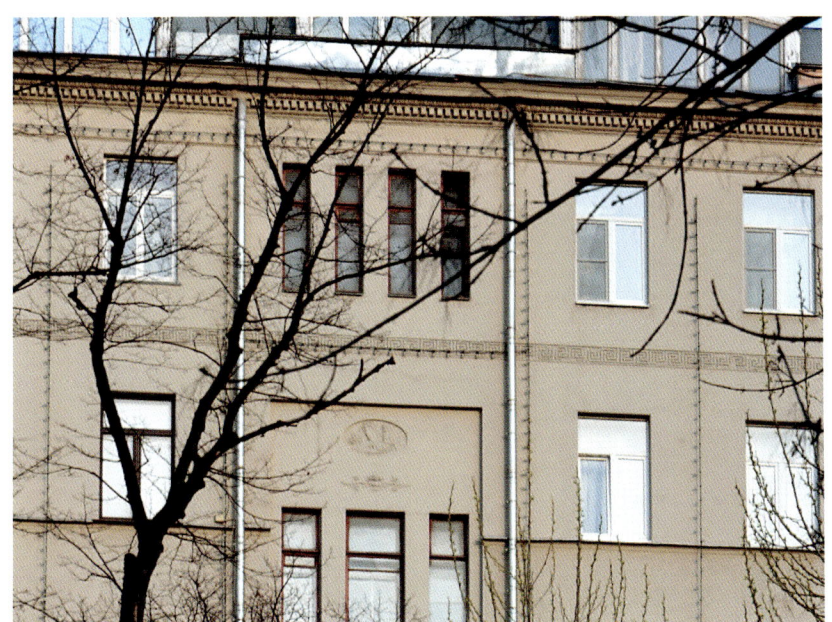

Проект интерьера парадной залы.
Особняк Абрикосовых. Рисунок С. Е. Чернышева.
Из собрания Музея МАРХИ

Interior design draft for the grand hall.
Abrikosov Mansion. Drawing by S. Chernyshev.
Collection of the MARKhI Museum.

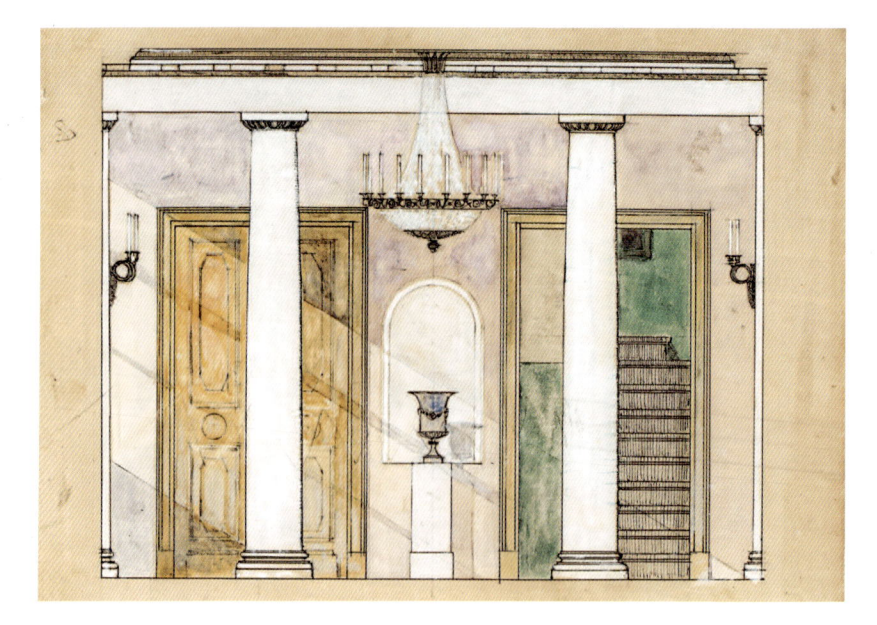

Проект интерьера вестибюля.
Особняк Абрикосовых.
Рисунок С. Е. Чернышева.
Из собрания Музея МАРХИ

Abrikosov Mansion.
Design draft for the vestibule.
Drawing by S. Chernyshev.
Collection of the MARKhI Museum.

↑ Особняк Абрикосовых. Москва, ул. Остоженка, д. 51. Реконструкция 1916 г. Современное состояние. Вид со стороны Провиантских складов

Abrikosov Mansion. Moscow, 51 Ostozhenka Street. Rebuilt in 1916. Present-day condition. View from the Provisions Warehouse.

↑ Особняк Абрикосовых. Современное состояние. Капители колоннады портика главного фасада

Abrikosov Mansion. Present-day condition. Capitols of the portico colonnade of the main facade.

← Особняк Абрикосовых. Фрагмент главного фасада. Современное состояние

Abrikosov Mansion. Main facade. Present-day condition

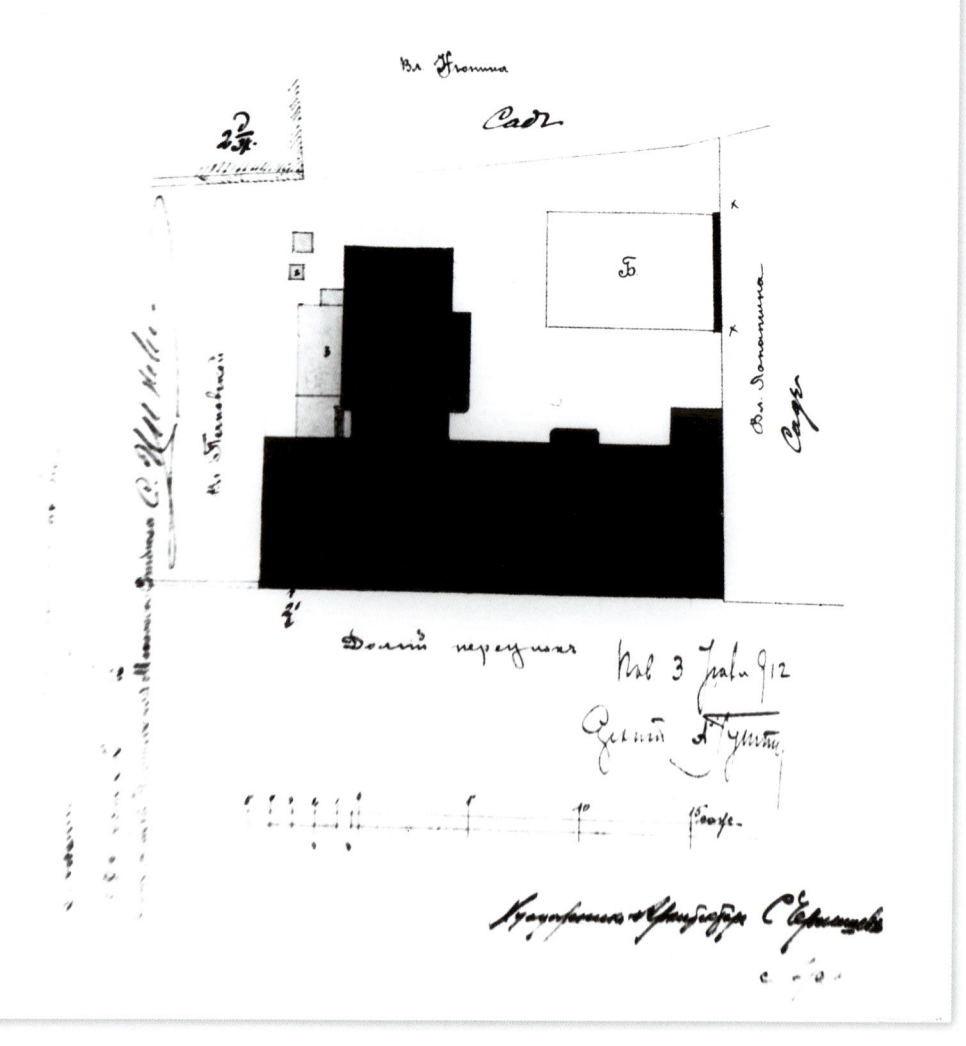

Жилой дом Родионовой.
Вид с ул. Бурденко.
Современное состояние

Rodionova Residence.
View from Burdenko Street.
Present-day condition.

Жилой дом Родионовой.
1912 г. Москва, ул. Бурденко
(ранее Долгий переулок), 14.
Первая самостоятельная
постройка С. Е. Чернышева.
Общий план владения

Rodionova Residence. 1912.
Moscow, 14 Burdenko Street
(previously Dolgy Lane).
The first building S. Chernyshev
designed by himself.
General plan of the property.

Перспектива вдоль улицы Бурденко. Москва.
На первом плане — жилой дом.
Архитектор С. Е. Чернышев. 1949 г.
Современное состояние

View along Burdenko Street. Moscow.
The residential building to the right was
also designed by S. Chernyshev (1949).
Present-day condition.

# Глава 5.
# Памятник искусства первоклассного достоинства

1913 год стал особенным в русской истории. Это известно каждому, кто сидел за партой советской школы и хорошо изучал отечественную историю. Именно с этим годом сравнивали экономические показатели СССР конца семидесятых, и порой было очевидно, что шесть десятилетий усиленного труда потребовались для того, чтобы выйти на показатели предвоенного развития. По мнению специалистов, именно к 1913 году принесли плоды энергичные столыпинские реформы — Россия вышла на ключевые позиции в мировой экономике. Положение дел в стране в этот период наглядно показывает «Докладная записка Совета съездов представителей промышленности и торговли о мерах к развитию производительных сил России и к улучшению торгового баланса», представленная правительству 12 июля 1914 года.

«Страна переживает в настоящее время переходное состояние. В сельском хозяйстве, в самой системе землепользования начался громадный переворот, результаты которого пока еще только намечаются, но не поддаются учету. В промышленности, после целого ряда лет кризиса и застоя, начался сильный подъем и оживление ... Города растут у нас с поистине американской быстротой. Целый ряд железнодорожных станций, фабричных и заводских поселков, особенно на юге, обратился в крупные центры городской — по всему своему складу и запросам — культуры. Естественный в известные периоды экономического

# Chapter 5.
# Top class art monument

1913 was a very significant year for Russian history, as anyone who went to a Soviet school or has intensively studied the country's history can verify. Economic performance indicators in the USSR in the late 1970s were compared with those from this benchmark year. It was often clear that six decades of intense work were needed to achieve the 1913 indicators. In the opinion of experts, in 1913 the energetic Stolypin reforms bore fruit and Russia was pushed to the forefront of world economic development. The state of affairs in the country during this period is demonstrated through the Memorandum of the Council of Congresses of Industry and Trade Representatives on Measures to Develop the Productive Forces of Russia and Improve the Trade Balance, which was submitted to the government on 12 July 1914:

"The country is undergoing a period of transition. A massive change has taken root in agriculture, even in the land-use system, whose results are just emerging and cannot be fully assessed. In industry, after several years of crisis and stagnation, a strong recovery and buoyancy have begun ... The cities are growing with a true American rapidity. A whole series of railway stations and factory towns – especially in the south – have become major urban centres which have become more cultural in their character and demands. In periods of economic development, it is well-known that the process of population concentration will undoubtedly accelerate. This is owing to the

развития процесс концентрации населения, в силу происходящих сейчас коренных изменений в жизни сельскохозяйственного населения России, пойдет, несомненно, с возрастающей быстротой, и лет через 20–30 мы увидим, быть может, картину самых крупных в этой области перемен. Но рост городов есть, в то же время рост совершенно новых потребностей, для удовлетворения которых должны будут возникнуть целые отрасли промышленности, неизвестные или очень слабо развитые в настоящее время»*.

Столетие спустя эти строки вызывают двоякое ощущение гордости за страну и одновременное сожаление о столь быстром крахе надежд и прогнозов, которое предстояло вынести поколению Чернышева. Впрочем, ничто не предвещало грядущей бури, а «города, растущие с американской быстротой», естественным образом требовали реализации крупных архитектурных проектов. Экономический рост и развитие Самары, Нижнего Новгорода и Оренбурга тесно связались с судьбой Чернышева в реализации ярких проектов новых общественных зданий. Проект концертно-бального помещения при самарском Коммерческом собрании — это уже не доходный дом. Как, впрочем, и торговый корпус Общества гостинодворцев в Нижнем Новгороде. Оба этих проекта Чернышев выполнил в изящной и тонкой манере русского классицизма. Пилястры во всю высоту фасада обоих зданий давали воздушность и легкость, выразительно оттененную декоративной обработкой под рустованную кладку. Простота и рациональность решений проектов не шла в ущерб выразительности и красоте.

Однако подлинную известность Чернышеву приносит здание Литературно-художественного кружка, вернее проект этого здания, которое должно было расположиться на Малой Дмитровке. Литературно-художественный кружок, несмотря на некоторую интимность определения, был крупным общественным объединением, бурно функционирующим в пространстве культурной жизни Москвы. Созданный в 1899 году по инициативе А. П. Чехова, К. С. Станиславского, М. Н. Ермоловой, А. Ф. Кони и прочих известных деятелей эпохи, Кружок состоял

---

\* *Докладная записка Восьмого очередного съезда представителей промышленности и торговли о мерах к развитию производительных сил России и к улучшению торгового баланса. СПб., 1914. С. 74.*

radical change in the lifestyle of Russia's agricultural population. In twenty to thirty years time we will probably witness major changes in this area. However, urban growth simultaneously entails the growth of entirely new needs which, if these are met, would require entire sectors of industry unknown or undeveloped at present."*

A century later, these lines evoked a mixed feeling of pride in one's country as well as regret over the early collapse of hopes and forecasts which Chernyshev's generation were forced to endure. However, there was no omen of a future storm. "Cities growing with a true American rapidity" naturally called for the implementation of major architectural projects. Economic growth and the development of Samara, Nizhny Novgorod and Orenburg are associated with Chernyshev's career owing to the execution of notable public building projects. The design of the Concert and Ball Premises at the Samara Commercial Assembly marks a step forward in Chernyshev's career, standing in contrast to designing guest houses. The same is true of the Trade Building of the Society of Hoteliers in Nizhny Novgorod. Both these designs feature the elegant and refined style of Russian Classicism. The pilasters and the height of the facade of both buildings imbued them with light and ethereal qualities. This contrasts with decorative treatment imitating rustic masonry, although the simplicity and rationality of the designs did not detract from their distinctiveness and beauty.

Nevertheless, Chernyshev became truly famous through the Literature and Arts Circle building, or rather the design of the building, which was to be located on Malaya Dmitrovka. The Literature and Arts Circle belies its cosy name since it was a major public association which played an active role in Moscow's cultural life. Created in 1899 at the instigation of Anton Chekhov, Konstantin Stanislavsky, Maria Yermolova, Anatoly Koni and other prominent personalities of the time, the Circle comprised full members and candidate members (actors, scientists, public figures) and alternate members (major industrialists, bankers, lawyers, engineers and doctors). The Circle's gallery was adorned with the works of Ilya Repin and Valentin Serov, Nikolay Ulyanov and Sergey Malyutin.

---

\* *Report from the Eighth Standing Congress of Representatives of Industry and Commerce regarding measures for developing Russian productive forces and improving the trade balance. Saint Petersburg, 1916, p. 74.*

из действительных членов, кандидатов (артистов, ученых, общественных деятелей) и членов-соревнователей (крупных фабрикантов, банкиров, адвокатов, инженеров, врачей).

Галерею Кружка украшали работы И. Е. Репина и В. А. Серова, Н. П. Ульянова и С. В. Малютина. На знаменитых «вторниках» выступали писатели и артисты, именно там обрели признание и популярность К. Д. Бальмонт, А. Белый, М. А. Волошин и В. Иванов. Велась благотворительная работа. Кружок финансировал заграничные гастроли МХТ в 1906-м, проводил бесконечные выставки, театральные спектакли. Литературные вечера и концерты классической музыки считались по праву своего рода эпицентром общественной и культурной столичной жизни.

Подобная деятельность требовала не просто больших площадей, а площадей грамотно и профессионально спланированных. Престиж организации позволял диктовать условия, и предварительный конкурс предполагал участие «пяти выдающихся русских архитекторов» для реализации резонансного и востребованного проекта.

Кого именно организаторы конкурса определили в число «пяти выдающихся», так и осталось тайной — известно только, что каждый из участников гарантированно получал по недевальвированной еще тяжеловесной тысяче рублей 1915 года за эскизный проект. Впрочем, закрытый конкурс так и не состоялся — в апреле 1915 года Кружок объявил открытый конкурс во всероссийском масштабе и поручил его проведение уже знакомому нам Московскому архитектурному обществу, на страницах ежегодника которого так часто блистали проекты Чернышева.

Премии в конкурсе объявлены были солидные: 2 000 рублей за первое место, 1 500 — за второе и 750 — за третье. (Справедливости ради отметим, что тогдашний рубль, по оценкам современных экономистов и пересчете по золотому эквиваленту, «весил» около 1 400 современных рублей.) Условия участия привлекли повышенное внимание архитекторов — на конкурс поступило 46 заявок, значительно больше, чем планировали организаторы. Свой проект, выполненный, как следует из описания, «в строгом стиле Возрождения, со всеми особенностями той эпохи», представил на конкурс и Сергей Чернышев. Если бы Кружок воплотил его в жизнь, привычный нам облик

The famous "Tuesdays" were attended by writers and actors. It was here that Konstantin Balmont, Andrey Bely, Maximilian Voloshin and Vyacheslav Ivanov gained recognition and popularity. The Circle engaged in charitable activities and financed the foreign tours of the Moscow Art Theatre in 1906, as well as arranging countless exhibitions and theatre performances. Literary evenings and classical music concerts were rightly regarded as the epicentre of the capital's social and cultural life. Such activities not only required a great deal of space, but space which was effectively and professionally planned. Owing to the organisation's prestige, it was able to dictate the terms. A preliminary competition was to involve "five outstanding Russian architects" who would implement a high-profile and much-needed project. It remains a mystery whom the organisers of the competition counted among the "five outstanding architects", but it is known that each of them commanded a hefty sum of one thousand roubles (the rouble was still not devalued in 1915) for the sketch project.

However, the closed competition never took place – in April 1915 the Circle announced an all-Russian open competition, entrusting its organisation to the Moscow Architectural Society, whose yearbook often acted as a showcase for Chernyshev's designs. The announced competition prizes were substantial: 2,000 roubles for the first prize, 1,500 for the second and 750 for the third. (In all fairness, it has to be said that modern economists put the gold equivalent value of the rouble at the time at about 1,400 modern roubles). The terms of the competition attracted many architects, with a total of forty-six bids entered; this was much more than organisers had envisaged. Sergey Chernyshev presented his project which, according to the description, "strictly adheres to the style of the Renaissance and the features of that era". If the Circle had implemented the project, the familiar appearance of Malaya Dmitrovka would have been graced with a magnificent facade with a classical portico resting on four Corinthian semi-columns. Similar to Ancient Greek temples and sumptuous Renaissance palaces, the portico was to be adorned with mythological figures who were patrons of the arts and the facade was to be flanked by classical pilasters. In the opinion of experts, the chosen style beautifully corresponded to the original look of the street, while at the same time managing to stand out among other buidings.

Малой Дмитровки украсился бы величественным фасадом с классической формы портиком, лежащим на четырех коринфских полуколоннах.

Как в храмах античной Греции или на пышных дворцах Ренессанса, портик должны были украшать фигуры мифологических покровителей искусства, а по боковым частям фасада располагались классические пилястры.

По мнению специалистов, выбранный стиль замечательным образом соотносился с изначальным обликом улицы и одновременно выделял сооружение из общей застройки. «Сложное задание ... автор сумел облечь в простую серьезную форму и создал прекрасное классическое произведение. Не говоря уже о прекрасной группировке помещений, необходимо обратить внимание на то большое достоинство проекта, что автор сумел придать не только фасаду характер эпохи и гармонию линий, но и плану; это и есть та причина, которая создает силу и цельность впечатления» — говорилось в отзыве Московского архитектурного общества на проект Чернышева.

Наконец-то стремление к целостности, тщательно пестуемое Бенуа, было признано официально — и признано на самом высоком уровне: «Данный проект является не только одним из лучших, представленных на конкурс, но сам по себе представляет прекрасное художественное произведение как по композиции, так и по исполнению. Осуществив это здание в натуре, Художественно-литературный кружок тем самым обогатит Москву новым памятником искусства первоклассного достоинства».

Итоги конкурса подвело не совсем обыкновенное жюри: несколько архитекторов, в том числе Ф. О. Шехтель, Р. И. Клейн и И. П. Машков, и несколько литераторов, среди которых стоит отметить, к примеру, В. Я. Брюсова. Интрига с конкурсом привлекла широкое общественное внимание — в помещении Московского архитектурного общества, а позднее — в большом зале Кружка, посетители рассматривали представленные проекты, а журналисты пристально наблюдали за ходом пространного обсуждения.

«Известия Литературно-художественного кружка» писали тогда: «После столь удачного исхода конкурса, привлекшего целый ряд талантливых и интересных проектов, Строительной комиссии предстояло решить,

Портрет С. Е. Чернышева.
1915–1920 гг.
Из семейного архива

Portrait of S. Chernyshev.
1915–1920s.
From family archives.

"A complicated building ... The architect has succeeded in bestowing a simple and serious form to a wonderful classical work. Without mentioning the wonderful grouping of premises, one of the main merits of this project which should be noted is the fact that the architect has managed to impart the character of the epoch and the harmony of lines not only to the facade, but also to the design; this is the real reason why a sense of power and integrity is evoked", read a review of the Chernyshev project by the Moscow Architectural Society. At long last the desire for cohesiveness nursed by Benois was officially recognised at the highest level: "The project is not only one of the best to be presented at the competition, but in itself is a remarkable work of art – both in terms of composition and execution. By implementing this project, the Literature and Arts Circle would enrich Moscow with a new first-class monument of art."

The competition jury was somewhat unusual, comprising several architects including Fyodor Shekhtel, Roman Klein and Ivan Mashkov and several writers and poets, such as Valery Bryusov. The competition intrigued the general public: visitors came to examine the projects at the Moscow Architecture Society followed by those in the Circle's main hall. Journalists

Наталья Николаевна
(урождённая Семенова)
и Сергей Егорович Чернышевы.
1913 г. Из семейного архива

Natalya Nikolayevna (née Semyonova)
and Sergey Yegorovich Chernyshev.
1913. From family archives.

Фото рояля.
Современное состояние.
Фото П. Кудрявцева

Photograph of the piano.
Present-day condition.
Photo by P. Kudryavtsev.

Квитанция на рояль фабрики
«К. Бехштейнъ». 10 марта 1915 г.
Из семейного архива

Receipt for a piano from the
"C. Bechstein" factory. March 10, 1915.
From family archives.

по какому из представленных на конкурс проектов строить здание Кружка. Подробно рассмотрев премированные проекты и выслушав авторов этих проектов, Строительная комиссия решила строить дом Кружка по первому премированному проекту С. Е. Чернышева. А также поручить г. Чернышеву разработку проекта со всеми деталями и рабочими чертежами».

 Трудно переоценить значение этой победы в судьбе архитектора. Сказать об исходе конкурса как о творческом триумфе мастера — не сказать ничего. Всего лишь четыре года — меньше, чем обучение в академии, — понадобилось Чернышеву, чтобы реализоваться в более чем успешной степени. Имя его получило признание и авторитет, столь важные в работе с заказчиками, известность и популярность способствовали благополучному продвижению вверх по карьерной лестнице. Вне всяких сомнений Сергей Чернышев находился на пике творческого развития и того карьерного роста, который возможен был для архитектора в реалиях царской России. Романтические отношения с сестрой Владимира Николаевича Семенова, Натальей, завершились успешной женитьбой и рождением первой дочери. Своеобразным подарком любимой в память о триумфальной победе на конкурсе стал рояль — архитектор купил инструмент из денег, полученных в качестве премии. Этот рояль чудесным образом переживет все последующие потрясения, кошмар революций и войн, разруху и голод, нищету и репрессии, бомбардировки и пожары, чтобы навеки остаться свидетелем славной эпохи расцвета. Он и поныне стоит в семье наследников мастера и звучит вечерами, невзирая на почтенный возраст, наверное, так же легко, беззаботно и звонко, как в далеком и безмятежном 1916-м …

closely followed the rambling discussions. It was written in the Newsletter of the Literature and Arts Circle at the time: "Following such a successful outcome of the competition which attracted a number of talented and interesting projects, the Building Commission has to decide which of these designs to build. After closely examining the prize-winning designs and hearing from the architects, the Building Commission has decided to build the house in accordance with the prize-winning design by Sergey Chernyshev. Chernyshev will also develop the design, including the details and blueprints."

 The importance of this triumph in the architect's career cannot be overstated. To call the outcome of the competition a master's triumph does not do justice to the importance of this event. Chernyshev had as little as four years – less time spent studying at the academy – to establish himself as an architect. His name gained recognition and gravitas, which is essential when working with clients. His fame and popularity helped him to move up the career ladder. Beyond a shadow of a doubt, Sergey Chernyshev was at the peak of his creative development and a career which an architect could only hope to build in Tsarist Russia. A relationship with Natalya, the daughter of Vladimir Semyonov, led to a happy marriage and the birth of their first daughter. In commemoration of his triumphant victory at the competition, the architect presented his sweetheart with a royal piano which was bought with a portion of his prize money. The piano would miraculously survive all subsequent upheavals as well as the nightmare of revolutions and wars, economic dislocation, famine, poverty, reprisals, air raids and artillery shelling to forever remain a witness to this glorious era. The piano still stands in the home of the master's next-of-kin and is played in the evenings despite its venerable age, perhaps in the same vibrant and lighthearted spirit as in the remote and serene year of 1916.

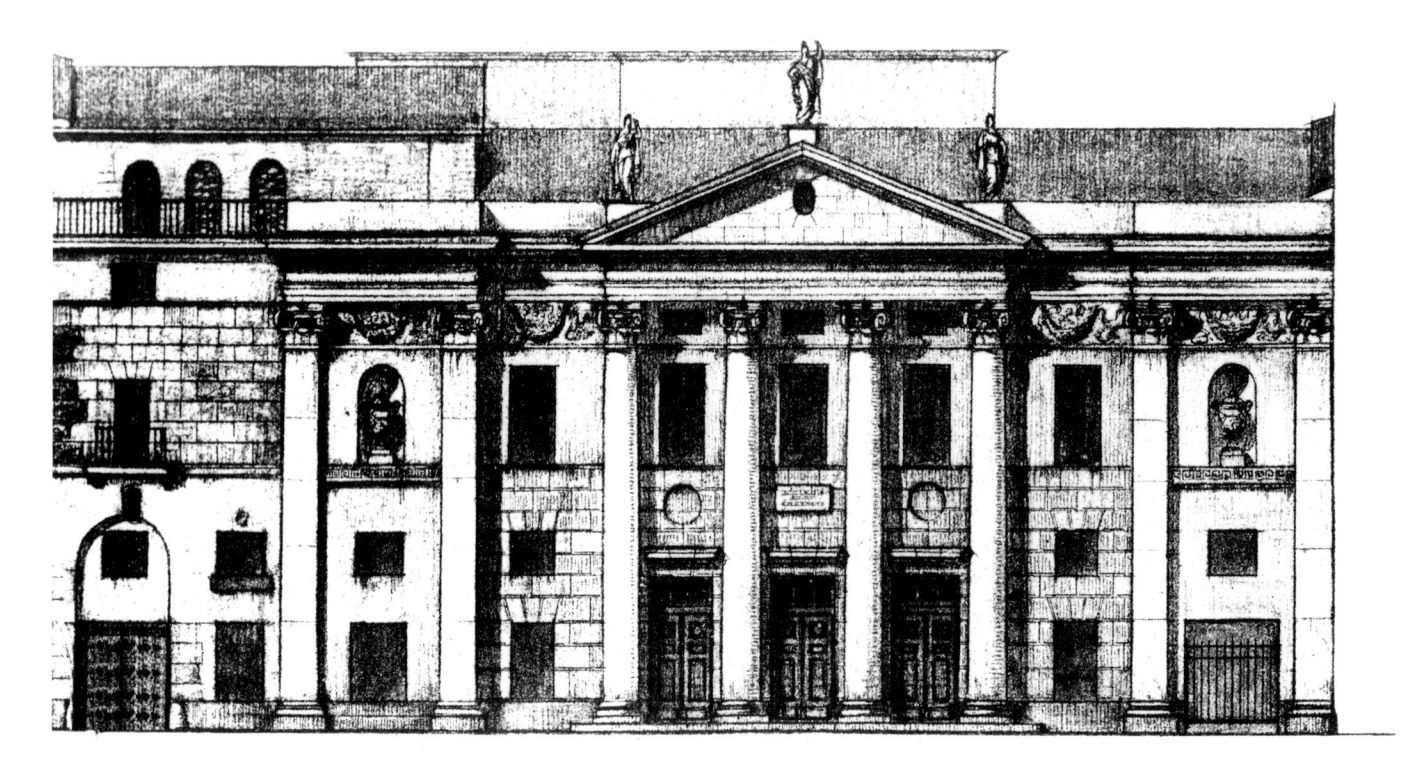

Конкурсный проект здания Литературно-художественного кружка на Малой Дмитровке в Москве. Фасад. Первая премия. 1915 г. Из семейного архива

Competitive design of the Literature and Arts Circle building on Malaya Dmitrovka Street in Moscow. Facade design. Awarded first prize. 1915. From family archives.

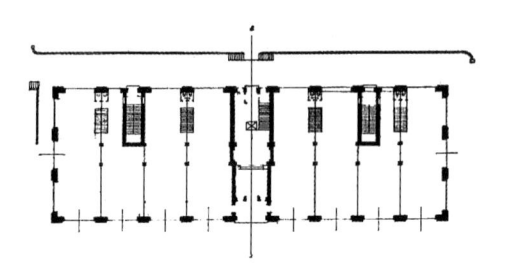

Проект торгового корпуса Общества гостинодворцев в Нижнем Новгороде. Фасад и план. 1914 г. Публикация в Ежегоднике 1914–1916 гг. Московского архитектурного общества. Из семейного архива

Design for the Commerce wing of the Hotelier Society in Nizhny Novgorod. Facade and overall plan. 1914. Published in the 1914–1916 yearbook of the Moscow Architectural Society. From family archives.

Конкурсный проект здания Литературно-художественного кружка на Малой Дмитровке в Москве. Перспективный рисунок

Competitive design of the Literature and Arts Circle building on Malaya Dmitrovka Street in Moscow. Perspective Drawing.

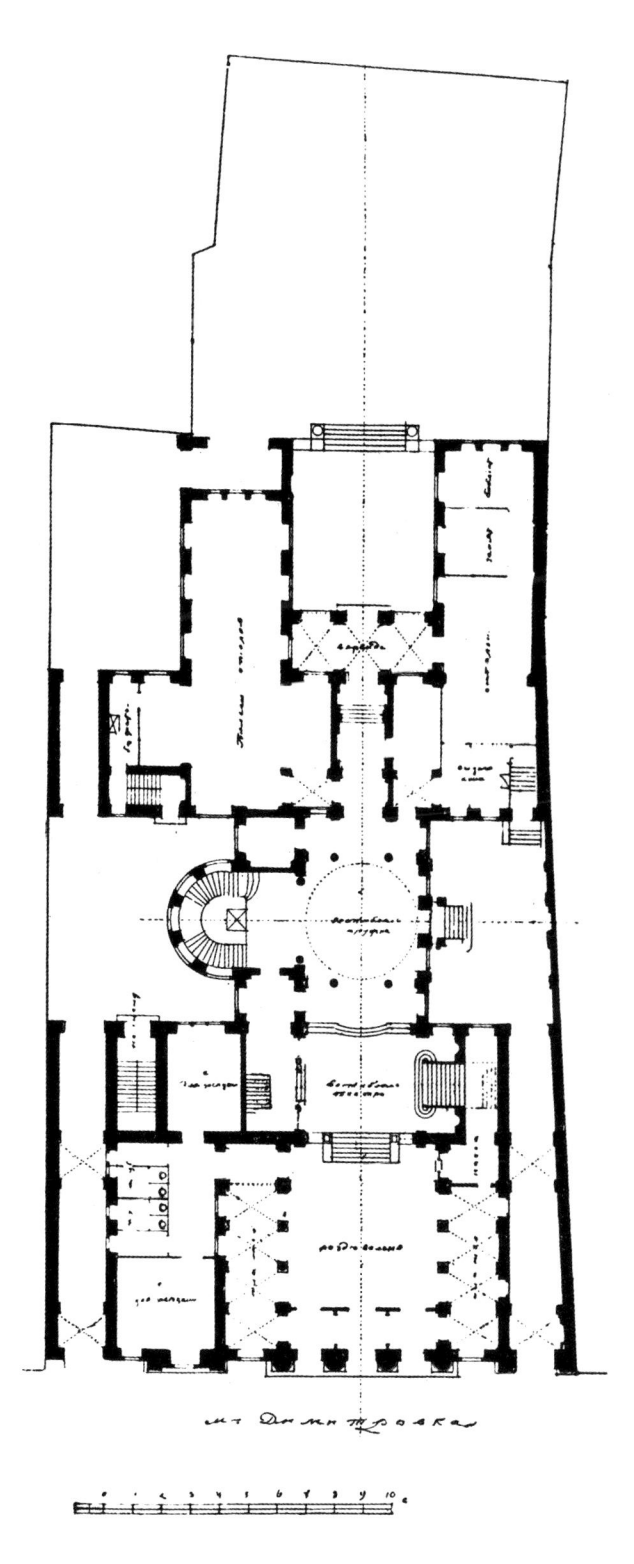

Конкурсный проект здания
Литературно-художественного
кружка на Малой Дмитровке
в Москве. План

Competitive design for the Literature
and Arts Circle building on Malaya
Dmitrovka Street in Moscow.
Floor plan.

Ф. О. Шехтель. Председатель
жюри конкурса на проект
здания Литературно-
художественного кружка

Fyodor Shekhtel. Chairman of the
competition jury for the design of the
Literature and Arts Circle building.

В. Я. Брюсов. Член жюри конкурса
и председатель Литературно-
художественного кружка

Valery Bryusov. A member of the
competition jury and Chairman of the
Literature and Arts Circle.

Р. И. Клейн. Член жюри конкурса
на проект здания Литературно-
художественного кружка

Roman Klein. A member of the
competition jury for the design of the
Literature and Arts Circle building.

Усадьба Горенки до реконструкции. Фото главного усадебного дома. 1915 г. Из семейного архива

Gorenki country estate before reconstruction. Photograph of the main estate house. From family archives.

Панорама усадьбы Горенки после реконструкции. Вид из-за пруда. 1916 г. Из семейного архива

View of the pond of the Gorenki country estate after reconstruction. From family archives.

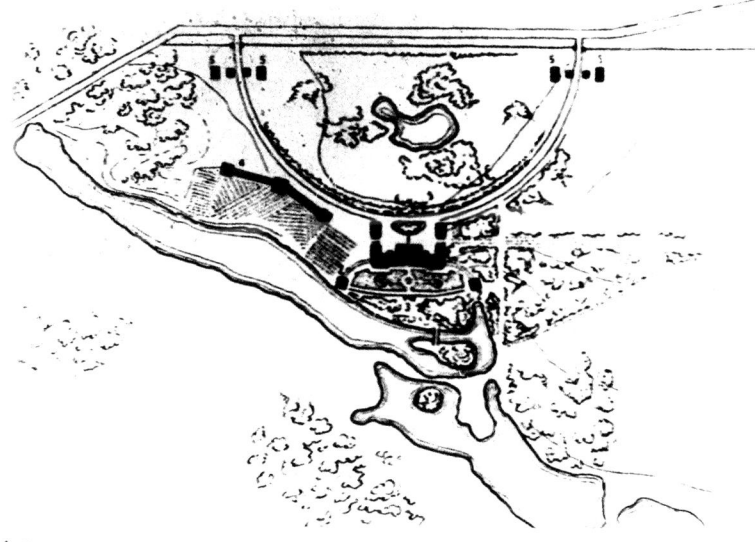

↑ Генеральный план усадьбы
Горенки до реконструкции. 1915 г.

General design of the Gorenki country estate
before reconstruction. 1915.

↑ Усадьба Горенки. Фрагмент застройки. 1915 г.
Из семейного архива

Gorenki country estate. A section of the construction.
1915. From family archives.

↓ Усадьба Горенки до реконструкции.
Фото главного усадебного дома. 1915 г.

Gorenki country estate before reconstruction.
Photograph of the main estate house. 1915.

Усадьба Горенки.
Главный усадебный дом.
Современное состояние

Gorenki country estate.
Main estate house.
Present-day condition.

→ Колоннада и портик на заднем фасаде главного дома усадьбы Горенки. Современное состояние

Colonnade and portico on the rear facade of the main house on the Gorenki country estate.

↑ Полуразрушенная колоннада боковой галереи. Современное состояние

Half-decayed colonnade of the side gallery. Present-day condition.

→ Усадьба Горенки. Главный усадебный дом. Современное состояние

Gorenki country estate. Main estate house. Present-day condition.

# Глава 6.
# На сломе эпох

По мнению многих исследователей, подлинным началом XX века стала не хронологическая отметка на временной шкале, а невиданная прежде человечеством по масштабам и разрушениям Первая мировая война. Последствия четырехлетней бойни носили поистине апокалиптический характер — на глазах европейцев рухнули не только империи с тысячелетней историей. Сам смысл, порядок и суть прежнего мироустройства были, казалось, повержены навсегда. Победители пожинали плоды — побежденные искали новые формы для выживания. Парадоксально, но именно проигравшие страны стали тогда эпицентром развития новых идей, полигоном реализации смелых проектов не только в общественно-политической, но и в культурной жизни. Крах традиционных монархий и появление на карте Европы государств удивительных, никем никогда не виданных, вроде Чехословакии или Эстонии, послужили толчком для практического воплощения в жизнь самых невероятных прожектов, а первое в истории «потерянное поколение» испытывало тяжелое разочарование во всем, что было связано с прошлым.

«Прошлый мир кончился — время жить заново» — такой казалась главная, витавшая в воздухе идея, щедро подпитанная достижениями технической революции. Мир грезит полетами к звездам и разрушительной мощности тепловыми лучами. Медицина всерьез осваивает трансплантологию и переливание крови — не для оказания

# Chapter 6.
# At the cusp of an era

In the opinion of many scholars, the twentieth century did not begin with a chronological mark on a timeline, but rather with the outbreak of the First World War, unprecedented in scope and devastation. The consequences of this four-year massacre were truly apocalyptic: not only did thousand-year-old empires collapse before the eyes of Europe, but the very meaning, order and essence of a former world order seemed vanquished forever. The victors reaped the fruits of victory whereas the defeated looked for new forms of survival. Paradoxically, it was the defeated countries which generated new ideas, becoming a testing ground for audacious projects in socio-political as well as cultural fields. The collapse of traditional monarchies and the emergence of states which did not previously exist on maps of Europe, such as Czechoslovakia or Estonia, inspired the most implausible projects, while the first "lost generation" in history was severely disenchanted with everything connected to the past. "The former world is finished, it is time to live anew." This seemed to be the main idea in wide circulation which was generously fueled by the achievements of the technological revolution.

The world was dreaming of voyages to the stars and heat rays of destructive capacity. Medicine was developing transplantology and blood transfusion in earnest in order to breed a new biological type of human rather than as a means of first aid. Eugenics, the creation of a superman fit to live in a perfect world in the future, had not yet morphed into the nightmare

первой помощи, а для выведения нового, совершенного биологически типа людей. Евгеника — создание сверхчеловека для жизни в сверхсовершенном мире будущего — еще не обернулась кошмаром Майданека и Бухенвальда. Еще кастрируют эмигрантов из Пуэрто-Рико на острове Слез в бухте Нью-Йорка, еще в зачаточном состоянии бродят идеи о превосходстве арийской расы — но мир усвоил главный урок войны. Время индивидуальности кончилось навсегда. Идеологи и идеологии во всех частях света начинают манипулировать понятием «масс», но массы эти еще не организованы в мощные монолиты. Большинству наблюдателей очевидно — война не закончилась. Слишком много открытых вопросов в Европе, слишком зыбки новые территориальные суверенитеты, слишком фантастичны проекты нового мироустройства, захлестнувшие обломки Германской, Австро-Венгерской и Российской империй.

Для последней конец войны не означал завершения кровавого кошмара. Первая мировая плавно перетекает в гражданскую, а гражданская несет на своих апокалиптически бледных крыльях разруху и голод, красный и белый террор, физическое уничтожение целых общественных классов. Разрушение старого мира становится официальной идеологией. Определение «традиционный» становится ругательным эпитетом не только в культуре, призывающей сбросить с корабля современности Пушкина, но и в быту. В Красной России нет семьи — есть гражданский брак. Нет дней недели — страна живет первым, вторым, третьим и так далее днями пятидневки. Младенцев больше не крестят — их «октябрят» странными именами-неологизмами вроде Владлена и Миртруда. Голые комсомольцы маршируют по древней столице с призывом отбросить стыд, а в анкетах вполне серьезно используется определение «бывшие люди» — эти «бывшие» носят на барахолку бриллианты и бальные платья, чтобы разжиться куском хлеба или кульком муки.

Москва еще не оправилась от отчаянной схватки рабочих отрядов с воспитанниками военных училищ — еще стоят в памяти москвичей расстрелы из артиллерийских орудий древних святынь Кремля. «В Кремль не пускают, но я уже видел страшные язвы, нанесенные ему кощунственными руками: сорвана верхушка старинной башни, выходящей к Москве-реке (ближе к Москворецкому мосту), сбит

of Majdanek and Buchenwald. Emigres from Puerto Rico were still being castrated on New York City's "Island of Tears", whereas the idea of the superior Arian race was in its infancy. However, the world had learnt the main lesson of war. The time for individuality had come to an end. Ideologists from all over the world bandied about the concept of the "masses", but the masses had not yet been organised into power monoliths. Most observers understood that war was not over: there were too many open questions in Europe, new territorial sovereignties were too shaky and the plans for a new world order which engulfed the ruins of the German, Austro-Hungarian and Russian empires were too fantastical.

For Russia, the end of the war did not mark the end of these bloody nightmarish experiences. The First World War merged imperceptibly into the Civil War, which brought along economic collapse and hunger, Red and White terror and the physical annihilation of entire social classes. The official ideology became the destruction of the old world. In turn, the adjective "traditional" became a derogatory epithet – not only in culture, with calls to "cast overboard" Pushkin, but also in domestic life. In Red Russia there were no families; only civil marriage existed. There were no days of the week, for the country lived by the first, second and third days of five-day periods. Babies were no longer baptised but were instead "octobrised" (following the October Revolution) and given unusual new names such as Vladlen (Vladimir Lenin) and Mirtruda (short for "world of labour"). Members of the Komsomol (Young Communist League) marched through the ancient capital naked, calling on people to cast aside their shame. Questionnaires used the definition "has beens" in sad earnest: meanwhile, the "has-beens" sold their diamonds and ballroom frocks at flee markets in order to buy a piece of bread or a bag of flour.

Moscow had still not recovered from the fierce battles between workers' units and military cadets: executions and the Kremlin treasures being fired on with artillery shells were still engrained in people's memory. "The Kremlin is still off limits, but I have already seen the hideous scars inflicted upon it by blasphemous hands: the top of the old tower overlooking the Moskva River (near Moskvoretsky Bridge) has been torn down, the cross has been knocked off one of Saint Basil's domes, the clock on Spasskaya Tower is twisted and there are

крест на одной из глав ‹Василия Блаженного›, разворочены часы на Спасской башне, и она кое-где поцарапана шрапнелью …» — пишет в своем «Дневнике обывателя» Николай Окунев*. Любопытная деталь из орнитологии, которая, возможно, скажет для понимания суровых реалий послевоенной Москвы больше, чем все душераздирающие воспоминания очевидцев. После 1917 года и вплоть до начала 1930-х в городе практически полностью исчезли как вид обычные сизые голуби — Columba livia. Этих птиц попросту … съели голодные москвичи**. Понятное дело, что говорить о каком бы то ни было развитии архитектуры в этот период попросту не имеет смысла — страна не нуждалась в новых проектах, а идеология России как плацдарма мировой революции не подразумевала созидательного строительства. Но тем не менее для настоящих профессионалов сформировался определенный, весьма удивительный фронт работ. В историю он вошел как «План монументальной пропаганды».

Один из основоположников утопического социализма и автор одной из первых в мире утопий Томмазо Кампанелла описывал некий мифический «Город солнца», исследование которого с точки зрения архитектурной вообще могло бы стать отдельной и увлекательной работой. «Город солнца» был своего рода букварем всех социалистов девятнадцатого века, прародителем множества разнообразных идей и течений. Не чурался идей патриарха социального равенства и новый диктатор Страны Советов.

В беседе с наркомом искусств Анатолием Луначарским, Ленин однажды напомнил о назидательных фресках, украшавших стены знаменитого города: «Они служат для молодежи наглядным уроком по естествознанию, истории, возбуждают гражданское чувство — словом, участвуют в деле образования, воспитания новых поколений. Мне кажется, что это далеко не наивно и с известным изменением могло бы быть нами усвоено и осуществлено теперь же … Я назвал бы то, о чем я думаю, монументальной пропагандой»***. По воспоминаниям Луначарского, Ленин

shrapnel marks on the tower itself …", wrote Nikolay Okunev.* An ornithological fact which perhaps reveals a little more about the grim realities of postwar Moscow than heart-rending eye-witness accounts is that between 1917 and the early 1930s, pigeons – *columba livia* – practically disappeared from the city. The birds were eaten by starving Muscovites.**

Understandably, there is no point in discussing the development of architecture during this period: the country was not in need of new projects and the idea of Russia as a starting point for world revolution meant it had no use for constructive activities. Nevertheless, a remarkable scope of work took shape for the benefit of real professionals. It entered the history books as the "plan of monumental propaganda". Tommaso Campanella, one of the founders of utopian socialism and the author of one of the first utopias in the world, described a mythical *City of the Sun*, a book which made an exciting read in terms of architecture. *The City of the Sun* was a kind of primer for nineteenth century socialists, spawning many ideas and trends.

The new dictator of the Soviet regime did not shy away from the ideas of this herald of social equality. In a conversation with Anatoly Lunacharsky, the People's Commissar for Arts, Lenin once recalled the didactic frescoes that adorned the walls of the famous city: they serve "the youth as a graphic lesson in natural science and history, arouse civil feelings and foster public spirit and in a word, participate in the business of raising and educating the new generation. It seems to me that this, far from being naive and with certain changes, could be adopted by us and put into operation now … I have called what I am thinking of monumental propaganda." *** Lunacharsky recalls that Lenin put forward very specific proposals: "We could distribute short but meaningful inscriptions conveying the root principles and slogans of Marxismin in various prominent places, on suitable walls or on certain special purpose buildings. I consider monuments – busts or full figures, perhaps bas-reliefs and groups – to be even more important … Particular attention should be paid to the unveiling of such monuments.

---

\* Н. П. Окунев. Дневник москвича 1917–1924. М.: Воениздат, 1997.
\*\* Н. Ю. Обухова. Голуби в городе //В мире животных. 2001. № 3. С. 6–11.
\*\*\* А. В. Луначарский. Воспоминания и впечатления. М.: Советская Россия, 1968. С. 198.

\* N. Okunev. Dnevnik Moskvicha 1917–1924, Moscow: Voenizdat, 1997.
\*\* N. Obukhova. Golubi v gorode. In: V mire zhivotnykh (2001), No. 3, pp. 6–11.
\*\*\* A. Lunacharsky. Vospominaniya i vpechatleniya. Moscow: Sovetskaya Rossiya, 1968, p. 198.

выдвинул вполне конкретные предложения: «в разных видных местах, на подходящих стенах или на каких-нибудь специальных сооружениях для этого можно было бы разбросать краткие, но выразительные надписи, содержащие наиболее длительные, коренные принципы и лозунги марксизма... Еще важнее надписей я считаю памятники: бюсты или целые фигуры, может быть, барельефы, группы... Особенное внимание надо обратить и на открытие таких памятников... Пусть каждое такое открытие будет актом пропаганды и маленьким праздником». С легкой руки вождя маленькие праздники стали отмечаться часто и повсеместно — новые власти последовательно уничтожали исторические монументы и водружали на их место новые — как правило, сомнительного художественного свойства. Большинство образчиков нового монументализма в Москве не сохранилось — виной тому стала недолговечность материалов и сильное наводнение 1924 года, попросту смывшее свежие сооружения из фанеры, гипса и неармированного бетона.

Анекдотическая история связана с монументальной пропагандой в тогда еще Петрограде: там излишнее рвение преобразователей приобрело даже не карикатурные, а скорее гротескные формы. На Александровской колонне Дворцовой площади фигуру ангела всерьез предполагалось заменить фигурой Ленина в античных одеждах. К счастью, проект «утонул» в протоколах согласований и переписке и так и не был реализован. К чести архитекторов-профессионалов, подключившихся к реализации плана в Москве, многие сооружения обрели вполне приемлемый архитектурный образ. Сергей Чернышев уже в 1917 году был зачислен на службу «Архитектурной мастерской всего муниципального надземного строительства города Москвы при Совдепе» и не мог не принять участия в монументальной кампании.

До недавнего времени принято было считать, что из пятидесяти агитационных досок из дерева, гипса, бетона и прочих доступных материалов Чернышев спроектировал только четыре. Не так давно исследователи подтвердили его авторство в шести проектах.

Ни у кого в наши дни не вызывает сомнений, что для большинства архитекторов изготовление агитационных досок было элементарной возможностью выжить и не погибнуть от голода, однако качество выполненных работ,

Let each unveiling be a propaganda exercise and a small festival." Following the example of the leader, these small festivals were staged frequently throughout the country. The new authorities consistently destroyed historical monuments and put new ones in their place, which were usually of dubious artistic merit. Few specimens of new monumentalism have survived in Moscow owing to the poor quality of the materials used and the heavy flood in 1924 which simply washed away new buildings made from plywood, gypsum and unreinforced concrete.

One absurd anecdote is related to monumental propaganda in former Petrograd, where the zeal of reformers assumed caricatural and grotesque forms. It was here that serious proposals were put forward with a view to replacing the angel figure on the Alexander Column in Palace Square with the figure of Vladimir Lenin, clad in antique clothes. Luckily, however, the project was bogged down in endless approvals, as well as correspondence, and was therefore never implemented.

In all fairness to professional architects who joined the scheme in Moscow, many structures were architecturally quite acceptable. In 1917, Sergey Chernyshev was hired by the Council of Deputies' Architectural Workshop of All Overland Construction in the City of Moscow, leaving him with no option but to take part in the monumental campaign. Until recently, it was believed that Chernyshev only designed four of the fifty propaganda plaques made from wood, gypsum, concrete and other available materials. Recently, however, scholars confirmed that he designed four of them. Nowadays, nobody questions that the majority of architects agreed to make propaganda plaques since it enabled them to avoid death by starvation. Nevertheless, the quality of their work – despite the primitive nature of the job – is a testament to their consummate professionalism.

It is easy to recognise the architect's unique style in the propaganda billboards scattered across the city. Sergey Chernyshev must be credited with balancing the style and the appearance of the created object with the specific conditions of the urban environment, which became his trademark. The pseudo-Russian architecture of the History Museum received a plaque in the style of a baroque cartouche featuring stylised old Slavic script, while the plaque adorning the editorial office of *Izvestiya*, executed in the style of a popular print with its

несмотря на всю примитивность заказа, стало свидетельством высочайшего профессионализма. По размещенным во всех концах города агитационным доскам нетрудно было узнать и определить индивидуальный стиль выполнившего их архитектора. К чести Сергея Чернышева, его «визитной карточкой» стало соотношение стиля и образа создаваемого объекта с конкретными условиями городской среды.

Псевдорусской архитектуре Исторического музея соответствовала доска в стиле барочного картуша со стилизованным под старославянский шрифтом, а доска на здании «Известий», выполненная в стилистике лубочных картинок, с нейтральным лозунгом «Кто не работает, тот не ест», органично соседствовала с пряничными колокольнями ныне разрушенного Страстного монастыря. Здание Центрархива украсилось строгой и симметричной доской с гербом нового государства и лозунгом «Пролетарии всех стран, соединяйтесь!», а выспренную цитату о воинской доблести у Реввоенсовета Чернышев оформил в изысканной стилистике петровско-екатерининской эпохи. В этой работе Чернышев весьма неожиданно синтезирует пропагандистские установки Пролеткульта с классическими художественными формами и обращается за вдохновением к самым, казалось бы, нетривиальным источникам. Так, по воспоминаниям внука Чернышева А. П. Кудрявцева, «дед начинал работу, просматривая всю литературу и рассказывал, например, что несколько памятных знаков по плану монументальной пропаганды, в том числе знаменитый лозунг ‹Кто не работает, тот не ест›, установленный на фасаде ‹Известий›, он увидел в фолианте XVII века».

Новая жизнь требовала новых решений и новых форм. Проекты классицистических зданий и эклектичных доходных домов ушли в прошлое навсегда — вместе с категориями частной собственности и частного архитектурного заказа. В соответствии с общими мировыми веяниями Советское государство уверенно оперировало категориями масс и требовало для масс новых, не виданных никогда прежде принципов и решений. Монументальная пропаганда стала ярким прологом, красочной увертюрой мощного представления, которому суждено было развернуться в самом ближайшем будущем.

neutral slogan "He who does not work, neither shall he eat", adjoined the pretzel-like bell towers of the now-destroyed Strastnoy Monastery. The building of the central archive was adorned with a simple and symmetrical plaque bearing the emblem of the new state and the slogan, "Workers of the world, unite!" This pompous quotation about military valor, located near the Revolutionary Military Council building, was incorporated into the elegant style of the period under the reigns of Peter and Catherine. In this work, Chernyshev somewhat surprisingly blends the propaganda tenets of Proletkult with classical art forms, drawing inspiration from the unlikeliest of sources. According to Alexander Kudryavtsev, Chernyshev's grandson: "Grandfather began his work by reading whole bodies of literature. For example, he told us that he had seen several emblems in the monumental propaganda plan – including the famous slogan 'He who does not work, neither shall he eat' – in a volume dating back to the seventeenth century."

New times demanded new designs and new forms. Designs of Neoclassicist buildings and sumptuous guest houses belonged to the past, in addition to categories such as private ownership and private architectural contracts. In keeping with global trends, the Soviet state confidently thought and acted only in terms of the masses, demanding new decrees and guidelines for them which were previously nonexistent. Monumental propaganda was the vivid prologue, or the colourful overture, to a spectacular performance which was on the verge of unfolding.

↑ Агитационная доска
«Кто не работает, тот
не ест». Находилась
на здании редакции
газеты «Известия»
напротив Страстного
монастыря.
В рамках «Плана
монументальной
пропаганды
1918–1920 гг.».
Из семейного архива

Propaganda plaque
"He who does not work,
neither shall he eat".
Located on the building
of the editorial offices of
the newspaper *Izvestiya*
opposite the Strastnoy
Monastery. Within the
framework of the
"Plan for Monumental
Propaganda" in the
period from 1918–1920.
From family archives.

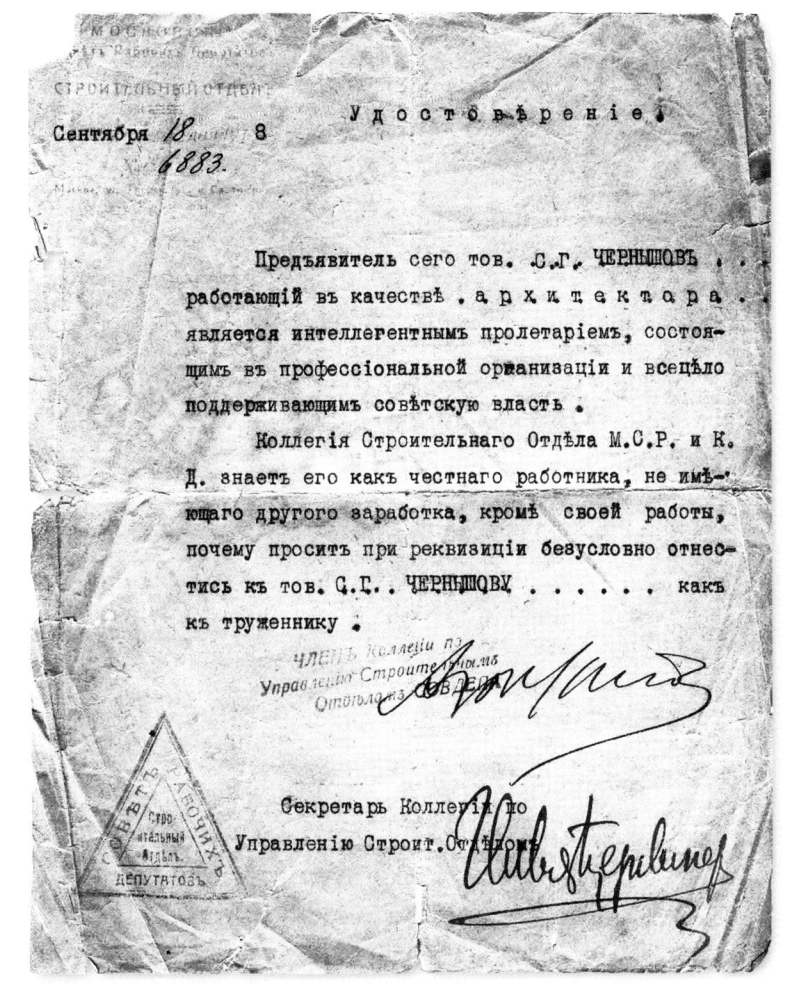

↑ Агитационная доска «Уважение
к древности». Находилась
на здании Исторического музея
в Москве. В рамках «Плана
монументальной пропаганды
1918–1920 гг.».
Из семейного архива

Propaganda plaque "Respect for
antiquity". Located on the building
of the Historical Museum in Moscow.
Within the framework of the "Plan
for Monumental Propaganda" in the
period from 1918–1920.
From family archives.

← Удостоверение, выписанное
Управлением строительного
отдела С. Е. Чернышеву,
подтверждающее, что он работает
в качестве архитектора и является
интеллигентным пролетарием.
18 сентября 1918 г.
Из семейного архива

Document issued to S. Chernyshev
by the Administration of Construction
Affairs, confirming he was employed
as an architect and was a member
of the "intellectual proletariat"
(working-class designation).
September 18, 1918.
From family archives.

→ Проект здания акционерного общества «Аркос» в Москве.
Перспектива интерьера.
С. Е. Чернышев. 1924 г.
Из семейного архива

Design of the joint-stock company building "Arkos" in Moscow.
View of the interior.
S. Chernyshev. 1924.
From family archives.

→ Акционерное общество «Аркос». Фасад по ул. Ильинке

The joint-stock company "Arkos".
Facade through Ilyinka Street.

↓ Акционерное общество «Аркос». План 2-го этажа

The joint-stock company "Arkos".
Second-storey floor plan.

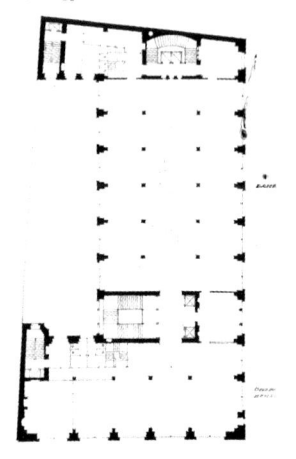

→ Реконструкция и надстройка здания акционерного общества «Эспортхлеб». Вид здания. 1925–1926 гг. Из семейного архива

Reconstruction and additional storeys of the joint-stock company building "Bread Export". View of the building. 1925–1926. From family archives.

↓ Акционерное общество «Эспортхлеб». Фото интерьера. 1925–1926 гг. Из семейного архива

The joint-stock company "Bread Export". Photograph of the interior. 1925–1926. From family archives.

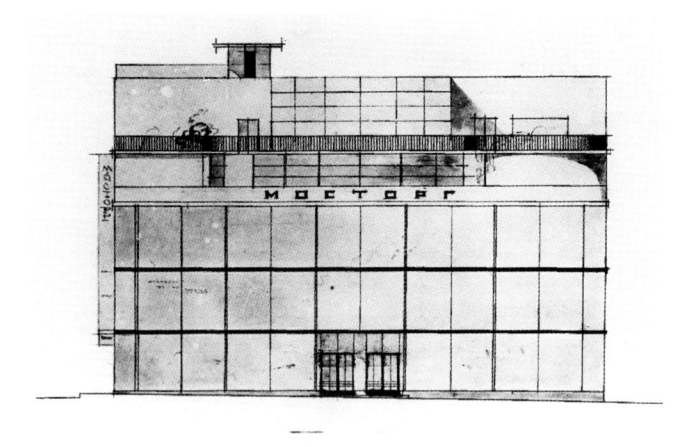

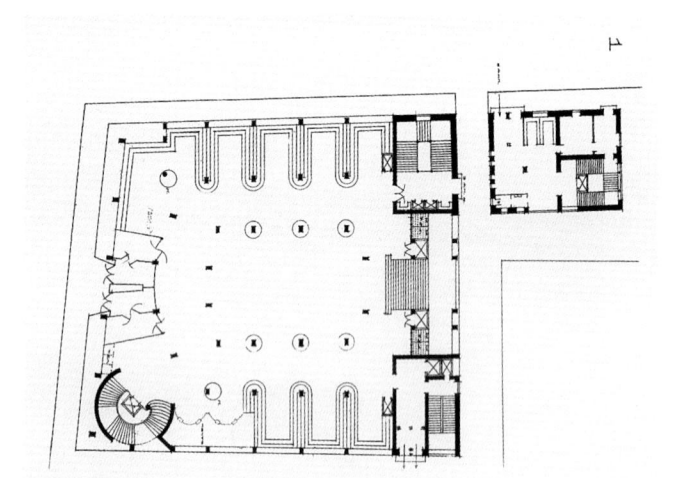

← Конкурсный проект универмага Мосторга. Ул. Бакунинская. Фасад. Архитектор С. Е. Чернышев, при участии В. А. Бранштейна и В. Н. Семенова. 1927 г.
Из семейного архива

Competitive design of the Mostorg Department Store. Bakuninskaya Street. Facade. Architects: S. Chernyshev with the assistance of V. Brandstein and V. Semyonov. 1927. From family archives.

← Универмаг Мосторга. План 1-го этажа.
Из семейного архива

Mostorg Department Store. First-storey floor plan. From family archives.

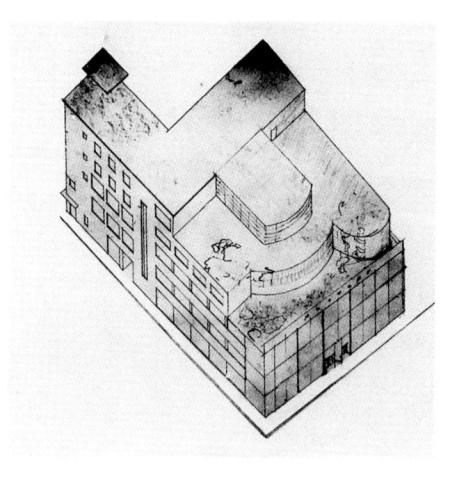

↑ Универмаг Мосторга. Аксонометрия.
Из семейного архива

Mostorg Department Store. Axonometric projection. From family archives.

↓ Конкурсный проект Промышленного банка. Свердловск. Фасад. Архитектор С. Е. Чернышев, совместно с В. Д. Кокориным. 1926 г.
Из семейного архива

Competitive design of the Industrial Bank. Sverdlovsk. Facade. Architect: S. Chernyshev with V. Kokorin. 1926. From family archives.

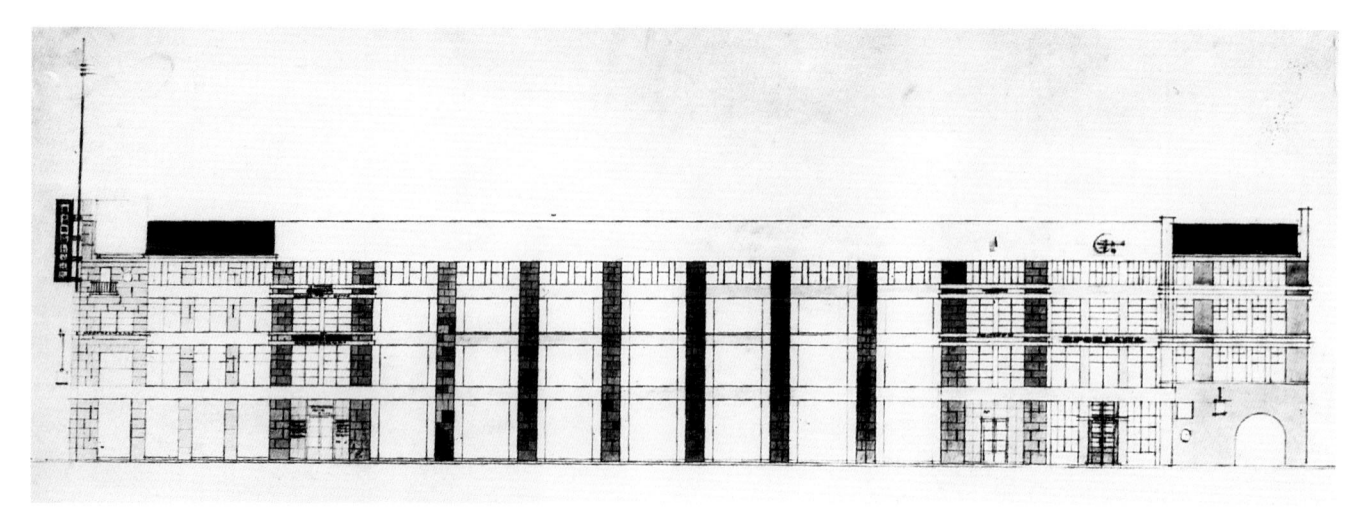

↑ Памятник К. А. Тимирязеву перед главным корпусом Тимирязевской сельскохозяйственной академии. Москва. 1924 г. С. Е. Чернышев, совместно со скульптором М. М. Страховской. Современное состояние

Monument of K. Timiryazev in front of the main wing of the Timiryazev Agricultural Academy. Moscow. 1924. S. Chernyshev with the sculptor M. Strakhovskaya.

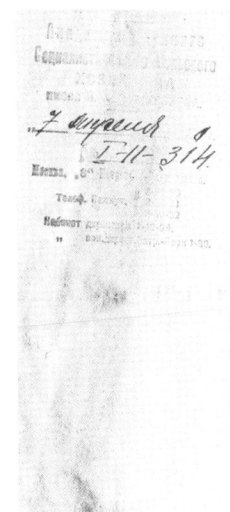

↑ Справка, выданная С. Е. Чернышеву директором Академии народного социалистического сельского хозяйства, о проектировании памятника К. А. Тимирязеву и выполнении ряда других работ в 1928–1929 гг. 7 июля 1934 г. Из семейного архива

Certificate issued to S. Chernyshev by the Director of the Academy of People's Socialist Agriculture, recognisng his design of the monument of K. Timiryazev and a number of other works between 1928 and 1929. July 7, 1934. From family archives.

→ С. Е. Чернышев и неизвестный на Эйфелевой башне. Париж. 1927 г. Из семейного архива

S. Chernyshev and unknown at the Eiffel Tower. Paris. 1927. From family archives.

← На даче. Сидят: С. Е. Чернышев, А. Е. Хохлов, Э. И. Семенова, И. Е. Шафран (муж Е. Н. Семеновой) с сыном Димой.
Стоит: В. А. Ховренко (муж А. Н. Семеновой), на террасе: Наташа и Таня Чернышевы. Окуловка. 1920 г.
Из семейного архива

The dacha. Seated: S. Chernyshev, A. Khokhlov, E. Semyonova and I. Shafran (husband of Ye. Semyonova) with his son Dima. Standing: V. Khovrenko (husband of A. Semyonova). On the terrace: Natasha and Tanya Chernysheva. Okulovka (village). 1920. From family archives.

# Глава 7.
# Мавзолей интеллекта

К 1924 году план монументальной пропаганды тихо сошел на нет. Вернее сказать, к тому времени он перерос в планомерную систему последовательной агитации, пиком которой стало увековечение памяти умершего в 1924 году В. И. Ленина. Культ вождя бунтующих масс — явление, характерное для XX века, и на долю Советской России выпала сомнительная честь встать в авангарде формирования нового культа. Вне всяких сомнений, главным объектом архитектурных страстей стал проект Мавзолея — почти ритуального сооружения на Красной площади, о перипетиях возведения которого сняты десятки документальных фильмов и написаны сотни работ. Однако вереница проектов — от откровенно абсурдных инфернальных усыпальниц с пылающими денно и нощно языками вечного пламени до помпезных с колоннами и скульптурами псевдоантичных дворцов — стала лишь первым этапом масштабной ленинской эпопеи.

Архитектурная лениниана затянулась с 1924 по 1988 год, когда в Архангельске был открыт последний в СССР памятник вождю работы Льва Кербеля, мечтавшего, чтобы к его Ильичу «захотелось подойти и один на один помолчать, подумать, спросить, если надо, совета». Этот тонкий порыв знаменитого скульптора в полной мере соответствовал посылу специальной Комиссии ЦИК СССР по увековечению памяти В. И. Ленина. Член Комиссии Л. Красин напишет: «Память В. И. Ленина должна быть

# Chapter 7.
# The Mausoleum of intellect

By 1924, the plan for monumental propaganda had quietly fallen by the wayside. To be more precise, by the time in question it had snowballed into an orderly system of sustained propaganda which culminated in the immortalisation of Vladimir Lenin, who died in 1924. The cult of personality surrounding the leader of the rebellious masses was a significant phenomenon of the twentieth century, whereby Soviet Russia had the dubious honour of spearheading the development of a new cult. Beyond all doubt, the most passionately discussed project was that of the mausoleum in Red Square. This was considered to be a space for quasi-religious rituals to be conducted. The twists and turns in the history of this building have been discussed in dozens of documentary films and hundreds of works. Nevertheless, a series of projects ranging from blatantly preposterous infernal tombs to eternal flames – as well as grandiose columns and sculptures of a pseudo-antique palace – constituted merely a first stage in the ambitious Lenin saga.

Architectural "Leniniana" – the tradition of representation of Lenin's image – extended from 1924 to 1988, when the last Soviet monument to the leader was unveiled in Arkhangelsk. The architect Lev Kerbel dreamed of erecting a monument that "would make people want to walk up and stand in front of it, reflecting and asking for advice if necessary". The sensitive impulse of the famous sculptor was in accordance with the specific message by the Commission of the

и будет увековечена в целом ряде архитектурных памятников на всем пространстве нашего Союза. Это будет работа для нескольких поколений, но начать ее надо немедленно»*.

В то время как советские архитекторы ломали копья над достойным вместилищем тела вождя, в 1924 году было принято постановление о проекте хранилища его интеллектуальных ресурсов. Многочисленные рукописи и документы должны были бережно сохраняться и изучаться в отдельном исследовательском учреждении — Институте Ленина. В закрытом конкурсе приняло участие 16 архитекторов, и в том числе А. В. Щусев, однако волею судеб его проект до наших дней не сохранился. Известно только, что это был один из первых конструктивистских опытов легендарного зодчего.

Зато проект Чернышева не только занял в конкурсе первое место, но и был реализован, с учетом всей важности и значительности задачи, в рекордные сроки — всего за полтора года. Несмотря на желание абстрагироваться от идеологии и рассмотреть эту работу исключительно с архитектурной точки зрения, сделать это вряд ли получится. Верный своим профессиональным принципам, мастер сумел связать воедино все компоненты в единое целое — Институт стал одновременно и монументом вождю, и свидетельством «нового времени», и технологически совершенным утилитарным зданием.

Стиль его не укладывается в рамки конструктивизма — исследователи творчества Чернышева склонны давать ему определение конструктивизма «гармонизированного», основанного на выявлении симметрии, числа и меры, присущих мастерам классической школы. Это в известной степени покоробило адептов конструктивизма, колко подметивших в журнале «Современная архитектура», что «сооружение, выгодно отличаясь от архаических форм старой архитектуры, не совсем свободно от налетов чисто декоративных (пилястры, круглые окна, цвет и пр.) и носит еще характер монументальной символики, чуждой современной архитектуре». Впрочем, ответом на подобные упреки вполне может служить показательный эпизод из книги

\* Л. Б. Красин. О памятниках Владимиру Ильичу // О памятнике Ленину. Л., 1924.

Central Executive Commission to immortalise the memory of Vladimir Lenin. Leonid Krasin, a commission member, wrote: "The memory of V. I. Lenin must and will be immortalised in a series of architectural monuments throughout the Soviet Union. It will be the work for several generations but it should begin immediately." \*

While Soviet architects were crossing swords on the issue of which building would provide a worthy repository for the leader's body, a decree was issued in 1924 on a proposal for a repository for Lenin's intellectual resources. Numerous manuscripts and documents were to be carefully preserved and studied at a research institution named the Lenin Institute. Sixteen architects took part in the closed competition, including Alexey Shchusev. However, it so happened that the scheme did not remain intact. It is only known that this was one of the iconic architect's first constructivist experiments.

Meanwhile, Chernyshev's design did not only occupy the top position in the competition, but – given the importance of the task – was implemented in record time, taking just a year and a half. Regardless of the desire to set ideology aside and treat the work exclusively from an architectural point of view, this was hardly realistic. True to his professional principles, the master managed to integrate all components: the institute simultaneously became a monument to the leader, evidence of a "modern age" and a technologically perfect utilitarian building. The building's style does not stay within the framework of Constructivism: those researching Chernyshev's work are inclined to define it as "harmonised" Constructivism, since it seeks to establish symmetry, numbers and dimensions which are characteristic of classical schoolmasters. To a certain degree, this went against the grain of Constructivist experts who cuttingly observed in the journal *Sovremennaya Arkhitektura* that "the building compares favourably with the archaic forms of old architecture but is not entirely devoid of decorative elements (pilasters, round windows, colour, etc.) and contains features of monumental symbolism which are alien to modern architecture". It must be said that an answer to such criticism can be drawn from a tell-tale episode in a book by the French author

\* *L. Krasin. O pamyatnikakh Vladimiru Ilyichu (On Monuments to Vladimir Ilyich). In: O pamyatnike Leninu (On the Monument to Lenin). Leningrad 1924.*

французского автора Ж.-Л. Коэна, посвященной творчеству Ле Корбюзье. Во время своего визита в Москву легенда архитектурного авангарда Ле Корбюзье так и не добился официального разрешения советских властей зарисовать на улицах интересующие его объекты и делал свои наброски тайно. В число немногих столичных зданий и сооружений, заинтересовавших французского мастера, попал и проект Чернышева. Институт Ленина мэтр рисовал, прячась в подъезде Моссовета, то и дело скрывая рисунок от любопытных глаз полой теплого пальто.

Этот рисунок остался до наших дней — созданный в сложных условиях, он стал, пожалуй, одним из самых высоких признаний архитектурного таланта Сергея Чернышева.

Официальные рецензии, впрочем, тоже последовали в самом благожелательном тоне. Нарком Луначарский настоятельно рекомендовал членам ВЦИК посетить новое здание: «... даже с внешней стороны он вас поразит: удалось выстроить заново громадное здание, приспособленное для этого института, здание интересное с архитектурной точки зрения. Здесь господствует полный порядок, чистота, необычайная точность, которая нужна для того, чтобы вместить со скрупулезным порядком громадные материалы, суметь во всякое время их сразу мобилизовать. Этот институт представляет собою в полном смысле слова сокровищницу»*.

Технологический ресурс здания должен был поражать воображение современников. В цокольном этаже, например, архитектор расположил спецхранилище — камеру с непроницаемыми стальными стенами, полом и потолком. Для предохранения от сырости камера была дополнительно забетонирована и проложена спаянными свинцовыми плитами. «Известия» с восторгом писали тогда: «Архив этот построен по последнему слову техники хранения документов — не только огонь, но даже крупнокалиберный артиллерийский снаряд не в состоянии проникнуть через стальную броню стен». Массивный серый (штукатурка с лабрадором) небоскреб со стеклянными шахтами лифтов, сложными внутренними конструкциями из стали и лаконичной надписью рубленым шрифтом «Институт Ленина»

---

* А. В. Луначарский. Доклад на юбилейной сессии ЦИК СССР. 16.10.1927.

Jean-Louis Cohen, which explores the work of Le Corbusier. During his visit to Moscow, Le Corbusier, the Constructivist legend, failed to obtain official permission from the Soviet authorities to draw buildings on the street which caught his interest. Therefore he drew sketches in secret. Chernyshev's design was one of the few buildings in the capital which caught the eye of the French master. Le Corbusier sketched the Lenin Institute while hidden in the entrance of the Moscow Soviet building, concealing his sketch from curious eyes beneath his warm coat. The drawing has survived: made in adverse conditions, it incidentally became one of the most valuable tributes to Sergey Chernyshev's architectural talent.

Admittedly, official reviews were also very favourable. Lunacharsky, the People's Commissar for Culture, strongly recommended that members of the All-Union Central Executive Commission visit the new building. "Even the exterior will impress you: it is a new building adapted for this institute, a building which is interesting from an architectural point of view. Perfect order, lucidity, extraordinary precision dominate here, which are necessary in order to store the immense wealth of material by using a scrupulous method so that it can be consulted at any time. This institute represents a treasure trove in the full sense of the word."*

The technological resources of the building were meant to impress contemporaries. The basement floor, for example, contained a special storage room and a chamber with impenetrable steel walls, floor and ceiling. To prevent dampness, the chamber was covered with an additional layer of concrete and soldered with lead. At the time, *Izvestiya* enthusiastically endorsed the fact that "the archive represents a cutting-edge storage of documents: not only fire, but even a large caliber artillery shell cannot penetrate the steel armor of the walls". The massive grey high-rise building (stucco with Labrador), featuring glass lift shafts, complicated internal steel structures and the brief inscription "Lenin Institute" in etched letters was a symbol of the new Moscow which was not accustomed to such large-scale construction projects during those harsh years. The journal *Stroitelstvo Moskvy* administered a stern rebuke

---

* *A. Lunacharsky. Report from the Anniversary Session of the Central Executive Committee of the USSR (October 16, 1927).*

стал одним из ярких символов новой Москвы, не избалованной в те суровые годы строительными проектами подобного масштаба. Журнал «Строительство Москвы» сурово ответил на выпады конструктивистов. «На основании тысячелетней культуры архитектурных принципов, надо приветствовать подобную выразительность здания как ставящую его в разряд художественных произведений искусства».

Сегодняшнему москвичу трудно оценить все величие и простоту этого сооружения. Пристройка, выполненная по проекту архитектора Ю. Шевердяева, полностью исказила образ здания, нарушив почти кубические пропорции объема. Изменилась ориентация главного фасада, исчезла стеклянная шахта лифта, и даже столь характерная для архитектуры 1920-х годов рубленая надпись «Институт В. И. Ленина» была уничтожена. Тонкий шов, пролегающий по стене знаменитого здания, стал разделителем подлинного и наносного …

to the Constructivists' insults. "On the grounds of a thousand-year-old culture of architectural principles, the expressiveness of the building must be welcomed since it places it in the rank of masterpieces of art."

It is difficult for the present inhabitants of Moscow to gauge the grandeur and simplicity of the building. The extension – which was based on a design by the architect Yu. Sheverdyayev – completely truncates the original design of the construction since it destroys the almost cubic form of the building. The alignment of the main facade was altered, the glass elevator shaft disappeared and even the famous inscription "Lenin Institute," whose block letters were characteristic of architecture in the 1920s, was removed.

↓ Генеральный план Советской площади и Института В. И. Ленина.
1925 г. Из семейного архива

General design of the Soviet Square and Lenin Institute.
1925. From family archives.

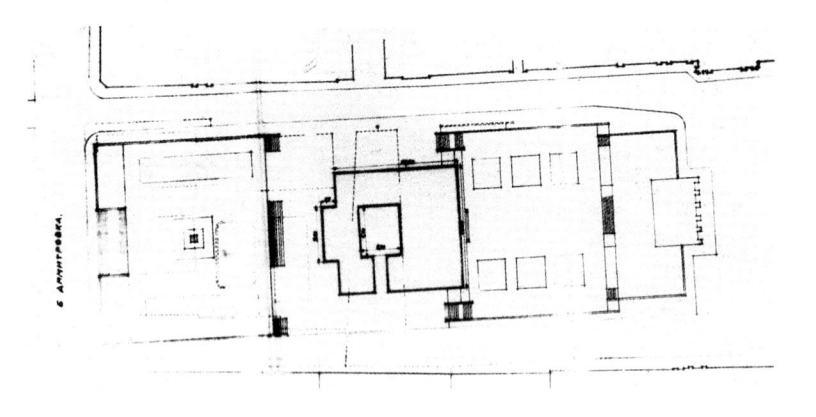

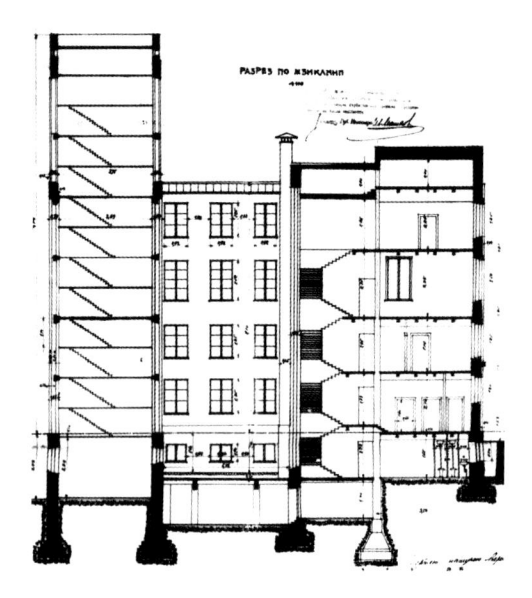

↑ Проект Института В. И. Ленина.
Продольный разрез. Из семейного архива

Design of the Lenin Institute.
Longitudinal cross-section. From family archives.

← Проект Института В. И. Ленина.
Первоначальный фасад. 1925 г.
Собрание Музея архитектуры им. А. В. Щусева

Design of the Lenin Institute. Original facade. 1925.
Collection of the Shchusev Museum of Architecture.

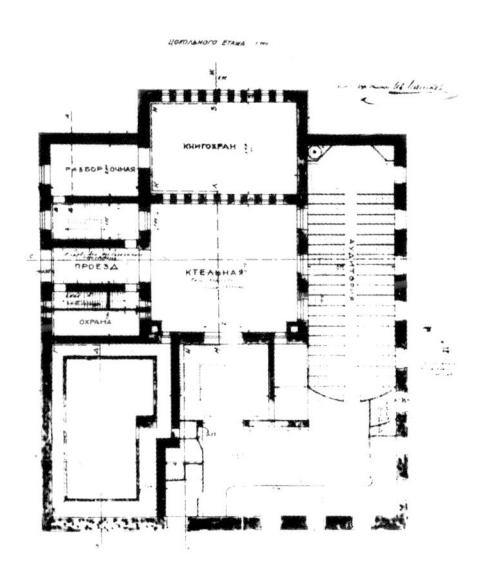

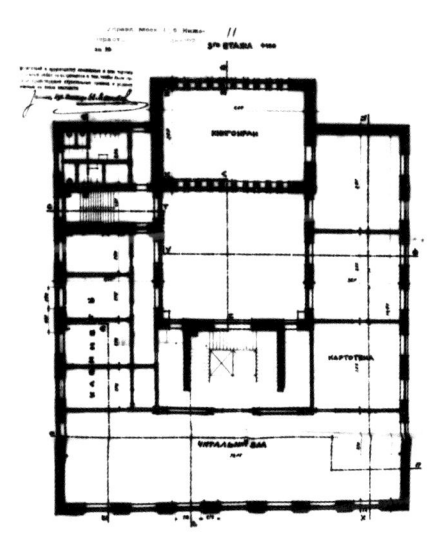

←← Проект Института
В. И. Ленина. План цокольного
этажа. Из семейного архива

Design of the Lenin Institute.
Plan for the ground floor.
From family archives.

← Проект Института В. И. Ленина.
План 3-го этажа.
Из семейного архива

Design of the Lenin Institute.
Plan for the third floor.
From family archives.

↓ Вид Советской площади
со стороны Тверской улицы.
1925 г. Из семейного архива

View of the Soviet Square
from Tverskaya Street. 1925.
From family archives.

← Обложка журнала
СА № 2, 1927 г.

Cover of the journal
*Sovetskaya Arkhitektura*,
No. 2, 1927.

↑ Рисунок Института Ленина на Советской площади, сделанный Ле Корбюзье во время его визита в Москву в 1928 г.
Из книги Ж.-Л. Коэна «Ле Корбюзье и мистика СССР. Теория и проекты для Москвы, 1928–1936»

Drawing of the Lenin Institute by Le Corbusier during his visit to Moscow in 1928. From Jean-Louis Cohen's book *Le Corbusier and the mystique of the USSR: Theories and projects for Moscow, 1928–1936*.

↓ Вид Советской площади со стороны Тверской улицы. Конец 1950-х гг. Собрание Музея архитектуры им. А. В. Щусева

View of Soviet Square from Tverskaya Street. The end of the 1950s. Collection of the Shchusev Museum of Architecture.

Институт В. И. Ленина.
Общий вид здания.
Фото из журнала СА № 2, 1927 г.

Lenin Institute.
Overall view of the building.
Photograph from the journal
*Sovetskaya Arkhitektura,*
No. 2, 1927.

Институт В. И. Ленина. Фрагмент главного фасада.
Фото из журнала СА № 2, 1927 г.

Lenin Institute.
Section of the main facade.
Photograph from the journal
*Sovetskaya Arkhitektura,* No. 2, 1927.

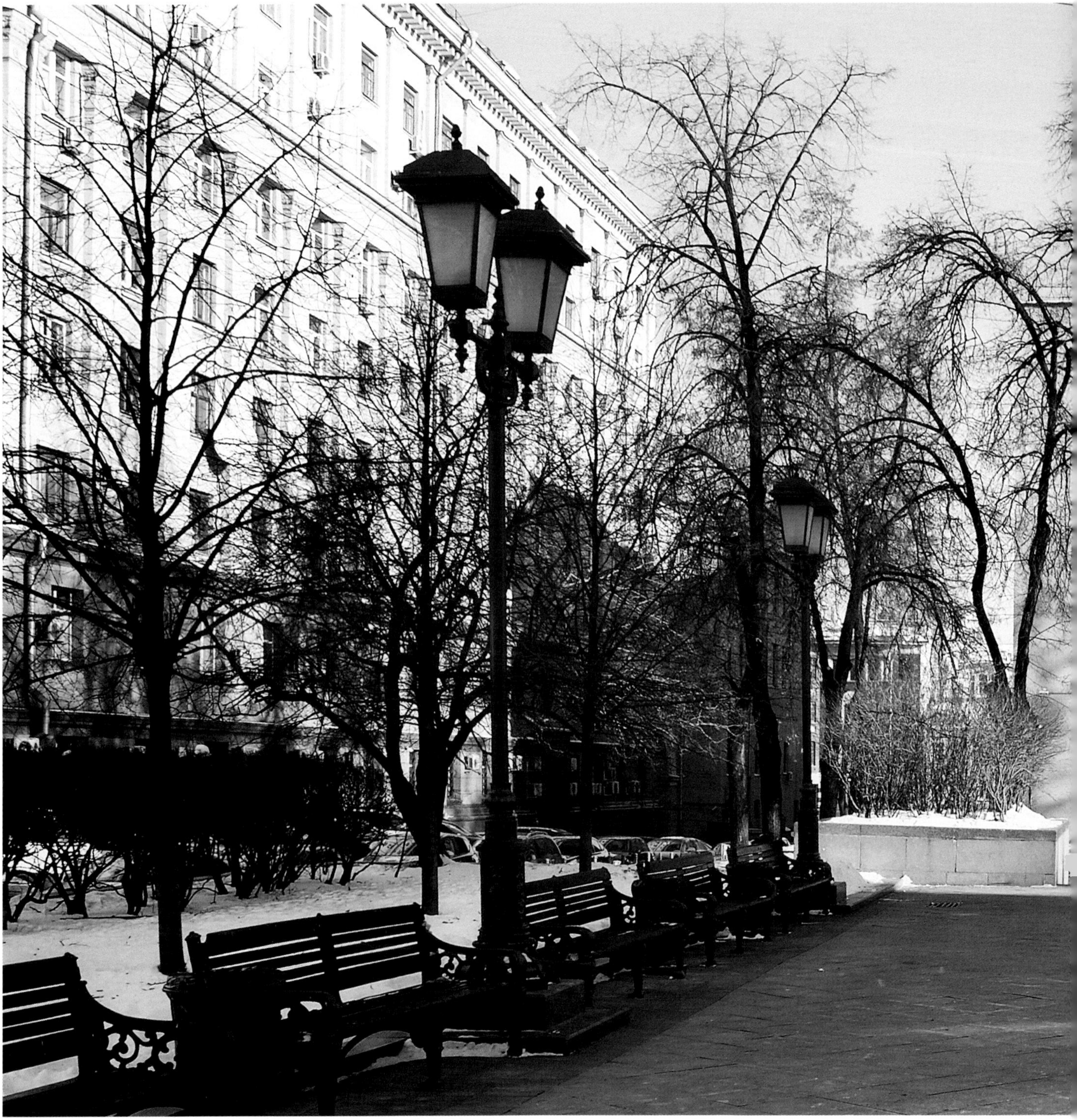

Здание бывшего Института марксизма-ленинизма при ЦК КПСС, в настоящее время Российский государственный архив социально-политической истории. Современное состояние

Nowadays, the building of the former Institute of Marxism-Leninism under the Central Committee of the Communist Party of the Soviet Union houses the Russian State Archive of Socio-Political History. Present-day condition

# Chapter 8.
# From utopian communal living to workers' communes

Admirers of the work of Dobrolyubov and Leskov will certainly recall the express desire of literary "nihilists" in the second half of the nineteenth century to live by the example of the European socialists, Owen, Fourier and Saint-Simon in "glass houses" and phalansteries. These utopian pursuits raised eyebrows among contemporaries: after visiting Owen's colony in New Lanark, the future emperor Nikolay Pavlovich wholeheartedly recommended that they stop making fools of themselves and move to Russia along with the two-million unemployed workers of Britain. Owen rejected the emperor's suggestion. However, an efficient solution to the housing problem for manual workers only came to Russia a hundred years later in the 1920s.*

Looking back, it was not only the ideology which underwent dramatic changes. The whole country was in an experimental phase – lodged in the process of a brutal experiment being carried out without a preliminary plan. The realities of the past were left behind: "client-contractor" relations were completely transformed, the approach to the decoration of buildings, as well as the selection and use of materials, changed. The system of state contracts in architecture was being built from scratch. It was more difficult for architects to grasp the intricacies of their forthcoming work. On the one hand, it was

---

* Frank Podmore. Robert Owen: A Biography.
New York: Appleton and Co., 1907, p. 173.

система госзаказа в архитектуре выстраивалась в буквальном смысле слова «с нуля». Тем сложнее было понять архитекторам всю тонкость предстоящей работы: с одной стороны, требовалось соблюсти некие идеологические установки, с другой — не уйти в издержки фантастических и нереализуемых на практике предложений. Именно в последнюю крайность скатывалось большинство коллег Чернышева. Архитектурные конкурсы 1920-х годов запомнились в первую очередь необычными, смелыми, яркими, но абсолютно неосуществимыми в ту пору идеями. Первые премии получали, как правило, архитекторы-реалисты, трезво оценивавшие возможности и запросы государства-заказчика.

Стеклянные башни, дома-дирижабли, парящие в стратосфере социалистические общежития стали лишь верхушкой айсберга неконструктивных решений, лавины абсурда, захлестнувшей конкурсные комиссии. Дома-дирижабли не интересовали заказчика. Советской республике требовалось практичное, функциональное и комфортабельное жилье, и в то же время соответствующее туманным принципам социалистического общежития, которые еще не успели сформироваться к тому моменту.

Одну из первых премий Чернышев получил за проект жилого дома Сахаротреста в 1921 году. «Дом удачен по планировке всех помещений», — пишет в своем заключении конкурсное жюри, отмечая «желательным в экономическом отношении» систему инженерных решений, позволивших отапливать все здание с помощью одной печи, и подчеркивая удобное расположение террас. В этой первой оценке первого проекта рабочего жилья, кажется, сконцентрирована вся суть пожеланий заказчика — рациональность и комфорт при минимальных затратах.

Продуманная планировка, а главное — новые гигиенические условия. Вот основные требования комиссии Всероссийского конкурса на составление проектов показательных домов для квартир рабочих. Наверное, именно в такой дом вселится лирический герой Маяковского, литейщик Иван Козырев:

necessary to adhere to certain ideological principles and on the other hand, to steer clear of incurring expenses linked to fantastical and impracticable proposals.

Most of Chernyshev's colleagues fell into this trap. The architectural competitions of the 1920s are best remembered for the unusual, bold and brilliant ideas which unquestionably were impossible to implement at the time. Top prizes usually went to realistic architects who presented a sober assessment of opportunities as well as the demands of the client, ie the State.

Glass towers, houses shaped like airships and socialist "dormitories" (mass housing for workers) soaring into the stratosphere were only the tip of the iceberg of contentious solutions – or an avalanche of the absurd – which inundated competition commissions. The client was not interested in houses in the shape of dirigible balloons. The Soviet republic needed practical, functional and comfortable housing. At the same time, this had to correspond to the vague guidelines of socialist community life which were only emerging at the time.

Chernyshev was awarded one of the top prizes for his design of a Sakharotrest apartment house in 1921. "The house is a success in terms of the layout of the premises," writes the jury in its verdict, noting that the set of engineering principles which enabled the whole building to be heated with a single stove is "desirable from an economic standpoint" as well as emphasising the convenient location of the terrace. The first assessment of the first design for workers' accommodation appears to concentrate on the focal point of client's requests: rationality and comfort at a minimum cost.

Well-thought-out planning and – most importantly – modern hygienic conditions were the main requirements by the commission of the All-Russian competition in the design of an exemplary workers' apartment building. It is likely that Mayakovsky's lyrical hero, the foundry worker Ivan Kozyrev, moved into such a house. The poem (printed on the following page in the original version in Russian) was written five years after the competition, when the rules and norms of socialist construction were established and enshrined in a canon. Until then, in 1923 most of the competitors were far removed from any notion of summoning the worker "to be a guest of socialism" and visit their designs which according to critics, are reminiscent of apartment buildings from the past.

*Во — ширина!
Высота — во!
Проветрена,
освещена
и согрета.
Все хорошо.
Но больше всего
мне
понравилось —
это:
это
белее лунного света,
удобней,
чем земля обетованная,
это —
да что говорить об этом,
это —
ванная.*

*…Придешь усталый,
вешаться хочется.
Ни щи не радуют,
ни чая клокотанье.
А чайкой поплещешься —
и мертвый расхохочется
от этого
плещущего щекотания.
Как будто
пришел
к социализму в гости,
от удовольствия —
захватывает дых.
Брюки на крюк,
блузу на гвоздик,
мыло в руку
и …
бултых!*

Это стихотворение будет создано спустя пять лет после конкурса, когда правила и нормы социалистического строительства утвердятся и оформятся в канон,

"The clear differentiation of areas used for various purposes, their logical grouping in a general ensemble … This permits diverse and expressive prospects while generally adhering to the standard". This quote is from A. Ivanitsky, a well-known urban developer and a member of the jury who assessed the advantages of Chernyshev's design.

Standard houses – which became the lamentable trademark of Soviet architecture – were mentioned by all reviewers. This perhaps played a role in the awarding of first prize for Sergey Chernyshev's design. Nonetheless, the residential estate does not look monotonous or dreary: simple and expressive decorative methods, a combination of single-slope roofs and arcs which link the buildings, as well as multi-purpose buildings come across like a single organic ensemble.

A single, comprehensive design was represented by three-storeyed houses made of prefabricated blocks with central heating designed for workers with families, hostels for "small families" and people living alone, as well as administrative and auxiliary structures. Specialists described the principle denoting the separation of the "intimate sphere" as a sign of good planning: the bedroom no longer performed the function of a washroom or bathroom and the possibility of accommodating bathrooms in the flat without forfeiting useful space was also emphasised in reviews of the project.

It was surprising that new socialist housing for workers was not based on flimsy structures made of new materials, nor were they aiming to soar into the stratosphere and be separated from the earth surface. Central heating and a separate washroom turned out to be far more important and necessary.

Chernyshev gives "a human face" to standard buildings due to the ease of implementing his design, and most importantly, the comfort and robust rationalism of the premises. He effectively lays down new rules and laws for "socialist communal living". This approach was manifest in a series of other competitions: designing standard housing for the Commissariat of Education, the Grozneft settlement, houses for workers at Kashyra and Malaya Vyshera Power Plants and for Donbass, which was then a promising, essential fuel resource for the country.

"People are flocking to Donbass from all corners of our country. Their first question is "where to live?" Alexander Fadeyev later wrote in his novel *The Young Guard*. Li Fang Chi,

подкрепленный обязательными к исполнению партийными постановлениями. А пока, в 1923-м, большинство конкурсантов далеки от идеи позвать рабочего «к социализму в гости», и проекты их, по мнению критиков, напоминают доходные дома прошлого.

«Ясно выраженная дифференциация площадей различного назначения, логичная их группировка в общий ансамбль… Даны возможности разнообразных и выразительных перспектив, при выдержанной в общем типовой застройке», — известный градостроитель и член жюри А. П. Иваницкий по достоинству оценил преимущества проекта Чернышева.

Типовая застройка — в будущем главное печальное ноу-хау советской архитектуры — была отмечена всеми рецензентами и стала, пожалуй, одним из решающих факторов в присуждении первой премии конкурса проекту Сергея Чернышева. При этом квартал не выглядит монотонным и скучным — простые и выразительные приемы декоративного оформления, сочетание односкатных крыш и арок, соединяющих корпуса, — постройки различного назначения выглядят единым и органичным ансамблем. Блочные трехэтажные дома с центральным отоплением, предназначенные для семейных рабочих, общежития для малосемейных и одиноких, административные и хозяйственные сооружения представляли собой единый комплексно выполненный проект. Хорошим приемом планировки специалисты назовут принципы расположения «интимной части» — для закрепления у рабочих навыков повседневной гигиены санузел находится рядом со спальней, а возможность разместить санузлы в квартире, не теряя при этом полезной площади, особо подчеркивается в отзывах на проект.

Удивительно, но новое — социалистическое — жилье для рабочих было создано не за счет эфемерных конструкций из новых материалов, не взлетом в стратосферу и отрывом от поверхности Земли. Центральное отопление, теплый туалет и отдельная умывальная комната оказались куда более важными и востребованными обстоятельствами.

Удобство реализации предлагаемых проектов, а главное, комфортабельность и здоровый рационализм жилых помещений — Чернышев формирует «человеческое лицо» типовой застройки, по сути, определяя и создавая но-

a Chinaman, built himself a house made of clay and straw on an empty lot; he then began to add room after room – similar to a honeycomb – and let these rooms until newcomers realised there was no need to rent rooms from Li Fang Chi since they could build their own. Thus, a vast area of clustered clay houses emerged which was given the name Shanghai. Later, similar mud huts in a honeycomb structure emerged along the entire length of the ravine that separated the city, as well as in empty lots around the city; these nests were called "little Shanghais."*

It follows from the text that these "little Shanghais" survived in Donbass until the Nazi occupation. They were complemented by comfortable and well-lit houses and halls of residence designed by Sergey Chernyshev. It was written in the *Rabochiye Zhilishcha* journal that, "the premises are all well-lit, well-situated and it ought to be noted that the washroom and toilet are located in the vicinity of the bedrooms… From an economic standpoint, the planning is also a success since – despite the lack of space – it provides comfortable rooms furnished with all requirements and well-lit auxiliary premises."

"God is in the details", is a well-known French phrase, and consequently Chernyshev paid very close attention to detail. To avoid long and depressing corridors which were also the scourge of Soviet hostels and barracks, the architect designed the building at an angle, breaking the line of the extended structure. The house became more picturesque and compact whereas workers appreciated the fact that all auxiliary services, such as bathrooms, were located in a separate zone. The entrance, drying room, washroom and terraced canteen were all compactly accommodated on the first floor of the premises, away from the fifteen single bedrooms. A further eighteen bedrooms were located on the floor above, to which two wide staircases led.

The jury of the Donbass competition noted the methodoloy, as opposed to "mindless fulfillment of ambitious plans" and houses "in general", emphasising that the plans of the residential houses were "exceedingly simple and rational."

As early as 1924, eight designs executed by Chernyshev of various types of accommodation were published in the pamphlet of standard designs by the People's Commissariat for

---

\* *A. Fadeyev, Molodaya Gvardiya. Moscow: Molodaya Gvardiya Publishers, 1951.*

вые правила и законы «социалистического общежития». Этот подход проявится в целой серии других конкурсов — на типовое жилье для Комиссариата просвещения и поселка ‹Грознефть›, при проектировании домов для рабочих Каширской и Мало-Вишерской электростанций и для Донбасса — перспективного и в тот момент основного сырьевого региона страны. «Со всех концов нашей земли стекаются люди в Донбасс. И первый вопрос у них: где жить?» — напишет позже Александр Фадеев в «Молодой гвардии». «Китаец Ли Фан-ча слепил себе на пустыре жилье из глины и соломы; а потом стал лепить комнатки, одну к другой, как соты, и сдавать их внаем, пока пришлые люди не поняли, что незачем снимать комнатки у Ли Фан-чи, можно слепить свои. Так образовался обширный район лепящихся друг к другу мазанок, — этот район назвали ‹Шанхаем›. Потом такие же мазанки-соты возникли вдоль всей балки, разделяющей город, и на пустырях вокруг города, и эти гнезда мазанок стали называть ‹шанхайчиками›»*.

«Шанхайчики», как следует из текста, сохранились в Донбассе вплоть до времен фашистской оккупации, однако дополнились комфортабельными и светлыми домами и общежитиями, спроектированными С. Чернышевым. «Помещения все светлые, удобно расположенные, причем следует отметить устройство умывальной и уборной около спален, — пишет в те годы сборник «Рабочие жилища» и продолжает, — прием планировки удачен и в экономическом отношении, давая при небольших площадях удобные комнаты со всеми необходимыми и хорошо освещенными вспомогательными помещениями».

«Бог — в мелочах» — говорили французы, и мелочам Чернышев уделял самое пристальное внимание. Чтобы избежать в проекте протяженных и унылых коридоров — бича советских общежитий и бараков, архитектор проектирует здание под углом, ломает линию вытянутого строения.

Дом становится живописным и компактным, а проживающие рабочие оценят по заслугам, что все вспомогательные помещения вроде санузлов вынесены в отдельную зону. Входной тамбур, сушильная, умывальная, столовая с тер-

Labour. Several designs of cottages and apartment blocks were specially designed for the pamphlet which aimed to "set new benchmarks and identify approaches and concepts" in the creation of a socialist-type of dwelling.

This publication is best viewed as a sample of an evolving canon since many of the designs and architectural concepts – which were first presented by Chernyshev and are nowadays taken for granted – were viewed as a revelation and a fortunate discovery by his contemporaries. Unfortunately, a great deal of the master's proposals were lost in the mass construction of the later "advanced" socialism. All those who remember the flaws of Soviet mass construction are left with a wistful feeling when reading about designs which had no "walk-through rooms" or about "workers' cottages". However, in 1924 the rules were still only being created and there was no one to challenge them since there was no time. The Commissariat's pamphlet was distributed throughout the country as an instruction manual, or a kind of catechism of architecture for distant regions and fledgling architects.

---

* А. А. Фадеев. Молодая гвардия. М.: Молодая гвардия, 1951.

расами — все это компактно сосредоточено на первом этаже помещения, в стороне от пятнадцати одноместных спален. Еще восемнадцать спальных комнат расположились этажом выше — к ним вели две широкие лестницы. Творческий подход к работе, а не бездумное выполнение «красивых» планов и домов «вообще» особо отметит жюри конкурса в Донбассе, подчеркнув, что планы жилых домов «чрезвычайно просты и целесообразны по расположению».

Уже в 1924 году в сборнике типовых проектов Наркомата труда опубликовано 8 проектов разного типа жилья, выполненных Чернышевым. Несколько проектов коттеджей и многоквартирных домов архитектор разрабатывает специально для сборника, поставившего задачей «наметить основные вехи, дать определенные подходы и приемы решения» для создания социалистического типа жилья. Это издание логичнее рассматривать как образец формирующегося канона — многие из представленных Чернышевым, очевидных для нас приемов и архитектурных решений стали для современников откровением и удачной находкой.

Впрочем, многое из предложенного мастером, к сожалению, было утрачено в типовом строительстве позднего «развитого» социализма — всем, кто помнит огрехи советской массовой застройки, грустно читать, что в проектах, к примеру, «проходных комнат нет», или вообще слышать словосочетание «рабочий коттедж». Но в 1924-м правила только еще создаются — их некому, да и некогда опровергать. Сборник Комиссариата труда расходится по стране — как руководство к действию, как своего рода архитектурный катехизис для отдаленных районов и начинающих архитекторов.

Портрет С. Е. Чернышева.
1920–1930-е гг.
Из семейного архива

Portrait of S. Chernyshev.
1920–1930s. From family archives.

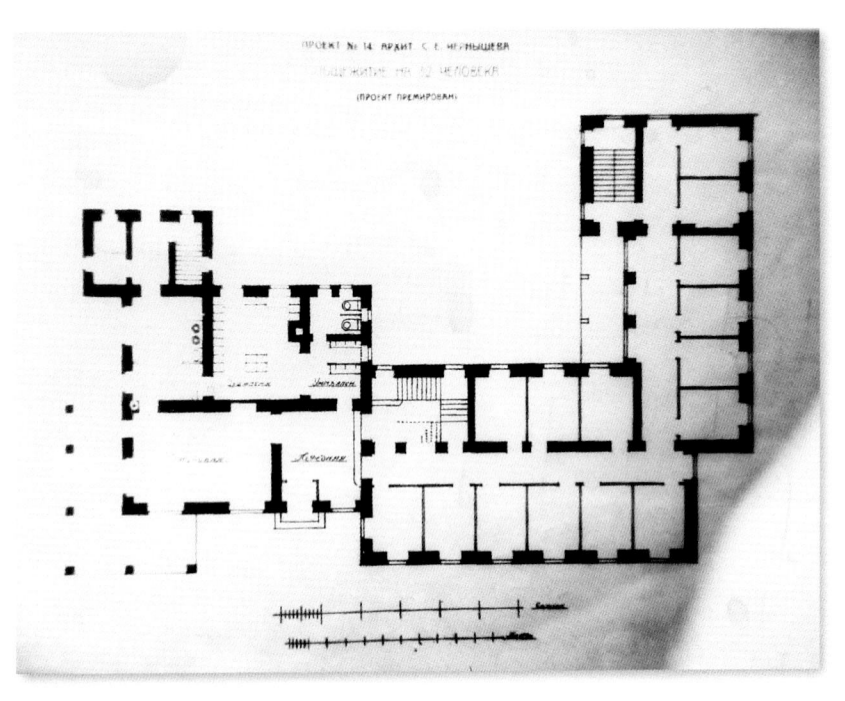

← Конкурсный проект № 14 общежития
на 32 человека. Проект премирован.
Конец 1920-х — начало 1930-х гг.
Из семейного архива

Competitive design of dormitory No. 14
for 32 people. Winning design.
Late 1920s – early 1930s.
From family archives.

↓ Эскиз жилого дома
для рабочих Донбасса.
Конец 1930-х — начало 1940-х гг.
Из семейного архива

Sketch of an apartment house
for Donbass workers.
Late 1920s – early 1930s.
From family archives.

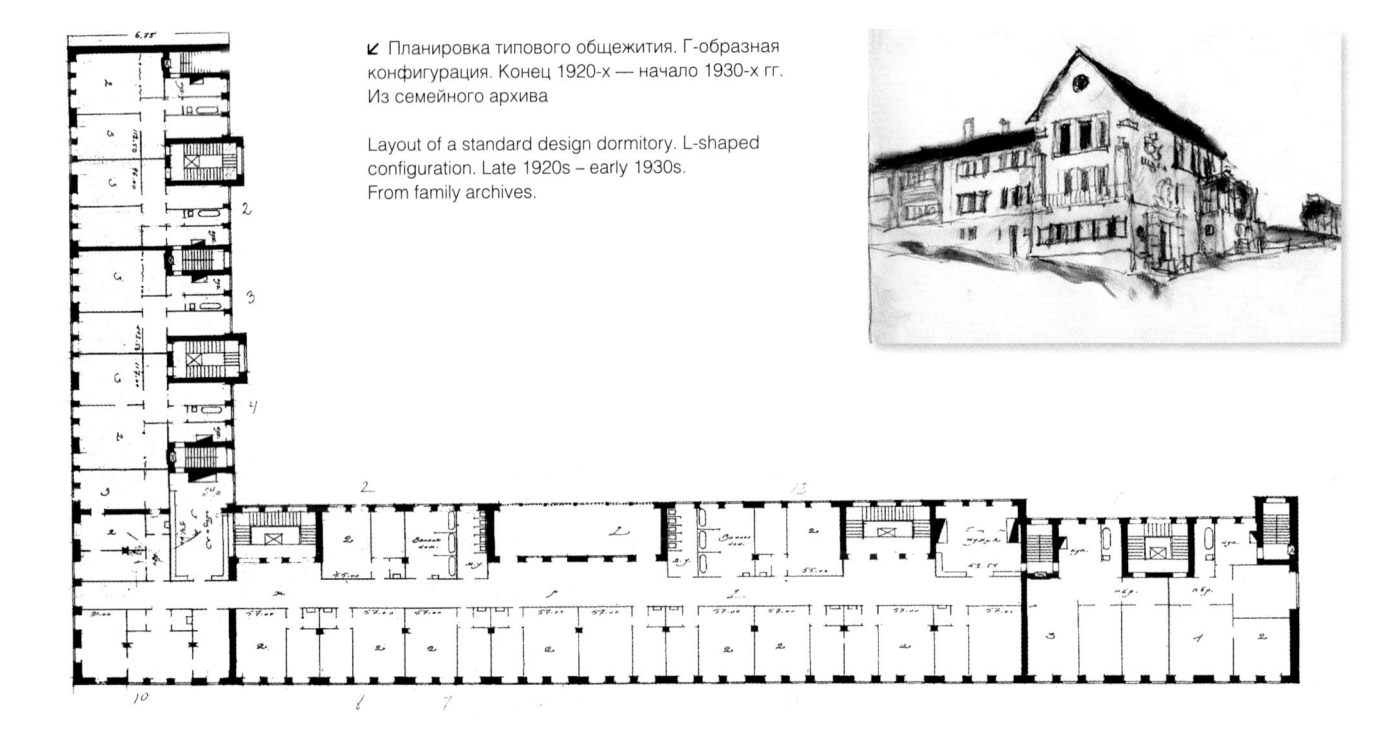

↙ Планировка типового общежития. Г-образная
конфигурация. Конец 1920-х — начало 1930-х гг.
Из семейного архива

Layout of a standard design dormitory. L-shaped
configuration. Late 1920s – early 1930s.
From family archives.

↑ Конкурсный проект общежития для рабочих Донбасса. Продольный и торцевой фасады, ограда с воротами и фонтаном. Конец 1930-х — начало 1940-х гг. Собрание Музея архитектуры им. А. В. Щусева

Competitive design of a dormitory for Donbass workers. Longitudinal and side facades, walls with a gateway and a fountain. Late 1920s – early 1930s Collection of the Shchusev Museum of Architecture.

↗ Конкурсный проект общежития для одиноких в поселке Мало-Вишерской электростанции. Фасад и план. Поощрительная премия. 1929 г.
Из семейного архива

Competitive design of a single dormitory in the village of the Malo-Vishersky Power Plant. Facade and overall plan. Incentive bonus. 1929. From family archives.

→ Проект № 12 общежития на 83 человека. План и фасад. 1924 г. Из семейного архива

Design No. 12 of a dormitory for 83 people. Overall plan and facade. 1924. From family archives.

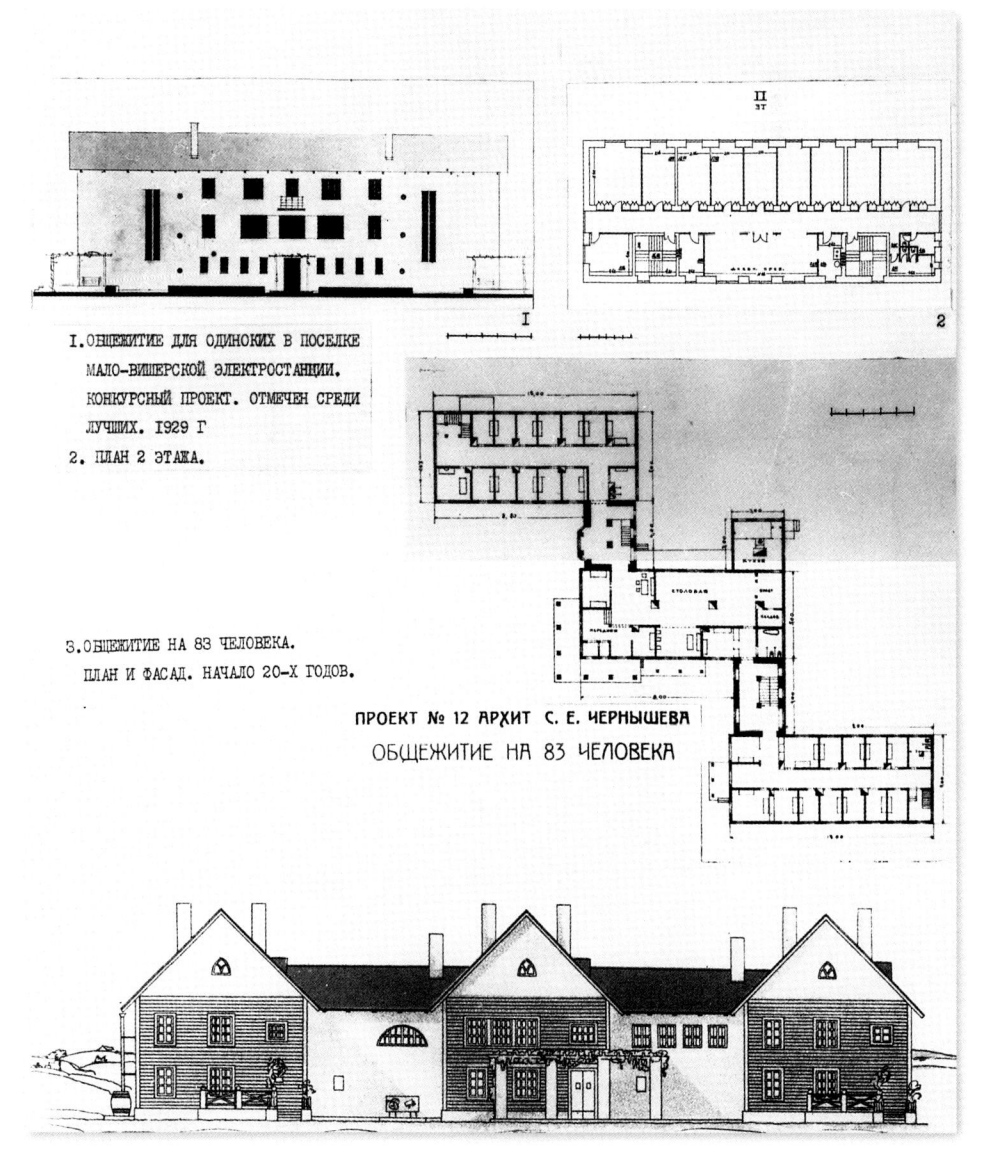

← Проект реконструкции зданий МКХ в Театральном проезде. Москва. Фасад. 1932 г. Из семейного архива

Design for the reconstruction of the Moscow Public Works building in Theatre Alley. Moscow. Facade. 1932. From family archives.

→ Реконструированное здание МКХ в Театральном проезде. Фрагмент фасада

Reconstructed Moscow Public Works building in Theatre Alley. A section of the facade.

Реконструированное здание МКХ в Театральном проезде. Москва. Вид здания со стороны Лубянской площади. Современное состояние

Reconstructed Moscow Public Works building in Theatre Alley. Moscow. View from Lubyanskaya Square. Present-day condition.

Внешний вид дома РЖСКТ. Москва. Фото 1970-х гг.

Outside view of the WRCCA building. Moscow. Photograph from the 1970s.

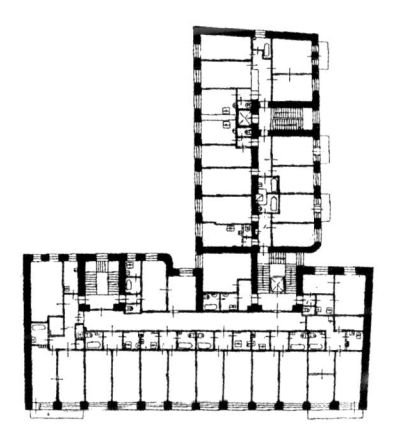

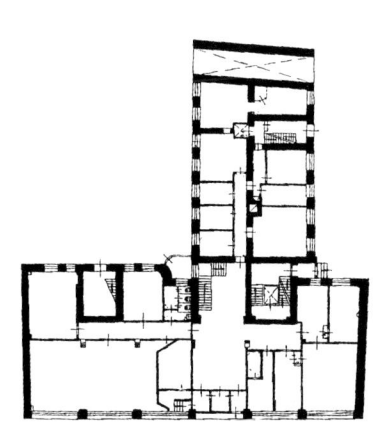

План жилого дома с административными помещениями рабочего жилищно-строительного кооперативного товарищества (РЖСКТ) «Крестьянская газета» им. Л. Б. Красина в Камергерском переулке. Москва. 1929–1930 гг. Из семейного архива

Layout of an apartment building with administrative premises for the Workers' Residential-Construction Cooperative Association (WRCCA) L. Krasin "Farmers' Gazette", Kamergersky Lane. Moscow. 1929–1930. From family archives.

Внешний вид жилого дома в Камергерском переулке. Москва. Современное состояние

Outside view of the WRCCA building. Moscow. Present-day condition.

# Глава 9.
# Архитектура высокого напряжения

Вопреки расхожему мнению, что «лампочка Ильича» загорелась лишь в первые годы советской власти, уже к 1913 году существовал предварительный проект глобальной электрической сети, разработанный легендарным Вернадским. Первая ГЭС появляется уже в 1903 году в Ессентуках, а вторую строят для собственных нужд монахи Соловецкого монастыря. В 1910-м начинается сооружение Волховской ГЭС, а в 1912-м публично объявлено о строительстве гидроэлектростанции на днепровских порогах — будущего Днепрогэса, легенды ранних этапов электрификации.

В 1913 году все электростанции России вырабатывают 2 миллиарда киловатт-часов, темпы роста в этой новой тогда еще отрасли составляют 20–25 процентов в год, и, по прогнозам экспертов, в 1925 году страна должна стать безоговорочным мировым лидером в производстве электроэнергии*. Термин «электрификация всей страны» записан в уставе петербургского Общества электрического освещения, разрабатывающего проекты строительства электросетей и линий передач. Именно там работают все создатели будущего ленинского плана ГОЭЛРО — Глеб Кржижановский, Леонид Красин, Роберт Классон и другие. Именно

\* *Мировая экономика.*
*Глобальные тенденции за 100 лет.*
М.: Юристъ, 2003

# Chapter 9.
# High-voltage architecture

Contrary to the popular misconception, "the Ilyich bulb" was lit in the early years of Soviet government. This was a preliminary plan for a power grid which had been developed by the revered scientist Vernadsky back in 1913. In 1903, the first hydroelectric power plant was built in Yessentuki. The second was built by monks at the Solovki monastery for their own needs. In 1910, construction began on the Volkhov Hydroelectric Power Plant and in 1912 the plan to build a hydroelectric station on the Dnieper rapids – the future Dneproges and the key of the early stages of electrification – was publicly announced.

In 1913, Russia's electrical power plants generated two billion kilowatt per hour, and the industry grew at an annual rate of twenty to twenty-five percent. According to expert forecasts, in 1925 the country was to become an undisputed world leader in power generation.* The term "electrification of the whole country" appears in the *Charter of the Petersburg Electrical Illumination Society* which developed drafts for the construction of power grids and power transmission lines. The Society employed those responsible for the launch of – what was later to become known as – Lenin's GOELRO plan: Gleb Krzhizhanovsky, Leonid Krasin, Robert Klasson and others. The idea of the "electrification of the whole country"

\* *Mirovaya ekonomika.*
*Globalniye tendentsii za 100 let.*
Moscow: Yurist, 2003.

идея «электрификации всей страны» становится вторым слагаемым ленинской формулы коммунизма и наиболее востребованным и важным, как бы сказали сейчас, «национальным проектом» Советской России 1920-х. Темпы роста энергетической отрасли не подразумевают индивидуального подхода к проектированию электростанций. Как и в случае со строительством жилья для рабочих, страна нуждается в разработке типологии и унифицированном подходе — эта задача ложится на плечи лучших архитекторов страны.

Жолтовский и Гольц, Парусников и Норверт, и, разумеется, Чернышев становятся активными участниками реализации первого в истории человечества глобального сетевого проекта — ГОсударственной ЭЛектрификации РОссии. План этот вызовет скептическую оценку современников. Герберт Уэллс, например, напишет, что «Ленин сам впал в утопию, утопию электрификации… Можно ли представить себе более дерзновенный проект в этой огромной равнинной, покрытой лесами стране, населенной неграмотными крестьянами, лишенной источников водной энергии, не имеющей технически грамотных людей, в которой почти угасла торговля и промышленность? Такие проекты электрификации осуществляются сейчас в Голландии, они обсуждаются в Англии, и можно легко представить себе, что в этих густонаселенных странах с высокоразвитой промышленностью электрификация окажется успешной, рентабельной и вообще благотворной. Но осуществление таких проектов в России можно представить себе только с помощью сверхфантазии»*.

Уже не сверх, а гиперфантазии требовало понимание того обстоятельства, что ГОЭЛРО был по сути планом не только электрификации, а общей программой экономического развития всей страны. Он подразумевал, что все необходимое для строительства энергетических объектов будут производить специально построенные предприятия, а вся экономика в целом глобально привязывалась к развитию энергетики территорий. Железнодорожные магистрали, водные каналы — даже сегодняшнее разделение России на федеральные округа во многом совпадает с разбивкой, предусмотренной в ГОЭЛРО.

\* *Г. Д. Уэллс. Россия во мгле (Перевод А. Голембы) // Г. Д. Уэллс. Собрание сочинений в пятнадцати томах. М., 1964. Т. 15. С. 313–376*

became the second stage of Lenin's formula of Communism and the most important and necessary "national project" (to use the modern term) in Soviet Russia in the 1920s.

Such was the rate of growth of the power industry that there was no question of customising the approach and design of power plants. As in the case of accommodation for workers, the country needed a typology and uniform approach. This was a task for the country's top architects. Zholtovsky and Golts, Parusnikov and Norvert and, of course, Chernyshev were actively involved in the implementation of the first global power grid project in human history, known as GOELRO (the first few letters stand for the Russian words State Electrification of Russia).

Contemporaries were skeptical about the plan. For example, Herbert Wells wrote that Lenin "has succumbed at last to a Utopia, the Utopia of the electricians… Can one imagine a more courageous project in a vast flat land of forests and illiterate peasants, with no water power, with no technical skill available, and with trade and industry at the last gasp? Projects for such an electrification are in process of development in Holland and have been discussed in England, and in those densely-populated and industrially highly-developed centers one can imagine them as successful, economical, and altogether beneficial. But their application to Russia is an altogether greater strain upon the constructive imagination."*

It placed more than just a "greater strain" upon the constructive imagination to realise that GOELRO was essentially not only a plan for electrification, but rather an all-embracing programme of economic development. This meant that everything required to build power-generating facilities would be produced by specially built facilities and the whole economy was globally tied to the development of the power industry in the open country. Railway lines, canals and even the present-day division of Russia into Federal Districts coincide to a large extent with the breakdown envisaged by GOELRO.

More recent studies have established that Chernyshev designed seven electrical power plants out of a total thirty envisaged under the plan. Key energy hubs designed by Chernyshev

\* *H. G. Wells. Russia in the Shadows (Russian translation by A. Golembi). In: H. G. Wells. Collected Works in fifteen volumes. Moscow 1964, vol. 15, pp. 313–376.*

К настоящему времени доподлинно установлено, что Сергей Чернышев стал автором проектов семи электростанций из тридцати, предусмотренных планом. В Брянске и Новороссийске, на Урале и в Кашире, в Челябинске, Азове и на Донбассе возникали ключевые узлы энергосистемы, спроектированные Чернышевым.

Одним из первых проектов стала легендарная Каширская ГРЭС имени Кржижановского, построенная под личным контролем В. И. Ленина и на момент ввода в эксплуатацию — вторая по мощности в Европе. Можно только догадываться об уровне требований, которые выдвигались к внешнему облику этого объекта, призванного стать своего рода визитной карточкой ГОЭЛРО.

В то же время именно в Кашире должны были сложиться ключевые решения и типология для всех последующих объектов. Подход Чернышева к этой задаче мог обескуражить своей простотой и изяществом, и одновременно функциональностью и рационализмом.

Дымовые трубы, к примеру. Этот странный объект, не вписывающийся в каноны классической архитектуры, требовал нестандартных подходов — и они были успешно найдены. Чернышев трактовал их как своего рода колонны и установил симметрично по отношению к главному фасаду станции, выходящему на реку. Художественное прочтение технического агрегата превратило унылый гигантский дымоход в красивую архитектурную доминанту, изящно дополненную треугольными световыми фонарями, расположенными между трубами.

Большие квадратные часы, завершавшие образ фасада ГРЭС со стороны реки, вызывают сегодня некоторое недоумение — однако, учитывая, что Кашира еще только формировала неотработанную стилистику промышленных объектов, это решение невозможно считать ошибочным.

Легкость тяжелому изначально сооружению придавали огромные пространства витражных окон. Сочетание глухой оштукатуренной стены и воздушных стеклянных поверхностей станет очевидной удачей архитектора, решением, которое не раз повторится в последующих проектах. Помимо эстетической, витражное остекление несло и значительную функциональную нагрузку — одним из основных требований к советским промышленным объектам была

appeared in Bryansk and Novorossiysk, in the Urals and Kashira, in Chelyabinsk, Donbass and on the Sea of Azov.

One of the earliest projects was the legendary Kashira Thermal Power Plant which was named after Krzhizhanovsky and built under the guidance of Lenin. At the time it was the second biggest power plant in Europe. One can only surmise the demands made on the appearance of this facility, intended to become a GOELRO trademark. At the same time, in the case of Kashira key decisions and typologies were formulated which could be adopted by all future facilities. Chernyshev's approach to the task was startlingly simple, elegant and rational.

Take, for example, chimneys. This peculiar object was at odds with the canons of classical architecture and required an imaginative approach, but the solution was found. Chernyshev treated these as a kind of column and positioned them symmetrically in relation to the station's main facade overlooking the river. This artistic approach towards a technical facility turned a dreary, gigantic chimney into a beautiful dominating structure, elegantly enhanced by triangular lanterns which were placed between the chimneys. A large square-shaped clock provided the finishing touch to the power plant's facade overlooking the river. Today it may raise eyebrows, but considering that Kashira was a venture into uncharted territory for industrial facilities, the design cannot be considered flawed.

Huge lattice windows infuse a certain lightness into a structure. The combination of a blind stuccoed wall and ethereal, overhead glass surfaces proved to be a complete success for the architect and were repeatedly featured in subsequent designs. In addition to its aesthetic function, the stained glass windows carried an important functional load since one of the main requirements imposed on Soviet industrial facilities was natural illumination in contrast to the gloomy workshops of pre-industrial Russia.

The success of the designs for the Kashyra Power Plant was shared by at least two other power plants which Chernyshev designed in the mid-1920s. Chimneys were a dominant feature of the Constructivist thermal power plant at Azneft oil refineries and the Artyom Power Plant in the Donbass, which capitalised on the contrast between stucco and stained glass as well as the elegant arrangement of administrative buildings around the main building.

их естественная освещенность, в противовес мрачным цехам предындустриальной России. Успех решений Каширской ГРЭС разделили еще как минимум две электростанции, спроектированные Чернышевым в середине 1920-х годов. Созданные в стилистике конструктивизма теплосиловая станция нефтеперегонных заводов «Азнефти» и электростанция «Артем» в Донбассе получили дымовые трубы в качестве доминанты, контраст глухой штукатурки и прозрачного витража и красивую компоновку служебных помещений вокруг основного здания. Однако следующим этапом в развитии промышленной архитектуры Чернышева стали проекты Брянской РЭС, построенной в 1927-м, и Новороссийской РЭС 1929 года. Оба проекта были отмечены среди лучших и опубликованы в сборниках Московского архитектурного общества.

Технологической особенностью Брянской РЭС была система подачи топлива — станция работала на торфе из близлежащих болот. Как и в случае с Каширой, Чернышев изящно трансформировал функциональный агрегат в архитектурный объект, включив ажурную конструкцию эстакады подачи торфа в общую композицию сооружения. Это решение тоже станет типичным для топливных электростанций и узнаваемым признаком репрезентативности проекта Чернышева — того, к чему так стремился заказчик в лице пролетарского государства.

Монументальный новороссийский проект даст еще несколько важных решений, основанных на функциональности сооружения. Главный фасад Новороссийской РЭС разместится в торце всего сооружения, со стороны служебных помещений. Когда мощности электростанции будут нарастать и возникнет потребность в пристройке дополнительных сооружений, целостность архитектурного облика проекта удастся сохранить.

Упрощенные пилястры и сочетание круглых окон с прямоугольными — авторский почерк Чернышева без труда угадывается в проекте электростанции, почерк отточенный и уверенный, отработанный и изящный.

Квинтэссенцией опыта Чернышева в промышленном проектировании этого периода станет проект Челябинской РЭС — новаторской и неожиданной работы. Исходя из конструкции самого здания, автор создавал его форму

The next stage in the development of Chernyshev's industrial architecture was to design Bryansk Power Plant, which was built in 1927, and Novorossiysk Power Plant, which was built in 1929. Both projects were mentioned and given publicity in pamphlets by the Moscow Architecture Society.

A technological feature of the Bryansk Power Plant was the fuel-feeding system – the station burned the peat from the surrounding peat bogs. As in the case of Kashira, Chernyshev elegantly transformed a functional unit into an architectural object by incorporating the lacelike structure of the duct for feeding peat into the overall composition. This design would also become characteristic of thermal power plants and a hallmark of Chernyshev's projects, which was exactly what the client – the proletarian State – wanted. The monumental Novorossiysk project produced new important designs based on the facility's function. The main facade of the Novorossiysk Power Plant was situated at the butt end of the structure, on the side of the administrative premises. As the plant's capacity grew and the need arose to build additional structures, the overall architectural look of the project was successfully preserved.

Simplified pilasters and a combination of round and rectangular windows are Chernyshev's trademark features which are easily discernible in the power plant design, although his signature style is firm, confident and elegant. The peak of Chernyshev's experiment with industrial design in this period was the design of the Cherlyabinsk Power Plant, a remarkably innovative project. On the basis of the structure of the building, the architect created its form and architectural look. The glassed frame is its defining feature.

Here we find in concentrated form all the techniques finally honed by Chernyshev in the GOELRO plan: light stained-glass windows set off against the heavy stucco of the blind walls and vertical volumes juxtaposed with horizontal to create a contrast. In the opinion of specialists, Chernyshev was able, in Chelyabinsk, to achieve a purity of form, thus creating a standard in industrial architecture for the whole of the power engineering sector. Years later, in 1951, he wrote what is reputed to be a flagship article: "The Architect's Creative Tasks in Industrial Construction" touches upon a range of problems and tasks, among which the architect singles out the "search for simple and logical composition solutions and skillful use

и архитектурный облик. Остекленный каркас — это первая характеристика, которая приходит на ум при описании проекта. Здесь сосредоточены все приемы, отработанные архитектором за время участия в плане ГОЭЛРО — легкое стекло витражей оттеняет тяжелую штукатурку глухих массивов, вертикальные объемы контрастно противопоставлены горизонтальным — по мнению специалистов-исследователей, в Челябинске Чернышев смог добиться чистоты образа, создать эталон промышленной архитектуры для целой отрасли — энергетики.

Спустя много лет, в 1951 году, он напишет статью, которую можно считать программной. «Творческие задачи архитектора в промышленном строительстве» затрагивают целый спектр проблем и задач, основной из которых архитектор назовет «поиск простых и логичных композиционных решений с умелым использованием типовых элементов», создание современных интерьеров в цехах, благоустройство заводских территорий, правильное зонирование и график движения.

В связи с промышленными сооружениями Чернышев коснется в статье и главной темы своего творчества — градостроительной политики, указав, что «увязка промышленного строительства с планировкой города — важнейшая задача советского градостроительства».

Эти строки Сергей Егорович напишет спустя двадцать лет после реализации плана ГОЭЛРО. Возможно, что лампа на рабочем столе архитектора питалась энергией от Каширской ГРЭС, как и миллионы ламп на столах других советских людей загорались благодаря электроэнергии спроектированных им станций. План ГОЭЛРО, план высокого напряжения был перевыполнен даже досрочно — без сверхфантазии Уэллса СССР стал лидером в мировом производстве электроэнергии. К 1931 году в стране развернулась глобальная энергетическая структура, сеть протяженных линий электропередач, соединенных между собой тридцатью энергетическими узелками. Семь из них созданы Чернышевым.

of standard elements", the creation of modern interiors in the workshops, improvement of the factory grounds and proper zoning and scheduling of traffic.

In the article, Chernyshev touches upon the main theme of his entire work in relation to industrial structures, e.g. urban development policy, pointing out that the combination of industrial construction with city planning is the key task of Soviet urban development. Sergey Chernyshev wrote the article twenty years after the implementation of the GOELRO plan. It is possible that the lamp on the architect's desk was powered by the Kashira Thermal Power Plant, like millions of other lamps on the tables of other Soviet citizens which were also powered by stations he designed. The GOELRO plan, the High-Voltage Plan, was completed ahead of schedule. Without Wells's super-fantasy, the USSR became the biggest generator of electricity in the world. By 1931 the country had developed a global power structure – or a network – of long power transmission lines joined by thirty energy hubs. Seven of these were created by Chernyshev.

Проект Каширской государственной районной электростанции им. Кржижановского. Фасад. 1921–1922 гг. Из семейного архива

Design of the Krzhizhanovsky Regional Electric Power Plant in Kashira, Moscow province. Facade. 1921–1922. From family archives.

Проект Каширской государственной районной электростанции им. Кржижановского.
Боковой фасад. 1921–1922 гг.
Из семейного архива

Design of the Krzhizhanovsky Regional Electric Power Plant in Kashira, Moscow province.
Side facade. 1921–1922.
From family archives.

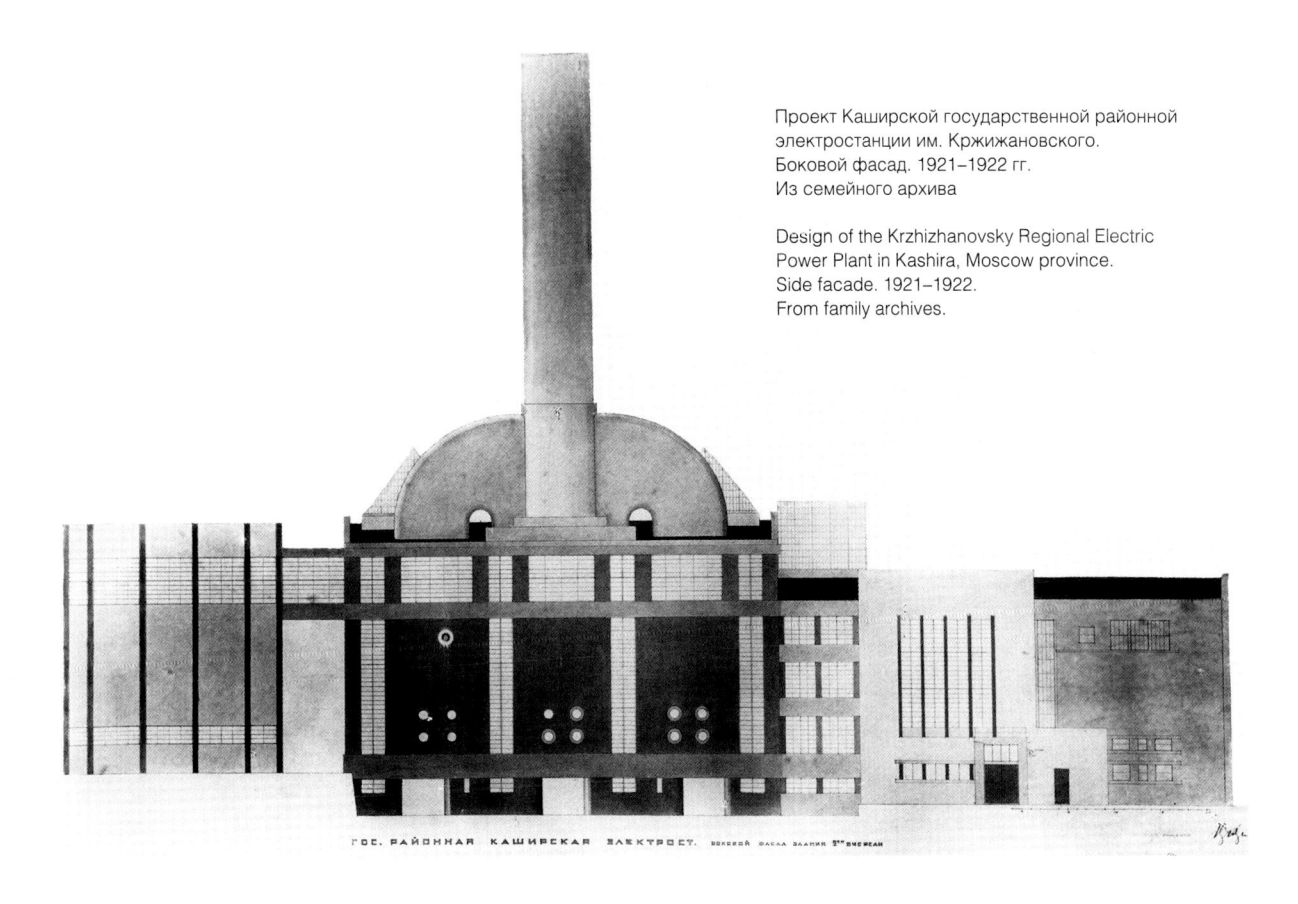

Проект теплосиловой станции нефтеперегонных заводов «Азнефти». Батуми. Аксонометрический вид. 1924 г. Из семейного архива

Design of a thermal power plant for the Azneft oil refineries. Batumi. Axonometric view. 1924. From family archives.

Теплосиловая станция нефтеперегонных заводов «Азнефти». Боковой фасад. Из семейного архива

Thermal power plant for the Azneft oil refineries. Side facade. From family archives.

↓ Проект Государственной районной электростанции «Артем», Донбасс. Фасад. 1925 г. Из семейного архива

Design of the Artyom State Regional Electric Power Plant. Donbass. Facade. 1925. From family archives.

→ Проект Брянской РЭС. Аксонометрический вид. 1927 г. Из семейного архива

Design of the Bryansk Regional Electric Power Plant. Axonometric view. From family archives.

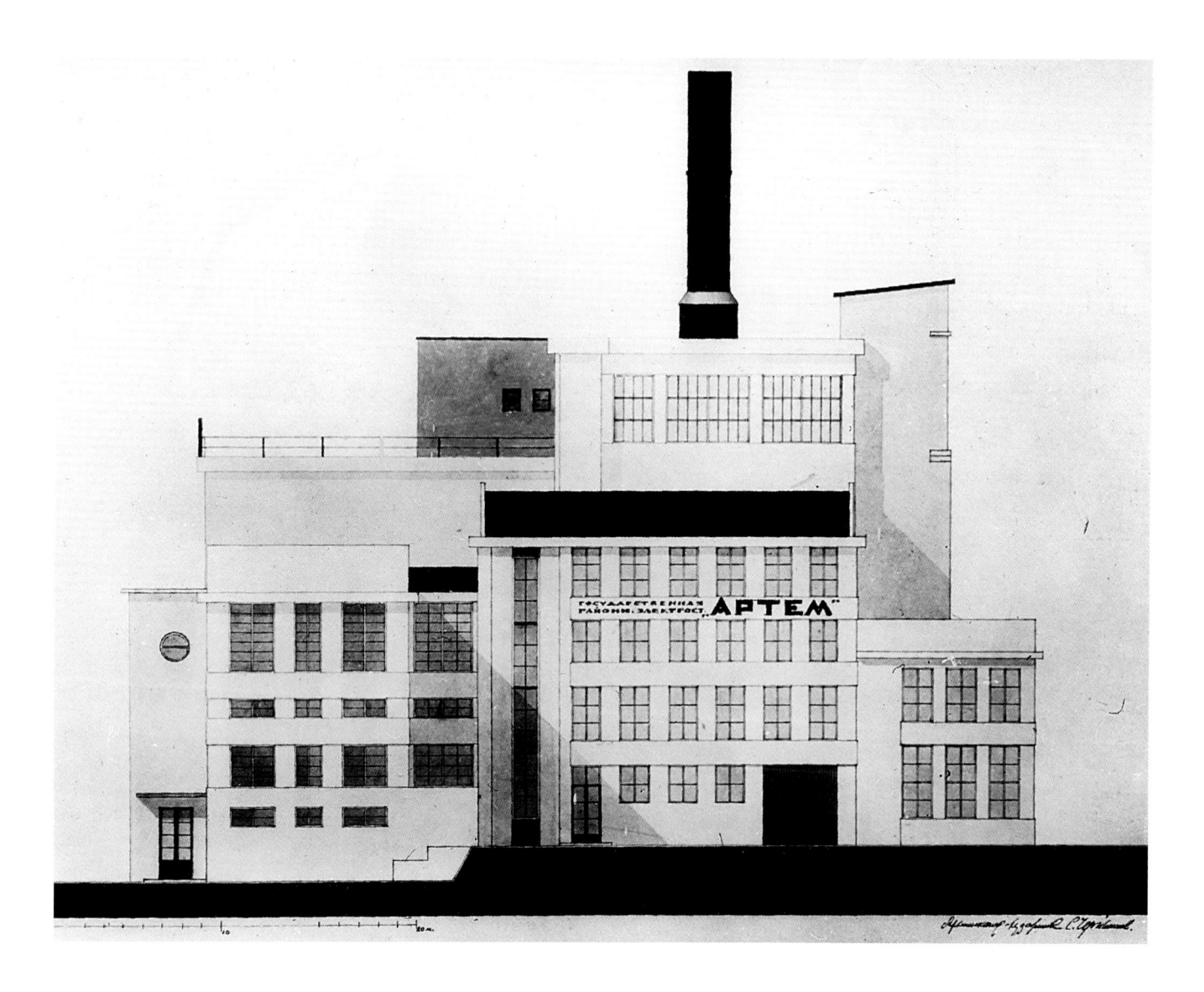

↓ Брянская РЭС. Фасад. 1927 г. Из семейного архива

Bryansk Regional Electric Power Plant. 1927.
From family archives.

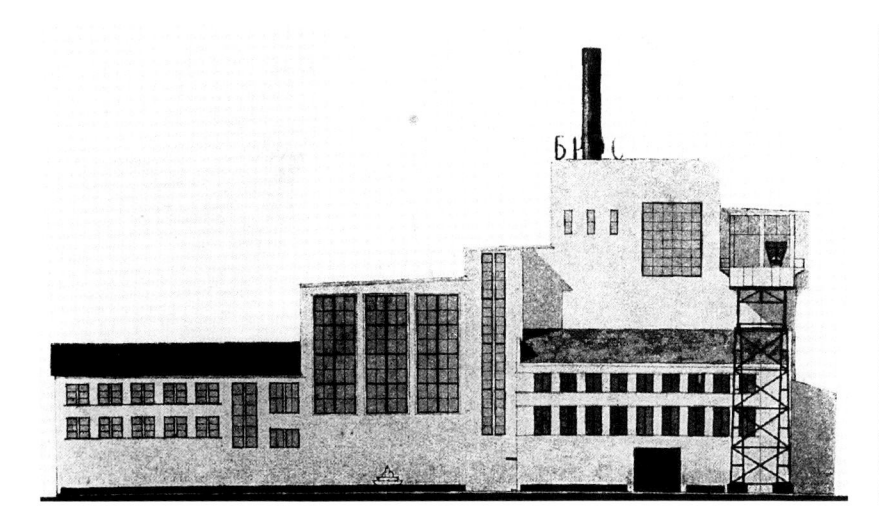

↓ Брянская РЭС. Установка турбины. Фото 1930-х гг.

Bryansk Regional Electric Power Plant.
Turbine installation. Photograph from the 1930s.

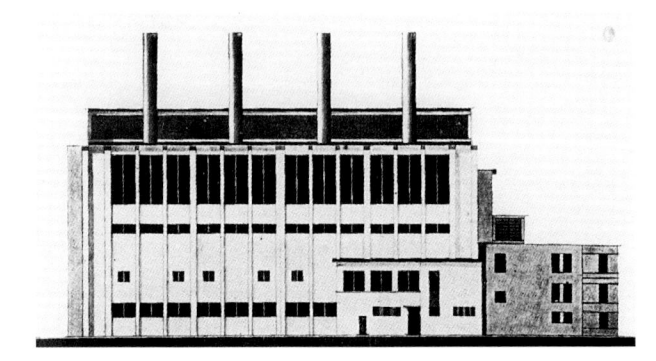

Проект Новороссийской РЭС. Фасад. 1928–1929 гг.
Из семейного архива

Design of the Novorossiysk Regional Electric Power Plant.
Facade. 1928–1929. From family archives.

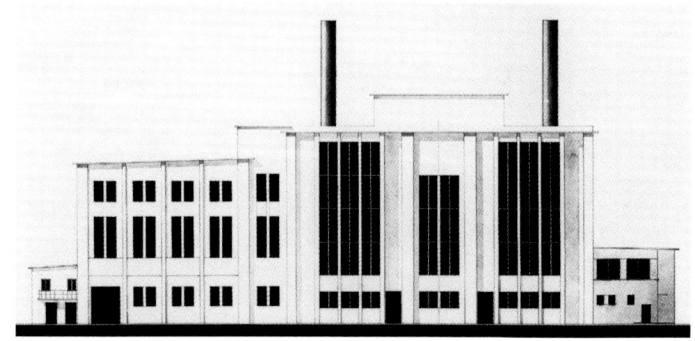

Новороссийская РЭС. Боковой фасад.
1928–1929 гг. Из семейного архива

Novorossiysk Regional Electric Power Plant.
Side facade. 1928–1929. From family archives.

Проект Новороссийской РЭС. План 3-го этажа. С. Е. Чернышев. 1928–1929 гг.
Собрание Музея архитектуры им. А. В. Щусева

Design of the Novorossiysk Regional Electric Power Plant. Plan of the third floor.
S. Chernyshev. 1928–1929. Collection of the Shchusev Museum of Architecture.

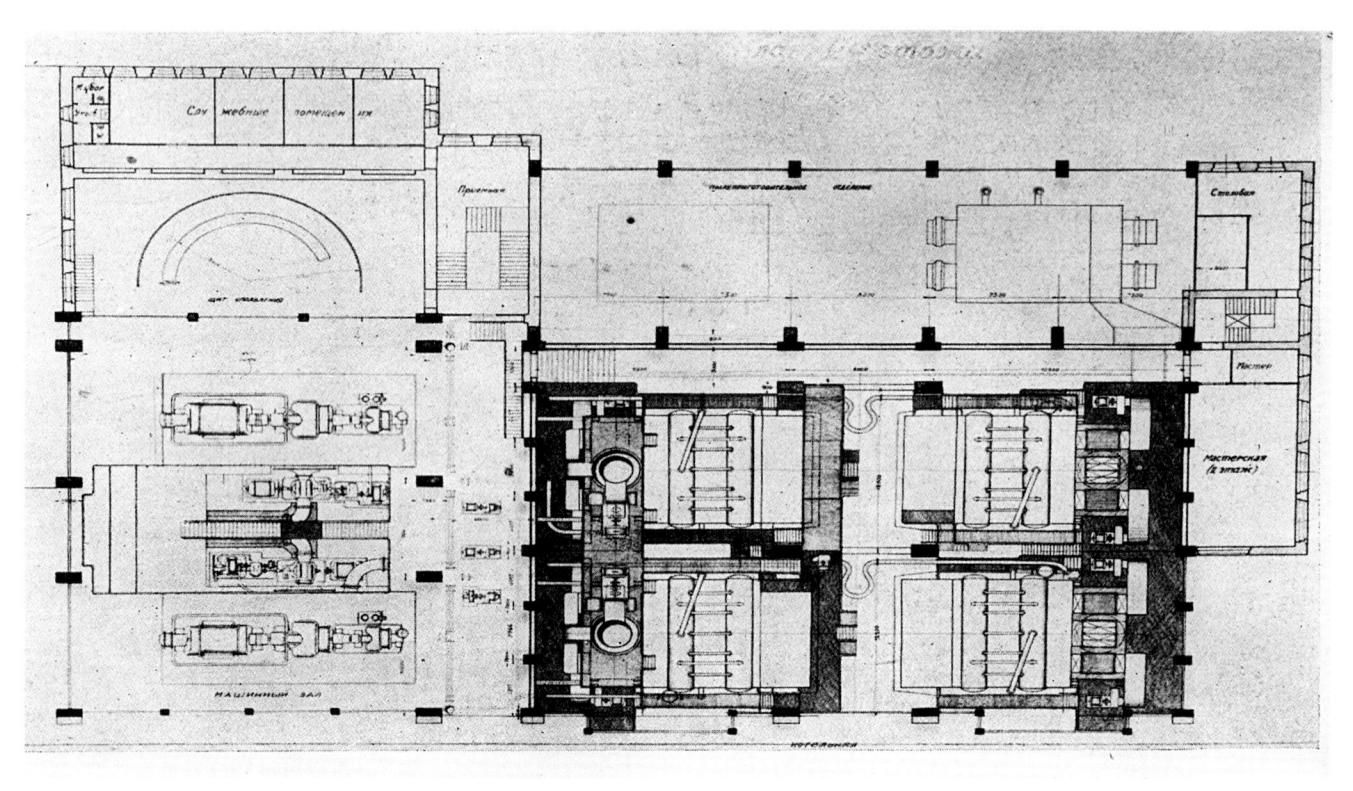

Проект Челябинской РЭС.
Аксонометрия. 1928–1929 гг.
Из семейного архива

Design of the Chelyabinsk Regional
Electric Power Plant. Axonometric
view. From family archives.

Проект Челябинской РЭС.
Фасад. 1928–1929 гг.
Из семейного архива

Design of the Chelyabinsk Regional
Electric Power Plant. Facade.
1928–1929. From family archives.

# Chapter 10. Garden city

Mayakovsky's iconic phrase, "It will be a garden city in four years' time," – which was repeated like a mantra by the frost-bitten lips of the builders of Kuznetskstroy as they chewed water-soaked bread in their filthy barracks – is familiar to any reader. "Khrenov's Story of Kuznetskstroy and the People of Kuznetsk" became a recognised classic in the industrialisation period, but few readers would divine that something more than just a beautiful antithesis to the squalor, "leaden nights" and rain-sodden horse-drawn carts of the heroic builders lurked behind the phrase "Garden City".

The concept of a new type of collective settlement – the "Garden City" – was formulated by the British utopian Ebenezer Howard at the end of the nineteenth century. However, as is the case of Owen's colonies, the idea did not have popular appeal in Howard's home country although the principles of a "Garden City" were given a new lease of life in Soviet Russia.\* The pastoral concept of ideally planned urban space, which by definition was not divided into "poor" and "elite" districts, had some following in pre-revolutionary Russia. The First World War, followed by the chaos of two revolutions and the Civil War, prevented the implementation of a whole series of thoroughly prepared projects.

---

\* *M. Meyerovich.*
*Rozhdeniye i smert sovetskogo goroda-sada.*
*In: Vestnik Yevrazii (2007), No. 1, pp. 118–166.*

не позволили Первая мировая война и последующий хаос двух революций и войны гражданской. «Общество городов-садов» образовалось в России в 1913 году — на пике экономического развития. Напоминающие утопический «Город солнца» Томмазо Кампанеллы своей радиально-кольцевой планировкой, поселки должны были появиться на Ходынском поле в Москве, в петербургском Марьине, в окрестностях Одессы, Варшавы, Киева, Риги и целого ряда других городов империи.

Предтеча «нового урбанизма», Говард предполагал на архитектурно-градостроительном уровне обеспечить своеобразный синтез города и деревни: в центре каждого поселения должен был располагаться благоустроенный парк, окруженный километровым кольцом малоэтажной застройки — аккуратных коттеджей с приусадебными участками.

Все производство сосредотачивалось на периферии — за городской окраиной, а все население города-сада не должно было превышать 32 тысяч жителей, на шесть равных секторов город-сад разделяли шесть широких радиальных бульваров, образующих в месте пересечения центральную площадь — место для ратуши, библиотеки, больницы и музея. В чистом виде подобным идеям не суждено было реализоваться на практике, однако сама идея строительства новых поселений по новым принципам пришлась как нельзя кстати в стране победившего социализма.

Реализация плана ГОЭЛРО стала первой ступенью невиданного размаха индустриализации — к новым энергетическим узлам напрямую привязывались новые производственные мощности, внутренняя структура страны менялась на глазах самым коренным образом. От сложившейся за тысячу лет инфраструктуры удобных торговых путей и естественных водных маршрутов новое государство переходило к промышленно-индустриальной логистике геологических месторождений, выгодных энергоресурсов и рентабельной транспортировки.

Для удобного судоходства реки соединялись циклопическими каналами, из Сибири в Среднюю Азию протянулись рельсы легендарного Турксиба — новая власть последовательно воплощала в жизнь все перспективные разработки, приостановленные революцией и двумя войнами. Промышленное развитие естественным образом требовало притока

The "Society of Garden Cities" was formed in Russia in 1913 at the peak of economic development. Settlements borrowing the radial-ring structure of Tommaso Campanella's utopian "City of the Sun" were to appear in Khodynskoe Pole in Moscow, Maryino in Petersburg, the outskirts of Odessa, Warsaw, Kiev, Riga and other cities in the empire. Howard, the forerunner of "new urbanism," proposed a synthesis of city and countryside at the level of architecture and urban development: a landscape park was to be situated at the centre of every community and surrounded by a kilometre-long belt of low-rise houses and neat cottages with backyards.

All production was to be concentrated in the outskirts of the city, on the urban fringe, and the population of the "garden city" was not to exceed 32,000. The garden city was divided into six equal sectors by wide radial boulevards which converged in Central Square with a city hall, libraries, hospitals and a museum.

In reality, these ideas were not destined to be implemented in their pure form. However, the idea of building new communities in accordance with new principles was necessary in the country of victorious socialism. The implementation of the GOELRO plan constituted a first stage in an unprecedented level of industrialisation: the new production capacity was tied in with new energy hubs whereas the country's inner structure underwent drastic changes.

The young nation abandoned the thousand-year-old infrastructure of convenient trade routes, natural waterways which led to the industrial logistics of mineral deposits, lucrative energy resources and rational transportation. In order to facilitate navigation, rivers were linked by cyclopic canals. As the new government successfully implemented its forward-looking ideas – which had been put on the backburner owing to the revolution and two wars – the legendary Turkestan-Siberian Railway was built extending from Siberia to Central Asia.

Naturally, industrial development required an influx of labour into the new facilities. Contrary to the popular myth that GULAG barracks were the main source of inexhaustible unpaid human resources, the solution to the housing problem for future workers remained the young nation's main priority. Sergey Chernyshev's creative work is evidence of this. As early as the 1920s, Soviet architects were offered the unique oppor-

рабочей силы к новым объектам, и, вопреки расхожему мифу о лагерях ГУЛАГа как главном источнике неисчерпаемых и бесплатных людских ресурсов, решение жилищной проблемы для будущих рабочих оставалось одной из приоритетных задач нового государства. Свидетельством тому стала в том числе бурная творческая деятельность Сергея Чернышева. Уже в 1920-е годы советские архитекторы обрели уникальную возможность комплексного проектирования категориями целых городов. Прежде подобные планы в России реализовывались крайне редко — разве что в эпоху Екатерины II, когда велось масштабное градостроительство, или, частично, при строительстве Новосибирска, или, вернее сказать, Ново-Николаевска, в 1912 году.

Сам Чернышев писал в автобиографии: «В области архитектурного проектирования меня особенно интересовала проблема плана сооружения, углубленная работа над той основной частью проекта, которая определяет удобство, экономичность будущего сооружения, предопределяет его внутреннюю и внешнюю архитектуру.

В социально-политических условиях дореволюционного времени работа над планом сооружения ограничивалась рамками отдельного земельного участка, габаритами отдельного здания.

После Великой октябрьской революции, когда проблема проектирования отдельного дома закономерно связалась с проблемой планировки всего квартала, магистрали, района, целого города — мое внимание привлекают вопросы городской планировки, архитектурного ансамбля города, градостроительные проблемы».

Начавшись со скромных рабочих поселков и городков, градостроительная деятельность Чернышова проявится позднее в масштабных проектах Магнитогорска и генеральном плане Новой Москвы, а внушительные проспекты и вылетные магистрали современной столицы берут начало в скромных бульварах промпоселений. Однако об авторском стиле и почерке мастера можно смело судить уже на ранних этапах — в 1920-е годы.

Первым для Чернышева и одним из первых градостроительных проектов в советской архитектуре вообще стал рабочий поселок «Грознефть». По мнению исследователей, вместе с соавтором — будущим академиком архитектуры

tunity to comprehensively plan entire cities. Such plans were few and far between in pre-revolutionary Russia, unless one recalls the legendary "showcase villages" in New Russia or – to some extent – the building of Novosibirsk, or rather, Novo-Nikolayevsk, in 1912.

Chernyshev wrote in his autobiography: "In the field of architectural design, I am particularly interested in the structure plan, as well as the in-depth work on the bulk of the project which determines the comfort and efficiency of the future building and predetermines its inner and external architecture.

"In the social-political conditions before the revolution, work on the structure plan was limited to a single plot of land or to the space of an individual building. After the Great October Revolution, when the problem of designing a separate house was typically linked with the problem of planning a whole block, thoroughfare, district and a whole city – the issues of city planning, as well as the architectural ensemble of a city and problems linked to urban development appeal to me."

Beginning with modest workers' settlements and factory towns, Chernyshev's urban development activities later took the form of large-scale projects such as Magnitogorsk and the General Plan of New Moscow. The impressive avenues and exit motorways trace their origin to the modest boulevards in industrial settlements. One can form an opinion of the architect's approach just by glancing at his early work in the 1920s. The workers' township *Grozneft* was the first urban construction project which Chernyshev was responsible for, as well as one of the first in Soviet architecture. Scholars are of the opinion that Chernyshev, together with his co-author – the future architecture academician – Nikolay Kolli, fundamentally established architectural principles which would later prove to be seminal in the evolution of urban development designs.

Exploration of the "Garden City" concept and of the idea of "Collective Life" were among the key requirements of the competition committee. The practical task, however, entailed the logical and convenient siting of a whole future complex of buildings and structures on the land.

In addition to various types of residential houses, the People's House, a primary school, nursery, hospital – to be provided with all the necessary services – and the main building, the architects were to envisage public baths, an automatic

Николаем Джемсовичем Колли, Чернышев заложил в основу поселка архитектурные принципы, которые позже сыграют важнейшую роль в формировании дальнейших градостроительных решений.

Следование концепции города-сада и идее «развития коллективной жизни» было одним из основных идеологических требований конкурсной комиссии, а практическая задача подразумевала логичное и удобное размещение на территории целого комплекса зданий и сооружений. Помимо жилых домов различных типов, народного дома, начальной школы, детских яслей и больничного комплекса со всеми необходимыми службами и усадьбой, архитекторы должны были предусмотреть сооружение бани, механической прачечной, хлебопекарни, гаража, конного двора, места базарного торга — словом, всего того, что сегодня принято называть развитой инфраструктурой.

Конкурсная комиссия особо подчеркивала, что «проект должен давать полное решение планировки поселка и всех его элементов — жилых и общественных зданий, проездов, улиц и площадей, древесных насаждений, центральных сооружений хозяйственного и санитарно-технического назначения». Вдобавок ко всему все проектные решения должны были отвечать «в наибольшей мере экономическим требованиям» и удовлетворять «правилам гигиены и эстетики народных мест».

Напомним — в 1923 году не завершился еще чудовищный голод, унесший жизни 5 миллионов человек из 40 миллионов голодающих в тридцати пяти губерниях Центральной России. В газетах печатают новости об обвинении крестьян в каннибализме, на улицах крупных городов длинными змеями стоят очереди за бесплатной маисовой кашей в столовые АРА (Американской администрации помощи), пулеметным огнем уничтожаются прихожане, препятствующие конфискации церковной утвари и закрытию храмов, а собранные на борьбу с голодом средства более чем наполовину разворовывают чиновники*.

Ситуация, мягко говоря, не способствует вдумчивому размышлению об «эстетике народных мест», однако архитектурный дуэт Чернышева и Колли с честью справляется

* *Революция и гражданская война в России: 1917–1923 гг. Энциклопедия в 4 томах. М.: Терра, 2008.*

laundry as well as a bakery, garage, stable and market place – in short, all that the term "developed infrastructure" implies.

The competition committee emphasised that the "project must offer a complete solution for the layout of the town and all its elements: residential and public buildings, driveways, streets and squares, the planting of trees as well as the main economic and sanitary-technical facilities". In addition, all design concepts had to "satisfy the highest economic requirements" and the "rules of hygiene and aesthetics of public places".

It will be recalled that in 1923 the horrible famine which claimed the lives of five out of forty million stricken people in thirty-five governorates in Central Russia had not yet ended. Newspapers reported on cannibalism among peasants; there were long queues for free gruel at the soup kitchens of the American Relief Administration; parishioners who tried to prevent the confiscation of church paraphernalia and the closure of churches were machine-gunned and more than half of the famine relief which was collected was stolen by civil servants.*

Mildly speaking, the situation was not conducive to a consideration of the "aesthetics of public places", and yet the Chernyshev–Kolli architectural duo passed the assignment with flying colours, their project achieving second place. The competition committee noted the project's rationality and cost-effectiveness. For the first time, it was possible to include "planted trees" as full-fledged elements of urban planning. Park zones separated residential estates which linked the city's central park to the green belt, forming a circle which separated the residential area from the industrial one.

Green areas would become architectural elements and – given that the project was closely linked with the natural terrain (residential neighbourhoods were climbing up the hillside towards the central square) – the design can today be described as a forerunner of archeology or eco-architecture. Generally speaking, the project was reminiscent of traditional examples of garden cities since transport routes formed two circles around the centre with convenient radial streets leading from the residential neighbourhoods to the centre. The railway itself, which led to the industrial district, stayed clear of the residential domain.

* *Revolyutsiya i grazhdanskaya voyna v Rossii: 1917–1923. Encyclopedia in four volumes. Moscow: Terra Publishers, 2008.*

с поставленными задачами и получает второе место. Организаторы конкурса отмечают в числе основных достоинств проекта рациональность и экономичность, а «древесные насаждения» становятся полноценным элементом планирования городской среды — парковые зоны своеобразными клиньями разделяют жилые кварталы. Они соединяют центральный парк города с зеленым поясом, вкруговую отделяющим жилую часть от промзоны.

Зеленые массивы станут своеобразным архитектурным элементом, а с учетом тесной привязки проекта к естественному рельефу (жилые кварталы поднимаются по склонам холма к центральной площади) в наши дни подобное решение можно было бы смело считать прообразом арколгии или экоархитектуры.

В целом проект напоминал классические образцы города-сада — двумя кольцами вокруг центра шли транспортные магистрали, а от жилых кварталов в центральную часть прокладывались удобные радиусы. К железной дороге проектировался отдельный удобный подъезд, а магистраль от железной дороги к территории промыслов не проходила по территории поселка. Использование территории, прилегающей к железнодорожной ветке, выгодно отличало проект. Если во всех остальных работах — а в конкурсе принимали участие, к примеру, выдающиеся конструктивисты братья Веснины, а также Илья и Пантелеймон Голосовы, — этот участок сразу планировался под застройку, то работа Чернышева – Колли предполагала возможность дальнейшего развития поселка.

Такое решение свидетельствовало не только о более рациональном использовании участка застройки, но и о соблюдении определенных требований гигиены и комфорта среды обитания. Потенциальный рост поселка не нарушил бы в будущем общей структуры плана, а железнодорожная транспортировка нефти оставалась на глубокой периферии.

Исследователи творчества Чернышева склонны считать, что проект поселка «Грознефть» стал для архитектора определяющим шагом на пути формирования базовых принципов планировки поселения нового, социалистического типа. Как и прежде, в поисках новых решений Чернышев не стремился к слепому новаторству, предпочитая логичную и последовательную адаптацию

The use of land bordering a railway branch-line was a hallmark of the design. Notwithstanding that outstanding Constructivists such as the Vesnin brothers and Ilya and Panteleymon Golosov were taking part in all the remaining works, and in the competition, this section was immediately laid out for construction and it was Chernyhov's work which determined the development of the settlement. The design not only represented a more efficient use of urban space, but also adhered to specific requirements regarding hygiene and comfort. In future, potential growth of the township would not distort the overall structure of the plan since oil would be transported by rail on the outskirts of the township.

Those researching the creativity of Chernyshev's work are inclined to believe that the *Grozneft* township project was a defining step for the architect on the road to his formulation of the fundamental principles for the planning of a new socialist type of community. As before, while searching for new designs Chernyshev did not aspire to innovation for innovation's sake, preferring to adapt logically and consistently past architectural designs to the requirements and demands of the present. The European concept of a "Garden City" fully ensured a comfortable and aesthetic living environment which gave rise to the well-thought-out logistics of a modern settlement closely linked to industrial production. Chernyshev developed this theme by taking part in the design process with regard to the general plan of the first workers' settlement of the joint-stock company "Standart". This was situated in Ivanovo-Voznesensk.

One of the reasons this project is remarkable is the fact that Chernyshev's co-author was Vladimir Semyonov, the future chief architect of Moscow with whom Chernyshev developed the first master plan for the reconstruction of the capital. It is possible to surmise that the future features of the Master Plan 1935 – the Boulevard Ring and the Garden Ring, radially located patches of greenery extending towards the belt of woods and parks within the borders of the capital – can be traced back to the concept of the "Garden City", which Chernyshev and Semyonov used as the basis for the "first workers' settlement".

The joint-stock company "Standart" proposed using industrial buildings and was geared to the "ensemble" principle – this was very much in line with the creative style of Chernyshev and Semyonov. The architects proposed two continuous axes

архитектурных решений прошлого к требованиям и запросам настоящего времени. Европейская концепция города-сада вполне обеспечивала комфортные и эстетичные условия обитания, позволяя сформировать продуманную логистику современного поселения, тесно привязанного к индустриальному производству.

Дальнейшим развитием темы для Чернышева станет участие в составлении проекта генплана «Первого рабочего поселка» акционерного общества «Стандарт» в Иваново-Вознесенске. Этот проект не в последнюю очередь замечателен тем, что соавтором Чернышева стал Владимир Семенов — будущий главный архитектор Москвы, совместно с которым Сергей Егорович разработает первый Генеральный план реконструкции столицы. С известной долей фантазии можно предположить, что будущие особенности Генплана 1935 года — Бульварное и Садовое кольца, непрерывные радиальные зеленые массивы, идущие к опоясывающей лесопарковой зоне в тогдашних границах столицы, — берут начало в концепции города-сада, которую Чернышев и Семенов взяли основой «Первого рабочего поселка».

Акционерное общество «Стандарт» предполагало использовать для застройки типовые индустриальные сооружения и ориентировалось на принципы ансамблевости, что вполне соответствовало творческой манере и Чернышева, и Семенова.

Авторы предложили в качестве основной планировочной идеи поселка сформировать две непрерывных оси зеленых насаждений: с запада на восток протянуть бульвар, а с севера на юг последовательно расположить бульвар, сад и парк. В месте пересечения этих осей предполагалась центральная площадь с административными и общественными зданиями. «Зеленая тема» скрашивала все недостатки индустриальной застройки, обогащая архитектуру и объединяя все сооружения в единый ансамбль. Живая зелень обрамляла центральную площадь и широкими полосами разбегалась по небольшим кварталам, связанным с центром и основными бульварами внутриквартальными улицами.

Небольшие размеры кварталов, обилие деревьев, газонов и кустарников придавали поселку особый уют и комфорт. Особое отношение к благоустройству территорий и повышенное внимание к эстетическому

of greenery to be the main idea of the settlement plan: a boulevard extending west to east as well as a boulevard, a garden and a park each located north to south. The central square with administrative and public buildings was to be located at the intersection of the two axes. The "green theme" mitigated the ugliness of industrial facilities, enriching the architecture and uniting the buildings in a single ensemble. Greenery framed the central square and ran in broad swathes through small neighbourhoods linked to the centre and main boulevards by internal small streets inside the housing estates.

The small size of housing estates as well as the abundance of trees and lawns made the settlement comfortable and cosy. A special regard to improving territories and particular attention to the aesthetics of buildings became Chernyshev's trademark when working on urban development projects. These designs, which were once more implemented in the draft of the development of the Donskiye Ogorody Moscow neighbourhood in 1928, received glowing reviews and – according to the architectural press – were "the best examples of planning methods in action".

Describing the Donskiye Ogorody project, the architect I. Nikolayev emphasised that Chernyshev's work was preferred above the collective project entered by the Association of Modern Architects (ASA). Lush greenery and meticulous attention to each feature which improved the area enabled Chernyshev to achieve coherence in the planning of the neighbourhood.

The top prize and a flurry of enthusiastic reviews with regard to the Donskiye Ogorody design established Chernyshev as an urban developer. He became the recognised and indisputable leader of urban architecture. This provided the architect with more work than any former Russian architect in an era of burgeoning economic and industrial growth which began in the 1930s. Categories denoting stand-alone structures became history, as did the modest settlements of several thousand people. The industrial revolution called for categories on a different scale. The Soviet Union was building new cities.

оформлению застройки стали своего рода визитной карточкой Чернышева в работе над градостроительными проектами. Эти решения, примененные в проекте застройки московского участка «Донские огороды» в 1928 году, вызвали массу восторженных отзывов и, по свидетельству архитектурной прессы, стали «лучшим образцом применяемых приемов планировки».

Архитектор И. С. Николаев, описывая проект «Донских огородов», подчеркивал, что авторская работа Чернышева была признана лучшей в сравнении с коллективным проектом Ассоциации современных архитекторов (АСА). Именно богатое озеленение и детальная проработка всех видов благоустройства позволили Чернышеву достичь цельности впечатления в планировке квартала. Первая премия, шквал восторженных рецензий — «Донские огороды» закрепили успех Чернышева-градостроителя. Он стал одним из признанных и бесспорных лидеров градостроительной архитектуры — а в условиях бурного экономического и индустриального развития страны, начавшегося в 1930-е годы, это, прежде всего, означало объем работ, с которым, пожалуй, не доводилось сталкиваться прежде почти никому из российских зодчих. Категории единичных построек остались в прошлом, в прошлое уходили скромные поселения и поселки на несколько тысяч жителей. Индустриальная революция требовала категорий иного масштаба. Советский Союз строил новые города.

Первый вариант проекта генерального плана «Первого рабочего поселка» акционерного общества «Стандарт» в Иваново-Вознесенске. Совместно с В. Н. Семеновым. 1924 г.
Из семейного архива

The first version of the design of the general plan of the First Workers' Village. This was for the joint-stock company "Standart" in Ivanovo-Voznesensk. With V. Semyonov. 1924. From family archives.

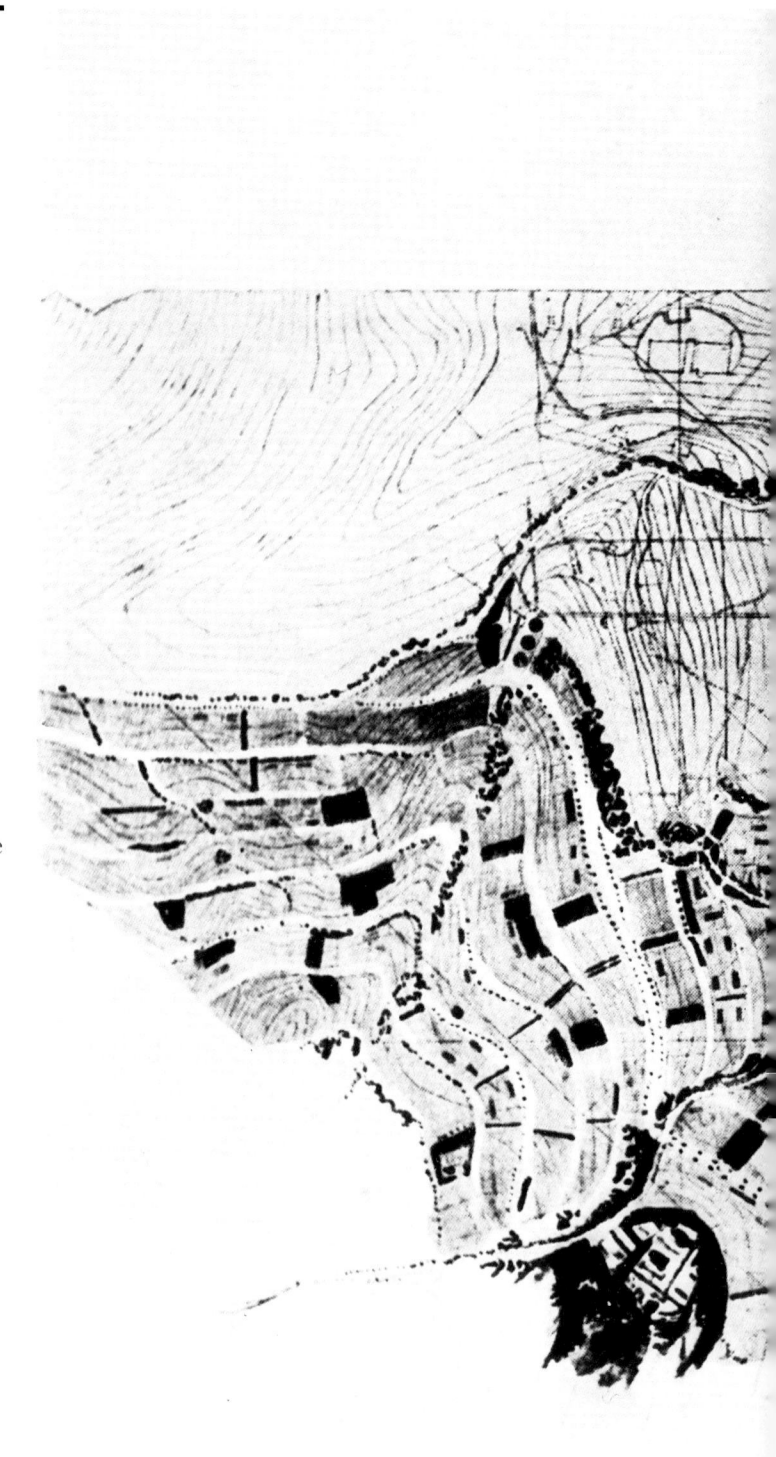

103

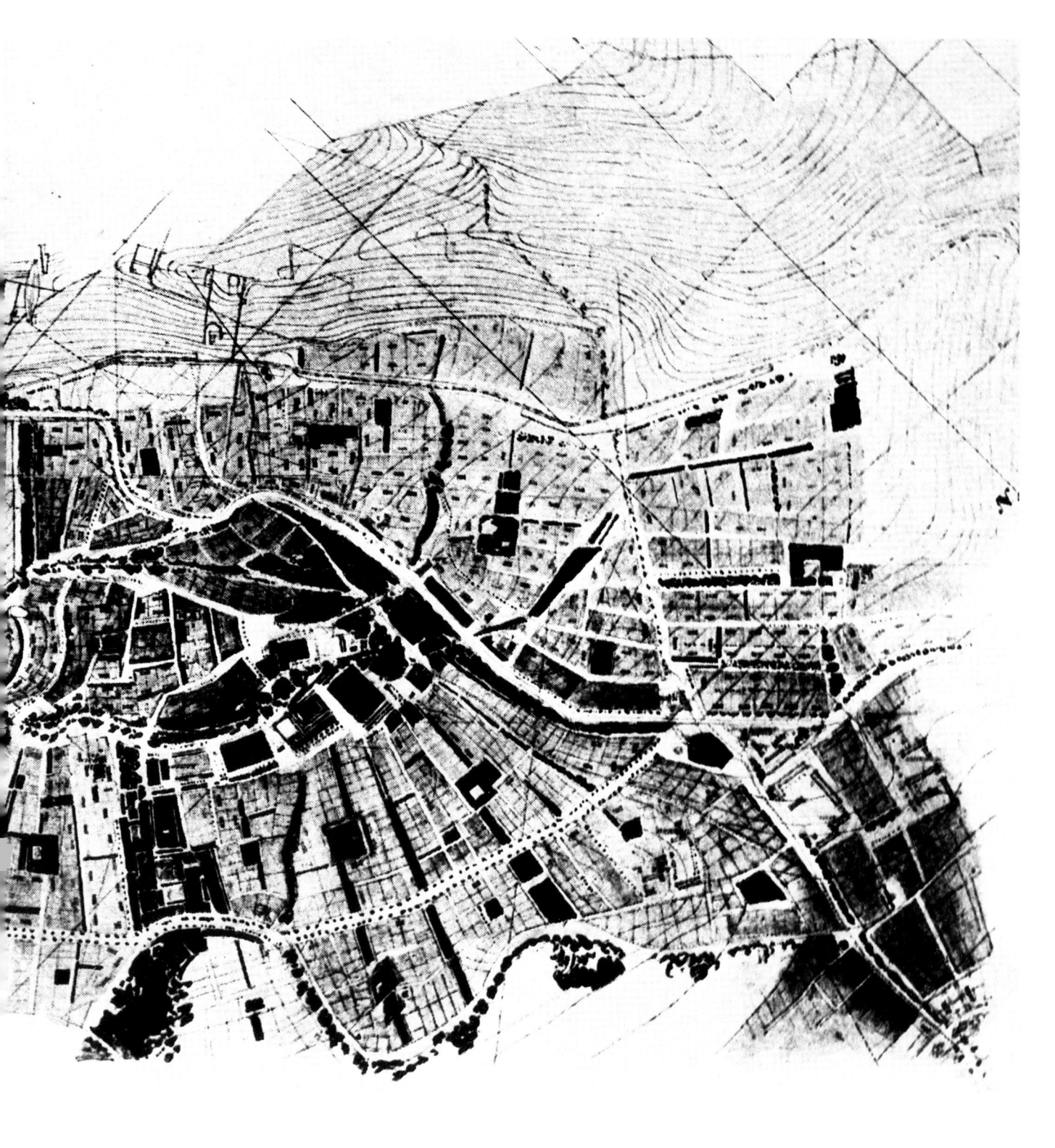

↑ Конкурсный проект застройки участка
«Донские огороды» в Москве. 1928 г.
Первая премия. Из семейного архива

Competitive design of the development of the
"Don Gardens" in Moscow. 1928.
First prize in competition. From family archives.

↓ Конкурсный проект планировки и застройки
рабочего поселка «Грознефть». 1923 г.
Из семейного архива

Competitive design of the layout and development of the
Grozneft workers' village. 1923.
From family archives.

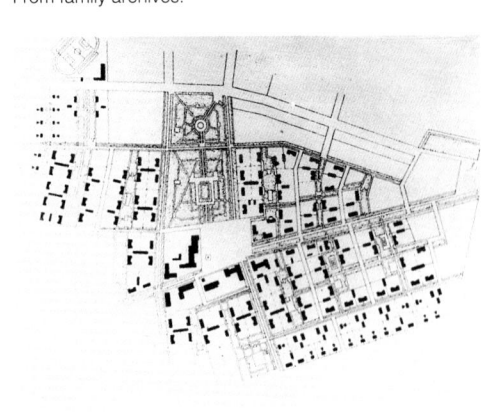

↗↗ Схема расселения
обслуживающего персонала
(постоянного населения)

Scheme of the settlement of service
personnel (permanent population).

↗ Схема подвоза продукции
пищекомбината

Scheme of supply of goods
from the food production complex.

→ Схема внутригородского
автобусного транспорта

Scheme of intra-city bus
transportation.

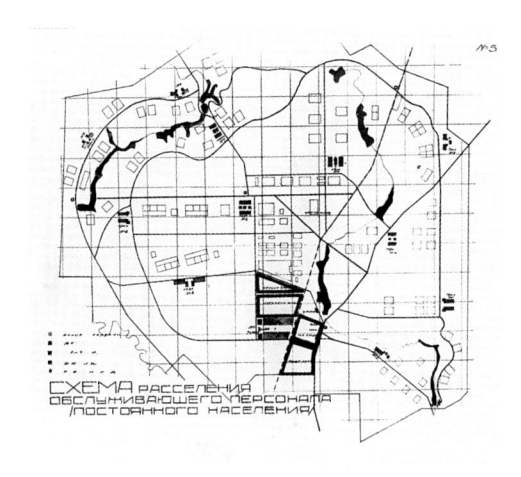

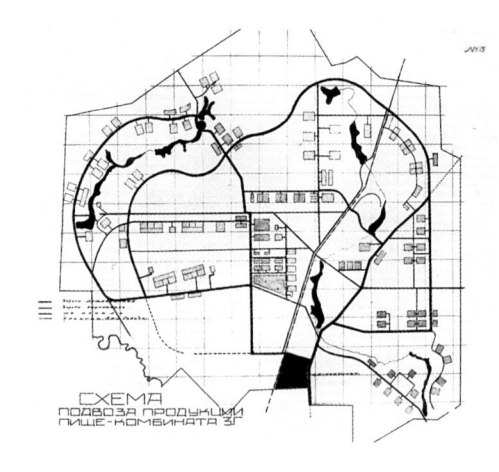

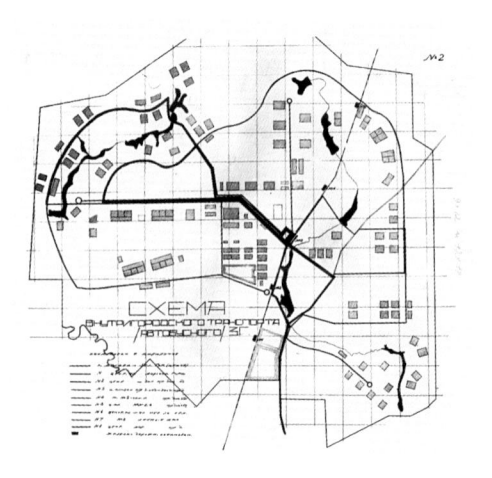

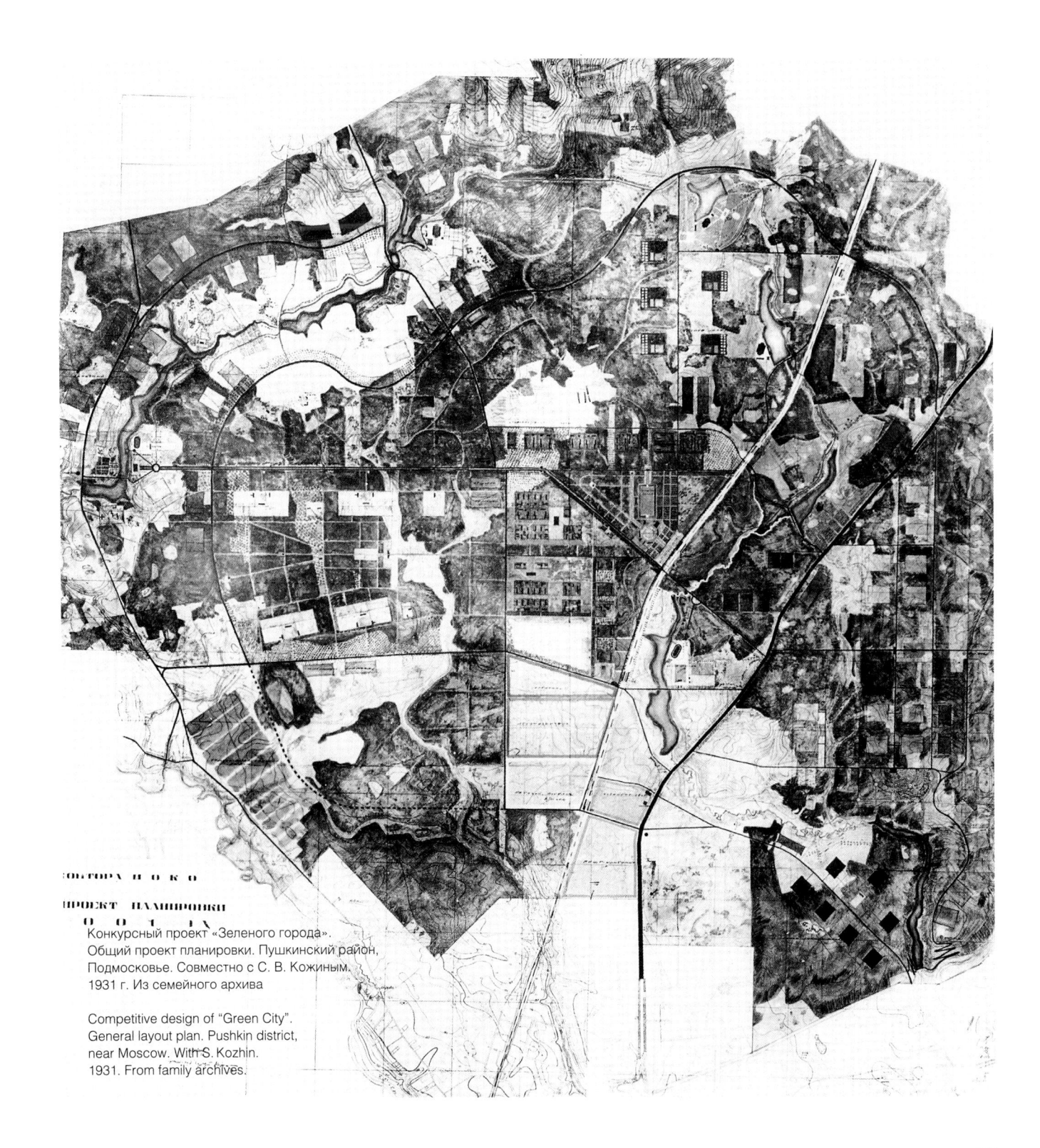

Конкурсный проект «Зеленого города».
Общий проект планировки. Пушкинский район,
Подмосковье. Совместно с С. В. Кожиным.
1931 г. Из семейного архива

Competitive design of "Green City".
General layout plan. Pushkin district,
near Moscow. With S. Kozhin.
1931. From family archives.

# Chapter 11.
# Magnetic storms

The momentous and turbulent decade between 1920 and 1930 – which is confined to the description of "the 1920s" – involved a vast range of events and features: economic disarray and famine, homeless children and the New Economic Policy, Red Terror and the Cheka, "Tashkent – the City of Bread" and "The Republic of Shkid", creative experiments by Futurists, Cubists and Constructivists, the Curzon ultimatum and "our reply to Chamberlain," the peculiar acronym OSOAVIAKhIM, the Association of Proletarian Writers and Proletkult combined with a popular satirical novel about treasure hunting, dresses with low waistlines and the "bob" hairstyle. These all constitute a rich associative array which is summed up in the succinct phrase "the 1920s".

In German history, the same period was known as "the Golden Twenties" and was explicitly related to monetary reform and the "Dawes Plan". This reviewed the payment terms of war reparations debt to victorious countries in accordance with the realistic capability of the Weimar Republic and concurrently facilitated an easy-term international loan to Germany.* Another symbol of the "Golden Twenties" in Germany was the signing of the 1926 Berlin Treaty on Non-Aggression and Neutrality with the Soviet Union. Incidentally,

---

\* Michael Bienert, Elke Linda Buchholz:
*Die Zwanziger Jahre in Berlin. Ein Wegweiser durch die Stadt.*
Berlin: Berlin Story Verlag, 2005.

с Советским Союзом. К слову сказать, Германия была первой после Афганистана страной, признавшей СССР в качестве государства и установившей с ним дипломатические отношения, а потому берлинский договор выглядел вполне логичным развитием отношений с восточным соседом.

Результатом подобной дружбы стали довольно тесные экономические взаимосвязи. Германско-советская авиакомпания «Дерулюфт» совершает регулярные рейсы Москва – Кёнигсберг и Москва – Берлин, внутреннее воздушное сообщение между городами СССР осуществляет компания «Юнкерс», а сотни квалифицированных немецких специалистов въезжают в СССР для ведения научных и производственных консультаций. Повесть «Золотой теленок» И. Ильфа и Е. Петрова не случайно обыгрывает комическое положение немецкого инженера Генриха Марии Заузе, весьма характерное для своего времени. За иностранную квалификацию советское государство готово было платить, и платило огромные суммы. По свидетельству бывшего советского агента-перебежчика А. М. Орлова, «в СССР часто обнаруживали нехватку человеческого фактора — особого умения и инженерной интуиции, когда приходилось точно воспроизвести какой-то сложный производственный процесс … гонорары, выплачиваемые за такие поездки, иногда достигали 10 тысяч долларов США за несколько дней работы»*. Неудивительно, что в 1920-е годы в СССР устремился поток иностранных специалистов, готовых получить советское подданство, а советские группы регулярно отправлялись в Германию и другие страны «для обмена опытом». Историк и архитектор М. Г. Меерович описывает один из таких визитов в Германию целой делегации глав и представителей советских строительных организаций, которая осенью 1927 года посетила Штутгартскую выставку «Жилище» (Die Wohnung) и осмотрела готовые и строящиеся поселки для рабочих, выполненные по проектам архитекторов Бруно Таута, Вальтера Гропиуса и Эрнста Мая**.

---

\* *A. A. Orlov. Handbook of Intelligence and Guerilla Warfare. Ann Arbor: University of Michigan Press, 1962 г.*

\*\* *Е. В. Конышева, М. Г. Меерович. Эрнст Май и проектирование соцгородов в годы первых пятилеток (на примере Магнитогорска). М.: Ленанд, 2012.*

Germany was the first country, following Afghanistan, to recognise the USSR as a state and to establish diplomatic relations with the country. Therefore, the Treaty of Berlin seemed a logical development of relations with its eastern neighbor.

This friendship resulted in the establishment of close economic links. The German-Soviet Deruluft Airline ran regular Moscow-Koenigsberg and Moscow-Berlin flights, whereas the company "Junkers" provided internal air links between Soviet cities. Hundreds of skilled German experts came to the USSR to acquire expertise such as scientific and industrial counseling. It is no mere chance that Ilf and Petrov's novel *The Golden Calf* describes the comical situation in which the German engineer Heinrich-Maria Sause finds himself. Such situations were fairly characteristic of the era.

But the Soviet state was ready to pay for foreign skills and did pay vast sums. According to A. Orlov, a Soviet intelligence agent who defected to the West, "in the USSR they often found a shortage of the human factor, know-how and engineering intuition when it was necessary to reproduce some complicated production processes … The fees paid for such trips sometimes amounted to 10,000 US dollars for several days of work".\*

Unsurprisingly, in the 1920s an onrush of foreign specialists who were willing to adopt Soviet citizenship headed for the USSR, whereas Soviet teams regularly went to Germany and some other countries "to exchange skills". The historian and architect M. Meyerovich describes a visit to Germany made by a delegation of the heads and representatives of Soviet building organisations. The delegation visited *Die Wohnung* ("The Dwelling") exhibition in Stuttgart in the autumn of 1927 to view a workers' settlement, which was designed by the architects Bruno Taut, Walter Gropius and Ernst May.\*\*

According to Meyerovich, the delegation was astounded by German construction methods: instead of brickwork, the Germans were assembling houses from prefabricated blocks which enabled just two workers to build a two-storeyed house

---

\* *A. A. Orlov. Handbook of Intelligence and Guerilla Warfare. Ann Arbor: University of Michigan Press, 1962.*

\*\* *Ye. Konisheva, M. Meyerovich. Ernst May i proyektirovaniye sotsgorodov v gody pervykh pyatiletok (na primere Magnitogorska). Moscow: Lenand Publishers, 2012.*

По словам Мееровича, делегация была поражена немецкими технологиями строительства: вместо кирпичной кладки в Германии используют сборку дома из готовых шлакоблочных элементов, что позволяет построить двухэтажный домик с погребом за семнадцать дней силами двух рабочих или вообще за полтора дня, если на площадке работает 18 человек.

Советских строителей не смущает унылое однообразие так называемой строчной застройки — экономический эффект, скорость возведения, удобство прокладки коммуникаций и масса прочих выгод строительно-инженерного свойства берут верх над эстетическими соображениями.

Возможно, именно здесь зародится конфликт художественно-архитектурного и практично-индустриального подхода в застройке среднестатистического советского города, которую обыватель привычно делит на «сталинскую архитектуру» и невыразительные «хрущобы».

Тогда же, очарованная немецким практицизмом в деле аккуратного возведения ленты одинаковых домиков с плоской крышей и снабженных внутри одинаковой мебелью, делегация привозит в СССР самые лестные отзывы о деятельности немецких коллег, и, как следствие, все трое — Гропиус, Май и Таут — получают официальное приглашение на работу в СССР.

Основатель легендарного Баухауза Вальтер Гропиус от приглашения вежливо отказался, Бруно Таут не пробыл в Москве и года, высказав крайнюю разочарованность реалиями советской архитектурной жизни, а Эрнст Май задержался в России надолго, поучаствовав более чем в двадцати архитектурных проектах советских городов.

Авторская концепция Эрнста Мая вкратце характеризуется как система городов-спутников, привязанных или к историческому центру, как в неосуществленном плане реконструкции Москвы, или к промышленному ядру — как в Магнитогорске, где при странном стечении обстоятельств судьба столкнула в сплетении сложных интриг рационалистические и функционалистские проекты немецкого архитектора с более традиционными по форме и эстетически выдержанными решениями Сергея Чернышева. К работе над проектом Магнитогорска Сергей Егорович приступил еще осенью 1929 года. Исследователи творчества

with a basement within seventeen days – or within a day and a half if there were eighteen workers on the construction site.

Soviet builders were not deterred by the monotony of the buildings which are nowadays reminiscent of the neat barracks at Majdanek: the economic benefits, speed, ease in laying engineering lines and other civil engineering benefits prevailed over aesthetic considerations. Perhaps this marked the beginning of the conflict between the artistic-architectural approach and the business-like and industrial approach towards housing developments in the average Soviet city, where inhabitants were used to distinguishing between "Stalinist architecture" and the featureless "Khrushchevka".

Captivated by German practicality regarding the precise construction of neat rows of uniform houses with flat roofs and identical furniture, the delegation returned to the USSR with enthusiastic reports on the work of their German colleagues. As a result, three architects – Gropius, May and Taut – received official invitations to work in the USSR. Walter Gropius, the founder of the legendary *Bauhaus*, politely turned down the offer. Bruno Taut spent less than a year in Moscow, voicing disillusionment with Soviet architecture, while Ernst May stayed permanently in Russia and participated in more than twenty architectural projects for Soviet cities.

Ernst May's concept can be described in a nutshell as a system of satellite towns linked either to the historic centre – similar to the plan for the reconstruction of Moscow, which was never implemented – or to the industrial nucleus. This was the case in Magnitogorsk where extraordinary circumstances brought the rational and functional projects of the German architect into contact with the more traditional and aesthetically valid designs of Sergey Chernyshev amidst an intricate web of intrigue.

Sergey Chernyshev began work on the Magnitogorsk project as early as autumn 1929. Those researching Chernyshev's work note that the "architect Chernyshev worked for a month on the design of the residential buildings covering more than 825.5 hectares which lay parallel to the plant, with a range of ore-bearing hills between the two".

Lest the reader accuse the architect of hasty decisions, an explanation is given of the complex situation surrounding the construction of the main Soviet metallurgical colossus.

Чернышева приводят тот факт, что «проект жилой застройки площадью 825,5 га, расположенной параллельно заводу между ним и грядой рудосодержащих гор, архитектор Чернышев разработал в течение месяца».

Чтобы избежать обвинений архитектора в скороспелости решений, поясним всю сложность ситуации, сложившейся вокруг строительства главного металлургического гиганта СССР.

Запуск легендарной Магнитки был ключевым звеном советской индустриализации. Для того чтобы освоить залежи железной руды, потребовалось в кратчайшие сроки начать разработку углей Кузбасса и провести отдельную линию железной дороги к Магнитной горе. В промышленном проектировании гиганта принимали участие лучшие мировые специалисты: немецкая компания AEG строила центральную электростанцию, Krupp & Reismann налаживали огнеупорное производство, американская Arthur McKee проектировала производственные линии комбината, а горнорудная часть проекта отводилась британской компании Traylor. Правительство вкладывало в проект огромные финансовые, экономические и человеческие ресурсы и требовало от огромных вложений еще более невероятной отдачи, сурово карая за неисполнение даже фантастических и невыполнимых задач. Достаточно сказать, что все три ключевых руководителя Магнитостроя — Я. С. Гугель, управляющий Магнитостроем в 1931–1932 гг., Л. М. Марьясин, строитель и начальник коксохимстроя Магнитостроя, и К. Д. Валериус, начальник треста Магнитостроя, — в 1936 году были расстреляны.

Требования к проектной мощности комбината все время возрастали, а, следовательно, увеличивалось и число рабочих будущего предприятия, которых необходимо было обеспечить жильем; соответственно, планы застройки постоянно корректировались и изменялись.

В сложившейся ситуации Чернышев предложил единственно правильное и технически осуществимое решение. Жилье для рабочих он предложил строить в две очереди — временное поселение для решения оперативных задач и капитальное жилье со всеми удобствами в черте основного города. Проект предусматривал центр города «с двумя ядрами»: одно на территории временной застройки, второе — в основном городе. После долгого обсуждения схема планировки Магнитогорска была принята и одобрена, но далее события

The launch of the legendary Magnitka (Magnitogorsk Metallurgical Plant) was a key element in the Soviet industrialisation plan. In order to develop the iron ore deposits, it was necessary to start mining coal in Kuzbass in the shortest possible timeframe and to build a separate railway to Mount Magnitnaya. Some of the world's top specialists were involved in the industrial design of the colossus: the German company "AEG" built the central power plant, Krupp & Reismann set up the fireproof production, the American Arthur McKee designed the plant's production lines while the mining part of the project was entrusted to the British company "Traylor".

The government pumped huge financial, economic and human resources into the project and expected still greater returns on investment – brutally punishing those who failed to fulfill even the most fantastical and impossible tasks. Suffice it to say that all three key managers of Magnitostroy, such as Ya. Gugel, the manager of Magnitostroy in 1931–1932, L. Maryasin, the builder and chief of the Magnitostroy coking and chemical facility, and A. Valerius, chief of Magnitostroy trust, were shot in 1936.

Requirements imposed on the design capacity of the plant were constantly increased, thus increasing the number of workers that future enterprises would need. Therefore, it was imperative that accommodation was provided for workers. Accordingly, the area development plan was constantly corrected and changed. In the present context, Chernyshev proposed the only valid and technically feasible solution. He proposed building accommodation for workers in two stages: temporary settlements to satisfy operational tasks and permanent accommodation equipped with all modern conveniences within city limits. The project envisaged a city centre with "two nuclei" – one in the temporary development zone and one in the city centre.

After much discussion, the layout plan of Magnitogorsk was adopted and approved. Hereinafter, events followed the twisted logic of the 1930s. This is illustrated through a stereotypical anecdote: a neighbor in a communal flat listens with gusto to a funny joke before writing a denunciation of the person who told it and sending this to the NKVD.

Chernyshev's report was given an attentive hearing by the politician and architect Nikolay Milyutin, a prominent avant-garde architect who advocated maximum collectivisa-

начали развиваться по странной логике 1930-х годов, хорошо знакомой из стереотипного сюжета с соседом по коммуналке, который с упоением слушает смешной анекдот, а позже пишет донос на рассказчика в НКВД.

Доклад Чернышева внимательно слушал политик и архитектор Николай Милютин, известный авангардист и сторонник максимальной коллективизации быта. В прошлом он принимал самое активное и непосредственное участие в революционной деятельности и Октябрьской революции, а с первых лет советской власти последовательно занимал должности заместителя наркома социального обеспечения РСФСР, наркома финансов РСФСР, заместителя наркома просвещения РСФСР и т. д. Спустя буквально несколько дней после совещания «Известия» публикуют разгромную статью Милютина «Борьба за новый быт и советский урбанизм», где проектировщики Магнитогорска упрекаются во всех смертных грехах, главный из которых — привязка женщины к домашнему хозяйству*.

«Одно лицо, занятое производительным трудом, должно прокормить трех иждивенцев, из которых половина трудоспособных … такой «расчет жителей, — пишет Милютин, — взят из типично-капиталистических отношений».

Каким должен быть идеальный порядок устройства нового города, он позже напишет в своей книге «Соцгород», где принципиально важным условием формирования нового мира станет распад семейного уклада жизни. «В своей книге он описывал мир, в котором взрослые люди живут поодиночке в соединенных в блоки индивидуальных ячейках, имея возможность при желании посещать друг друга. Милютин считал, что эти ячейки могут служить не только для сна, но и для занятий и проведения досуга, и что гражданам должно быть позволено иметь какое-то личное имущество, которое они будут держать в своих ячейках», — пишет о нем Клементина Сесил.

Проект Чернышева попросту возмутил Милютина «традиционностью подхода» к проектированию нового социалистического города. Автор статьи требовал создавать новые формы быта, проектировать дома-коммуны, в которых

tion as a way of life. Milyutin had been active in the October Revolution of 1917. Since the early years of Soviet government, he had occupied posts such as Deputy People's Commissar of Social Security of the RSFSR, People's Commissar for Finance, People's Commissar for Education, etc.

Several days after the meeting, *Izvestiya* printed an article by Milyutin entitled "The Struggle for a New Life and Soviet Urbanism", in which he reproached those responsible for the design of Magnitogorsk for their cardinal errors, chief of which was that women were chained to the home.*"An individual engaged in productive labour has to feed three dependents, half of whom are able-bodied … Such 'calculations'", writes Milyutin, "are typically capitalist".

He would later describe the fabric of his ideal city in his book *Sotsgorod* ("Socialist City") which dispensed with the idea of the family as an essential factor in building a new world. "In his book, he describes a world in which people live on their own in adjacent, individual "cells" en bloc. If desired, people could easily visit each other. Milyutin believed these cells were not only places for sleeping, but also for studying and leisure activities. Citizens would be allowed to keep some personal effects in their cells," writes Klementina Sesil.

Milyutin was outraged by Chernyshev's "traditional approach" towards designing a new socialist city. He demanded the creation of a new mode of living, as well as the construction of communal houses where people could live and be re-educated for the new society. According to Milyutin, women should be "emancipated and rid of "kitchen slavery" through the creation of around-the-clock children's institutions, which would care for children while their mothers worked on the factory floor.

Under pressure from the rhetoric in the pages of a national newspaper, the Council of People's Commissars promptly issued the decree, "On the Building of the Magnitogorsk Metallurgical Complex and the City of Magnitogorsk", declaring Magnitogorsk a "socialist city". This vague status demanded special designs which added to the already numerous problems facing Sergey Chernyshev's project team. The new approach to the construction of Soviet cities initiated by Milyutin was set

---

\* *Н. Милютин. Борьба за новый быт и советский урбанизм //* Известия. 29.10.1929 г.

\* *N. Milyutin. Borba za novy byt i sovetsky urbanizm.* In: *Izvestiya* (October 29, 1929).

человек будет жить и перевоспитываться для нового общества. Женщин, по мнению Милютина, необходимо было «раскрепостить» и избавить от «кухонного рабства» путем создания круглосуточных детских учреждений, воспитывающих детей, пока их матери трудятся на производстве.

Под прессом подобной риторики, исходящей со страниц центральной газеты, Совнарком РСФСР стремительно принял постановление «О строительстве Магнитогорского металлургического комбината и города Мангнитогорска», объявившее Магнитогорск «социалистическим городом». Этот размытый статус требовал особого проектировочного подхода, который существенно осложнил и без того трудную работу проектной бригады Сергея Чернышева.

Новый подход к строительству советских городов, инициированный Милютиным, был изложен в программе Всесоюзного конкурса на строительство эскизных проектов планировки промышленного центра Урала — Магнитогорска. Участники конкурса получили подробные указания о «характере территории и топографии местности», «общественных учреждениях, предприятиях и количестве населения, которое нужно разместить на прилегающей к Магнитогорскому комбинату территории». Жилые районы должны были «размещаться в садах и парках и со всех сторон должны были быть окружены зеленью», а жилье отделялось от предприятий «мощной зеленой зоной» и располагалось так, чтобы «господствующие ветры не приносили в них копоть и газы от производства».

В конкурсе приняло участие шестнадцать независимых проектов и заказные работы, выполненные Картоиздательством НКВД, МАО, ОСА, группой работников Стройкома и архитектором Чернышевым, не пожелавшим сдаваться без боя. Первая премия так и не была присуждена из-за «некоторых ошибок в установках, неясности в программе и отсутствия указаний, что основной целью конкурса является выделение наиболее интересной идеи планировки и организации жилищ». Заказные проекты условно разделили на две группы. Первую, в которую выделили проекты МАО, Картоиздательства НКВД и Чернышева, отличала «концентрированная планировка города», вторая — проекты ОСА и группы работников Стройкома — базировалась на линейном принципе.

out in the programme for the All-Union Contest for the construction of the draft planning lay-outs for the industrial centre of the Urals, Magnitogorsk.

The participants were given detailed instructions on the "composition of the territory and the topography of the terrain ... public institutions, enterprises and the size of the population to be accommodated in the area adjacent to the Magnitogorsk complex". Residential neighbourhoods were to be located in "gardens and parks" and surrounded on all sides by greenery. Houses were to be separated from the enterprises by "abundant green space" and located in such a way that "prevailing winds do not carry soot and gas from plant operations".

Sixteen independent projects in addition to commissioned works by the Map Publishing House of the NKVD, MAS, OSA, as well as a group of Stroykom workers and the architect Chernyshev himself – who had no intention of surrendering without a good fight – participated in the competition. The first prize was never awarded, owing to "some mistakes in the approach, lack of clarity on the programme and the omission of the information indicating that the main aim of the contest is to separate the most challenging idea related to the planning and organisation of housing units".

Commissioned projects were divided into two groups. The first – including the projects by MAS, the Map Publishing House of the NKVD and Chernyshev – was defined by the concept of "concentrated city planning". The second group, including projects by OSA and a team of Stroykom workers, embraced the linear principle. The journal *Stroitelstvo Moskvy* noted that Chernyshev's project was considered "the most advanced in terms of both the General Plan and the variety of types within the first group". However, the jury did not implement the almost utopian design. "The design does not meet the requirements of Socialist city planning since it by no means solves ... the problem of the gradual merging of town and countryside."

Chernyshev's project was acknowledged as the best by the jury "in terms of establishing links with production complexes and owing to the presence of sufficiently large green spaces, as well as practical public building assignments". His "communal houses" were declared the best among those proposed, although the jury could not overcome its predilection for the linear scheme.

Журнал «Строительство Москвы» отметил, что «из первой группы проектов наиболее разработанным в отношении Генплана и разнообразия предложенных типов был признан проект Чернышева», однако жюри не устроили задачи почти утопического характера. «Проект не может быть признан отвечающим требованиям планировки города социалистического типа, так как он далеко не решает ... задачи постепенного слияния города и деревни».

Жюри признало проект Чернышева наиболее удачным «в смысле установления связи с производственным комбинатом, наличия достаточной зеленой зоны, наиболее рационального распределения зданий общественного пользования», отметило как наиболее удовлетворительные из представленных его дома-коммуны, но так и не нашло в себе сил отказаться от явных симпатий в пользу линейной схемы. Автор статьи Н. Докучаев от души поиронизировал над реальностью проектных предложений Стройкома: «Авторы ... всячески пытаются доказать, что предлагаемая ими индустриальная пастораль в виде непосредственного общения с природой, домика индивидуального пользования на столбах, с авто под домиком, ожидающим своего хозяина, — есть идея социалистического города. Индустриальным домиком с собственным авто авторы пытаются ответить на ленинскую мысль, что необходимо «новое расселение человечества с уничтожением деревенской заброшенности и оторванности от мира, противоестественного скопления огромных масс в городах». И вот домик отрывает от городских скоплений, авто уничтожает деревенскую заброшенность. Истинно «гениальное» решение проблемы ...»

Переход проблемы на уровень теоретических рассуждений о будущих перспективах социалистического города и споры о соответствии тех или иных архитектурных и градостроительных подходов базовым принципам социальной инженерии Советского государства отнюдь не способствовали ускорению реальных работ по строительству «нового промышленного центра Урала». Конкурсные баталии развернулись главным образом вокруг нового типа жилищ и его оснащения, в то время как комплексные планировочные решения затрагивались самым поверхностным образом. И хотя жюри признавало, что «в целом конкурс дал

N. Dokuchayev, the author of the article, ridiculed and called into question the feasibility of Stroykom's proposals: "The architects ... are doing their best to show that the proposal of an industrial pastoral appearance – in terms of a direct commune with nature, individual houses on stilts and a car just outside the house waiting for its owner – is the idea of a socialist city. An industrial cottage with a private car is the architects' answer to Lenin's idea that a "new distribution of humanity was needed that would destroy rural desolation and isolation from the world and an unnatural agglomeration of huge masses in the cities. A private house helps to get rid of overcrowded cities and a car destroys rural desolation. A solution of true genius ..."

Shifting the problem to the level of theoretical reflections on the future socialist city and arguments on whether this or that architectural and urban development approach complied with the basic principles of the Soviet state's social engineering did little to facilitate the task of building a "new industrial centre in the Urals". The main issue in the competition focused on the new type of housing unit and its furnishings, whereas the comprehensive planning concept was only accorded fleeting attention. Although the jury admitted that "on the whole, the contest yielded positive results which demand further elaboration," the builders of Magnitogorsk did not receive any concrete design concepts.

Based on the above-mentioned "Khrenov's Story of Kuznetskstroy", one can only imagine the high-stakes drama involved. As Chernyshev himself attests, even if workers did not burn woodchips while sitting in front of their cart, exposed to a hail of bullets, they did start building houses themselves. "In 1930", recalls Sergey Chernyshev, "I was sent to Magnitogorsk with the aim of choosing a location on the right or left bank. When I arrived, the plant was already under construction but there was no city design. In this area, where nowadays a dam is situated, a settlement emerged spontaneously since people could not wait. Horse-drawn carts were used to transport earth in order to build the site for the dam."

While the architectural community ridiculed the idea of "a car in front of a shed" and the concept of living cells, by spring 1930 a large residential area had emerged in what today is known as Magnitogorsk. Log houses were interspersed with tents and dugouts, illustrating the merging of town and

положительные результаты, которые требуют дальнейшей проработки», практических проектных решений строители Магнитогорска так и не получили. Возвращаясь к уже цитировавшемуся ранее «Рассказу Хренова о Кузнецкстрое», можно догадываться об уровне драматизма сложившейся ситуации. По свидетельству самого Чернышева, рабочие если и не жгли под телегой лучины, то во всяком случае приступили к самостийному сооружению жилья. «В 1930 году, — вспоминает Сергей Егорович, — я был направлен в Магнитогорск с задачей выбрать место на правом или левом берегу. Когда я приехал, то уже завод строился, а проекта города еще не было. И в том месте, где сейчас плотина, так как ждать некогда было. И тут же возили землю на лошадях, чтобы своевременно построить площадку для плотины».

Пока архитектурное сообщество иронизировало по поводу «авто под навесом» и схем обустройства жилых ячеек, к весне 1930 года на месте нынешнего Магнитогорска стихийно сформировался крупный жилой массив, в котором рубленые дома соседствовали с палатками и землянками, демонстрируя слияние города и деревни в самом простом понимании этого принципа.

Бригаде Чернышева поручено продолжить проектные работы в Магнитогорске, причем в сентябре 1930 года она непостижимым образом перешла из ведения Госпроекта в подчинение Главного института проектирования городов (Гипрогор), только что созданного на базе того самого Картографического издательства НКВД, которое участвовало в конкурсе одновременно с Чернышевым. Иными словами, бригада архитектора перешла в ведение недавних конкурентов, а сам Сергей Егорович получил статус руководителя проекта. Между тем объем будущих производственных мощностей комбината и технологические особенности по-прежнему корректировались сверху, и эти изменения по-прежнему вносили неразбериху в определение окончательного объема необходимого жилья — даже размеры зоны застройки изменялись несколько раз.

Даже такие показатели, как нормы санитарного разрыва между городом и производством, не были определены окончательно из-за бурных дискуссий о «выражении идей социалистического города», сроки реализации проекта откладывались, и в итоге осенью 1930 года состояние соцгорода признано

countryside in the most primitive sense. Chernyshev's team was entrusted with continuing the design work of Magnitogorsk. In September 1930, the project was mysteriously transferred from the jurisdiction of the Gosproekt to the main urban Design Institute (Giprogor). This had been recently set up as a successor to the NKVD Map Publishing House which had participated in the competition with Chernyshev. In other words, the architect's team was placed under the control of its recent rivals and Sergey Chernyshev was appointed project manager.

Meanwhile, the future production capacity of the plant and its technological features were being corrected from above. These changes still muddied the waters when it came to determining the final volume of necessary accommodation since even the size of the site area was revised several times. Even criteria such as the standard buffer zone between the city and the industrial facility failed to be ascertained, owing to heated discussions on "the expression of the idea of a socialist city" and deadlines being repeatedly postponed. This ensued until autumn 1930 when the position of the socialist city was declared catastrophic and was accused of jeopardizing the urgent opening of the industrial enterprise itself.

At this particular time, Ernst May, a major foreign specialist in industrial urban development, was invited to Magnitogorsk. Those researching the German architect's creative legacy – including M. Meyerovich – note a vast array of changes which occurred within the framework of the financing of urban development projects. This had a direct impact on the fate of Magnitogorsk and the nature of intrigue which surrounded the design of the first socialist city.

At a certain construction stage, the Central Utilities and Housing Construction Bank (Tsekombank) became the main financial operator in the building industry. The bank was authorised to grant long-term credits for the construction of workers' settlements with the construction financing fund for socialist cities, which was created within the bank in order to conduct these operations.

The spread of resources among external design contractors displeased financiers. In order to concentrate cash flows in the hands of a single person, the bank created its own Design and Planning Bureau for the Construction of New Cities and Settlements. The German workers' settlements, already referred to,

было катастрофическим и ставящим под удар своевременное открытие всего комбината. Именно в это время в Магнитогорск и был приглашен Эрнст Май как крупный иностранный специалист в сфере промышленного градостроения.

Исследователи творческого наследия немецкого архитектора, в частности М. Меерович, указывают на ряд характерных изменений, произошедших в структуре финансирования градостроительных проектов, прямо повлиявших и на судьбу Магнитогорска, и на характер интриги, связанной с проектированием первого социалистического города.

На определенном этапе строительства существовавший в те годы Центральный банк коммунального хозяйства и жилищного строительства (Цекомбанк СССР) стал главным финансовым оператором в строительной сфере. В число полномочий банка входило и долгосрочное кредитование строительства рабочих поселений, а для проведения этих операций в структуре банка был создан Фонд финансирования строительства соцгородов.

Размывание средств по сторонним проектным организациям не устраивало финансистов, и, чтобы сосредоточить денежные потоки в одних руках, банк создал собственное «Проектно-планировочное бюро по строительству новых городов и поселков». Уже упоминавшиеся ранее поселки немецких рабочих были весьма впечатляющей иллюстрацией рационального обращения с денежной массой, пусть и в ущерб эстетическому началу. Поэтому директор Цекомбанка Э. Лугановский лично отправился в Германию, чтобы заключить контракт с Эрнстом Маем в качестве главы новой структуры, представленной командой из 23 немецких проектировщиков, подобранной им самим.

Итогом этого назначения стал еще один, на этот раз закрытый конкурс, в котором проекты советских и немецких архитекторов стали своего рода козырями в игре крупных ведомств, стремящихся получить выгодный госзаказ. Напомним — речь шла не только о Магнитогорске. Город металлургов был первым, но далеко не единственным в перспективе соцгородом. Победа в конкурсе на Урале открывала победителю дорогу к масштабным проектам по всей стране. Ведомственный институт НКВД боролся с главным строительным банком: первые поставили на перспективных отечественных специалистов,

paint an impressive picture of the rational handling of money, even if this was at the expense of aesthetics. Therefore E. Luganovsky, the director of Tsekombank, went in person to Germany to sign a contract with Ernst May, acting as the head of a new scheme representing 23 German architects which he selected himself.

This role resulted in another – this time closed – competition in which the plans of Soviet and German architects were played as trump cards. Major agencies sought to land a lucrative state order. It is worth remembering that there was not only talk of Magnitogorsk being involved; the metallurgical city was the main – but not the exclusive – socialist city to be built. Winning the competition in the Urals paved the way for the winner to land other ambitious projects throughout the country.

The NKVD institute tussled with the main construction bank; the former put their stake on up-and-coming Soviet specialists whereas the latter backed authoritative foreigners. It would later transpire that bureaucratic interests and corporate leverage proved to be more significant than architectural criteria. In the meantime, however, Government Commission experts analysed both projects.

M. Meyerovich cites the criticism of Ernst May regarding the work of Soviet architects. May criticises the "barrack-like style of rooms" which he discovered in Soviet cities, considering Moscow and Leningrad to be examples of dissonance and tastelessness. The German architect countered chaos and dissonance with neat rows of uniform buildings arranged in straight symmetric rows of monotonous blocks. This type of housing development was practised on a wide scale during the "Golden Twenties" in industrial architecture in Germany. It enabled a convenient layout of all apartments at once, ensured favourable conditions for the work of builders and the highest level of urban infrastructure. The projects did not stipulate a buffer zone between the city and enterprise but rather formed a single unified complex.

In contrast, Chernyshev's project was built specially for Magnitogorsk and was closely tied to the real space of the future city. Residential quarters were to be located on the flat plain; a large recreation park was to be located at the foot of the hill. The project divided space into clear-cut zones with blocks separated from each other and from production

вторые — на авторитетных иностранцев. Позже выяснится, что ведомственные интересы и корпоративные рычаги окажутся сильнее архитектурных критериев, а пока эксперты правительственной комиссии анализировали оба проекта.

М. Меерович цитирует упреки, высказанные Эрнстом Маем в адрес советских архитекторов. Май критикует «казарменный стиль», обнаруженный им в городах СССР, и считает Москву и Ленинград примерами пестроты и безвкусия.

Хаосу и пестроте немецкий архитектор противопоставил стройные ряды однотипных зданий, стоящих по принципу «строчной застройки» — ровными симметричными рядами единообразных кварталов. Такой тип застройки широко применялся в «золотые двадцатые» в промышленной архитектуре Германии — он позволял практично спланировать все квартиры сразу, обеспечивал удобные условия для работы строителей и позволял максимально рационализировать городскую инфраструктуру. Проекты не предусматривали санитарного разрыва между городом и предприятием, формируя единый унифицированный комплекс.

Проект Чернышева, напротив, был разработан исключительно для условий Магнитогорска и тесно привязывался к реальному пространству будущего города. На плоской равнине располагалась жилая застройка, у подножия горы — обширная парковая зона отдыха. Проект отличало четкое зонирование пространства — кварталы отделены друг от друга и от производства широкими полосами зеленых насаждений, чтобы обеспечить для жителей максимальный комфорт.

В каждом районе города располагались общественные сооружения, а в центральной зоне размещался культурно-спортивный центр. Но главное, что отличало проект Чернышева от проекта Мая, это наличие в городе трех своеобразных центров, уникальных для каждого района не только в функциональном, но и в архитектурно-художественном отношении.

Вывод Комиссии был однозначен: «… более приемлемым для выполнения следует считать проект Гипрогора». Проект Мая был раскритикован по многим статьям, в том числе за ту «казарменность», в которой Май обвинял советскую архитектуру. Трактовка плана была признана жесткой, сухой и однообразной, а проект Чернышева назывался «наиболее отвечающим нашим требованиям».

facilities by broad strips of greenery. This was in order to offer maximum comfort to residents. Each city district featured public buildings with a cultural and sports centre in the centre. However, the presence of three centres in the city which were unique to each district – not only in terms of function, but also with regard to architecture and art – distinguished Chernyshev's project from May's.

The Commission's decision was straightforward: "… the *Giprogor* project is considered more eligible for implementation." May's design was criticised on many counts, including the "barrack-style approach" – which May himself criticised in Soviet architecture. The design was described as rigorous, dull and monotonous, whereas Chernyshev's project was described as the one which "best meets our requirements".

It was seemingly possible for the architect and his fellow workers to now celebrate victory and rest on the laurels of the first builders of the first socialist city, but … A week later the Commission met once more. Its conclusions had been completely reversed. Chernyshev's project was abruptly rejected whereas May's project – which until recently had been annihilated – was declared the best. The formal pretext for turning down Chernyshev's project was the presence of three city centres in the *Giprogor* project, whereas the Tsekombank project only envisaged one. The question was raised as to whether the tough ideological dogma of monocentrism or the corporate interests of the banks were the root cause of the Commission's urgent second meeting. This can be dismissed as rhetorical. According to historians, discourse focused on the fact that Tsekombank had scored a major victory rather than the emergence of Ernst May as the victor of the design competition.

Sergey Chernyshev wrote words to this effect in relation to these developments: "He completed his design and our architects simultaneously completed ours. A panel of experts – including Zholtovsky, Ginzburg and others – assembled and rejected May's project. However, taking into account his experience, he was entrusted with the city design. The Commission's decision was to place May in charge of the city design of Magnitogorsk in order that the new design draws on the best that his project and the design of Soviet architects have to offer." This very tactful account of the serious issues that arose during the construction of Magnitogorsk does not mention

Казалось бы, архитектору и его сотрудникам можно было праздновать победу и почивать на лаврах первых строителей первого социалистического города, но…

Спустя неделю комиссия собралась еще раз. Теперь ее выводы зазвучали с точностью до наоборот. Проект Чернышева внезапно был отклонен, а совсем еще недавно разгромленный в пух и прах проект Мая был признан лучшим. Формальным упреком Чернышеву стало наличие в проекте Гипрогора трех городских центров, тогда как проект Цекомбанка подразумевал один.

Вопрос о том, что стояло за срочным повторным сбором комиссии — жесткая идеологическая догма моноцентризма или корпоративные интересы банка, — вполне можно считать риторическим. По мнению исследователей, речь идет не о победе в конкурсе проекта Эрнста Мая, а, скорее, о крупном выигрыше Цекомбанка.

Сам Сергей Егорович писал об этих событиях так: «Он сделал проект, и одновременно сделали проект наши архитекторы. Собрали экспертную комиссию, в которую вошли Жолтовский, Гинзбург и другие, и провалили проект Мая. Но принимая во внимание его опыт, ему поручили запроектировать город. Решение комиссии было такое — поручить Маю проектирование города Магнитогорска с тем, чтобы в новом проекте использовать все лучшее, что имеется в его проекте и в проекте советских архитекторов». В этом весьма деликатном рассказе о нешуточных баталиях, которые развернулись вокруг строительства Магнитогорска, Чернышев скромно умалчивает о немаловажном факте: под «лучшим, что имеется в проекте советских архитекторов» подразумевались его собственные, Чернышева, разработки.

Эрнст Май проектировал Магнитогорск вплоть до 1933 года. За это время немцы успели построить первый квартал соцгорода. Денег на реализацию не хватало, общественные сооружения так и не удалось достроить, зато жилой комплекс был полностью завершен. В квартал № 1 Эрнста Мая вошло 12 четырехэтажных домов Чернышева.

Сам Сергей Егорович не оставил в своем личном архиве подробностей этого удивительного факта. Похоже, страсти и бури вокруг Магнитогорска он предпочитал не вспоминать.

an important fact: "the best that Soviet architects' have to offer" implied Chernyshev's own projects. Ernst May designed Magnitogorsk even up until 1933. During this time, the Germans managed to build the first block of the socialist city. A cost overrun was incurred and public buildings were never completed, although the residential estate was. Ernst May's Block No. 1 comprised twelve four-storeyed houses designed by Chernyshev.

Sergey Chernyshev did not record any details of this astonishing fact in his personal archive. Apparently, he chose not to recollect the passions and storms surrounding Magnitogorsk.

Архитектор Эрнст Май
(1886–1970), Германия

German architect
Ernst May (1886–1970).

Магнитогорск. Генеральный план. 1932 г. Стандартгорпроект.
Архитектор Э. Май и др. Из статьи Э. Мая «К проекту генерального плана Магнитогорска», журнал «Советская архитектура» № 3, 1933 г.

Magnitogorsk. General Plan. 1932. Standard City Planning. Architects: Ernst May and others. Taken from May's article "For the design of the Magnitogorsk General Plan" in the journal *Sovetskaya Arkhitektura*, No. 3, 1933.

Фрагмент проекта планировки соцгорода Магнитогорска.
Бригада С. Е. Чернышева. 1930 г. Из семейного архива

A section of the layout of the "Socialist City" Magnitogorsk.
S. Chernyshev's project team. 1930. From family archives.

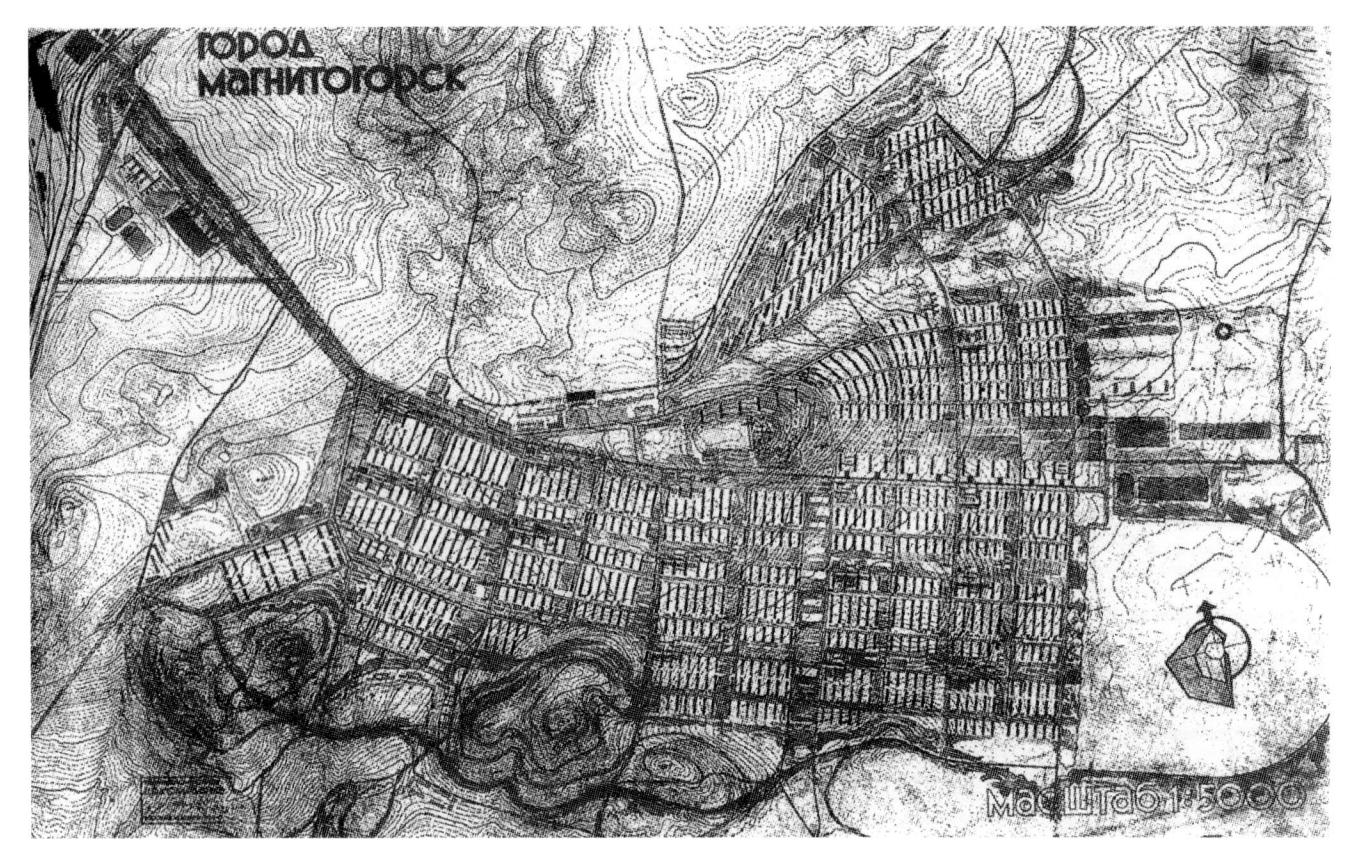

↑ Проект планировки Магнитогорска. 1930 г. Генплан. Проектно-планировочное бюро Цекомбанка. Архитекторы: Э. Май, М. Стам и др. Опубликовано в книге «Архитектура советского авангарда. Кн. 2: Социальные проблемы» С. О. Хан-Магомедова

Design layout of Magnitogorsk. 1930. General Plan.
Tsekombank Planning Bureau. Architects: E. May, M. Stam and others.
Published in Selim Khan-Magomedov's book
*Architecture of Soviet Avant-garde. Book Two: Social Issues.*

↓ Жилые кварталы Магнитогорска, построенные в 1930-е гг. Современное состояние. Фото А. П. Кудрявцева

Residential blocks in Magnitogorsk built in the 1930s.
Present-day condition. Photo by A. Kudryavtsev.

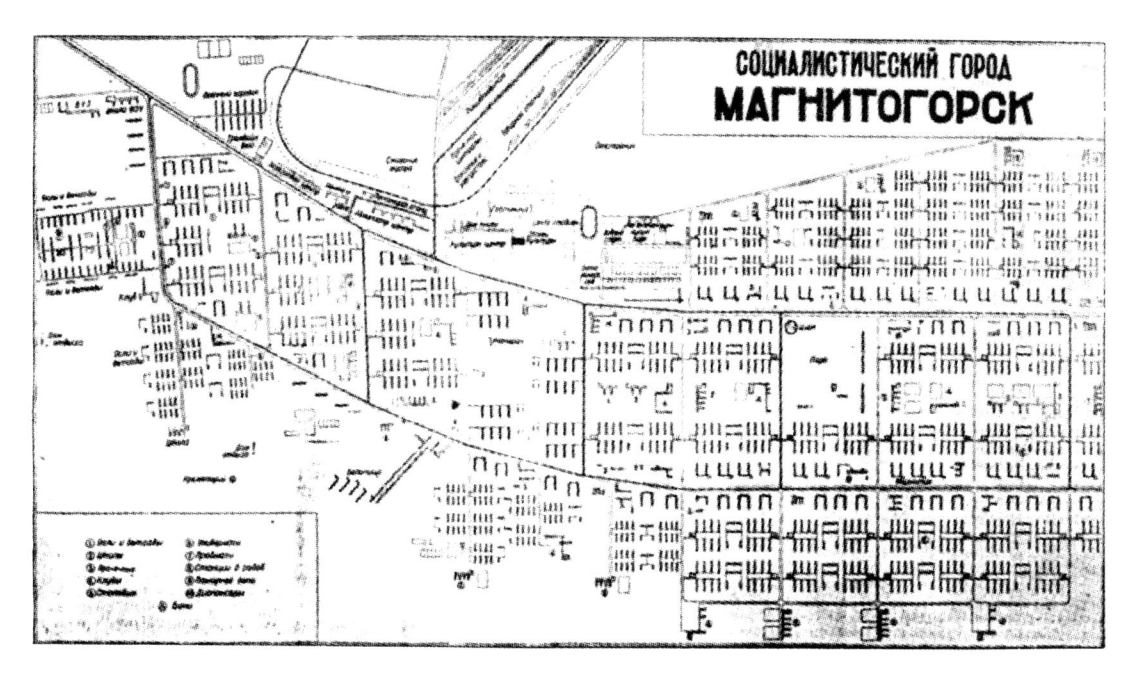

Проект планировки Магнитогорска. 1931 г. Генплан. Архитекторы: Э. Май, М. Стам и др. Из архива Краеведческого музея г. Магнитогорска

Design layout of Magnitogorsk. 1931. General Plan. Architects: E. May, M. Stam, and others. From the archives of the Magnitogorsk Regional Museum of History.

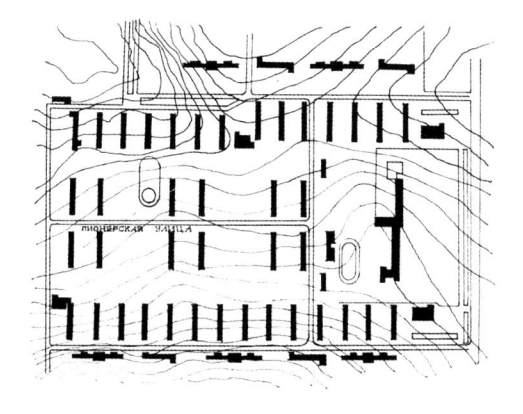

Схема генерального плана квартала № 1 соцгорода Магнитогорска. Бригада Э. Мая.
При участии С. Е. Чернышева (проекты 12 домов). 1930–1931 гг. Из семейного архива

Diagram of the general plan for block No. 1 of the "Socialist City" Magnitogorsk. E. May's team with S. Chernyshev (design of twelve buildings). 1930–1931. From family archives.

Памятная доска на стене одного из жилых домов Магнитогорска. Современное состояние. Фото А. П. Кудрявцева

Memorial plaque on the wall of a Magnitogorsk apartment building. Present-day condition. Photo by A. Kudravtsev

# Chapter 12.
# New Moscow

The last decade before the war saw an unprecedented architectural boom in countries with new regimes which described themselves as revolutionary. By now, the nature of political ideology in the new dictatorships had shown obvious signs of restoration – if the authorities in Germany and Italy made a direct appeal to the imperial grandeur of their historical past, then the veiled "return to the historical past" only came into effect gradually in the Stalinist USSR in the 1930s. This was due to a number of reasons, although it clearly manifest itself in all spheres of social and political life.

If public calls to "cast Pushkin overboard" did not sound completely absurd, then they were to all effects and purposes bad manners. The remnants of the Proletkult "workers' art" ideology was universally hounded, culminating in the liquidation of RAPP and Proletkult and the notorious decree "On Restructuring Literary and Art Organisations". The Association of Proletarian Writers was replaced by the Soviet Writers' Union, a single centralised and – most importantly – ideologically rigorous organisation. It declared Socialist Realism to be the only acceptable constructive method.*

The centralisation of creative resources applied to all areas: the Association of Revolutionary Artists (AKhR) and the Society of Easel Painters (OST), numerous architectural

---

* Decree of the Politburo of the Central Committee of the Communist Party "O perestroyke literaturno-khudozhestvennikh organizatsii" (April 23, 1932).

Следом за писателями своеобразная централизация творческих ресурсов коснется всех без исключения творческих ресурсов: исчезнут Ассоциация художников революции (АХР) и Общество станковистов (ОСТ), многочисленные архитектурные объединения самой разной направленности — и традиционное МАО, и авангардистское ОСА. АРУ, АСНОВА, ВОПРА и многие другие вольются в единый и заведомо лояльный всем идеологическим установкам Союз архитекторов СССР.

Подобная борьба за централизацию идеологии и монополию художественных взглядов происходит и в Германии: в рамках борьбы с «дегенеративным искусством» власть упразднит легендарный Баухауз, множество ярких художников и архитекторов, в том числе Вальтер Гропиус и Эрнст Май, покинут страну, будучи обвиненными в «пропаганде большевизма», столь же последовательно избавляющегося в этот момент от идеологии мировой революции.

Перед началом последней мирной декады СССР покидает главный идеолог «Земшарной республики Советов» и «перманентной революции» Лев Троцкий, а убийство его в 1940 году обозначит окончательную и бесповоротную смену вех и идеологических установок. Ледоруб Рамона Меркадера ставит кровавую точку в концепции «плацдарма мировой революции», а в интервью Лиону Фейхтвангеру Сталин прямо обозначает себя представителем «течения, утверждающего, что построение социалистического хозяйства в Советском Союзе важнее, чем перманентная революция».

Де-факто СССР обретает все признаки «новой империи», и задачи, которые выдвигаются перед советскими архитекторами, не слишком отличаются от задач, поставленных перед их немецкими и итальянскими коллегами. Тягу тоталитарных режимов к имперскому стилю доступно иллюстрирует Рита Джулиани, профессор римского университета Ла Сапиенца: «Всякая новая империя всегда повторяет римский образец. Этим объясняется любовь к таким символам, как триумфальные арки, обелиски, гигантские скульптуры, Колизей. Не случайно Муссолини отметил свои победы парадом солдат у арки Константина, а Гитлер взятие Парижа — маршем по Елисейским Полям под Триумфальной аркой. С имперской идеей связа-

associations of every description – the traditional MAS, the avant-garde OSA, ARU, ASNOVA and VOPRA and many others – would become part of the single Union of Soviet Architects which embraced all ideological attitudes. A similar struggle in favour of the centralisation of ideology and a monopoly of artistic views took place in Germany. As part of the campaign against "degenerative art", the authorities abolished the *Bauhaus*. Many brilliant artists and architects – such as Walter Gropius and Ernst May – left the country after being accused of "propagating Bolshevism", which at this point in time had consistently abandoned the ideology of world revolution.

Prior to the beginning of the last decade of peace Lev Trotsky, the chief ideologist of the "global republic of the Soviets" and "permanent revolution", left the USSR. His assassination in 1940 marked a final and irreversible volte-face in ideological stance. Ramon Mercader's pick-axe put a bloody end to any concepts of a springboard for world revolution and in Lion Feuchtwanger's interview Stalin openly designated himself as a representative of that "tendency which asserted that the construction of a socialist economy in the Soviet Union was more important than permanent revolution".In fact, the USSR acquired all the features of a "new empire". The tasks the authorities set for Soviet architects were not dissimilar from those set before their German and Italian associates.

Professor Rita Giuliani of La Sapienza University in Rome illustrates the desire of totalitarian regimes for imperial style: "Each new empire always replicates the Roman example. This stems from their love of symbols such as triumph arcs, obelisks, giant sculptures and the Colosseum. It is not by chance that Mussolini celebrated his victory with a military parade near the Arch of Constantin, or that Hitler marked the capture of Paris with a march down Champs Elysée beneath the Arc de Triomphe. The imperial idea inspired Stalin's skyscrapers in Moscow, a kind of Tower of Babel or a wish to start an argument with heaven."* Via dell'Impero – a road which, in 1932 on Mussolini's orders, cut through Rome's historical quarters over the legendary ancient Imperial Forums of Trajan, Augustus and Nerva – not only led to Venice Square (renamed

---

* *Totalitarnoye obayaniye. In: Nedvizhimost i Stroitelstvo Peterburga (July 5, 2010), No. 26 (610), p. 10.*

ны и сталинские высотки в Москве — это своеобразные вавилонские башни, стремление поспорить с небесами»*. Via dell'Impero, проломленная в 1932 году по приказу Муссолини сквозь исторические кварталы Рима и поверх легендарных античных форумов Траяна, Августа и Нервы, вела не только к площади Венеции, переименованной в Foro dell'Impero Fascista. Имперский проспект обозначил вектор развития облика новых имперских столиц, удивительным образом перекликающихся друг с другом в своих идеологических концепциях.

Третий Рим Муссолини, Welthauptstadt Germania Гитлера и Новая Москва Сталина призваны были продемонстрировать миру всю мощь и могущество новых империй. «Образцом для всех столиц мира» назовет Сталин реконструированную Москву, а Гитлер мечтает о том, что «Берлин станет столицей мира, сравнимой лишь с древними Египтом, Вавилоном или Римом. Что там Лондон, что Париж!»**. Любопытно, что если Берлин, по замыслу реконструкторов должен был сменить историческое название на выспренный титул «Столица мира Германия» (русский язык, к сожалению, не позволяет передать все лингвистические нюансы между традиционным самоназванием Германии — Deutschland и предложенным в качестве нового топонима именем аллегорической девы Германии — Germania), то инициатива наркома внутренних дел Ежова переименовать Москву в Сталинодар вызвала у вождя легендарную реплику «Подхалимствующий дурак приносит больше вреда, чем сотня врагов».

Впрочем, как это часто бывает, за внешними проявлениями сходства скрывается отличие, сопоставимое с бездной, и в случае реконструкции имперских столиц этим различием стоит считать изначальную мотивацию.

«Столица мира Германия» — это прежде всего демонстрация мощи военного и агрессивного свойства. Ее циклопические проспекты запроектированы специально и исключительно во имя проведения миллионных парадов победителей и военных властителей мира. Она спроекти-

* *Тоталитарное обаяние* // «Недвижимость и строительство Петербурга. 05.07.2010. № 26 (610). С. 10

** W. Jochmann. Adolf Hitler: Monologe im Fuehrerhauptquartier 1941–1944. Hamburg: Knaus, 1980, p. 318

Foro dell'Impero Fascista). Rather, this imperial avenue denoted the direction in which new imperial capitals would take, revealing remarkably similar ideological concepts.

Mussolini's Third Rome, Hitler's *Welthaupstadt* Germania and Stalin's New Moscow were called upon to demonstrate to the world the strength and power of these new empires. Stalin described a modernised Moscow as a "model for all capitals of the world", whereas Hitler dreamed of "Berlin becoming the capital of the world, only comparable with Ancient Egypt, Babylon or Rome. Forget about London and Paris".*

Somewhat curiously, Berlin – as envisioned by reconstruction plans – was supposed to change its historic name to the pompous title "World Capital Germania" (unfortunately, there is no way in Russian of conveying the fine linguistic difference between the traditional name of *Deutschland* and the proposed new place name of Germania, an allegoric maiden), whereas the initiative of Yezhov, the People's Commissar for Internal Affairs, to rename Moscow "Stalinodar" elicited the famous remark from the Leader himself: "A servile fool does more harm than a hundred enemies."

However, as is often the case, external similarities covered up abysmal differences. In terms of the reconstruction of imperial capitals, the difference resided in the primary motivation. "World Capital Germania" is in particular a manifestation of military and aggressive power. Its cyclopic avenues were solely designed for million-strong victory parades by military rulers of the world. It is designed as a classical intersection of "north-south" and "east-west" axes, each 120 metres wide (by way of comparison, the Ring Road around Moscow is fifty metres wide). These axes were to be lined with buildings of tremendous size, such as Speer's Domed Palace – covering twenty-one million square metres (!) – which never materialised however. In accordance with the "Theory of Ruin Value", buildings were designed with an eye to how these ruins would look thousands of years later and whether they would be sufficient evidence of the power of the Germanic spirit. Against this backdrop, the wording of the decree by the Council of People's Commissars

* Werner Jochmann. Adolf Hitler: Monologe im Fuehrerhauptquartier 1941–1944. Hamburg 1980, p. 318.

рована на классическом пересечении осей «север — юг» и «восток — запад», причем ширина этих осей достигала 120 метров (для сравнения ширина МКАД составляет 50 метров). На этих осях располагались здания невероятных размеров вроде несостоявшегося «Купольного дворца» Шпеера площадью 21 миллион (!) квадратных метров. По особо разработанной «теории ценности развалин» проекты зданий обязательно предусматривали то обстоятельство, как будут выглядеть их руины через тысячи лет и будут ли они в достаточной степени убедительно свидетельствовать о мощи германского духа.

На этом фоне изрядно скромнее выглядит текст Постановления СНК СССР и ЦК ВКП(б) от 10 июля 1935 года «О генеральном плане реконструкции г. Москвы»: «Нужно, чтобы архитектурное оформление столицы полностью отражало величие и красоту социалистической эпохи, а ее образ вызывал восхищение всего мира»*. Мотивация реконструкции советской столицы, во всяком случае в публичных заявлениях, была демонстративно иной, как, впрочем, и архитектурный образ города. С 1712 года Москва, напомним, утратила столичный статус, что не могло не сказаться на характере застройки, далеком от образа европейских столиц. Необходимость реконструкции весьма доступно сформулировал ее куратор, Лазарь Каганович, на встрече с метростроевцами: «В Москве более двух с половиной тысяч улиц и переулков. 51 тысяча жилых зданий, в том числе свыше 31 тысячи деревянных. 23 тысячи одноэтажных и 21 тысяча двухэтажных домов. Мне уже приходилось неоднократно говорить, что пролетариату в наследство осталась весьма запутанная система лабиринтов, закоулков, тупичков, переулков старой купеческо-помещичьей Москвы. Идет улица как улица, и неожиданно посредине стоит нелепый дом, какому-нибудь Тит Титычу взбрело на ум взгромоздить свой дом как раз посредине улицы или оттяпать у улицы по крайней мере добрых 5–10 метров на выступы своего особняка. С увеличением населения у нас город вырастет до 5 миллионов, с быстрым ростом в городе

and the Central Committee of the Bolshevik Party on July 10, 1935, "On the General Plan of the Reconstruction of Moscow" sounds rather tame: "The architectural look of the capital must fully reflect the grandeur and beauty of the socialist era and its image should evoke admiration of the whole world."*

The motivation behind the reconstruction of the Soviet capital – at least in public statements – was pointedly different, as was the architectural look of the city. It may be recalled that Moscow ceased to be the capital in 1712, which was bound to have an impact on the quality of its housing developments, far removed from the portrayal of the European capital. Lazar Kaganovich, who was in charge of the reconstruction of Moscow, explained the need for reconstruction in a meeting with Moscow Metro construction workers: "Moscow has more than 2,500 streets and bystreets, 51,000 residential houses – of which more than 31,000 are wooden houses – and 23,000 one-storeyed and 21,000 two-storeyed houses. I have already had occasion to say that the proletariat has inherited a maze of labyrinths, nooks and blind alleys and bystreets from the old Moscow of merchants and land owners. In what looks like a normal street, an incongruous mansion suddenly emerges since some guy took a notion to put up his house in the middle of the street, or chop five to ten metres off the street through the projection of his mansion. As the population grows, our city will increase to five million. Owing to the rapid growth of the number of cars and other types of city transport, life will become impossible unless the city plan is revised, its streets are widened and straightened, new squares are created, etc. [...] We are not in a hurry to demolish old buildings since we cannot relocate the residents of houses being pulled down into newly built houses... In the case of rebuilding Moscow, we must look many years ahead otherwise we will not build houses in the correct location. Unless a city plan emerges, we will end up building boxes which we will be ashamed to look at years from now."

It is worthwhile to mention the testimonies of contemporaries in order to convey the attitude towards a city which survived – without undergoing major changes or a

---

* Постановление СНК СССР, ЦК ВКП(б) № 1435 «О генеральном плане реконструкции города Москвы». 10.07.1935 г.

* Decree of the USSR Council of People's Commissars, Central Committee of the Communist Party, No. 1435 «O general'nom plane rekonstruktsii goroda Moskvy» (July 10, 1935).

перепланировки районов, из которых впоследствии составлялась цельная картина общего плана реконструкции города. Хамовники стали первой масштабной градостроительной работой мастера, и уже в этом проекте отчетливо прослеживаются основные особенности его последующего творческого стиля.

В общей системе функционального зонирования столицы Чернышев определил свой район как «учебный» и предпочел ориентироваться на существующую застройку территории, бережно сохраняя материальный фонд.

Большая Пироговская (в те годы Большая Царицынская) улица стала одной из центральных магистралей района. Крупные здания клиник Московского университета, архива Министерства юстиции и Городского начального училища стали архитектурными доминантами, определившими характер застройки магистрали.

Чернышев сознательно избегал изменения главной линии улицы, ведущей к стенам Новодевичьего монастыря. Такое решение объяснялось не столько необходимостью соблюдать изначальное соответствие плана «Новая Москва» основной схеме города, сколько собственной приверженностью Сергея Егоровича идее сохранения исторически сложившихся особенностей столицы. Чтобы раскрыть исторический облик и подчеркнуть своеобразие Новодевичьего монастыря, согласно проекту, он дополнительно обрамлялся зелеными насаждениями. Минуя монастырский комплекс, улица устремлялась к Москве-реке, где был запланирован мост. Памятники архитектуры, согласно проекту, становились неотъемлемой частью плана реконструкции и органично включались в застройку, становясь градообразующими объектами. Шефский дом, в котором ныне располагается правление Союза писателей, и Хамовнические казармы, построенные в 1809 году М. М. Казаковым, определили облик сегодняшнего Комсомольского проспекта, центральной транспортной артерии сегодняшних Хамовников. Интересно, что в осуществленный на практике Генеральный план реконструкции Москвы 1935 года Комсомольский проспект практически без изменений «перекочевал» из раннего проекта «Новой Москвы» и с небольшими изменениями в трассировке и протяженности был построен спустя почти сорок лет — в 1958-м.

In order to reveal the historical appearance and emphasise the uniqueness of the Novodevichy Monastery, the design demanded planting trees around it. Bypassing the monastery complex, the street led to the Moskva River where a bridge was to be built. According to the design, architectural monuments were to be an integral part of the redevelopment plan. These would blend seamlessly with existing architecture and become pivotal features to define the city. Shefsky House, which now houses the Writers' Union Board, and the Khamovniky Barracks, built in 1809 by M. Kazakov, define the appearance of what today is known as Komsomolsky Avenue, the main transport artery of Khamovniki. It is of interest to note that Komsomolsky Avenue was removed from the early design of New Moscow and materialised with little or no changes made in the General Plan of the Reconstruction of Moscow of 1935. It was built in 1958 – almost forty years later – with some alterations in the layout and length.

In those years, there were scarcely any buildings in the south of Khamovniki – a popular recreational area for Muscovites. Chernyshev's design left that function unchanged, although he added a sports complex to the large wooded area. In October 1920, ground was broken here for the construction of the World Red Stadium, the main sporting facility in the capital and the whole USSR.

Today this large-scale project is named the "Communist Sports Utopia". Its architects viewed it as a "training and demonstration, methodological model station for health, education and development … for the training and improvement of fighters, the fighting cohorts of the proletariat and the peasantry".* The gates leading to the comradely solidarity of all the peoples of the world via rebellion of body and spirit therefore never materialised, but to make up for it it was in this place, years later, that the Central Lenin Stadium was opened, more commonly known as the celebrated Luzhniki.

An ugly but necessary industrial feature, the Ring Railway Line which runs along the Kamer-Kollezhsky Val was separated from residential areas by broad bands of greenery. Bridges remained where the railway intersected with the thoroughfares, connecting Khamovniki to the city. Built in

---

*\* Note from the Board of the International Red Stadium Builders' Society (July 19, 1924).*

рована на классическом пересечении осей «север — юг» и «восток — запад», причем ширина этих осей достигала 120 метров (для сравнения ширина МКАД составляет 50 метров). На этих осях располагались здания невероятных размеров вроде несостоявшегося «Купольного дворца» Шпеера площадью 21 миллион (!) квадратных метров. По особо разработанной «теории ценности развалин» проекты зданий обязательно предусматривали то обстоятельство, как будут выглядеть их руины через тысячи лет и будут ли они в достаточной степени убедительно свидетельствовать о мощи германского духа.

На этом фоне изрядно скромнее выглядит текст Постановления СНК СССР и ЦК ВКП(б) от 10 июля 1935 года «О генеральном плане реконструкции г. Москвы»: «Нужно, чтобы архитектурное оформление столицы полностью отражало величие и красоту социалистической эпохи, а ее образ вызывал восхищение всего мира»*. Мотивация реконструкции советской столицы, во всяком случае в публичных заявлениях, была демонстративно иной, как, впрочем, и архитектурный образ города. С 1712 года Москва, напомним, утратила столичный статус, что не могло не сказаться на характере застройки, далеком от образа европейских столиц. Необходимость реконструкции весьма доступно сформулировал ее куратор, Лазарь Каганович, на встрече с метростроевцами: «В Москве более двух с половиной тысяч улиц и переулков. 51 тысяча жилых зданий, в том числе свыше 31 тысячи деревянных. 23 тысячи одноэтажных и 21 тысяча двухэтажных домов. Мне уже приходилось неоднократно говорить, что пролетариату в наследство осталась весьма запутанная система лабиринтов, закоулков, тупичков, переулков старой купеческо-помещичьей Москвы. Идет улица как улица, и неожиданно посредине стоит нелепый дом, какому-нибудь Титу Титычу взбрело на ум взгромоздить свой дом как раз посредине улицы или оттяпать у улицы по крайней мере добрых 5–10 метров на выступы своего особняка. С увеличением населения у нас город вырастет до 5 миллионов, с быстрым ростом в городе

and the Central Committee of the Bolshevik Party on July 10, 1935, "On the General Plan of the Reconstruction of Moscow" sounds rather tame: "The architectural look of the capital must fully reflect the grandeur and beauty of the socialist era and its image should evoke admiration of the whole world."*

The motivation behind the reconstruction of the Soviet capital – at least in public statements – was pointedly different, as was the architectural look of the city. It may be recalled that Moscow ceased to be the capital in 1712, which was bound to have an impact on the quality of its housing developments, far removed from the portrayal of the European capital. Lazar Kaganovich, who was in charge of the reconstruction of Moscow, explained the need for reconstruction in a meeting with Moscow Metro construction workers: "Moscow has more than 2,500 streets and bystreets, 51,000 residential houses – of which more than 31,000 are wooden houses – and 23,000 one-storeyed and 21,000 two-storeyed houses. I have already had occasion to say that the proletariat has inherited a maze of labyrinths, nooks and blind alleys and bystreets from the old Moscow of merchants and land owners. In what looks like a normal street, an incongruous mansion suddenly emerges since some guy took a notion to put up his house in the middle of the street, or chop five to ten metres off the street through the projection of his mansion. As the population grows, our city will increase to five million. Owing to the rapid growth of the number of cars and other types of city transport, life will become impossible unless the city plan is revised, its streets are widened and straightened, new squares are created, etc. [...] We are not in a hurry to demolish old buildings since we cannot relocate the residents of houses being pulled down into newly built houses... In the case of rebuilding Moscow, we must look many years ahead otherwise we will not build houses in the correct location. Unless a city plan emerges, we will end up building boxes which we will be ashamed to look at years from now."

It is worthwhile to mention the testimonies of contemporaries in order to convey the attitude towards a city which survived – without undergoing major changes or a

---

* Постановление СНК СССР, ЦК ВКП(б) № 1435 «О генеральном плане реконструкции города Москвы». 10.07.1935 г.

* *Decree of the USSR Council of People's Commissars, Central Committee of the Communist Party, No. 1435 «O general'nom plane rekonstruktsii goroda Moskvy» (July 10, 1935).*

числа автомобилей и других видов городского транспорта жить будет невозможно, если не перепланировать город, не расширить и выпрямить улицы, не создать новые площади и т. п. […] Мы не увлекаемся в темпах сноса старых домов, мы не можем большую часть вновь построенных домов заселять жильцами, выселяемыми из сносимых домиков ... Перестраивая Москву, мы должны видеть на годы вперед, иначе мы понастроим дома и всякого рода сооружения не там, где им нужно стоять. Если не будет плана города, мы настроим такие коробки, на которые нам стыдно будет смотреть уже через несколько лет».

Чтобы передать отношение к городу, пережившему без существенных изменений и капитальных преобразований не просто период разрухи, голода и гражданской войны, но и реалии полноценных уличных боев (в ходе которых, напомним, артиллерийский огонь испытали на себе даже стены Кремля), к городу, сохранившему наследство мрачных реалий Хитровки и Охотного ряда, имеет смысл обратиться к свидетельствам современников.

Относиться к ним надо с известной долей скепсиса, помня о непрекращающейся идеологической войне с пережитками и давлении агитпропа, но и окончательно отказывать в достоверности тем, кто выражал недовольство архаичным устройством новой столицы, вряд ли стоит по здравому размышлению.

«Водопровод и канализация обслуживала только центральные улицы. На рабочих окраинах были грязные трущобы, покосившиеся лачуги, непросыхающие лужи» (П. Лопатин. Хозяйство великого города. М.: Московский рабочий, 1938. С. 3). «В грязи, в азиатском бескультурье, невежестве пребывала и столица российская (И. Романовский. Новая Москва. Площади и магистрали. М. Московский рабочий, 1938. С. 10). «Когда, по предложению т. Сталина, мы начали ломать эту старину, сметать азиатчину, строить новый, культурный, социалистический город, ... господа стали выражать неудовольствие: дескать, не на что будет смотреть в Москве. Мы им можем на это сказать: господа, приезжайте к нам теперь смотреть не азиатчину, не музей старины, а величайшие сооружения, учитесь у нас архитектуре, любуйтесь красотой и культурой, которые могут дать только растущая и цветущая страна советов — страна

monumental transformation – not only a period of economic dislocation, famine and the Civil War, but also full-scale street fighting (even the Kremlin walls were exposed to artillery shelling). This is a city which preserved the grim legacy of Khitrovka and Okhotny Ryad. These recollections of the relentless ideological war against the relics of the past and pressures of Agitprop must be taken with a grain of salt. However, on reflection there is no reason to completely mistrust those who expressed their discontent with the outdated structure of the new capital. "Water supply and sewage disposal were available only in the central streets. The working class suburbs were filthy slums, crumbling hovels and puddles that never dried up" (P. Lopatin. The Economy of a Great City, Moscow, Moskovsky Rabochy, 1938, p. 3). "The Russian capital was mired in filth, Asiatic lack of culture and ignorance." (I. Romanovsky. New Moscow: Squares and Thoroughfares. Moscow: Moskovsky Rabochy, 1938, p. 10). "When, on comrade Stalin's suggestion, we proceeded to get rid of this antiquity, to sweep aside the Asiatic ugliness and to build a new, cultured socialist city ... some gentlemen expressed their discontent saying that there would be nothing to look at in Moscow. To this we can reply: gentlemen, come to us now to look not at an Asian city, a museum of antiquity, but at great structures, come to learn architecture from us, admire the beauty and culture that only a growing and flourishing Land of the Soviets can deliver, a country of socialism and its culture" (I. Romanovsky. New Moscow: Squares and Thoroughfares. Moscow: Moskovsky Rabochy, 1938, p. 12).

The atmosphere of universal euphoria and the enthusiasm to change the appearance of the Soviet capital even rubbed off on skeptics, whose distrust in the potential of the new system had been thoroughly shaken by the success of the GOELRO plan and its seemingly impossible implementation.

Lion Feuchtwanger, a German author who visited Moscow in the 1930s, was not sparing with lurid and sonorous epithets in his praise of Moscow: "Never has a city of a million people been built so thoroughly in accordance with the laws of practicability and beauty as the new Moscow."*

---

*Lion Feuchtwanger. Moscow 1937: Otchet o poyezdke dlya moikh druzey (Translation from German). Moscow: Khudozhestvennaya literatura, 1937.*

социализма — и ее культура» (И. Романовский. Новая Москва. Площади и магистрали. М.: Московский рабочий, 1938. С. 12). Атмосфера всеобщего упоения и энтузиазма в изменении облика столицы Советов передавались даже скептикам, чье недоверие к возможностям нового строя уже изрядно поколебалось после успешной реализации казавшихся невыполнимыми постулатов ГОЭЛРО.

Посетивший в 1930-е годы Москву немецкий писатель Лион Фейхтвангер не пожалеет ярких красок и сочных эпитетов, чтобы излить пространные восторги по поводу того, что «никогда еще город с миллионным населением не строился так основательно по законам целесообразности и красоты, как новая Москва»*.

Реконструкция столицы для Сергея Егоровича Чернышева стала близкой и актуальной темой еще в 1918-м, когда для последующей «перепланировки города Москвы» была создана Архитектурно-художественная мастерская Моссовета под руководством И. В. Жолтовского. Главным мастером новой мастерской был А. В. Щусев, а целая плеяда талантливых и впоследствии знаменитых столичных архитекторов взяли на себя роль «мастеров», обучающих «подмастерьев» — наиболее одаренных студентов и начинающих выпускников.

Архивное фото 1919 года запечатлело творческий коллектив мастерской: рядом с К. С. Мельниковым и И. А. Голосовым стоит Чернышев, а за его спиной — Николай Джемсович (Яковлевич) Колли, в те годы студент ВХУТЕМАСа, с которым Сергей Егорович легко находит общий язык и творческое понимание.

Москва разделяется между мастерами на районы, и после этого распределения Чернышеву достается старинный район Хамовников — неоднородная с точки зрения плотности застройки и ценности сооружений территория, плотно застроенная в северной части, на границе с Садовым кольцом, и одновременно огородная и дачная в южном своем сегменте — по берегу Москвы-реки.

Задачей «мастеров Новой Москвы» из творческой лаборатории Моссовета была подготовка предварительной

---

\* Л. Фейхтвангер. Москва 1937: Отчет о поездке для моих друзей (Перевод с немецкого). М.: Художественная литература, 1937 г.

Sergey Chernyshev became associated with the reconstruction of the capital as early as 1918, when an Architectural and Artistic Studio of the Moscow Soviet was created under Ivan Zholtovsky to "change the layout of the city of Moscow". The chief craftsman at the new studio was Alexey Shchusev, while a stellar cast of talented and soon-to-be-famous architects assumed the role of "masters" mentoring their "apprentices", i.e. the most gifted students, as well as recent graduates. A photo taken in 1919 shows the studio's members: next to Konstantin Melnikov and Ilya Golosov is Chernyshev. Behind him is Nikolay Kolli, followed by a VKhUTEMAS student with whom Sergey Chernyshev easily found common ground.

Moscow was divided into districts among the masters. Chernyshev was responsible for the long-established district of Khamovniki, a very diverse area in terms of the density of the buildings and their value. The area was densely-built up in the northern part, adjacent to the Garden Ring and featured vegetable gardens and country houses in the southern side on the bank of the Moskva River. The task for the "masters of new Moscow" at the Moscow Soviet creative laboratory was to prepare a preliminary new plan of the districts. These would later form a coherent picture of the overall plan for the reconstruction of the city. Khamovniki became the master's first large-scale urban development project, in which the well-defined key features of his future creative style are already discernible.

Within the general system of functional zoning of the capital, Chernyshev designated his own district as an educational one, and preferred to be guided by existing building on the land, carefully preserving any material stock. Bolshaya Pirogovskaya (then known as Bolshaya Tsaritsynskaya) Street was one of the district's main thoroughfares. Huge buildings such as the Moscow University Clinics, the Archive of the Justice Ministry and the City Primary School were the dominant architectural features which defined the character of new buildings.

Chernyshev deliberately avoided straightening the historical bends of the main street which led to the walls of the Novodevichy Monastery. This decision is attributed to Sergey Chernyshev's commitment to the preservation of historical features in the city, rather than to the need to comply with the main scheme of the city under the New Moscow Plan.

перепланировки районов, из которых впоследствии составлялась цельная картина общего плана реконструкции города. Хамовники стали первой масштабной градостроительной работой мастера, и уже в этом проекте отчетливо прослеживаются основные особенности его последующего творческого стиля.

В общей системе функционального зонирования столицы Чернышев определил свой район как «учебный» и предпочел ориентироваться на существующую застройку территории, бережно сохраняя материальный фонд.

Большая Пироговская (в те годы Большая Царицынская) улица стала одной из центральных магистралей района. Крупные здания клиник Московского университета, архива Министерства юстиции и Городского начального училища стали архитектурными доминантами, определившими характер застройки магистрали.

Чернышев сознательно избегал изменения главной линии улицы, ведущей к стенам Новодевичьего монастыря. Такое решение объяснялось не столько необходимостью соблюдать изначальное соответствие плана «Новая Москва» основной схеме города, сколько собственной приверженностью Сергея Егоровича идее сохранения исторически сложившихся особенностей столицы. Чтобы раскрыть исторический облик и подчеркнуть своеобразие Новодевичьего монастыря, согласно проекту, он дополнительно обрамлялся зелеными насаждениями. Минуя монастырский комплекс, улица устремлялась к Москве-реке, где был запланирован мост. Памятники архитектуры, согласно проекту, становились неотъемлемой частью плана реконструкции и органично включались в застройку, становясь градообразующими объектами. Шефский дом, в котором ныне располагается правление Союза писателей, и Хамовнические казармы, построенные в 1809 году М. М. Казаковым, определили облик сегодняшнего Комсомольского проспекта, центральной транспортной артерии сегодняшних Хамовников. Интересно, что в осуществленный на практике Генеральный план реконструкции Москвы 1935 года Комсомольский проспект практически без изменений «перекочевал» из раннего проекта «Новой Москвы» и с небольшими изменениями в трассировке и протяженности был построен спустя почти сорок лет — в 1958-м.

In order to reveal the historical appearance and emphasise the uniqueness of the Novodevichy Monastery, the design demanded planting trees around it. Bypassing the monastery complex, the street led to the Moskva River where a bridge was to be built. According to the design, architectural monuments were to be an integral part of the redevelopment plan. These would blend seamlessly with existing architecture and become pivotal features to define the city. Shefsky House, which now houses the Writers' Union Board, and the Khamovniky Barracks, built in 1809 by M. Kazakov, define the appearance of what today is known as Komsomolsky Avenue, the main transport artery of Khamovniki. It is of interest to note that Komsomolsky Avenue was removed from the early design of New Moscow and materialised with little or no changes made in the General Plan of the Reconstruction of Moscow of 1935. It was built in 1958 – almost forty years later – with some alterations in the layout and length.

In those years, there were scarcely any buildings in the south of Khamovniki – a popular recreational area for Muscovites. Chernyshev's design left that function unchanged, although he added a sports complex to the large wooded area. In October 1920, ground was broken here for the construction of the World Red Stadium, the main sporting facility in the capital and the whole USSR.

Today this large-scale project is named the "Communist Sports Utopia". Its architects viewed it as a "training and demonstration, methodological model station for health, education and development ... for the training and improvement of fighters, the fighting cohorts of the proletariat and the peasantry".* The gates leading to the comradely solidarity of all the peoples of the world via rebellion of body and spirit therefore never materialised, but to make up for it it was in this place, years later, that the Central Lenin Stadium was opened, more commonly known as the celebrated Luzhniki.

An ugly but necessary industrial feature, the Ring Railway Line which runs along the Kamer-Kollezhsky Val was separated from residential areas by broad bands of greenery. Bridges remained where the railway intersected with the thoroughfares, connecting Khamovniki to the city. Built in

---

\* *Note from the Board of the International Red Stadium Builders' Society (July 19, 1924).*

Юг Хамовников был в те годы почти не застроен и представлял собой нечто вроде стихийной зоны отдыха москвичей. Эта функция сохранялась и в проекте Чернышева, но большой зеленый массив мастер дополнил спортивным комплексом. В октябре 1920 года на этом месте действительно был заложен Международный Красный стадион — главное спортивное сооружение столицы, да и всего СССР. Сегодня этот масштабный проект называют «спортивной утопией коммунизма» — по мысли создателей, он должен был стать «той учебно-показательной, методической и образцовой станцией оздоровления, воспитания и развития, ... для подготовки и совершенствования бойцов, боевых когорт пролетариата и крестьянства»*.

«Ворота чрез мятеж тела и духа к мировой товарищеской солидарности всех народов мира» здесь так и не появились, зато, спустя годы, именно в этом месте будет открыт Центральный стадион имени Ленина, или, проще говоря, знаменитые «Лужники». Малоприятная, но необходимая индустриальная данность — линия Окружной железной дороги, идущая по Камер-Коллежскому валу, отделялась от жилой застройки широкими полосами зеленых насаждений, а в тех местах, где рельсы пересекались с магистралями, сохранялись мосты, соединяющие Хамовники с городом. Сооруженные в начале двадцатого века по проекту инженера Л. Д. Проскурякова и архитектора А. Н. Померанцева, это были первые в России арочные мосты, изящные, легкие, но очень надежные. Названные в свое время в честь Императора Николая II и Великого князя Сергея Александровича, позже они были переименованы в Андреевский и Краснолужский, и в том или ином виде до сих пор украшают столицу. Андреевский мост в 1999 году был перемещен баржами вниз по течению и стал основой Пушкинского пешеходного моста, а Краснолужский сместился на Бережковскую набережную, получив имя Богдана Хмельницкого.

Не только железнодорожные, но и водные коммуникации определяли облик Хамовников в сегменте «Новой Москвы» Чернышева. Берега Москвы-реки обильно

---

\* *Справка Правления Общества строителей Международного Красного Стадиона. 19.07.1924 г.*

the early twentieth century by the engineer L. Proskuryakov and architect A. Pomerantsev, these were Russia's first arc bridges – elegant, light yet very solid. Named after Emperor Nicholas II and Grand Prince Sergey Alexandrovich, these were later renamed the Andreyevsky and Krasnoluzhsky bridges and are arguably still a credit to the capital. Andreyevsky Bridge was moved downstream by barges in 1999, where it was then used as a structural core for the Pushkin Pedestrian Bridge. Krasnoluzhsky Bridge was moved to Berezhkovskaya Embankment and named after Bogdan Khmelnitsky.

In addition to railways, waterways were also an important feature of Khamovniki in Chernyshev's section of New Moscow. Greenery was planted on the banks of the Moskva River, creating a frame around the district which not only provided embellishment but improved hygienic conditions, which the New Moscow design had an increased focus on.

It is interesting to note that during the New Moscow epoch, Chernyshev only completed one sketch design as part of the redevelopment of Khamovniki. All the main trends in the future reconstruction of the district are presented in this design. Those researching the master's work interpret this as proof of the architect's science-based foresight, since he managed in the early 1920s to foresee all the fundamental trends in urban development. Sensing that Moscow would grow in a south-western direction, Sergey Chernyshev designed the formerly suburban district of Khamovniki as a central district of the capital. The current appearance of this part of Moscow owes a great deal to Chernyshev's project designs which today – almost a hundred years later – are still relevant.

Another integral part of the New Moscow Plan, according to Sergey Chernyshev, was the design of an agricultural and industrial exhibition. However, this was never implemented although it demonstrates the architect's style and overall approach to the creation of such buildings. Leaping ahead in time, one can safely maintain that if the work on the design of Khamovniki was a sort of dress rehearsal for the 1935 Master Plan for the Reconstruction of the City of Moscow, then the design of the agricultural exhibition is essential in understanding the nuances of the master's subsequent work on the plan of the All-Union Agricultural Exhibition (later All-Union Exhibition of Economic Achievements) in 1939.

озеленялись, создавая вокруг района своеобразное обрамление, не только украшающее район, но и дополнительно улучшающее гигиенические условия проживания, чему проект «Новой Москвы» уделял повышенное внимание.

Интересно, что хотя в эпоху «Новой Москвы» Чернышев выполнил только эскизный проект перепланировки Хамовников, в нем существуют все основные тенденции будущей реконструкции района. Исследователи творчества мастера склонны считать этот факт прямым доказательством особого, научно обоснованного предвидения архитектора, сумевшего в ранних 1920-х предугадать все основные тенденции развития города.

Определив, что Москва будет развиваться на юго-запад, Сергей Егорович сделал проект окраинных в тот момент Хамовников как одного из центральных районов столицы, и сегодняшний образ этой части Москвы во многом определен проектными разработками Чернышева, не утратившими актуальность спустя без малого сотню лет.

Другой немаловажной частью плана «Новая Москва» для Сергея Егоровича стал проект сельскохозяйственной и кустарно-промышленной выставки, в реальном пространстве так и не реализованный, но дающий весьма наглядное представление об особенностях авторского стиля и общем подходе к созданию подобного рода сооружений. Забегая вперед, можно со всей уверенностью утверждать, что если работа над планом Хамовников стала своего рода генеральной репетицией реконструкции Москвы 1935 года, то проект сельскохозяйственной выставки крайне важен для понимания всех нюансов последующей работы мастера над проектом ВСХВ (будущей ВДНХ) в 1939 году.

В 1923 году Главный выставочный комитет объявил о проведении закрытого конкурса на планировку выставочного комплекса, расположенного вблизи Крымского Вала, на участке, который в то время занимала городская свалка, а ныне делят Парк имени Горького и Нескучный сад. В конкурсе, помимо Чернышева, приняли участие лучшие силы отечественной архитектуры: Илья Голосов и Иван Фомин, Владимир Щуко и Иван Жолтовский. Проект Жолтовского, в те годы уже признанного академика архитектуры, вполне заслуженно получил первую премию. По мнению специалистов, планировочные и архитектурные решения выставки,

In 1923, the Main Exhibition Committee announced a closed tender for the planning of an exhibition complex near Krymsky Val, in an area which was then a city landfill. Today it separates Gorky Park and Neskuchny Garden. Participating in the competition – in addition to Chernyshev – were architects such as Ilya Golosov and Ivan Fomin, Vladimir Shchuko and Ivan Zholtovsky. The design by Zholtovsky, who was even then a recognised Academician of Architecture, was deservedly awarded first prize. In the opinion of experts, the layout and architecture of the Exhibition devised by Zholtovsky are still used today in various buildings throughout the world.

Zholtovsky meticulously considered each step of the visitor and each panorama opening before their eyes in the exhibition. In the general plan of the exhibition, the main architecture and planning concept resided in creating a large parterre. Zholtovsky's original idea was to build a fountain in the centre with a sculpture of a symbolic awakening of Russia. Individual pavilions were to face the fountain and the sculpture. However, the fountain was never built and instead the river became the leitmotif of the composition. The main entrance to the exhibition was to offer a panoramic view of the river from the central square, i.e. only once visitors had passed through the propylaea constituting the central entrance to the main pavilion.

Chernyshev proposed a different design. Unlike Zholtovsky's design which focused on classical antiquity, he combined the austere composition of the front space with the picturesque landscape of a "new village" on the banks of a pond. The central axis of the exhibition was at an angle to the river in order to smooth out the peculiar form of the plot allotted for construction. This was an irregular triangle – with Krymsky Val at the base – which tapered as it approached the river towards Vorobyovy Gory.

The entrance to the exhibition was to be located at the base of the triangle by Krymsky Val. Once having entered through the propylaea constituting the central entrance, the exhibition visitor walked down a corridor of identical buildings, which were located on a small rectangular area. The visitor then emerged into the central square, the main body of the design. The irregular central square enabled the architect to avoid the strict perpendicularity of the central axis with regard to Krymsky Val and to alter its direction towards the river. Such

разработанные Жолтовским, по сей день находят применение в различных сооружениях по всему миру. Жолтовский продумал буквально каждый шаг посетителя, каждую панораму, открывающуюся перед гостем выставки. Основная архитектурно-планировочная идея его генерального плана выставки заключалась в создании большого партера, в центре которого первоначально предполагалось соорудить фонтан с символической скульптурой пробуждающейся России. К фонтану и скульптуре обращались отдельные павильоны. Однако фонтан построен не был, а ведущей темой в композиции выставки стала река. Главный вход на выставку был запланирован таким образом, что вид на ее панораму открывался с центральной площади, то есть только после того, как посетители проходили через пропилеи центрального входа к главному павильону.

Чернышев предлагал иное решение. В отличие от ориентированного на традиции античности проекта Жолтовского, он объединил строгую композицию парадного пространства с живописным ландшафтом «новой деревни» на берегу пруда. Центральная ось выставки проходила под углом к реке — чтобы сгладить специфическую форму отведенного под застройку участка, неправильным треугольником, с основанием у Крымского Вала, сжимавшегося к реке в сторону Воробьевых гор. Вход на выставку Чернышев расположил в основании этого треугольника — с Крымского Вала. Через пропилеи центрального входа посетитель выставки узким коридором одинаковых корпусов, расположенных на небольшой прямоугольной площадке, проходил на открытый простор центральной площади — основного ядра композиции.

Неправильная форма центральной площади позволяла автору избежать строгой перпендикулярности центральной оси по отношению к Крымскому Валу и изменить ее направление в сторону реки. Такой ход позволял выделить вторую часть парадного пространства, где располагался зеленый партер, с двух сторон окруженный выставочными сооружениями. Эта аллея вела к большому пруду, опоясанному зеленью, где композиция «новой деревни» формировалась в свободном живописном порядке. Чернышев трактовал пространство выставки как постоянно изменяющееся, чередующее узкие коридоры аллеи

a passage gave prominence to the second part of the front space which accommodated the green parterres, enclosed on both sides by exhibition buildings. This path led to the large pond which was surrounded by foliage. This is where the design of the "new village" took shape in a leisurely and picturesque manner. Chernyshev interpreted the exhibition space as constantly evolving, with the narrow corridors of the pathways alternating with wide expanses of open space. Although his project did not win first prize in the competition, the architects of New Moscow became members of the Glavvystavkom (the Main Exhibition Committee) and drew up full-scale designs of exhibition pavilions under Shchushev's guidance. The older masters – including Sergey Chernyshev of course – supervised the work of the young architects who implemented the blueprints for pavilions, prepared templates and so on.

The opening ceremony of the exhibition in August 1923 – an exhibition built in a record time of ten months – was a sheer triumph. It was attended by 10,000 guests while more than 1.5 million people visited the exhibition when it was open. An area of 27,000 square metres accommodated 255 buildings and, unlike most previous exhibitions, which were primarily showcases for socialist economic achievements, roughly 600 foreign exhibitors took part in this new Moscow exhibition. Konstantin Melnikov's legendary pavilion *Makhorka* is mentioned in all anthologies of the Soviet avant-garde movement, forcing Vladimir Shchuko to urgently rethink all the facades of his own pavilions.

A list of a few selected designs and names of the participants is sufficient to develop an overview of the architectural scale of this phenomenon: Panteleymon Golosov and the Far East Pavilion, Andrey Burov's Stadium, the Foreign Department, the Administrative Exhibition Pavilion, the Café and Bridge across the street by Vladimir Shchuko, the exhibition pavilion of the newspaper *Izvestiya* by Alexandra Exter and Vera Mukhina. Without any doubt, however, Fedor Shekhtel was the most revered and venerable architect of the exhibition. His design for the Turkestan pavilion was one of the last implemented by the great master … Nowadays, visitors of Gorky Park and Neskuchny Garden are puzzled by the sight of a roofless dilapidated house, which is overgrown with wild bushes, decrepit and moribund. This is all that remains of Zholtovsky's famous

павильонов с широкими площадями открытых пространств. Хотя проект Чернышева не занял первого места на конкурсе, архитекторы «Новой Москвы» вошли в состав мастерской Главвыставкома и под руководством Щусева разрабатывали технические проекты выставочных павильонов. Старшие мастера, не исключая, конечно же, и Сергея Егоровича, руководили в этой работе молодыми архитекторами, выполнявшими рабочие чертежи павильонов, шаблоны и т. д.

Торжественное открытие выставки в августе 1923 года, построенной в рекордный для того времени десятимесячный срок, стало настоящим триумфом. Только на открытие пришло более 10 тысяч гостей, а за все время работы выставки ее посетило более полутора миллионов человек.

На площади в 27 тысяч квадратных метров размещалось 255 зданий, причем в отличие от многих последующих выставок, служивших в первую очередь витриной достижений социалистического хозяйства, в советской Москве экспонировалось около шестисот иностранных участников.

Легендарный павильон «Махорка» Константина Мельникова вошел во все хрестоматии советского авангарда, заставив Владимира Щуко в срочном порядке пересмотреть все фасады своих павильонов.

Чтобы создать общее впечатление об архитектурном масштабе этого явления, достаточно упомянуть лишь некоторые проекты и имена участников: Пантелеймон Голосов с павильоном «Дальний Восток», стадион Андрея Бурова, иностранный отдел, административный выставочный павильон, кафе и мост через улицу Владимира Щуко, оформление павильона газеты «Известия» Александры Экстер и Веры Мухиной. Но, наверное, самым почетным и заслуженным архитектором выставки являлся, вне всяких сомнений, Федор Осипович Шехтель. Его «Туркестан» стал одной из последних реализованных работ великого мастера …

В наши дни посетители Парка Горького и Нескучного сада с недоумением смотрят на полуразрушенные стены странного дома без крыши, заросшего диким кустарником, обветшавшего и умирающего. Это все, что осталось от знаменитой работы Жолтовского, павильона «Машиностроение», единственного железобетонного сооружения выставки, которому суждено было пережить все, кроме беспамятства и равнодушия к прошлому.

work, the *Machine-Building Pavilion* – the only reinforced concrete structure at the exhibition which was destined to survive anything but amnesia and indifference to the past.

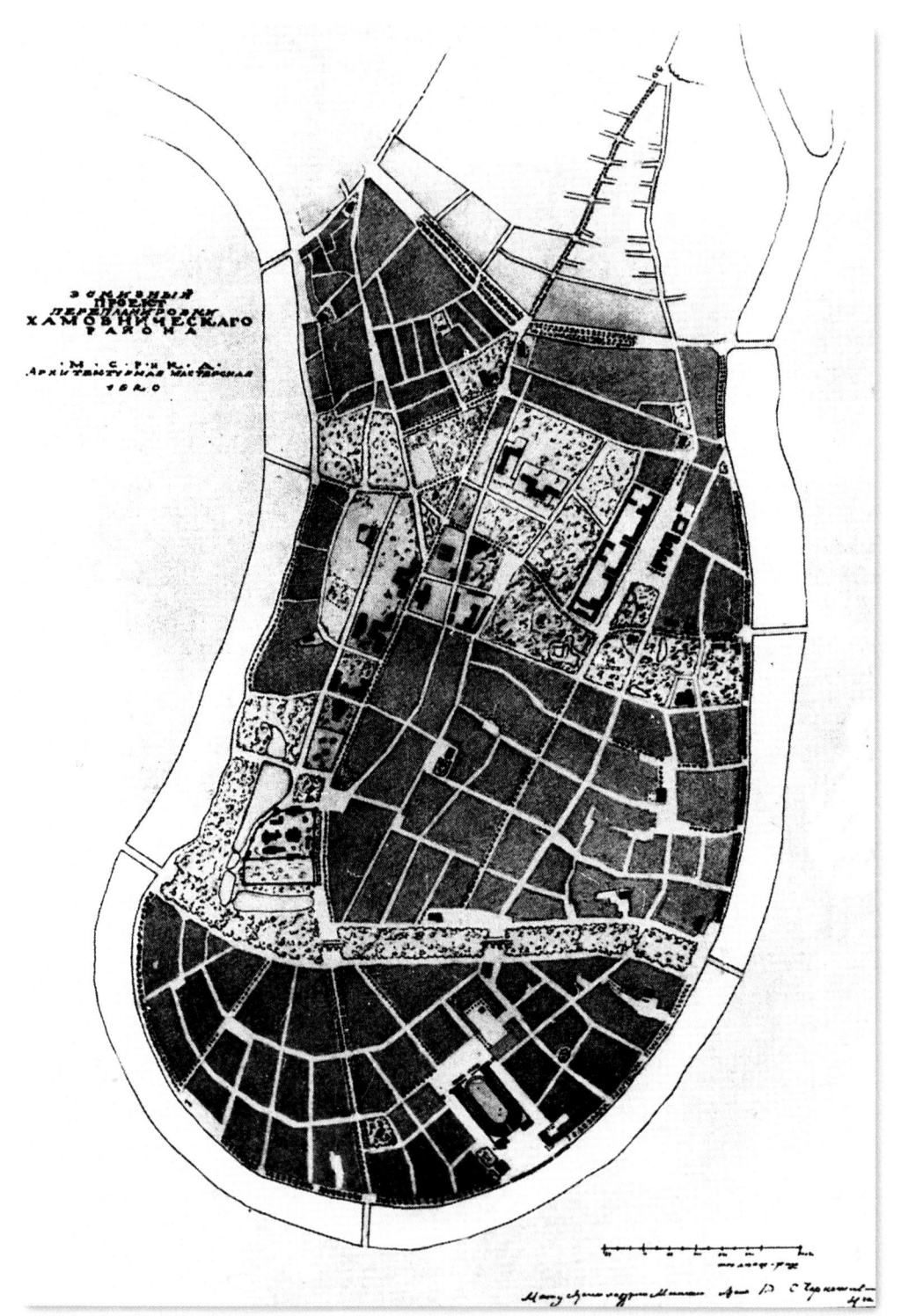

Эскизный проект перепланировки Хамовнического района. 1920 г.
Из семейного архива

Draft design of the redevelopment of Khamovniki district. 1920.
From family archives.

Хамовническая (ныне Фрунзенская) набережная.
1920–1922 гг. Архивное фото

Khamovnicheskaya Embankment (today known as Frunzenskaya).
1920–1922. Archival photograph.

Зубовский бульвар. Вид от Крымской площади.
1920–1930 гг. Архивное фото

Zubovsky Boulevard. View from Crimea Square.
1920–1930s. Archival photograph.

Новодевичий монастырь.
1925 г. Архивное фото

Novodevichy Convent.
1925. Archival photograph.

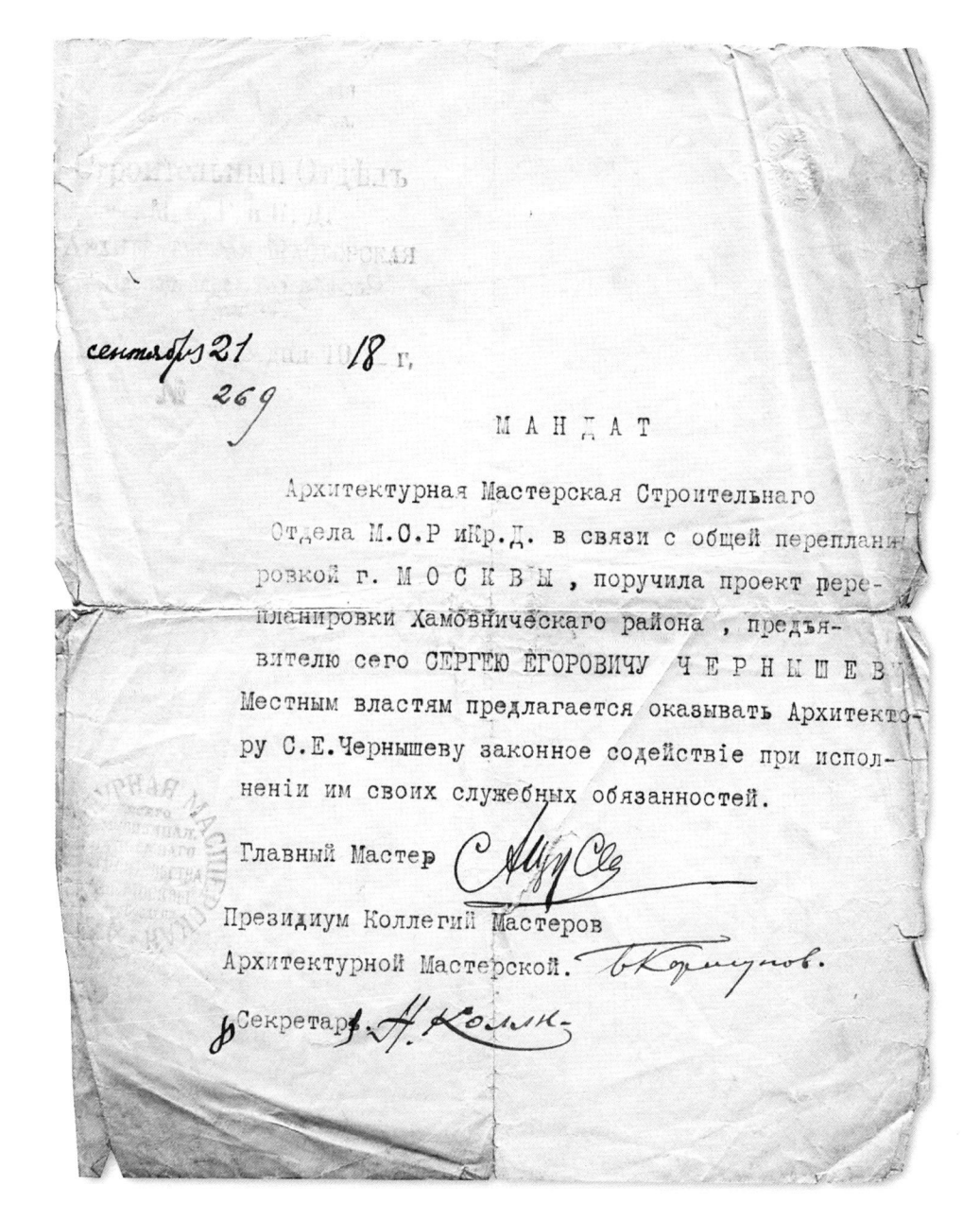

Мандат, выданный архитектурной мастерской Строительного отдела Моссовета С. Е. Чернышеву, подтверждающий его полномочия в связи с работой над проектом перепланировки Хамовнического района. 21 сентября 1918 г. Из семейного архива

Credentials issued to S. Chernyshev by the Architecture Studio of the Construction Department of the Moscow City Council confirming his authority in connection with the work on the redevelopment design of Khamovniki district. September 21, 1918. From family archives.

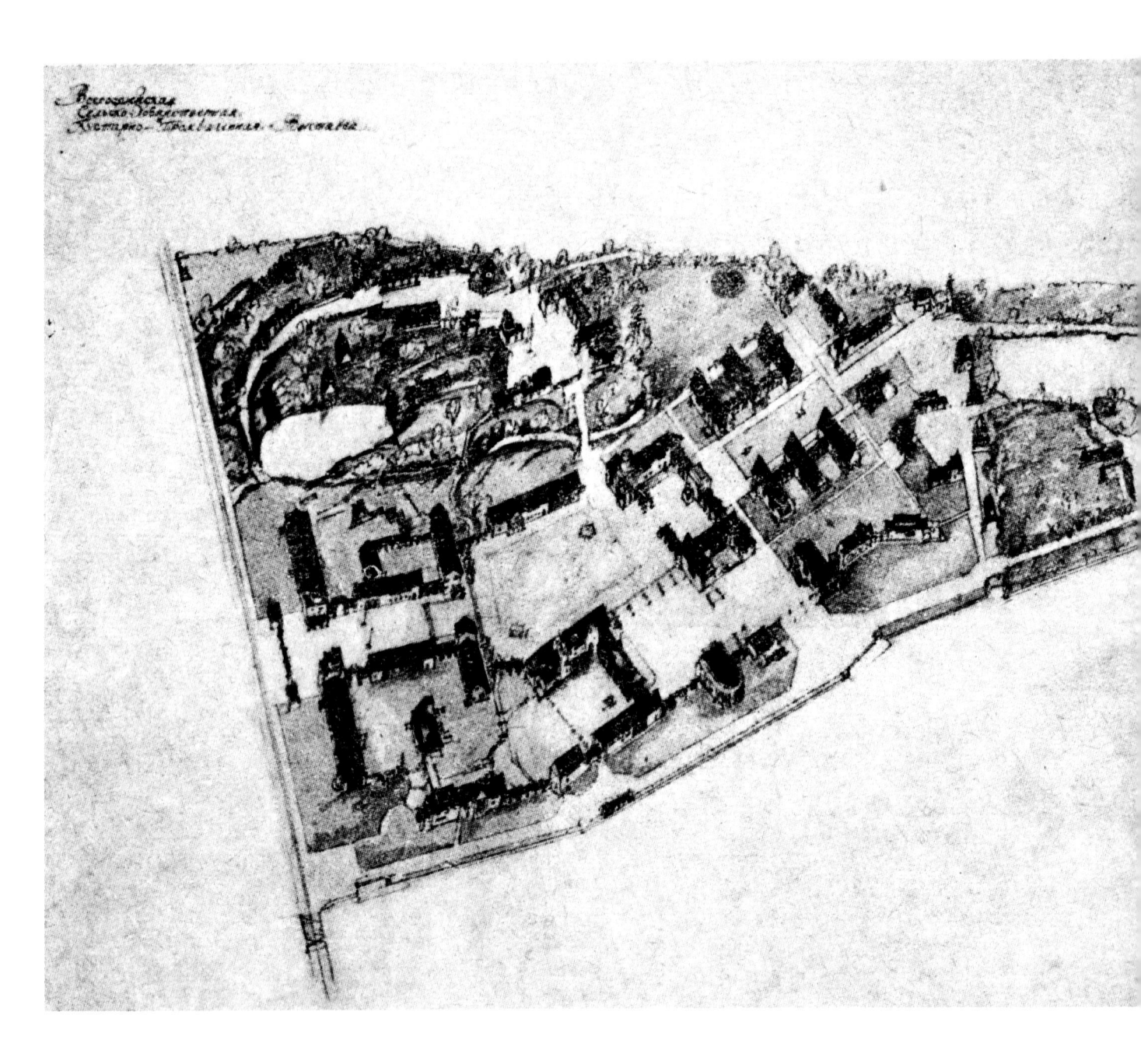

Конкурсный проект планировки Сельскохозяйственной
и кустарно-промышленной выставки в Москве. 1923 г.
Из семейного архива

Competitive design of the layout of the Agriculture
and Handicraft Exhibition in Moscow. 1923.
From family archives.

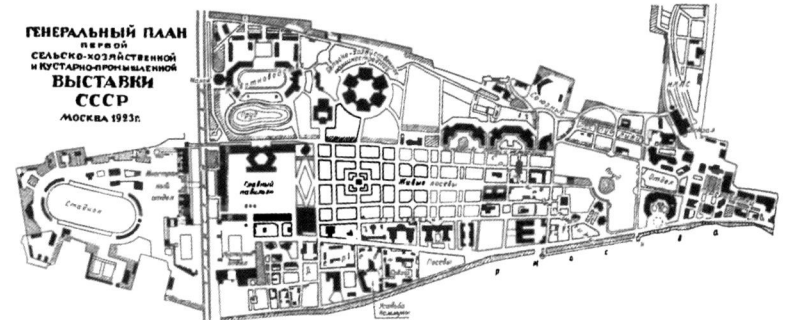

Генеральный план 1-й Всероссийской сельско-хозяйственной и кустарно-промышленной выставки в Москве. Архитектор И. В. Жолтовский. 1923 г.

General plan of the First All-Russian Agriculture and Handicraft Exhibition in Moscow.
Architect: I. Zholtovsky. 1923.

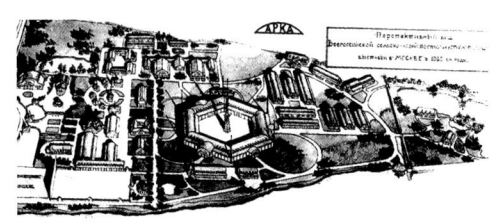

Конкурсный проект планировки 1-й Всероссийской сельскохозяйственной и кустарно-промышленной выставки. Архитектор Ф. О. Шехтель. 1923 г.

Competitive design of the layout of the Agriculture and Handicraft Exhibition in Moscow.
Architect: F. Shekhtel. 1923.

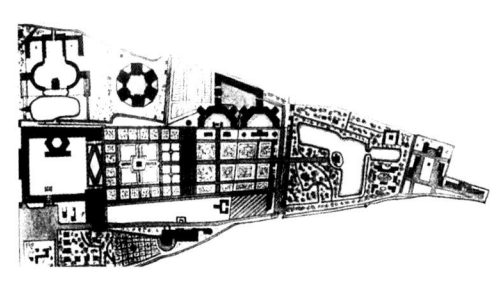

Конкурсный проект планировки 1-й Всероссийской сельскохозяйственной и кустарно-промышленной выставки. Архитектор И. В. Жолтовский. Первая премия. 1923 г.

Competitive design of the layout of the Agriculture and Handicraft Exhibition in Moscow (First price).
Architect: I. Zholtovsky. 1923.

135

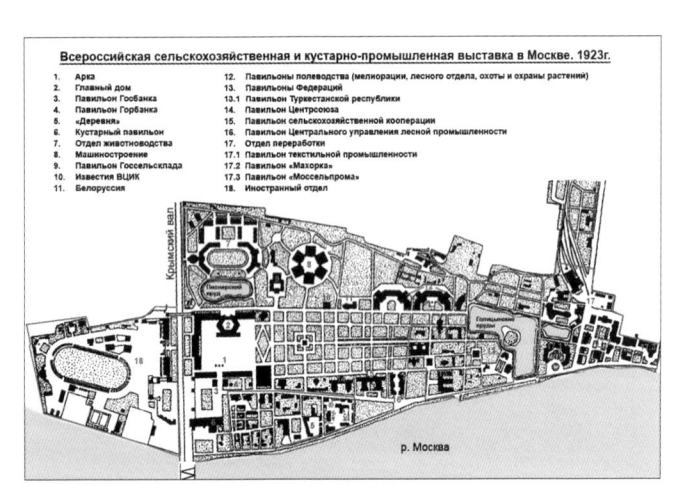

Генеральный план 1-й Всероссийской сельскохозяйственной и кустарно-промышленной выставки в Москве.
Архитектор И. В. Жолтовский

General Plan of the First All-Russian Agriculture and Handicraft Exhibition in Moscow.
Architect: I. Zholtovsky.

Аксонометрия общего вида выставки. Реконструкция.
Чертеж И. Г. Кадиной. 1952 г. Из книги «Выставочные ансамбли СССР, 1920–1930-е годы. Материалы и документы»

Overall axonometric view of the exhibition.
Reconstruction. Drawing by I. Kadina. 1952. From the book
*Soviet Exhibition Ensembles of the 1920–1930s. Materials and Documents*

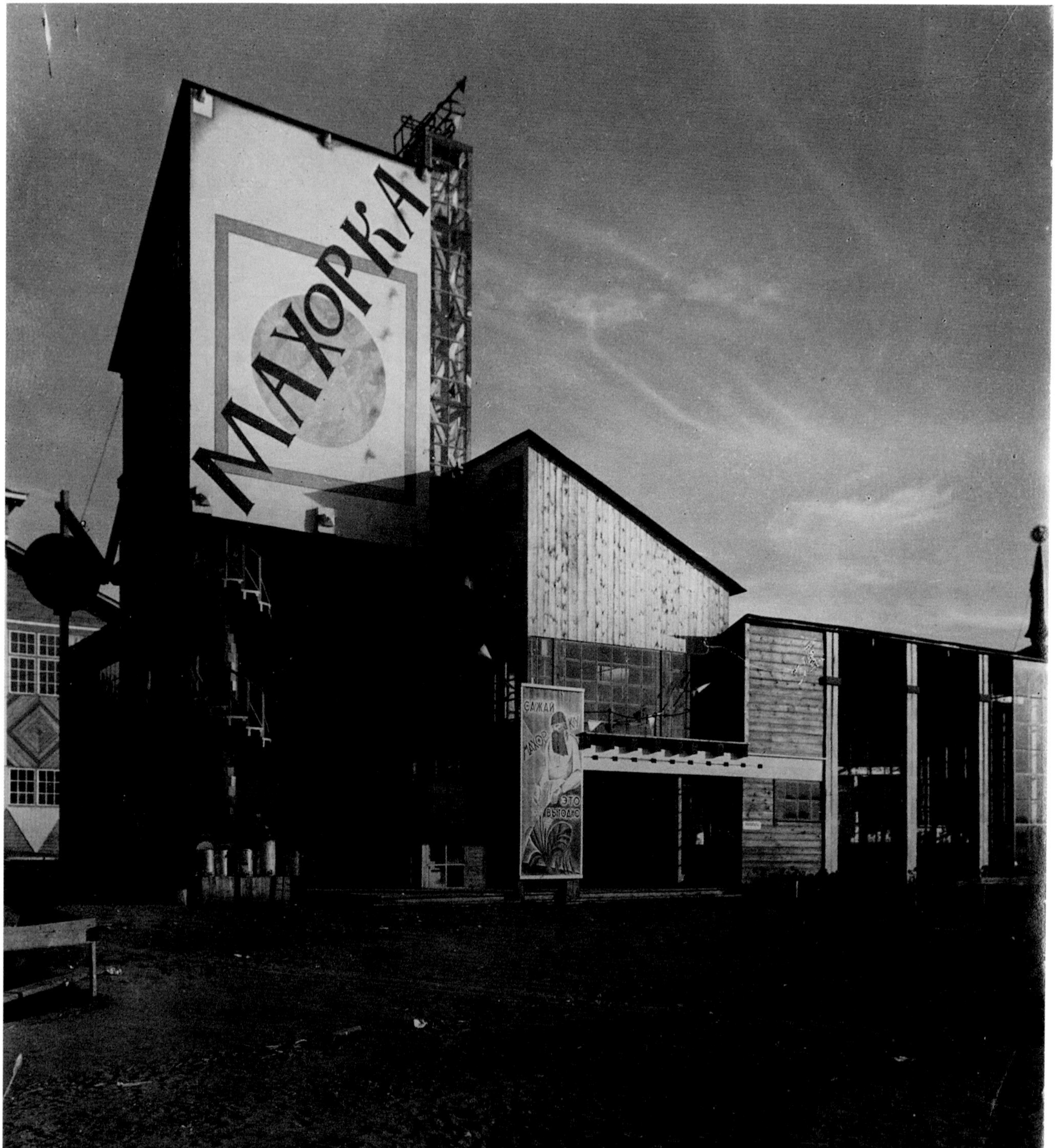
МАХОРКА
САЖАЙ
МАХОР
КУ
ЭТО
ВЫГОДНО

→ Агитационный автомобиль на открытии парка культуры и отдыха им. Горького. 1929 г. Из архива ЦПКиО им. Горького

Promotional car for the opening of Gorky Park. 1929. From the archives of the Gorky Culture and Recreation Park.

↓ Парк культуры и отдыха им. Горького. 1930–1940 гг.

Gorky Culture and Recreation Park. 1930–1940s.

← Павильон «Махорка». К. С. Мельников. 1923 г. Собрание Музея архитектуры им. А. В. Щусева

"Makhorka" Pavilion. K. Melnikov. 1923. Collection of the Museum of Architecture.

→ Плакат 1-й Всероссийской сельскохозяйственной и кустарно-промышленной выставки в Москве. О. Грюн. 1922 г.

Poster from the First All-Russian Agriculture and Craftwork Exhibition in Moscow. O. Gryun. 1922.

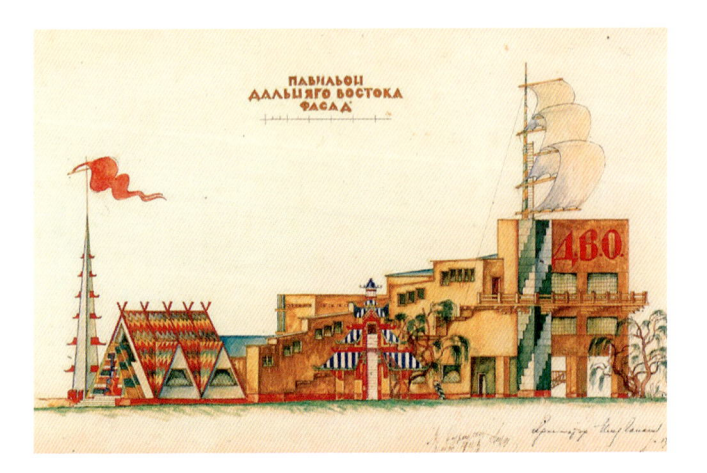

Выступление танцевального кружка на фоне павильона Центрального управления лесной промышленностью. Конец 1920-х — начало 1930-х гг. Из архива ЦПКиО им. Горького

Performance by a dance group. In the background the Central Forestry Production Administration Pavilion can be seen. Late 1920s, early 1930s. From the archives of the Gorky Culture and Recreation Park.

Проект павильона Дальнего Востока. Фасад. Архитектор И. А. Голосов. 1923 г.

Design of the pavilion of the Far East. Facade. Architect: I. Golosov. 1923.

→ Проект павильона
«Азербайджан». Фасад. Вариант.
Архитектор Я. М. Сырищев. 1923 г.

Design of the Azerbaijan Pavilion.
Facade. One version.
Architect: Ya. Syrishchev. 1923.

↑ Реклама 1-й Всероссийской сельскохозяйственной
и кустарно-промышленной выставки в Москве. 1923 г.

Advertisement for the First All-Russian Agriculture
and Craftwork Exhibition in Moscow. 1923.

↓ Проект павильона текстильной промышленности.
Фасад. Архитектор В. К. Олтаржевский. 1923 г.
Собрание Музея архитектуры им. А. В. Щусева

Design of the textile pavilion. Facade. Architect: V. Oltarzhevsky.
1923. Collection of the Shchusev Museum of Architecture.

# Глава 13.
# 35-й и другие годы

Предполагать, что «Мастерская Новой Москвы» Щусева и Жолтовского являлась единственным проектом, всерьез озабоченным перспективой переустройства первой социалистической столицы, было бы, наверное, весьма наивно. «Новая Москва» исторически развилась из проекта «Старая Москва», основанного Щусевым и Жолтовским еще в 1909 году для выявления исторических особенностей планировки будущей столицы и раскрытия их в реалиях современного города, а значит, была наиболее опытным разработчиком, находившимся, как принято говорить, «в материале». Тем не менее к моменту принятия в 1935 году Постановления ЦК ВКП(б) и СНК СССР № 1435 «О генеральном плане реконструкции города Москвы» на стадии проектов уже существовало изрядное количество концептуальных решений разной степени радикальности.

Ле Корбюзье произнес в те годы фразу, ставшую исторической: «В Москве, кроме нескольких драгоценных памятников былой архитектуры, еще нет твердых основ; она вся нагромождена в беспорядке и без определенной цели ... В Москве все нужно переделать, предварительно все разрушив»*. Его план предполагал сначала уничтожить

---

\* *Корбюзье.*
*Планировка города.*
*М.: ОГИЗ, 1933.*

# Chapter 13.
# 1935 and other years

It would be entirely naive to imagine that the "New Moscow" Studio of Zholtovsky and Shchusev was the only project to be seriously preoccupied with the purpose of restructuring the first socialist capital. New Moscow historically grew out of a project established by Shchusev and Zholtovsky as early as 1909. This project was designed to expose historical features within the layout of the future capital and to reveal them within the framework of a modern city. Thus, it was the most experienced development contractor to play a role in this regard. Nevertheless, by 1935 the Central Committee of the Bolshevik Party and the Council of People's Commissars of the USSR issued decree No. 435 "On the General Plan of the Reconstruction of the City of Moscow." At this stage, a great deal of concept designs with varying degrees of radicality already existed.

In those years, Le Corbusier delivered a phrase that became historical: "Moscow, aside from several precious monuments of past architecture, does not yet have firm foundations; it is cluttered up chaotically and without a sense of purpose ... In Moscow, everything must be be redone after first destroying everything."* His plan involved first destroying all the buildings in the city – with the exception of the Kremlin – and then building a new city as a classical rectangular grid, which was

---

\* *Le Corbusier.*
*Planirovka goroda.*
*Moscow: OGIZ, 1933.*

characteristic of European capitals. Ernst May, already known to the reader through the upheaval of building Magnitogorsk, worked within the basic framework of "disurbanisation". The city centre was to be an architectural conservation area and a business centre, whereas the general public were to move to satellite cities in a radius of thirty-five kilometres. The architect of the design described these satellite cities as "drabants" which were composed of low-rise houses. Within the ring of drabants, a ring of wooded and agricultural land separated the centre from proposed housing developments.

Professor B. Sakulin proposed something similar with his "City of the Future" project: Moscow was to be encircled by a belt of towns connected by an electrified commuter railway.* Lyubertsy, Bronnitsy, Podolsk and other towns which formed the first ring were to be connected to the centre by radial thoroughfares. At a further distance from the centre, a larger ring of towns were to be linked by rail: Dmitrov, Volokolamsk, Zvenigorod, Serpukhov and others. The second "railway ring" ran through towns such as Yaroslavl, Tula, Kaluga and Ryazan. As a whole, the design covered a vast economic space with a total radius of approximately 250 kilometres.

Nikolay Ladovsky's famous design is also of interest. This proposed breaking up the ring layout of the capital in the north-west and expanding the city in the shape of a parabola. Its peak would be located in the historic centre around the Kremlin, whereas the rays radiating from the main axis were to form the Leningradskoye Avenue. The design foresaw Moscow's urban development along the north-west axis, until eventually Moscow was to merge with Leningrad.

However, these large-scale projects were not destined to be implemented. Project designs produced under the guidance of Sergey Chernyshev between 1931 and 1934 formed the basis for the first large-scale, comprehensive reconstruction of the ancient Russian capital, such that it would be a new centre of the Union of Soviet Republics. The 1935 General Plan is the subject of dozens – if not hundreds – of articles and publications. The principles are worthy of discussion in a research paper. Here we review a few of its main features: adhering to the

---

* S. Khan-Magomedov. *Arkhitektura sovetskogo avangarda.*
Book 1: *Problemy formoobrazovaniya: Mastera i techeniya.*
Moscow: Stroyizdat, 1996.

исторической России как нового центра Союза Советских Республик стали проектные разработки, выполненные под руководством Сергея Егоровича Чернышева в период с 1931 по 1934 год.

Генплану 1935 года посвящены десятки, если не сотни статей и публикаций, а сам проект достоин быть темой отдельной научной работы на уровне монографии. Перечислим лишь основные моменты, весьма характерные для этого проекта. Сохраняя принципы радиально-кольцевой планировки, город получал транспортную структуру, соответствующую техническому скачку, произошедшему в первой половине двадцатого века.

Из Москвы извозчиков и повозок город становился полноценно адаптированной к насыщенному и скоростному транспортному и автомобильному движению системой. Брусчатка уходила в небытие — асфальтовые радиальные магистрали расширялись порой до 60 метров. Еще до окончательного утверждения Генерального плана началось сооружение самой, пожалуй, известной его составляющей — Московского метрополитена, а проблемы водоснабжения и транспортного сообщения города с другими регионами водным путем решало сооружение канала им. Москвы.

Напомним, при отсутствии тяжелой и транспортной авиации водные грузоперевозки имели куда большее значение, чем в наши дни, а определение Москвы в качестве «порта пяти морей» несло не только возвышенный поэтический пафос, но и вполне ощутимый экономический эффект.

Особая роль в Генплане отводилась водным артериям города — Москва-река становилась полностью пригодной для прохода крупнотоннажных судов и, одетая в гранитные набережные, превращалась в одну из архитектурных доминант нового города. Проект предусматривал формирование огромных зеленых массивов: вокруг Москвы шел широкий пояс лесопарковых насаждений, из которого к центру города устремлялись мощные зеленые клинья, повсеместно предусматривались парковые зоны.

Неожиданным образом реконструировался центр города. Если три центра в Магнитогорске стали камнем преткновения для конкурсного жюри и формальной причиной отказа в победе, то теперь центр Москвы трактовался как созвездие связанных между собой площадей: Красной,

principle of the radial-ring layout, the city acquired a transport structure in line with the technological leap which took place in the first half of the twentieth century. From a city of horse-drawn carts and waggons, Moscow became fully geared to intensive high-speed traffic. Flagstone pavements faded into nonexistence – asphalt radial thoroughfares such as Gorky Street, Prospekt Mira and the Lenin and Kutuzov Avenues were sometimes widened up to sixty metres. Even before the General Plan had been given its final approval, construction had begun on what is arguably its most prominent feature: the Moscow Metro. Meanwhile, the Moscow Canal solved problems concerning the water supply and the city's transport links with other districts.

It may be recalled that in the absence of transport aviation, water haulage was infinitely more important than nowadays. Defining Moscow as a port of five seas was not only a poetic metaphor but also extolled its palpable economic benefits. The city's water arteries played a special role in the General Plan: the Moskva River adapted to large-draft vessels and, clad in granite embankments, became one of the dominant architectural features of the new city. The design envisaged a vast woodland which would form a broad belt of forest-park around Moscow. From this, thick green wedges were to converge towards the city centre. Provision was made for massive parks throughout the city. A somewhat unusual solution was proposed in relation to the reconstruction of the city centre. Whereas the concept of the three centres in Magnitogorsk had been the stumbling block for the competition jury and the formal reason behind the refusal of first place, the centre of Moscow was now treated as a constellation of interconnected squares: Red Square, Revolution Square, Sverdlov Square, Marx Avenue and Pyatidesyatiletiya Oktyabrya Square (today known as Manezhnaya Square). This vast space was organically bound with the main radial direction of the city plan. The city acquired a distinct spatial development axis oriented towards the south-west, in the direction of an area devoid of industrial buildings.

The multifaceted and complex layout does not readily lend itself to a comprehensive description. To convey a general impression of the features and scale of the envisioned transformation, a lengthy but revealing quote from Lion Feuchtwanger, who was shown a three-dimensional mockup of the future

Революции, Свердлова, проспекта Маркса и площади им. 50-летия Октября (ныне Манежная). Это обширное пространственное образование было органически связано с основными радиальными направлениями городского плана. Город обретал четко выраженную пространственную ось развития, ориентированную на юго-запад, в направлении, свободном от промышленной застройки.

Многогранный и сложный Генплан с трудом поддается ординарным характеристикам. Чтобы передать общее ощущение от характера и масштаба задуманных преобразований, позволим себе привести пространную, но исчерпывающую цитату Лиона Фейхтвангера, ознакомившегося с объемным макетом будущей Москвы в 1937 году:

«Стоишь на маленькой эстраде перед гигантской моделью, представляющей Москву 1945 года, — Москву, относящуюся к сегодняшней Москве так же, как сегодняшняя относится к Москве царской, которая была большим селом. Модель электрифицирована, и все время меняющиеся голубые, зеленые, красные электрические линии указывают расположение улиц, метрополитена, автомобильных дорог, показывают, с какой планомерностью будут организованы жилищное хозяйство и движение большого города. Огромные диагонали, разделяющие город, кольцевые магистрали, расчленяющие его, бульвары, радиальные магистрали, главные и вспомогательные пути, учреждения и жилые корпуса, промышленные сооружения и парки, школы, правительственные здания, больницы, учебные заведения и места развлечений — все это распланировано и распределено с геометрической точностью. Никогда еще город с миллионным населением не строился так основательно по законам целесообразности и красоты, как новая Москва ... Все это так мудро увязано одно с другим, как нигде в мире. В других городах рост потребностей выявлялся с течением времени, и только потом делались попытки с помощью перестройки улиц и регулирования движения исправить обнаружившиеся недостатки. Все это носило неизбежно более или менее случайный характер и никогда не было ни разумным, ни законченным. Возникновение и развитие этих городов не только не было органическим, но даже дальнейшее урегулирование их потребностей затруднялось и обрекалось на неудачу вследствие того,

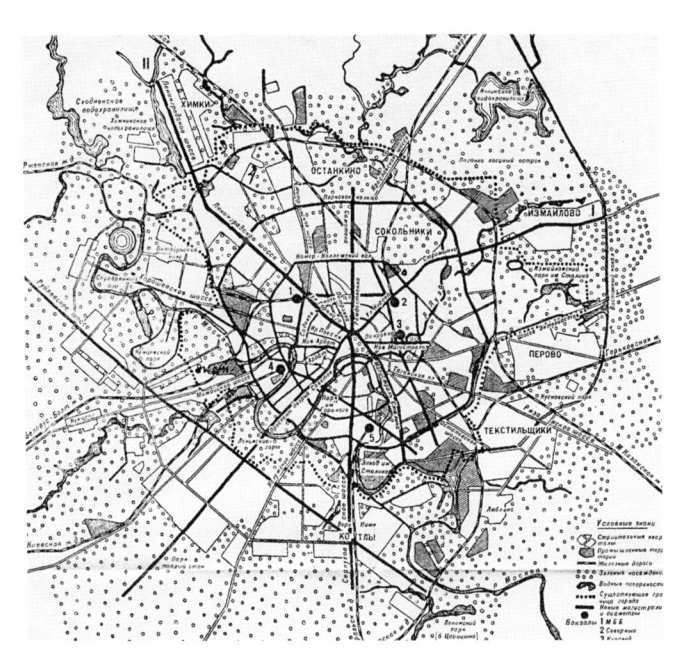

Схема планировки Москвы.
Трассировка новых и реконструируемых улиц. 1935 г.
Из книги «Генеральный план реконструкции города Москвы» (1936 г.).

Scheme of the layout of Moscow. The layout of new streets and the reconstruction of existing streets. 1935. From the book
*Master Plan Reconstruction of Moscow* (1936).

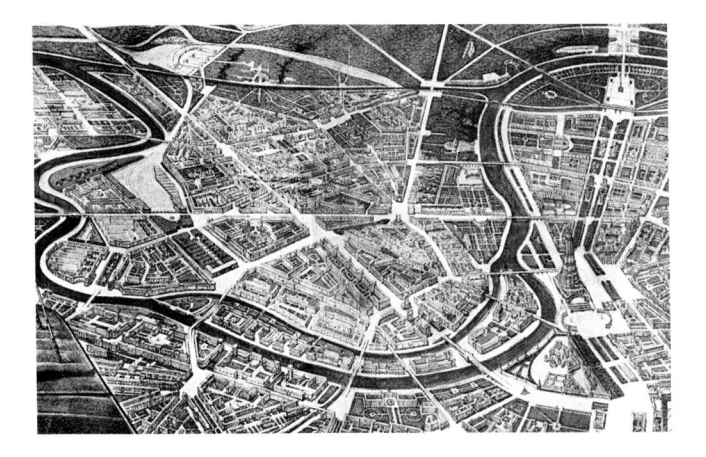

Реконструкция центральной части города,
района Замоскворечье и юго-западного вектора. Москва. 1935 г.
Из книги «Генеральный план реконструкции города Москвы» (1936 г.)

Reconstruction of the central part of the city, the Zamoskvorechye district and the South-East direction. Moscow. 1935. From the book
*Master Plan Reconstruction of Moscow* (1936).

что оно вступало в конфликт с бесчисленными частными интересами, причем не было авторитетной организации, которая могла бы, пренебрегая частными интересами, принести их в жертву общественному благу. Повсюду сопротивление алчных землевладельцев срывало разумное планирование города. [...] Проведение трех диагональных магистралей длиной от пятнадцати до двадцати километров каждая и трех новых радиальных магистралей, разбивка двух параллельных улиц, расширение Красной площади вдвое, размещение жилых корпусов, перенесение опасных в пожарном отношении и вредных производств, строительство широких набережных, одиннадцати новых мостов и новых железнодорожных путепроводов, распределение теплоцентралей, пятисот тридцати новых школьных зданий, семнадцати новых больших больниц и двадцати семи амбулаторий, девяти новых огромных универмагов, увеличение площади города на тридцать две тысячи гектаров, закладка мощного, шириною в десять километров, защитного поясного массива парков и лесов, который кольцом окружит город, расширение пятидесяти двух районных парков в пределах города и тринадцати парков на окраинах — все это так точно рассчитано, так мудро увязано, что даже самого трезвого наблюдателя должны взволновать размах и красота проекта».

Сергей Егорович Чернышев приступил к непосредственной реализации Генплана 1935 года в качестве руководителя Первой архитектурной мастерской отдела Моссовета, и первой масштабной задачей в рамках проекта стала для него реконструкция улицы Горького, или, точнее сказать, магистрали Улица Горького — Ленинградское шоссе. В своей статье 1934 года Чернышев подробно описывает подготовительную и проектную деятельность и детально анализирует весь спектр проблем, которые приносит городу магистраль без реконструкции. Транспортную проблему проект решал за счет масштабного расширения проезжей части (до сорока метров вместо существующих до перестройки шестнадцати), жилой фонд увеличивался вдвое, а наличие центрального водоснабжения, газификация и теплоснабжение, столь очевидные в наши дни, в 1935-м были царским подарком для будущих жителей улицы Горького. Несмотря на все разнообразие задач, стоявших перед мастерской, в проекте удалось добиться и единого архитектурного образа будущей

Moscow in 1937, will now be cited: "One stands on a small raised platform before the gigantic model which represents the Moscow of 1945 – a Moscow which bears the same relationship to the present-day Moscow as the latter does to that of the Tsars, which was little more than a large village. The model is electrically lighted, and increasing numbers of blue, green, and red lines show the course of the streets, subways, and motor roads, and demonstrate with what devotion to system the housing and communications of the great city will be constructed. The vast diagonals which divide up the city, the circular roads which intersect them, the boulevards, the radial streets, the primary and secondary roads, blocks of offices and flats, industrial buildings and parks, schools, government offices, hospitals, educational and recreational centres – all are laid out with geometrical precision. Never before has a city of millions of inhabitants been completely rebuilt with such scrupulous regard for the laws of suitableness and hence beauty as this new Moscow... In all this there is more purposeful cohesion than anywhere else in the world. For in other cities time was allowed to set the problems, and it was only after they arose that the streets and traffic were regulated in an attempt to solve them. It was inevitable that this was done more or less fortuitously, and never completely rationally. Not only had these cities no organic origin and growth, but the late adjustment of their problems was hindered and cramped by the fact that it came into conflict with innumerable private interests, and there existed no authority which could have overridden these interests for the benefit of the community as a whole. Everywhere the resistance of profit-seeking landowners made a rational town-planning impossible. [...] The construction of the three diagonals, each ten to thirteen miles long, which serve as the principal traffic roads of the city and of the three new radial streets, the cutting of the two parallel streets, the twofold widening of Red Square, the arrangement of the blocks of dwellings, the demolition of all industrial buildings liable to outbreaks of fire or injurious to health, the erection of the broad wharves, of the eleven new bridges and of the new railway viaducts, the distribution of the district heating-stations, the 530 new school buildings, the 17 great new hospitals, the 27 promenades and 9 huge new stores, the expansion of the city by nearly 80,000 acres,

магистрали как «магистрали пролетарской культуры». Несмотря на отказ от ценностей Пролеткульта, такое определение стало ключом к оформлению будущей трассы и задало тон главной теме ее ансамбля.

Технические условия — особенности застройки, ширина улицы, наличие озеленения — условно делили проспект на две части. Собственно улицу Горького, от Манежной площади до Белорусского вокзала (тогда он назывался Белорусско-Балтийским), проект рассматривал как магистраль «чисто городского типа. Ее оформление должно быть построено в большей степени на исследовании чисто архитектурных моментов. Применение скульптуры, живописи, озеленения усилит выразительность магистрали. Хотя архитектурные ансамбли в различных частях магистрали будут неоднородны, объемно-пространственное решение магистрали в целом должно дать единый ансамбль-комплекс», — пишет в статье Чернышев. Второй участок — от вокзала до линии Окружной железной дороги — по мысли автора, «допускает более свободную комбинацию объемных форм и более богатое включение в архитектурный ансамбль зеленых массивов, просторных спортивных площадок».

Площадям на улице Горького отводилась особая роль. Чернышев вообще придавал площади особое значение и смысл в городской планировке, называя их «нервными узлами» и трактуя расположение и планировку площадей на будущей улице соответствующим образом. Характер, размер и функциональное назначение площадей варьировались, формируя неповторимый и уникальный образ городской среды. Площади также подчеркивали особенности исторической трассировки улицы — Пушкинская, Триумфальная и Привокзальная площади акцентировали характерные изломы улицы Горького. Параллельно основной улице проект предусматривал создание улиц-дублеров, которые проектировались одновременно с улицей Горького и призваны были решить призрачную для 1935-го, но весьма актуальную в наши дни проблему пробок.

Необходимое расширение улицы Горького происходило за счет сноса малоценной застройки. Участок от Охотного ряда до здания Центрального телеграфа расширялся за счет правой стороны улицы, а следующий от центра отрезок — за счет левой стороны.

the construction of the great green belt six miles wide which is to encircle the city, and of the 52 parks radiating from the centre of the city and the 13 great parks on its outskirts – all this is so finely balanced and purposefully co-ordinated that the most apathetic onlooker must be moved by the beauty and grandeur of the project."

Sergey Chernyshev embarked upon the implementation of the 1935 General Plan in his capacity as head of the Moscow Soviet Department's First Architectural Studio. The first major task under the project was the reconstruction of Gorky Street, or more precisely the "Gorky Street–Leningradskoye Avenue" thoroughfare. In an article dated 1934, Chernyshev describes in detail preparatory activities and design activities. He analyses an entire range of problems that the thoroughfare would create for the city unless it is reconstructed. The design solved transport problems by considerably widening the road surface (to forty metres instead of sixteen). Residential areas were doubled and the central water supply as well as gas and central heating – which are taken for granted nowadays – were a royal gift for the future residents of Gorky Street in 1935. In spite of the variety of tasks confronting the Studio, the design managed to create a uniform architectural appearance for the future thoroughfare, the "thoroughfare of proletarian culture". Although Proletkult values had been discarded, such determination was key to the appearance of the future thoroughfare and set the tone for the main theme of its ensemble.

Technical requirements – building features, street width, the presence of greenery – divided the avenue into two parts. In principle, the project considered Gorky Street, extending from Manege Square to the Byelorussian Train Station (then known as "Byelorussian-Baltic Station") to be a "purely urban thoroughfare. Its appearance was based largely on architectural features. The use of sculpture, artwork and greenery were used to enhance the expressiveness of the thoroughfare. Regardless of the disparity of architectural ensembles situated in various parts of the thoroughfare, the spatial and volume design of the thoroughfare was to produce a unified ensemble", wrote Chernyshev in his article. The second section covers the distance from the train station to the Circular Railway. According to the architect's design, "it allows a freer combination of three-dimensional forms and a greater inclusion of woodland and spacious sports grounds".

Стоит отметить, что практическое воплощение проектных решений сопровождалось уникальным по масштабу и объему выполненных работ комплексом технических мероприятий по переносу вглубь улицы исторически ценных зданий и сооружений. Эта деятельность осуществлялась под руководством Эммануила Генделя, выдающегося инженера, специалиста по переносу зданий и технолога реставрационных работ. При реконструкции улицы Горького под его руководством с места на место переставлялись целые архитектурные комплексы. Своеобразным рекордом для своего времени стало, к примеру, перемещение Саввинского подворья. Здание массой в 23 тысячи тонн по технологии Генделя за одну ночь переместилось вглубь квартала, причем без отселения жильцов, которых, во избежание паники, даже не предупредили о предстоящем передвижении, внезапно начавшемся в два часа ночи.

Вглубь квартала Гендель подвинул и здание Моссовета, а Глазная больница переместилась с улицы Горького в Мамоновский переулок. О переносе Моссовета говорили, что уникальная операция готовилась четыре месяца, а осуществлена была всего за сорок минут. Старинный дом постройки Казакова двигали вместе с фундаментом, прокладывая рельсы по дну специально вырытого котлована. Гендель на глазах современников буквально творил чудеса — постройки двигались вокруг своей оси, разворачивались в нужную сторону, переезжали на другие улицы, причем в квартирах продолжали функционировать водопровод и газоснабжение — соответствующие коммуникации наращивали при «переезде» резиновыми шлангами.

Именно в эти годы Эммануил Гендель и Сергей Чернышев стали близкими друзьями — памятью этой многолетней дружбе стали теплые отношения семей наследников великих строителей эпохи. Сохранение исторических реалий было одной из главных особенностей проектных разработок Чернышева. Предельно корректно проект реконструкции подходил к выпрямлению магистрали, необходимому для нормального движения автотранспорта в районе улицы Горького, а на участке Ленинградского шоссе детально разрабатывались композиционные решения районов Ходынского поля, села Всехсвятского, Покровского-Стрешнева и Октябрьского поля.

The squares in Gorky Street played a significant role. In general, Chernyshev attached particular significance and meaning to the squares within the General City Plan, describing these as "nerve centres." He determined the location and layout of the squares on the future street accordingly. The contour, size and functional significance of the squares varied in order to create a unique image for the urban environment.

The squares also underscored the features which distinguished the historical layout of the streets – for instance, the Pushkin, Triumfalnaya and Privokzalnaya squares emphasised the characteristic bends of Gorky Street. Parallel to the main street, the project envisaged service roads which were designed in conjunction with Gorky Street. These were called upon to solve the problem of traffic which was a hypothetical requirement in 1935, although nowadays it is an extremely important issue. The necessary enlargement of Gorky Street required the removal of buildings which were of no value. The section spanning from Okhotny Ryad to the Central Telegraph building was widened at the expense of the right-hand side of the street, as well as the the next section bordering the centre on the left-hand side. It is worth noting that the implementation of these project designs required technical work on an unprecedented scale. This was in order to transfer historically valuable buildings and structures away from the road.

The work was carried out under the guidance of Emmanuil Gendel, an outstanding engineer who specialised in builing relocation and restoration technology. Under his supervision, entire architectural complexes were moved from place to place during the reconstruction of Gorky Street.

The relocation of Savvinsky Mansion was a record for its time. A building weighing 23,000 tons was moved overnight into the interior of the block under Gendel's guidance – and furthermore, without necessitating the evacuation of residents. In order to avoid panic, residents were not warned of the building relocation which suddenly commenced at 2 a.m. Gendel moved the Moscow Soviet building deeper into the building blocks. The Eye Hospital was moved from Gorky Street to Mamonovsky Pereulok. It was reputed that the unique relocation operation of the building housing the Moscow Soviet took four months to prepare and only forty minutes to be implemented. The old-established Kazakov building was moved with its foundation by laying

Согласно проекту, в этих местах создавалась «система обширных городских кварталов, свободных от фабрик и заводов, с широкими озелененными улицами и с большими озелененными массивами».

По факту из проекта реконструкции магистрали работа Чернышева превратилась в проект развития значительного городского участка и заслуженно получила высокую оценку у современников, не в последнюю очередь за «большую культурность и бережность подхода к задаче», как писал на страницах журнала «Архитектура СССР» А. В. Бунин.

Присущее Чернышеву и традиционное для московских архитекторов эпохи класссицизма, столь близких мастеру по духу, осознание каждого своего творения как части целого, призванного не разрушать, а дополнять уже существующее, проявилось при реконструкции улицы Горького в наивысшей степени полно.

Весьма показателен в этом отношении эпизод, который приводит в своих воспоминаниях внук архитектора А. П. Кудрявцев. По его словам, Чернышев «отказался от предложения надстроить для нужд Моссовета бывший дом генерал-губернатора архитектора М. Ф. Казакова, считал это кощунством. Это сделал Д. Н. Чечулин».

Однако главным достоинством проектного решения Чернышева стала неразрывная связь планировочных и общекомпозиционных задач. Рациональность решения приземленных проблем транспортного характера, вроде расширения улиц или прокладки параллельных магистралей, сочетались в проекте с детальной проработкой объема и пространства. «Глубинные ансамбли» качественно изменяли характер улицы, превращая ее из тесного коридора с глухими стенами в ритмичную магистраль, чередующую открытые и закрытые пространства. Единство застройки подчеркивала общая верхняя линия карнизов, которая по проекту должна была время от времени разбиваться высотными объектами, выполняющими, кроме того, роль удобных визуальных ориентиров.

Подобные ориентиры исторически существовали на пути к Кремлю, и если некоторые из них, как Страстной монастырь, не удалось сохранить, то на месте его планировалось сооружение высотного здания, закрепляющего композицию Пушкинской площади.

↑ А. В. Щусев и С. Е. Чернышев. Рим. 1935 г.
Фото из семейного архива

A. Shchusev and S. Chernyshev in Rome. 1935.
Photograph from family archives.

↓ План «Новая Москва». Авторский коллектив под руководством А. В. Щусева. 1923 г.

General Plan of "The New Moscow". Development team under the direction of A. Shchusev. 1923.

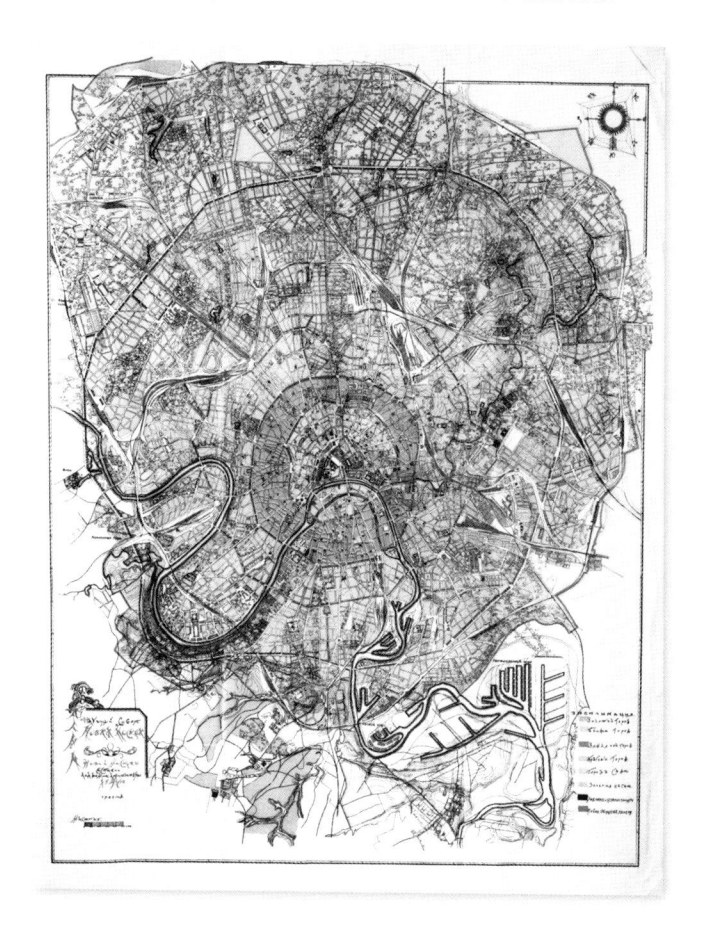

К сожалению, эта идея, как и многие другие детали проекта, так и не были реализованы. Внедрение в жизнь Генерального плана прервано было войной, по завершении которой многие изначальные установки были утрачены или отброшены. Между тем вокруг основного проекта Генерального плана реконструкции Москвы разворачивались определенного рода интриги. До июля 1934 года должность главного архитектора Архитектурно-планировочного управления Москвы занимал В. Н. Семенов, совместно с которым Сергей Егорович работал над планом реконструкции города, а еще раньше разрабатывал проект рабочего поселка акционерного общества «Стандарт». Но неожиданно для всех он был смещен с этой должности.

В архитектурных кругах ходят легенды о том, что интеллигентный Семенов не поладил с напористым и самоуверенным Кагановичем. В достоверность подобной версии можно поверить, зная некоторые особенности стиля руководства Лазаря Моисеевича. Именно он, не будучи архитектором, настоял на странной идее строить Театр Советской армии в форме пятиконечной звезды, а дискуссия, например, с дезурбанистами вылилась для него всего в две фразы: «Болтовня об отмирании, разукрупнении и самоликвидации городов — нелепость. Больше того — она политически вредна»\*.

Цели Генерального плана Каганович, с присущей ему простотой речи киевского обувщика, каковым он являлся до революции, будучи основателем «Союза сапожников», разъяснял так: «Мы должны поставить перед собой задачу наилучшей планировки города, выпрямления улиц, а также архитектурного оформления города, в целях придания ему должной красоты».

Характерной особенностью Кагановича было стремление контролировать любой процесс лично и до последних мелочей, давая исполнителям разного рода «ценные указания». Вполне допустимо, что блестящий специалист и опытный градостроитель Семенов попросту не сработался с напористым наркомом, и по меркам 1935 года его спокойный переход к научной деятельности можно считать благополучным

---

\* *Л. М. Каганович. За социалистическую реконструкцию Москвы и городов СССР. М.: Московский рабочий, 1931. С. 72–73.*

rails on the bottom of a specially excavated pit. Gendel worked miracles before the eyes of his contemporaries: buildings rotated around their axes, turning around in the required direction and relocating to other streets without interrupting the water and gas supply. This was owing to the fact that pipelines were lengthened by rubber hoses during the "building relocation".

The preservation of historical features was a main characteristic of Chernyshev's designs. The reconstruction plan envisaged the adoption of a very careful approach regarding the straightening of the thoroughfare, which was necessary for normal traffic in the vicinity of Gorky Street. At the site of Leningradskoye Avenue, the layout of the districts Khodynskoye Pole, Vsekhsvyatskoye village, Pokrovsko-Streshnevo and Oktyabrskoye Pole was so devised that they would form an integrated composition. Under the project a "system of expansive blocks of urban buildings, free from mills and factories with wide tree-lined streets and large areas of greenery" was to be created in these places.

Although Chernyshev's work essentially started as a plan for the reconstruction of a thoroughfare, it developed into a plan to change a significant area of the city and was praised by contemporaries, not least owing to the "great cultural awareness and extreme care evident in his approach to the task" which A. Bunin wrote in the *Arkhitektura SSSR* journal.

The reconstruction of Gorky Street highlighted Chernyshev's understanding of each work as a component intended to augment rather than demolish what already existed. This is characteristic of the spirit of Moscow architects of the classical era. One revealing episode is cited in the memoirs of Alexander Kudryavtsev, the architect's grandson, who writes that Chernyshev "turned down as blasphemous the proposal to add extra storeys for the needs of the Moscow Soviet to the former house of the Governor General designed by architect Matvey Kazakov. This was done by Dmitry Chechulin". However, the main merit of Chernyshev's design concept was the close link between the layout and general composition. A rational solution to practical problems such as transport, the widening of streets or the construction of parallel roads was combined with scrupulous attention to volume and space. "In-depth ensembles" qualitatively changed the character of the street, transforming it from a narrow corridor with blind walls to

и счастливым исходом подобного рода конфликта. Сергей Егорович, ничуть не уступая Семенову в профессиональных способностях, обладал и еще одним немаловажным качеством, которое отмечали многие. Он был крайне дипломатичен, не произносил пустых фраз и лишних слов, а в критические моменты предпочитал сохранять молчание.

Младший внук архитектора, С. П. Кудрявцев, вспоминает, что «никогда не видел, чтобы Сергей Егорович раздражался и повышал голос на собеседника. У него были умные, спокойные, слегка усталые глаза, с прищуром взгляд. Один раз я был свидетелем некоего подобия гнева, когда на какую-то реплику моей бабушки Наталии Николаевны он, слегка напрягшись, строго произнес: ‹Наталия Николаевна!› Этого оказалось достаточно, и инцидент был исчерпан. По рассказам людей, которые с ним работали, он был дипломатом».

По воспоминаниям академика архитектуры, автора знаменитой высотки у Красных Ворот А. Н. Душкина, во время работы над Генпланом Чернышев проводил огромное количество времени с Кагановичем, и то, что это насыщенное общение не переросло в конфликт, как это случалось со многими визави Лазаря Моисеевича, не в последнюю очередь свидетельствует об умении Сергея Егоровича найти общий язык даже с самой сложной аудиторией.

Кроме того, вступление Чернышева в должность совпало по времени с переходом Генерального плана в новую фазу — непосредственной реализации. Нет никаких сомнений, что при рассмотрении кандидатур решающую роль сыграл весь предшествующий опыт работы Чернышева-градостроителя, успешного московского архитектора, трезво оценивающего экономические и технические возможности города.

В воспоминаниях Чернышева сохранился весьма любопытный эпизод, наглядно иллюстрирующий его умение работать с аудиторией. Во время одного из первых правительственных совещаний, посвященных новому плану, Чернышев должен был выступать «перед руководителями партии и Правительства во главе с товарищем Сталиным», как принято было обозначать эту высокую категорию слушателей на страницах официальной печати. Выслушивать специфические профессиональные выступления им было явно непросто, и внимание аудитории таяло на глазах.

a rhythmic thoroughfare featuring alternating open and closed spaces. Architectural cohesion was underscored by the common upper line of cornices which – according to the design – was to be punctuated by tall objects. By the same token, these were to serve as convenient visual references. Similar reference points historically existed on the road which led to the Kremlin. Although some of these – notably the Strastnoy Monastery – have not survived, a high-rise building to strengthen the composition of Pushkin Square was built in its place.

Unfortunately, the idea – like many other details of the design – was never put into practice. The implementation of the General Plan was interrupted by the war. After the war came to an end, many of the original planning principles were lost or discarded. In the meantime, the main design of the General Plan for the Reconstruction of Moscow was the subject of intrigue. Until July 1934, the Chief Architect of Moscow's Architectural and Planning Directorate was Vladimir Semyonov. For several years, Sergey Chernyshev and Semyonov had been working on a design together for a workers' settlement for the joint-stock company Standart. To the surprise of many, Semyonov was unexpectedly dismissed from the job. An explanation circulated among architectural circles that Semyonov, a gentleman and an intellectual, fell out with the aggressive and self-confident Kaganovich. The peculiarities of Lazar Kaganovich's style of leadership lend credence to this theory.

Not being an architect himself, Kaganovich insisted on the peculiar idea of building the Soviet Army Theatre in the shape of a five-pointed star. His contribution to the discussion with "disurbanisers" can be boiled down to two sentences: "All this chatter about cities dying, splitting up and liquidating themselves is rubbish. Moreover, it is politically harmful." Kaganovich, who was a shoemaker in Kiev prior to the Revolution and founded the Union of Shoemakers, explained the purpose of the General Plan as follows: "We should seek to plan the city in the best way, to straighten the streets and to give the city an architectural form so that it is beautiful."*

Kaganovich had a tendency to single-handedly control any process down to the last detail, as well as giving his

---

\* L. Kaganovich. *Za sotsialisticheskuyu rekonstruktsiyu Moskvy i gorodov SSSR*, Moscow: Moskovsky Rabochy, 1931, pp. 72–73.

Уже зачитал основной доклад В. Н. Семенов, уже выступил будущий ректор Всесоюзной академии архитектуры, а в те годы начальник Архитектурно-планировочного управления Моссовета М. П. Крюков, и к моменту «выхода» Чернышева высокое руководство явно устало. Сергей Егорович вернул внимание и интерес к себе нетривиальным способом. Он на ходу изменил структуру доклада и начал его с неожиданной темы — канализации.

На актуальной и острой проблеме все слушатели и сам Сталин встрепенулись — Чернышев получил возможность плавно перейти к обсуждению остальных запланированных вопросов, и совещание завершилось самым успешным образом. Об этой встрече Сергей Егорович напишет на страницах «Архитектуры СССР». «Он говорил негромко...», — начнет архитектор рассказ о Сталине, и эти слова станут на многие годы основой многочисленных добрых шуток его супруги — Натальи Николаевны.

Как писали газеты, «товарищем Сталиным были даны основные принципиальные установки по вопросам реконструкции Москвы». Именно после этого совещания 14 июля 1934 года, с личным напутствием вождя, Сергей Егорович приступил к работе в должности главного архитектора, которая, по его словам, «заключалась в разработке и осуществлении архитектурно-планировочной стороны генерального плана реконструкции Москвы».

«Решительное упорядочение сети городских улиц, площадей, ликвидация тупиков и частых пересечений, правильная организация укрупненных жилых кварталов» на долгое время стали главной его заботой.

Трудно представить себе в наше время весь комплекс задач и объем работы, который лег на плечи нового главного архитектора. Напомним, поставленная задача подразумевала не просто удобную реконструкцию — Генеральный план должен был наглядно реализовать идеологический образ столицы первого в мире государства рабочих и крестьян.

В задачи реконструкции входило не только изменение архитектурного облика города — перестройка Москвы должна была решить целый комплекс социальных проблем. Сам Чернышев писал об этом периоде своей деятельности: «Успех осуществления реконструкции Москвы зависит от степени реальности и конкретности в подходе к этому

subordinates all sorts of "valuable tips". It is easy to imagine that Semyonov – a brilliant specialist and an experienced urban developer – fell afoul of the aggressive People's Commissar. Based on the standards of 1935, his seamless transition to scientific activities can be considered a very fortunate and happy outcome of this kind of conflict.

Sergey Chernyshev, who was not the least bit inferior to Semyonov in terms of professional ability, possessed yet another quality which has been widely noted. He was extremely diplomatic, never uttering an empty or offbeat phrase and preferring to keep silent in critical moments.

The architect's younger grandson, Sergey Kudryavtsev, recalls that he "had never seen Sergey Chernyshev being irritated or raising his voice. He had intelligent, calm and slightly weary eyes with a tendency to squint. I was once a witness of what passed for a fit of temper in his case when in response to a remark made by my grandmother, Natalya Nikolayevna, he suddenly grew tense and said in a hard voice: 'Natalya Nikolayevna!' This was enough to put an end to the incident. The people who worked with him say he was a diplomat".

A. Dushkin, an Architecture Academician and the architect behind the famous skyscraper at Krasnye Vorota, recalls that Chernyshev spent a great deal of time with Kaganovich during their work on the General Plan. This close cooperation never developed into a conflict, unlike as was the case for many others who had worked with Lazar Kaganovich. This is further evidence of Sergey Chernyshev's ability to find common ground with others, even if this entailed the most difficult audiences.

Chernyshev accepted the job at a time when the General Plan was entering a new phase: its immediate implementation. There can be no doubt that the entire wealth of experience which Chernyshev had amassed as an urban planner played a decisive role during the consideration of candidates for the job. Here was a successful Moscow architect who took a realistic view of the city's economic and technical potential. A curious episode recorded in Chernyshev's memoirs demonstrates his skill at engaging with an audience. In an early government meeting about the new plan, Chernyshev was to report "to the Party and government leaders headed by comrade Stalin" – the high-ranking group of listeners was customarily referred to in this way among the press. It was obvious that the listeners had

делу, от технико-экономической обоснованности намечаемых предприятий». Невозможно подробно остановиться на всех вопросах и задачах, решенных «сталинской реконструкцией». Если же выделить ключевые проблемы, которым Сергей Егорович уделял особенное внимание в выступлениях и публикациях, попытаться вычленить его собственный, наиболее заметный авторский вклад в общее тело плана, вне всяких сомнений на авансцену выйдут вопросы ансамблевости застройки новой столицы.

Как подчеркивал сам Чернышев, «каждый квартал, каждый отрезок улицы, вся улица, площадь будут оформляться как целостные ансамбли и город — как архитектурный комплекс, единый по замыслу и выполнению». «Проблема ансамбля, целостного архитектурного оформления площади, улицы и целых районов поставлена как практическая задача в строительстве города», — скажет он, выступая на 1-м Всесоюзном съезде советских архитекторов.

Сразу же после утверждения Генерального плана началось ускоренное проектирование застройки вдоль основных магистралей, набережных и на новых территориях, присоединяемых к городу.

Ясное и отчетливое формулирование ансамблевого подхода к застройке становится одной из основных задач Чернышева. «Новая социалистическая Москва нуждается в создании развитого общегородского центра, наряду с районными центрами». Этот центр составляли «Дворец Советов, реконструированный Китай-город и Кремль, с группой прилегающих к ним площадей и зданий общественного и государственного значения».

В работе «Контуры Новой Москвы» Сергей Егорович дал вполне исчерпывающую характеристику всей сложности задачи, стоявшей пред разработчиками Генплана: «... являясь зоной пересечения основных диаметров города, прорезаемой водной магистралью Москвы-реки, новый центр города требовал не простых архитектурно-художественных прикидок и эскизов, а сложной проработки основных принципов композиционного решения. Не только целое, но и отдельные его части представляют собой обширные комплексы. Их решение и объединение в единый ансамбль с окружающим городом является архитектурно-планировочной задачей, трудность которой едва ли можно

problems following such professional technical explanations; the audience's attention started to wane. Vladimir Semyonov, the future rector of the All-Union Architectural Academy, delivered the keynote report followed by M. Kryukov, then chief of the Moscow Soviet Architectural and Planning Directorate, who delivered his speech. By the time it was Chernyshev's turn, the leadership was obviously bored. Therefore, Sergey Chernyshev resorted to a trick in order to arouse attention and inspire interest. He changed the prepared structure of the report by unexpectedly beginning his speech with the problem of sewage.

The reference to a topical and sensitive problem made all the listeners, including Stalin, sit up and take notice: this meant Chernyshev was able to smoothly proceed to discuss other issues. The conference came to a successful end. The newspapers wrote that "Comrade Stalin laid down the main principles concerning the reconstruction of Moscow." Following this meeting on 14 July 1934, the Leader gave his approval to Sergey Chernyshev to start work as Chief Architect which, as he put it, "consisted in developing and implementing the architectural and planning part of the General Plan of the Reconstruction of Moscow".

For a long time, of primary concern to Chernyshev were the "drastic measures to improve the network of urban streets and squares, the elimination of blind alleys and frequent intersections, as well as the proper organisation of enlarged housing estates". Nowadays, it is hard to imagine the enormity of the tasks and the amount of work which the Chief Architect encountered. This task not only meant a convenient reconstruction since the General Plan was to express the ideological vision of the first capital of workers and peasants to exist in the world.

One of the reconstruction tasks – in addition to changing the architectural appearance of the city – was to solve a vast range of social problems. This is what Chernyshev wrote about this period in relation to his work: "The success of the reconstruction of Moscow depends on the degree of realism and concreteness in the approach to the case, as well as the technical and economic feasibility of proposed ventures." It is impossible to describe all the issues and problems solved by "Stalin's reconstruction". However, if emphasis is given to major challenges which Sergey Chernyshev devoted much attention to in his speeches and publications and an attempt is made to identify his

**Академик С. ЧЕРНЫШЕВ**

**НА СОВЕЩАНИИ У ВОЖДЯ**

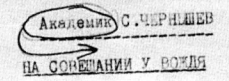

В час дня 14 июля 1934 года работники, руководящие реконструкцией и планировкой Москвы, и более 50 архитекторов и планировщиков, работавших по оформлению города, собрались в здании Моссовета. Нам было известно, что у товарища Сталина созывается совещание по планировке Москвы.

Подали два автобуса, и мы поехали в Кремль. Нас провели в комнату возле зала заседаний. Эта комната, как и зал, где был прием, нам были знакомы: в 1933 г. мы принимали участие в переустройстве и оформлении зала. Вспоминаю, что когда мы окончили переделку зала, нам надо было испробовать его акустику. И в те дни я был далек от мысли, что через несколько месяцев мне придется быть здесь уже в роли докладчика, да еще в такой исключительно ответственной аудитории.

Нас пригласили в зал. За столом уже сидели Иосиф Виссарионович и товарищи Молотов, Каганович, Ворошилов, Орджоникидзе, Калинин и другие члены Политбюро и правительства. Сразу почувствовалась сосредоточенная, серьезная обстановка.

С докладами выступили профессор В.Н. Семенов и другие архитекторы-планировщики Москвы.

Во время докладов члены Политбюро и правительства задавали вопросы.

Наступила моя очередь.

Темой моего доклада была характеристика работ первой планировочной мастерской, которой я руководил. Нужно было на конкретном опыте раскрыть характер работ этих мастерских, организованных по инициативе Л.М. Кагановича. Я говорил о затруднениях, которые приходится испытывать нам при реконструкции старой Москвы, приводил примеры таких препятствий, созданных отдельными новыми постройками.

Двадцать минут, данные мне для доклада, истекли, и я закончил. Товарищ Сталин внимательно слушал.

Затем выступили Г.Б. Красин, А.Е. Страментов, В.В. Бабуров и другие.

Слово взял товарищ Сталин.

Он говорил негромко. Участники совещания встали со своих мест и, окружив Иосифа Виссарионовича тесным кольцом, слушали его с напряженным вниманием.

В своем выступлении Иосиф Виссарионович с исключительной простотой и убеждающей ясностью дал нам руководящие установки по основным принципиальным вопросам реконструкции Москвы.

Помню, как критиковал товарищ Сталин работу по озеленению города. Он отметил, что у нас часто вместо организации больших зеленых массивов увлекаются разведением мелких газончиков, только стесняющих движение и не дающих озонирования воздуха. Эти газончики скоро затаптываются. Для города нужно создавать обширные зеленые парки.

Некоторые планировщики увлеклись проектированием чрезмерно широких магистралей. Товарищ Сталин дал указание, что там, где приходится реконструировать магистрали в застроенной части города, надо расширять их не более чем до 35-40 метров, так как большее расширение связано со значительным сносом зданий. Там, где прокладываются новые улицы, можно доводить ширину до 60-70 метров.

Резко обрушился товарищ Сталин на застройщиков учреждений, которые игнорировали планировку и строили там, где им вздумается.

Копия статьи С. Е. Чернышева «На совещании у вождя» для газеты «Вечерняя Москва» с его пометками. 21 декабря 1939 г. Из семейного архива

Copy of the article "A meeting with the leader" by S. Chernyshev for the newspaper *Vechernaya Moskva* with his notes. December 21, 1939. From family archives.

87.

— Надо, — говорил товарищ Сталин, — строить по твердому плану. Всякий, кто пытается нарушить этот план, должен быть призван к порядку.

Представленная МК ВКП/б/ и Моссоветом схема планировочной реконструкции Москвы в основном была одобрена.

Совещание закончилось.

Мы вышли из Кремля под неизгладимым впечатлением этого исторического совещания.

"Вечерняя Москва" от 21 декабря 1939 г.

С. Е. Чернышев консультирует коллег-архитекторов.
С циркулем: В. А. Шквариков, сидит: М. Ф. Оленев.
1930-е гг. Из семейного архива

S. Chernyshev consulting with fellow architects.
With calipers: V. Shkvarikov, seated: M. Olenev.
1930. From family archives.

Группа советских архитекторов. Сидят (слева направо):
С. Е. Чернышев, Б. М. Иофан, Г. И. Котов, А. А. Веснин, В. А. Веснин,
И. В. Рыльский, А. Г. Мордвинов; стоят: А. В. Щусев, А. И. Дмитриев,
Н. П. Северов, Л. В. Руднев, Г. П. Гольц, К. С. Алабян, А. С. Никольский,
Н. Я. Колли, М. Я. Гинзбург. 1930-е гг. Фото из собрания В. А. Шкварикова

A group of Soviet architects. Seated (from left to right): S. Chernyshev, B. Iofan,
G. Kotov, A. Vesnin, V. Vesnin, I. Rilsky, A. Mordvinov; standing: A. Shchusev,
A. Dmitriev, N. Severov, L. Rudnev, G. Golts, K. Alabyan, A. Nikolsky, N. Kolli,
M. Ginzburg. 1930s. Photograph from the collection of V. Shkvarikov.

преувеличить, не говоря уже о затруднениях, вызываемых отысканием наиболее экономического решения площадей в обстановке густой городской застройки».

Реалии нового строя требовали не только учета транспортных потоков — архитектор должен был обеспечить место для «громадных потоков демонстрантов», и исторические события последующих лет доказали, что самым парадоксальным образом «сталинский генплан» обеспечил площадками не только официозные проявления солидарности и регулярное майско-ноябрьское ликование масс, но и гибель режима, начавшуюся в поздних восьмидесятых митингами протеста на Пушкинской и Манежной, трансформировавшимися в наши дни в оппозиционные манифестации Болотной и Сахарова.

По мысли Чернышева, площади новой Москвы должны были принципиальным образом отличаться от площадей старой трактовки. Они должны были стать «открытыми», а размеры, форма и архитектурное решение каждой площади органично вписывали ее в ансамбль всего города. В одной из своих статей Чернышев обрисовал не только площади «большого транспортного значения» и «площади — центры общественной жизни». Отдельную категорию городских площадей составляли «спокойные» места для «средней рядовой жилой застройки»: с фонтанами, скамейками и зеленью, предназначенные для отдыха жителей близлежащих районов.

Сегодня та городская среда, которую пытался сформировать Чернышев, нарушена общепринятой трактовкой площади в качестве прежде всего транспортного узла, а «спокойные площади» и «центры общественной жизни» практически сведены на нет, за редкими исключениями.

Суть авторского подхода к проблеме площади и уже отмечавшаяся уникальная способность мастера предвидеть и находить оптимальные решения на годы вперед как нельзя лучше представлены на примере площадей Тверской улицы, или, корректнее выражаясь, улицы Горького.

Прокладка транспортного тоннеля под площадью Маяковского, осуществленная в 1960-е годы, предвосхищается, например, в таком описании: «крупнейшая кольцевая артерия города, … магистраль напряженнейшего транспортного потока, нуждается на пересечении с улицей Горького

own personal contribution to the body of the plan, it is beyond question that issues related to the development of the new capital through architectural ensembles must come to the fore.

Chernyshev himself stressed that "every block, every section of the street, the whole street and the square would be treated as ensembles with an integral approach. The city would be interpreted as an architectural complex to be built according to a single concept and method". Chernyshev told the first All-Union Congress of Soviet Architects that "the idea behind an ensemble – the coherent architectural appearance of a square, street and entire districts – is manifested in the practical undertaking of how the city is built."

Shortly after the General Plan was approved, a crash programme began which addressed the construction along the main thoroughfares, embankments and new territories incorporated into the city. At this point in time, the main challenge facing Chernyshev was the clear formulation of the "ensemble" approach to urban development. "The new socialist Moscow needs a municipal centre in addition to district centres." The centre was to comprise "the Palace of the Soviets, the reconstructed Kitaigorod, the Kremlin and an assortment of adjacent squares, as well as public and government buildings."

In his work *Outlines of a New Moscow*, Sergey Chernyshev gave an exhaustive account of the complexity surrounding the task which architects faced under the General Plan: "The zone where the main diameters of the city intersect and which the Moskva River cuts through, as well as the new city centre, not only required architectural artistic ideas and sketches, but also painstaking work on the main principles of the compositional design. Not only the city as a whole but its individual components amounted to vast complexes. This finished design and its integration into a single ensemble alongside the city emerges as a task, the difficulty of which can scarcely be overstated in the field of architectural planning. This is not to mention the economic difficulties to be resolved in siting open spaces within the framework of a densely-populated city."

The realities surrounding the new structure made it necessary to take transport problems into account, since the architect had to provide space for "huge demonstrations". Paradoxically, subsequent historical events have shown that the "Stalin General Plan" not only provided space for government-

в организации движения в двух уровнях». «Архитектурная реконструкция этой площади в основном может быть решена новой трактовкой угловых зданий и постановкой общественно-значимых сооружений, обращенных лицом к площади» — эта идея также была реализована в 1960-х.

Новый корпус газеты «Известия», построенный в 1975–1976 годах на Пушкинской площади, предсказан мастером в 1939 году следующим образом: «Площадь Пушкина видна в далекой перспективе по кольцу «А» со стороны Никитских Ворот. Это вызывает необходимость постановки на площади здания, замыкающего эту перспективу. Таким зданием может быть расширенное и реконструированное здание «Известий».

Конечно, в наши дни облик площади не совсем совпадает с видением Чернышева. «Архитектурная значимость» действительно усилена новыми общественными зданиями кинотеатра «Россия» и полиграфкомбината «Известия» и, разумеется, переносом с Тверского бульвара в сквер перед кинотеатром главной доминанты Пушкинской площади памятника А. С. Пушкину работы А. М. Опекушина.

Однако, по мнению специалистов, «Известия» не получили архитектурной трактовки, которую подразумевал Чернышев, так и не став доминантой, завершающей перспективу значительного отрезка Тверской, создав на площади несимметричный угловой акцент, вызывающий ощущение общей незавершенности. Бывшая Советская, а ныне Тверская площадь перед зданием Моссовета также стала наглядным примером того, как сформулированные в середине тридцатых годов идеи Чернышева были воплощены на практике в более позднее время.

В конце 1940-х годов архитектор Д. Н. Чечулин завершил реконструкцию площади к 850-летию Москвы именно так, как писал об этом Сергей Егорович: «Советская площадь будет спланирована в качестве нового административного центра Москвы». Сдвинутое вглубь здание Моссовета было Чечулиным все же надстроено, а площадь существенно изменилась в размерах. Главная композиционная ось проходила между парадным подъездом Моссовета и Институтом Ленина, а в сторону Дмитровки через площадь спускался сквер. Симметричность решения подчеркивали памятник Ленину перед входом в одноименный

sponsored manifestations of solidarity, as well as regular mass celebrations which took place in May and November, but also aided protest rallies in Pushkin and Manezh Squares which coincided with the collapse of the regime in the late 1980s. Nowadays, this has morphed into outpourings of opposition on Bolotnaya Square and Sakharov Avenue.

In Chernyshev's opinion, the squares of new Moscow were to be different from old-style squares since they were to be "open". The size, shape and architectural concept of each square had to seamlessly blend into the ensemble of the whole city. In one of his articles, he not only referred to the "great transport significance" of squares, describing these as "centres of public life", but also defined another category of city square which he described as as a "tranquil" place for "ordinary residential developments". These squares would feature fountains, trees and benches and were intended for the relaxation of local residents.

Nowadays, the urban environment which Chernyshcv sought to create has been destroyed by the commonly accepted concept that a square is predominantly a transportation hub, whereas – with a few rare exceptions – "tranquil squares" and "community centres" have disappeared. The squares on Tverskaya Street (then known as Gorky Street) highlight the architect's approach to this problem and his unique ability to foresee and find exemplary, long-term solutions. The excavation of a transport tunnel under Mayakovsky Square which took place in the 1960s is anticipated in his description: "A major ring artery of the city (the Garden Ring), … a congested thoroughfare needs two-level traffic at the intersection with Gorky Street. [...] The architectural restoration of this square can arguably be solved by the retreatment of the corner buildings and the location of public buildings facing the square." This idea was also implemented in the 1960s. The new office for the *Izvestiya* newspaper, which was erected in Pushkin Square between 1975 and 1976, was foreseen by the master in 1939 when he wrote: "Pushkin Square is visible from afar along the Boulevard Ring, from the direction of Nikitskiye Vorota. This requires a building in this square to bridge the distance. An enlarged and refurbished building for *Izvestiya* could be such a building." Of course, the present-day look of the square is not quite what Chernyshev envisioned. The square's "architectural significance" has indeed been enhanced by new public

институт, а стоявший на площади с 1919 года обелиск со статуей Свободы был заменен памятником Юрию Долгорукому.

«Композиционными узлами города» называл мастер ансамбли районных центров, которые отвечали своим построением ансамблю центральной части города. При этом они не должны были стать безликими клонами — каждый должен был обладать индивидуальным лицом, раскрывающим особенности того или иного района. Примечательно, что, по мысли архитектора, такие центры необходимо было выявлять и поддерживать там, где они начали формироваться естественным образом. В духе традиций «Мастерской Новой Москвы» Чернышев предполагал поддерживать и направлять в нужное русло те тенденции городского развития, которые исторически складывались в стихийном порядке.

Застройка районов велась по принципу «крупного квартала». Не только функциональные потребности в жилье, но социально-культурные нужды жителей учитывались в проекте с особым вниманием. Помимо возведения в нужном объеме общественных зданий и сооружений, архитектор настаивал на обязательном включении в композицию особенностей рельефа, широко использовал возможности озеленения, учитывая в работе все факторы и возможности новой застройки.

Различия в подходе и отношении к живой ткани города, к городскому пространству как части единого архитектурного целого наглядно прослеживаются в проекте одного из центральных проспектов столицы. Напомним, согласно основным предпосылкам к созданию Генерального плана и положениям этого документа, перед архитекторами стояла задача сформировать особый, «столичный» архитектурный образ Москвы. При прокладке магистральных проспектов, широкими радиусами соединяющих центр с окраиной, вопрос о сохранении исторической застройки выглядел неуместным.

Сеть улочек и переулков в районе Арбата казалась политическим идеологам реконструкции досадным провинциальным анахронизмом, требующим незамедлительного исправления, тем более что прокладке магистрали, соединяющей центр через Арбатскую площадь, Ново-Арбатский мост и Ново-Дорогомиловскую улицу с Можайским шоссе, придавалось очень большое значение.

buildings, as well as the *Rossiya* (now known as Pushkinsky) Cinema and the *Izvestiya* printing shop. This is not forgetting the relocation of the dominant feature of Pushkin Square: the monument to the poet Alexander Pushkin, designed by A. Opekushin, was moved from Tverskoy Boulevard to the square in front of the cinema.

However, in the opinion of experts, *Izvestiya* did not receive the architectural treatment envisaged by Chernyshev. Nor did it appear to become the dominant feature which would bridge the distance covering a considerable stretch of Tverskaya Street. This is because it created an asymmetric angular accent in the square which bestowed a general sense of incompleteness.

The former Sovetskaya – now known as Tverskaya – Square which is situated in front of the Moscow Soviet building is another example of an idea formulated by Chernyshev in the mid-1930s which was implemented later. In the late 1940s, architect Dmitry Chechulin completed the reconstruction of the square in time for the 850th anniversary of Moscow. This was the precise time at which Sergey Chernyshev wrote: "Sovetskaya Square is to be planned as the new administrative centre of Moscow." Chechulin built on the Moscow Soviet (City Hall) building which changed the size of the square substantially. The main composition axis traversed between the front entrance to City Hall and the Lenin Institute, whereas a small park sloped across the square towards Dmitrovka. The symmetry of the design was accentuated by the monument to Lenin at the entrance of the institute of the same name. The obelisk featuring a Statue of Liberty, which had stood in the square since 1919 was replaced with a monument to Yuri Dolgoruky.

The master described the ensembles of district centres which corresponded to the ensemble of the city centre as "city composition structures". These were not intended to be characterless imitations – on the contrary, each was to possess an individual identity in accordance with the features of its respective district. The architect also emphasised that such centres had to be identified and maintained in areas where they had been developed spontaneously. In the vein of the New Moscow Workshop tradition, Chernyshev contemplated promoting trends in urban development which had arisen spontaneously and steering these in the right direction. Districts were developed using the large-block construction method.

Новая трасса получила рабочее название «проспект Конституции», а Сергей Егорович выполнял функции непосредственного руководителя целой группы архитекторов, работавших над проектом проспекта в 1940 году. Забегая вперед, скажем, что именно по маршруту Генплана 1935 года проложен был в 1963-м Калининский проспект, или Новый Арбат современной столицы. Собственно этим все сходство воплощенного проспекта Калинина с оставшимся навсегда в проекте проспектом Конституции и исчерпывается.

Проспект Калинина, вопреки официальным восторгам своего времени и неправдоподобному восхищению кинематографического Ивана Грозного из комедии Леонида Гайдая, вызвал в свое время массу народной критики. Мнение специалистов по поводу новой трассы тоже неоднозначны.

Если проект 1960-х годов критики считают инородным отрезком, ни стилистически, ни композиционно не связанным с близлежащими ансамблями, то проспект Конституции должен был стать вполне органичной частью города.

Представим Новый Арбат, все архитектурное решение которого художественно подчинено единой тематике: дома с художественно украшенными фасадами и скульптурами уступают место площадям с обелисками, существующие на момент прокладки многоэтажные здания старой постройки логичным образом включены в общий ансамбль проспекта и при необходимости реконструированы. Высокая застройка чередуется с площадями — отчего улица обретает динамику, нарастающую по мере приближения к центру города.

Ключевой установкой авторского коллектива являются слова Чернышева, сказанные им в докладе о Генеральном плане реконструкции Москвы: «Для создания богатого архитектурного силуэта необходимо использовать отдельные высокие сооружения, разместив их в городе с определенным композиционным расчетом, выявляющим наиболее значительные в городе места и его рельеф». Проспект Конституции формировали разноэтажные здания, поставленные таким образом, чтобы с любой точки восприятия формировать богатый и разнообразный силуэт. Особенно важные композиционные точки закрепляли угловые башни, включающие силуэт проспекта Конституции узнаваемой линией в городской горизонт. Проспект Калинина выполнен с точностью до наоборот. Единый высотный объем в 24–25 этажей

Not only the functional needs in housing, but also the social and cultural needs of the residents were taken into consideration in the design. In addition to building a sufficient number of public buildings and structures, the architect insisted on taking the features of the terrain into account. Furthermore, he made wide use of greenery and contemplated all the aspects and possibilities of the new built-up environment.

The design of one of the capital's central avenues highlights the difference in approach and attitude to the city's living fabric – for instance, the understanding of the urban space as part of an architectural whole.

In line with the basic prerequisite of the General Plan and the stance of this policy, architects were to create a distinct, metropolitan architectural image for Moscow. When it came to laying thoroughfares which connected the centre to the outer reaches of the city, the issue of preserving historical buildings was deemed irrelevant. The maze of streets and bystreets in the Arbat area was viewed by the political ideologists of reconstruction as an unfortunate provincial anachronism which needed to be promptly rectified. Instead, building a thoroughfare which linked the centre to Mozhaiskoye Highway via Arbat Square, Novoarbatsky Bridge and Novodorogomilovskaya Street was considered of utmost importance.

The new thoroughfare was given the working title of "Constitution Avenue". Sergey Chernyshev was in charge of a group of architects who worked on its design in 1940. Leaping ahead in time, Kalinin Prospekt – today known as New Arbat Avenue – was built in the modern capital in 1963, following the route which had been traced in 1935. However, this is the only common feature shared by Kalinin Prospekt and Constitution Avenue since Constitution Avenue was never built and remained forever in the blueprint stage.

Despite the ceremonial praise bestowed upon Kalinin Prospekt and the odd admiration expressed by Ivan the Terrible in a comedy by Leonid Gayday, the avenue was on the receiving end of much grassroots criticism at the time. Even experts had mixed feelings about the new thoroughfare. However, although critics consider the 1960 design to be an alien feature which in terms of style clashes with the composition of the adjacent ensembles, Constitution Avenue was to become an organic part of the city. The architectural concept of New Arbat Avenue follows

по обеим сторонам улицы создает при просмотре с высоких точек ощущение непрерывной бетонной стены, проламывающей изысканно живописный профиль старой застройки.

Инородность в сложившейся городской среде — главный и традиционный упрек в адрес создателей проспекта Калинина и основное концептуальное отличие его от запроектированного Чернышевым проспекта Конституции.

Форс-мажорным обстоятельством, спутавшим все перспективы реализации Генерального плана реконструкции Москвы, стала война. Вряд ли корректно сравнивать в полном объеме проект Чернышева и трассу, построенную двадцать лет спустя. Однако если проспект Калинина стал примером кардинально противоположного подхода одного архитектурного коллектива к решениям и проектам предшественника, то работа самого Чернышева над окончанием чужого проекта вполне может стать иллюстрацией бережного и уважительного синтеза в творчестве. Речь идет об ансамбле сельскохозяйственной выставки ВСХВ, позже ставшей привычной для нынешних москвичей как ВДНХ. О значении этого проекта, прежде всего с идеологической точки зрения, можно судить по произведениям «важнейшего из искусств» социалистического периода. Образ сельскохозяйственной выставки станет главной красивой картинкой предвоенного кинематографа. По аллеям ВСХВ будут мчаться в сцене погони герои «Подкидыша» Татьяны Лукашевич и Агнии Барто, над павильонами выставки полетит на автомобиле героиня Любови Орловой в фильме «Светлый путь» Григория Александрова и, конечно же, легендарные «Свинарка и пастух» Ивана Пырьева обретут свою классово и интернационально выверенную любовь не где-нибудь, а в павильонах сельскохозяйственной выставки.

Выставка станет иконой предвоенного времени, парадной витриной социализма и новой счастливой жизни. Жизнерадостный «Марш энтузиастов» Исаака Дунаевского и Анатолия Д'Актиля будет официальным гимном ВСХВ, мухинские «Рабочий и колхозница» станут ее художественным символом, а гигантская статуя Сталина еще раз подчеркнет идеологическое значение и ключевое место сельскохозяйственной выставки в иерархии достижений новой эпохи.

Однако это произойдет в перспективе, а в 1938 году руководство проектом Чернышев возьмет на себя после

a single theme: houses were decorated with artistic facades and sculptures were replaced by squares with obelisks. Old high-rise buildings existing at the time were logically included in the overall ensemble of the avenue with some reconstruction if necessary. Tall buildings alternate with squares, imbuing the street with a dynamism which is strengthened as one approaches the city centre. The key principle that architects followed was formulated by Chernyshev in his report on the General Plan of the Reconstruction of Moscow: "In order to create a rich architectural skyline it is necessary to use individual tall buildings, locating these in the city in accordance with a specific composition design which emphasises the most significant places in the city and its landscape. Constitution Avenue was to be formed by positioning buildings of different height in such a way as to afford a rich and diverse view from any location. Corner towers were to be located in key composition points to include the skyline of Constitution Avenue in the city skyline." The opposite is true of Kalinin Prospekt. From an elevated viewpoint, its uniform height which ranges from twenty-four to twenty-six storeys on both sides of the street evokes the impression of a continuous concrete wall which cuts through picturesque, antique neighbourhoods. A common charge levelled against the architects of Kalinin Prospekt is that it is an alien feature in a historical urban setting and stands in stark contrast to Constitution Avenue which was designed by Chernyshev.

The war of 1941-1945 constituted a force majeure event which disrupted all plans for the reconstruction of Moscow. It is probably not suitable to compare the Chernyshev project in its entirety with the thoroughfare built twenty years later. However, although Kalinin Prospekt has become an example of a team of architects adopting the opposite approach with respect to the designs and projects of their predecessor, by completing another man's design Chernyshev's own work illustrates a careful and respectful synthesis in creation. This is a reference to the ensemble of the Agricultural Exhibition, now known among Muscovites as the Exhibition of National Economic Achievements and the All-Russia Exhibition Centre. The significance of this design – mainly from an ideological perspective – can be understood through films from the Soviet era. The Agricultural Exhibition would become the "screen saver" of prewar cinema. The chase scenes in "The Foundling" by Tatyana Lukashevich

весьма драматичного ареста главного архитектора ВСХВ Вячеслава Олтаржевского, обвиненного во вредительстве директором выставки Горишихиным и сосланного в Воркуту. Согласно обвинению, «из-за имевшегося на выставке вредительства ее строительство было проведено без продуманного генерального плана. Такой важный раздел выставки, как показ новой и старой деревни, совершенно не нашел отражения в генеральном плане».

Донос был скорее формальным поводом, а главным просчетом опального Олтаржевского, скорее всего, можно считать слишком буквальное следование идее съезда колхозников-ударников, который планировал сделать выставку временным мероприятием, призванным просуществовать всего сто дней. Однако после посещения выставки правительственной комиссией сроки жизни комплекса продлили уже до пяти лет, а открытие перенесли на август 1939 года. Учитывая, что Олтаржевский был арестован в июле 1938-го, времени Чернышеву оставалось катастрофически мало.

Из документов, оставшихся в архиве архитектора, можно составить определенное представление о характере и объеме работ, которые ему пришлось проделать для завершения ансамбля ВСХВ.

Первоочередного решения требовала композиция комплекса — из временных сооружений павильоны превращались в постоянные строения, а роль их в общем пространстве выставки изменялась. Из массы разностилевых, национально окрашенных построек необходимо было создать единый и целостный архитектурный ансамбль.

Этот ансамбль архитектор продумывал до мельчайших деталей, учитывал особенности всех возможных зрительных эффектов, рассчитывал не только «организованные перспективы» центральных аллей и площадей, но и заполнение разрывов между павильонами. Продумывая не только «парадный» маршрут от главного входа, но и обратную перспективу, Чернышев активно задействует зеленые насаждения, чередует большие пространства открытых выставочных площадей с осевыми направлениями узких проходов, а четкую геометрию плана разбавляет живописной асимметрией.

Весь комплекс строился вокруг наглядной системы понятных ориентиров. От главного ориентира и символа

and Agnia Barto took place in the Exhibition's alleys, Lyubov Orlova's heroine in Grigory Alexandrov's film "The Bright Path" soared in a car over the exhibition's pavilions and Ivan Pyryev's iconic film "The Swine Girl and the Shepherd" was also filmed here, an ideologically fitting place for the romance to unfold between the main characters. The exhibition would also become the icon of prewar years – the showcase of socialism and a new happy life. Isaak Dunayevsky's and Anatoly Daktil's upbeat "March of Enthusiasts" became the official anthem of the Agricultural Exhibition whereas Mukhina's "Worker and Kolkhoz Woman" was its artistic symbol. Stalin's gigantic statue underlined the ideological importance of the Agricultural Exhibition and its key position in the hierarchy of new era achievements.

This would all take place at a later point in time. Meanwhile, in 1938 Chernyshev became the head of the project following the dramatic arrest of Vyacheslav Oltarzhevsky, the Exhibition's Chief Architect who was accused of sabotage by the Exhibition director Goreshikhin and consequently sent to exile in Vorkuta. According to the denunciation, "because of sabotage at the exhibition its construction was conducted without a well-thought-out general plan. The plan omitted important features of the exhibition such as the demonstration of the new and old countryside."

The denunciation was rather a formal pretext: Oltarzhevsky's main miscalculation most likely consisted in following the concept of a congress of predominantly collective farmers too literally. This implied that the exhibition was a temporary event with a lifespan of just one hundred days. However, after a government commission visited the exhibition its lifespan was extended to five years and its official opening was brought forward to August 1939. Given that Oltarzhevsky was arrested in July 1938, Chernyshev had pitifully little time at his disposal. Documents in the architect's archive paint a picture of the nature and amount of work facing Chernyshev with regard to the Agricultural Exhibition ensemble. The priority task was the composition of the complex: makeshift pavilions were to be transformed into permanent buildings and their role in terms of the overall space was to change. It was necessary to combine a motley assemblage of various structures which reflected the styles of different nations to form a single and coherent architectural ensemble.

всей выставки — знаменитых «Рабочего и Колхозницы» Веры Мухиной и Бориса Иофана — посетитель через боковую аллею попадал на площадь Колхозов, далее к масштабной статуе Сталина — главному ориентиру площади Механизации. 25-метровый монолитный монумент вождя работы С. Д. Меркурова из полого железобетона размерно соотносился с работой Мухиной — критики почтительно отмечали «ассирийско-вавилонский» характер изваяния.

От каждой из граней восьмиугольной площади в стороны расходились аллеи, ведущие к павильонам. Когда посетитель возвращался обратно по параллельным главной аллее проходам, ориентиры сохраняли свое значение, а внимание посетителей привлекали павильоны, стоящие вдоль главной и на перспективных аллеях, а также повсеместное обилие зелени.

Озеленению выставки Чернышев отводил особую роль, считая зеленые насаждения не менее важным организующим элементом ансамбля, чем цвет. Стенограмма совещания, посвященного цветовому оформлению ВСХВ, свидетельствует, что этим двум факторам архитектор придавал значение крайней важности: «Проект должен представлять целостную картину и, как и архитектура выставки, должен быть подчинен определенной идее». Далее эта идея находит вполне конкретное воплощение: «Общий характер, который нам кажется правильным для окраски Выставки, это покраска павильонов светлыми воздушными тонами в основе. Сильные тона вряд ли уместны для архитектуры. Это будет сжимать объемы и трудно для техники выполнения. Это требует большого количества ярких красок, высокого качества этих красок. Если взять легкие тона, то, помимо того, что это отвечает требованиям воздушности, легкости, радостности архитектуры, …такие легкие тона, близкие к белому, с какой-то тонировкой, с легким уклоном в сторону той или иной подцветки, кремового тона, легкого розового и других тонов, представляют как бы светлый фон для живописных отдельных пятен, которые запроектированы почти во всех павильонах, в особенности в павильонах национальных республик. Нам представлялось, что на светлом фоне эти красочные пятна будут в должной мере создавать живописный эффект». Помимо цветового сценария ВСХВ, Чернышев занимался и размещением скульптур

The architect contemplated each detail of the ensemble, deliberately creating vistas in his park which would take account of all possible visual effects. He relied not only on those vistas he created of central alleyways and squares but attempted also to fill in the gaps between the pavilions. Chernyshev not only considered the main route leading from the main entrance, but also gave thought to its reverse view. In addition, Chernyshev made active use of greenery by interspersing large, open exhibition spaces with narrow passageways and disrupting the clear-cut geometry of the plan with picturesque asymmetry.

The entire complex was built around a system of reference points. Starting from the landmark of the exhibition – the "Worker and Kolkhoz Woman" monument by Vera Mukhina and Boris Iofan – the visitor walked through an alley to emerge in Kolkhoz Square, which led to Mechanisation Square. A giant statue of Stalin was the main attraction here. The twenty-five metre sculpture of the Leader by S. Merkurov, which was made of reinforced concrete blocks, was equal in size to Mukhina's work. This led critics to write in admiration about the "Assyrian-Babylonian character of the sculpture". Alleys leading to the pavilion radiated away from each of the eight facets of the square. When the visitor returned, taking a pathway parallel to the main alley, these landmarks were still present. The visitor's attention would be drawn to the pavilions lining the main and radial streets, as well as the abundance of greenery.

Chernyshev paid particular attention to greenery, considering trees and shrubs to be equally important in infusing the ensemble with colour. The transcript of the meeting devoted to the color scheme of the Agricultural Exhibition proves that the architect considered these two factors extremely important: the design must present a coherent picture and – similar to the architecture of the Exhibition – must be given a special theme.

The idea was then given flesh and blood: "We consider it proper that the Exhibition's pavilions feature essentially soft and ethereal tones. Strong tones are hardly suitable for its architecture. This would create technical difficulties as well as requiring a vast number of vivid colours and a high quality of paint. If light tones are selected then … in addition to creating an ethereal, light and pleasant atmosphere, these light, off-white tones – which are tinted with either cream, pale rose or other tones – produce a bright background for isolated touches of

на территории выставки, стремясь добиться полного единства скульптуры и архитектуры проекта, причем особенное внимание уделялось соизмеримости масштабов архитектуры и скульптурных форм.

«Согласование объемов и высот, силуэтов, чередование простых с гладкими стенами павильонов с богато оформленными, введение в архитектуру объемно-пространственных элементов в виде открытых двориков, порталов, лоджий, с их игрой светотени; применение барельефов, скульптурных групп, интенсивная окраска отдельных мест и озеленение при общем объединяющем светлом колорите выставки» — все это, по словам самого архитектора, должно было формировать целостный художественный ансамбль и способствовать единству его восприятия. Открытие выставки лично В. М. Молотовым стало событием государственного масштаба. Комплекс из 250 строений, расположенных на площади в 136 гектаров, с каскадами прудов, парками и зелеными партерами только за восемьдесят пять дней работы в 1939 году посетило более трех миллионов человек. Для выставки были проложены дороги, водопровод, канализация, освещение, телефонные и радиокабели. К моменту открытия был приурочен ввод в эксплуатацию Крестовского путепровода, проложены транспортные маршруты, а протекающая рядом река Копытовка была заключена в подземный трубопровод.

Однако ВСХВ Чернышева была уготована печальная участь. После оглушительного успеха в 1939 году комплекс в неизменном виде проработал всего лишь один выставочный сезон 1940 года, а в сорок первом ей довелось принимать посетителей лишь до конца июня. На время войны ВСХВ стала местом размещения зенитных батарей и армейских складов. Выставка заработала только в 1954 году, но архитектурный облик ее изменился до неузнаваемости. К пафосному преображению комплекса Чернышев, вообще не любивший помпезности послевоенного ампира в социалистическом исполнении, отнесся крайне критически.

По свидетельству А. П. Кудрявцева, «в архитектурной среде Сергей Егорович считался обладателем безукоризненного вкуса. Я не слышал от него осуждения причастности к тому или иному стилю. Ему важны были личности … Однажды Сергей Егорович повел меня посмотреть дом

colour. These are included in the designs of almost all the pavilions, especially in the pavilions of the national republics. We believe that these touches of colour will provide a sufficient, picturesque effect against a light background."

In addition to the colour scheme of the Agricultural Exhibition, Chernyshev paid attention to sculptures on the Exhibition grounds. He sought to harmonise sculpture and architecture with particular focus on the commensuurability scale of architectural and sculptural elements.

Harmonising volumes and heights, silhouettes, alternating simple smooth-walled pavilions with more elaborate ones, the introduction of volume and spatial elements into the architecture, based on the idea of open patios, portals and balconies with their interplay of light and shade; the use of bas-reliefs and sculptures, the intensive use of colour and greenery with the unified light colouring of the exhibition – all of this, in the words of the architect, would form an integral artistic ensemble and lend unity to how it was perceived.

The opening of the exhibition by Vyacheslav Molotov was a national event. In 1939, a complex of 250 structures covering 136 hectares – featuring cascades of ponds, parks and greenery – was visited by more than three million people within eighty-five days. Roads, water supply, sewage, electricity, telephone and radio cables were specially built for the Exhibition. The opening of Krestovsky Bridge was timed to take place at the same time as the exhibition's opening. Furthermore, transport routes were built and the nearby River Kopytovka was enclosed in an underground pipeline. However, Chernyshev's Agricultural Exhibition suffered a poor outcome. Following its runaway success in 1939, the complex remained unchanged for just one exhibition season in 1940. In 1941, it was only opened until the end of June. During the war, anti-aircraft batteries and army depots were located there instead. The Exhibition was reopened in 1954 – however, its architectural appearance had changed beyond recognition. Chernyshev was extremely critical of the new style of the complex since he was generally allergic to the pomp and circumstance which dictated the socialist version of the post-war Empire style.

According to Alexander Kudryavtsev, "in the architectural milieu Sergey Chernyshev was credited with perfect taste. I have never heard him condemn a person for espousing

Жолтовского на Калужской. Любопытно, что на дом Щусева по соседству не повел и на дом на Смоленской не повел». Вскоре само название ВСХВ кануло в Лету, и место сельскохозяйственной выставки Чернышева навсегда заняла помпезная ВДНХ. И только пролеты Любови Орловой под хоровые раскаты «Марша энтузиастов» на черно-белой пленке до наших дней сохранили всю атмосферу времени и образ эпохи, воплощенные в архитектуре ВСХВ Чернышева.

this or that style. Personalities mattered to him ... Once Sergey Chernyshev took me to look at the Zholtovsky House on Kaluzhskaya. Interestingly, he did not take me to Shchusev's House nearby or the house on Smolenskaya." Before long, the Agricultural Exhibition's name sank into oblivion. In its place appeared a pompous Exhibition of National Economic Achievements. Only Lyubov Orlova in a flying car to the blaring sound of the "March of Enthusiasts" in a black-and-white film has preserved the atmosphere of this time and the image of the era.

Схема планировки Москвы. Генеральный план 1935 г.
Моссовет. Отдел планирования

Scheme of the layout of Moscow. General Plan 1935.
Moscow City Council. Planning Division.

# СХЕМА ПЛАНИРОВКИ МОСКВЫ

МОССОВЕТ
ОТДЕЛ ПЛАНИРОВКИ
1935 г.

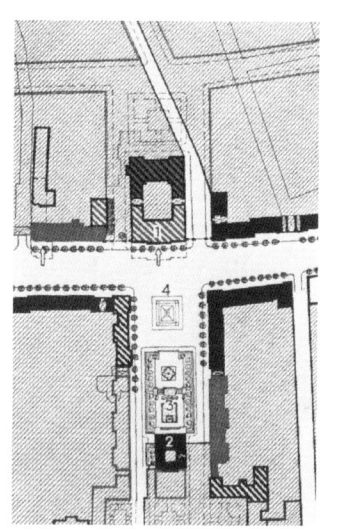

Генплан Советской площади после реконструкции конца 1930-х — середины 1940-х гг. Собрание Музея архитектуры им. А. В. Щусева

General plan of Soviet Square after its reconstruction between the late 1930s and mid-1940s. Collection of the Shchusev Museum of Architecture.

Вид Советской площади от здания Института Ленина. Конец 1930-х гг.

View of Soviet Square from the Lenin Institute. End of the 1930s.

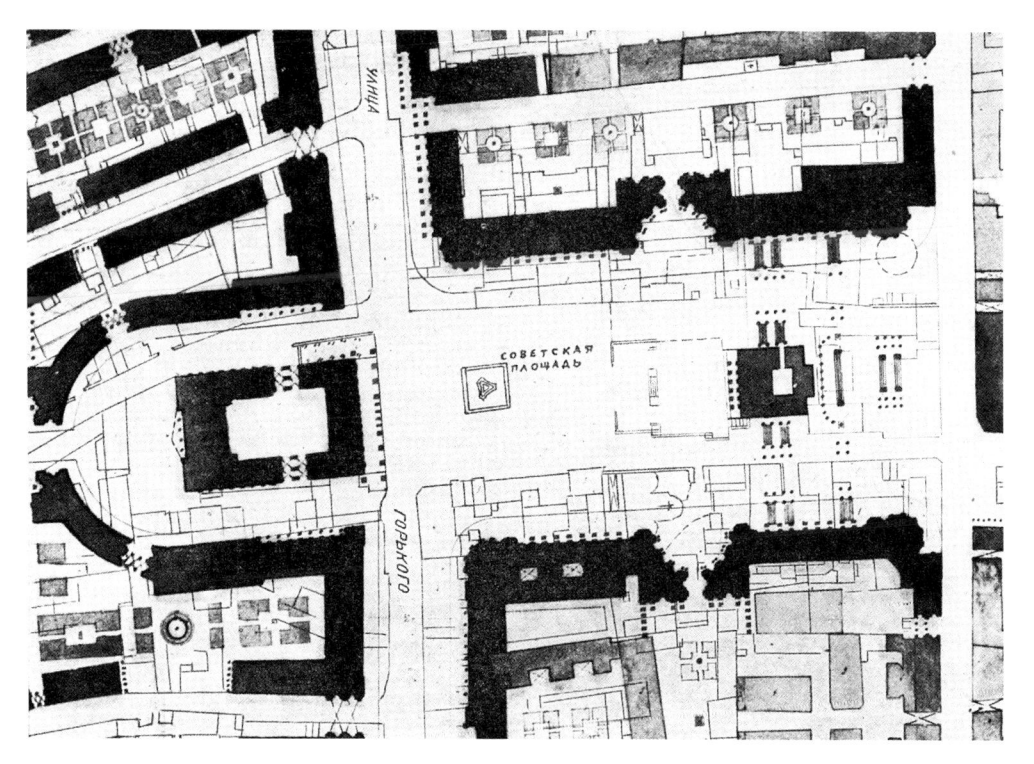

Проект планировки Советской площади в рамках реконструкции ул. Горького. По материалам журнала «Строительство Москвы» № 13–14, 1936 г.
Из семейного архива

Design of the layout of Soviet Square within the framework of the reconstruction of Gorky Street. From materials belonging to the journal *Stroitelstvo Moskvy*, No. 13–14, 1936.
From family archives.

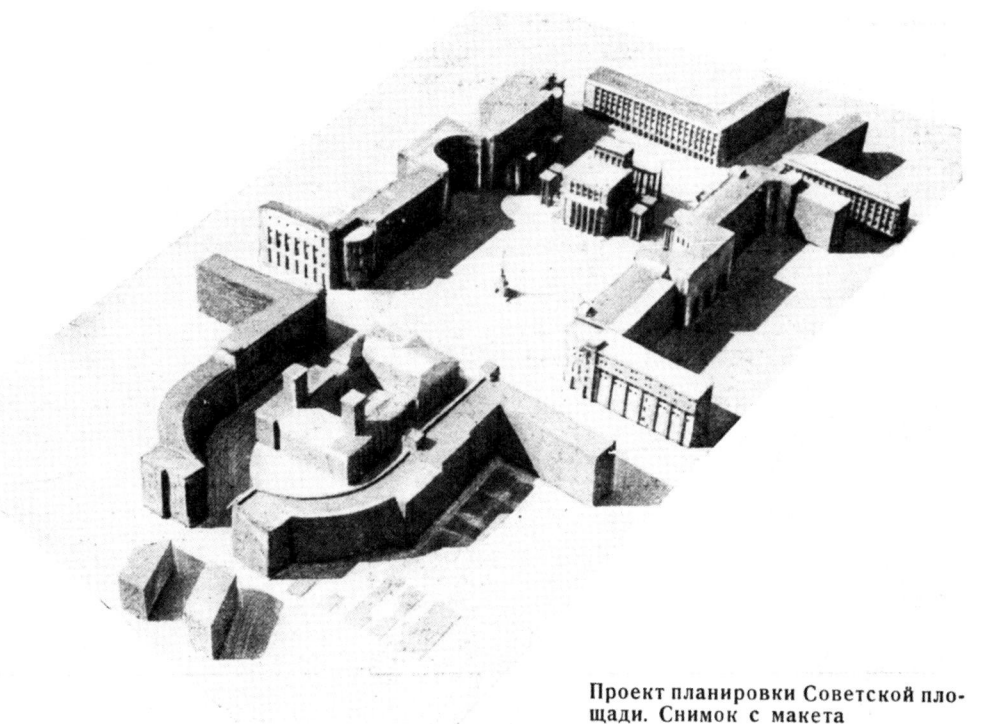

Проект планировки Советской площади. Фото с макета. По материалам журнала «Строительство Москвы» № 13–14, 1936 г.
Из семейного архива

Design of the layout of Soviet Square. Photograph of the scale model. Taken from the journal *Stroitelstvo Moskvy*, No. 13–14, 1936.
From family archives.

Проект планировки Советской площади. Снимок с макета

← Проект реконструкции площади Белорусско-Балтийского вокзала. Управление планировки г. Москвы. По материалам журнала «Строительство Москвы» № 4, 1934 г. Из семейного архива

Design for the reconstruction of the square at Belorussky-Baltiysky Station. Moscow Planning Administration. Taken from the journal *Stroitelstvo Moskvy*, No. 4, 1934. From family archives.

↑ Проект реконструкции ул. Горького (ныне Тверской). Перспектива от Охотного Ряда. По материалам журнала «Строительство Москвы» № 13–14, 1936 г. Из семейного архива

Design for the reconstruction of Gorky Street (today known as Tverskaya). View from Okhotny Ryad. Taken from the journal *Stroitelstvo Moskvy*, No. 13–14, 1936. From family archives.

↓ Реконструкция участка ул. Горького от Охотного Ряда до ипподрома. По материалам журнала «Строительство Москвы» № 4, 1934 г. Из семейного архива

Reconstruction of a section of Gorky Street which extends from Okhotny Ryad to the Hippodrome. Taken from the journal *Stroitelstvo Moskvy*, No. 4, 1934. From family archives.

↑ Перспектива Тверской-Ямской ул. Середина 1920-х гг. Архивное фото

View of Tverskaya-Yamskaya Street. Mid-1920s. Archival photograph.

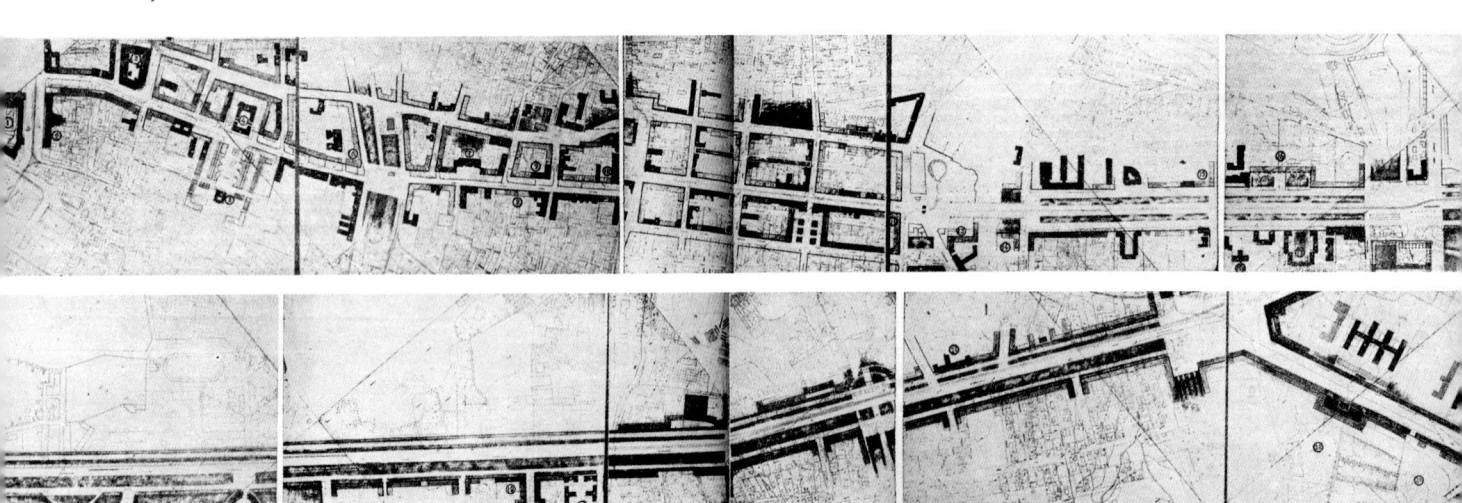

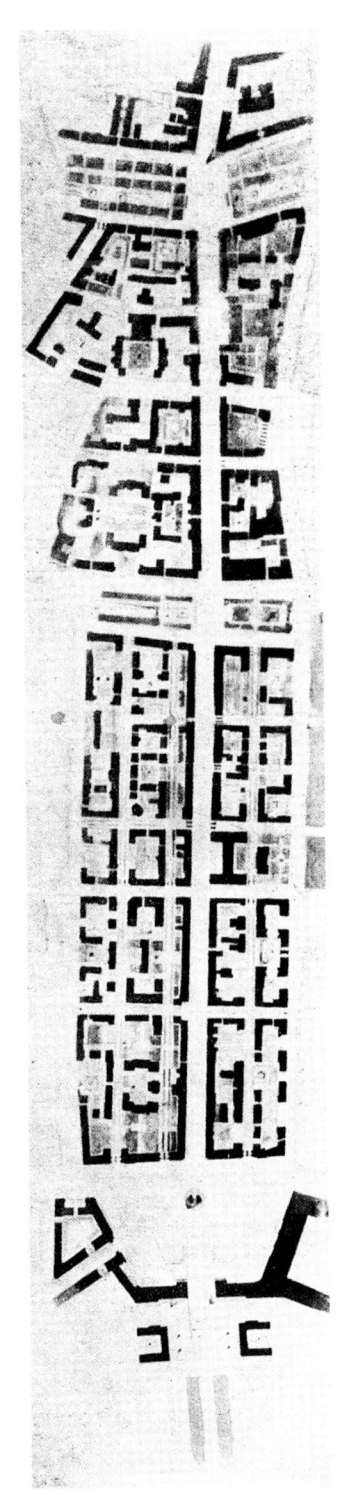

← Проект планировки улицы Горького от Пушкинской (Страстной) площади до Белорусско-Балтийского вокзала. По материалам журнала «Строительство Москвы» № 13–14, 1936 г. Из семейного архива

Design of the layout of Gorky Street, which extends from Pushkin Square to Belorussky-Baltiysky Station. Taken from *Stroitelstvo Moskvy* journal, No. 13–14, 1936. From family archives.

→ Проект планировки площади Пушкинской (Страстной). Генплан.
По материалам журнала «Строительство Москвы» №13–14, 1936 г. Из семейного архива

Design of the layout of Pushkin Square. General Plan. Taken from the journal *Stroitelstvo Moskvy*, No. 13–14, 1936. From family archives.

↓ Проект реконструкции площади Маяковского. Перспектива. По материалам журнала «Строительство Москвы» № 13–14, 1936 г. Из семейного архива

Design for the reconstruction of Mayakovsky Square. Perspective. Taken from the journal *Stroitelstvo Moskvy*, No. 13–14, 1936. From family archives.

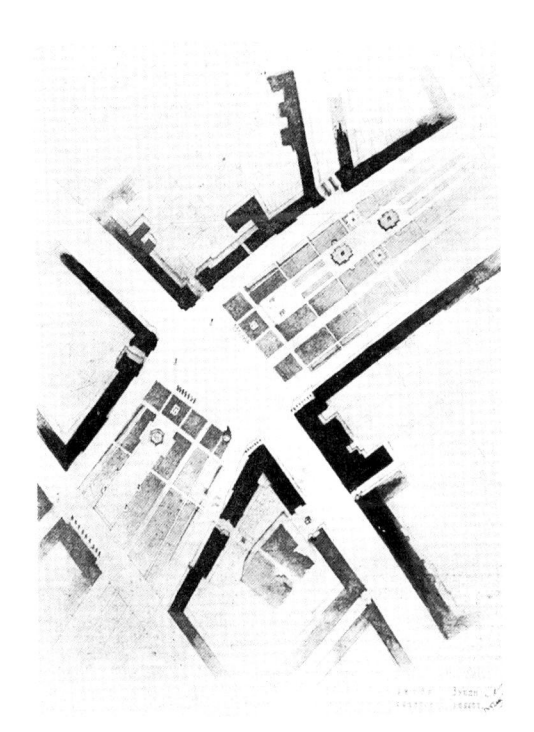

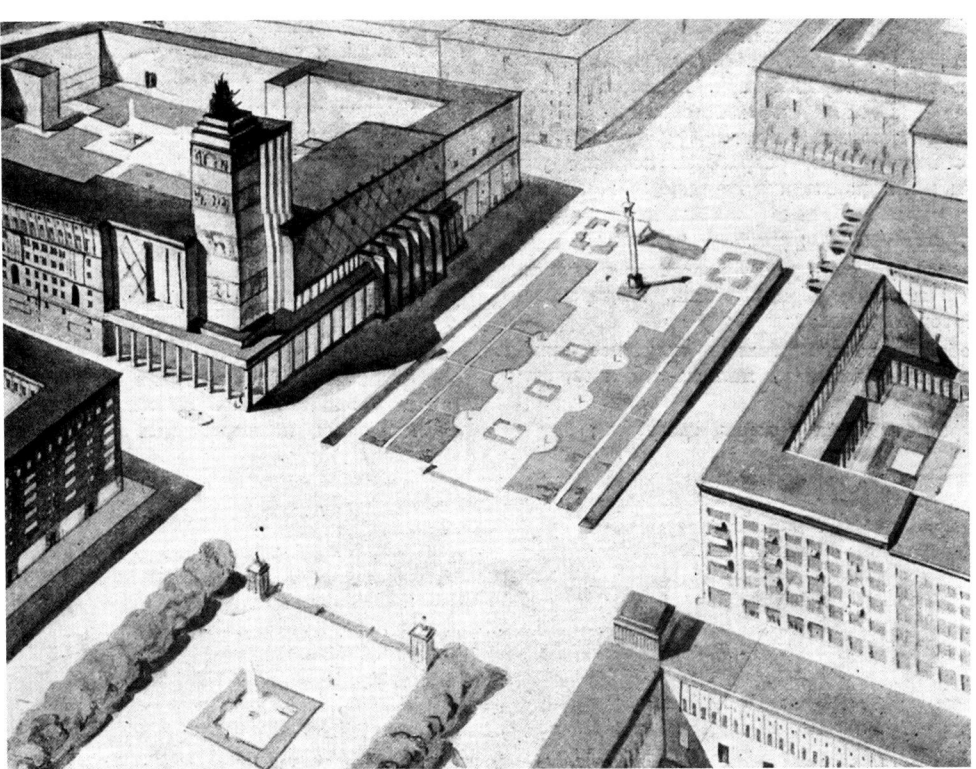

Вариант фасада здания Моссовета. 1940-е гг.
Из собрания Музея МАРХИ

Version of the facade of the Moscow City Council building.
1940s. From the collection of the MARKhI Museum.

Вариант фасада здания Моссовета. 1940-е гг.
Из собрания Музея МАРХИ

Version of the facade of the Moscow City Council building.
1940s. From the collection of the MARKhI Museum.

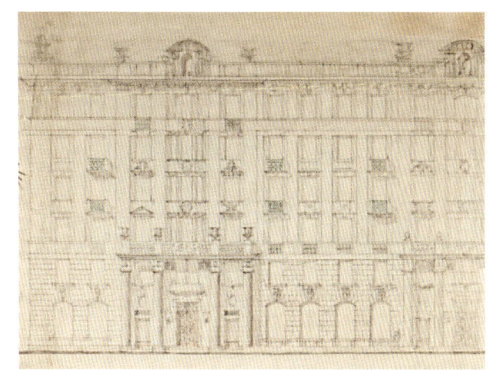

↑ Вид Советской площади от здания Института Ленина. Между 1940 и 1947 гг. Собрание Музея архитектуры им. А. В. Щусева

View of Soviet Square from the Lenin Institute. Between 1940 and 1947. Collection of the Shchusev Museum of Architecture.

Эскизы фасадов жилого дома на Ленинградском шоссе. 1950-гг. Из собрания Музея МАРХИ

Sketches of the facade of an apartment house on Leningradskoye Highway. 1950s. From the collection of the MARKhI Museum.

↑ Проспект Конституции.
Фасадный декор. 1935 г.
Из семейного архива

Constitution Avenue. Facade
embellishments. 1935.
From family archives.

← Проект нового проспекта
Конституции. Фрагмент застройки.
Бригада архитекторов под
руководством С. Е. Чернышева.
1935 г. Из семейного архива

Design of the new Constitution
Avenue. A section of the
development. Team of architects
under the guidance of S. Chernyshev.
1935. From family archives.

← Проспект Конституции.
Панорама застройки. Бригада
архитекторов под руководством
С. Е. Чернышева. 1935 г.
Из семейного архива

Constitution Avenue. Panoramic view
of the development.
Team of architects under the
guidance of S. Chernyshev. 1935.
From family archives.

Проспект Конституции. Оформление площади. Бригада архитекторов под руководством С. Е. Чернышева. 1935 г. Из семейного архива

Constitution Avenue. Design of the square. Team of architects under the guidance of S. Chernyshev. 1935. From family archives.

← Проект реконструкции Арбатской площади. По материалам журнала «Строительство Москвы» № 4, 1934 г. Из семейного архива

Design for the reconstruction of Arbat Square. Taken from the journal *Stroitelstvo Moskvy*, No. 4, 1934. From family archives.

↓ Проспект Конституции. Перспектива на Дворец Советов. 1935 г. Из семейного архива

Constitution Avenue. View from the Palace of the Soviets. 1935. From family archives.

Эскизы застройки жилыми многоэтажными домами
и общественными зданиями проспекта Конституции.
Развертка фасадов. Варианты. 1930-е гг.
Собрание Музея архитектуры им. А. В. Щусева

Sketches for the construction of multi-storey apartments
and public buildings on Constitution Avenue. Sweeping
view of facades. Various versions. 1930s.
Collection of the Shchusev Museum of Architecture.

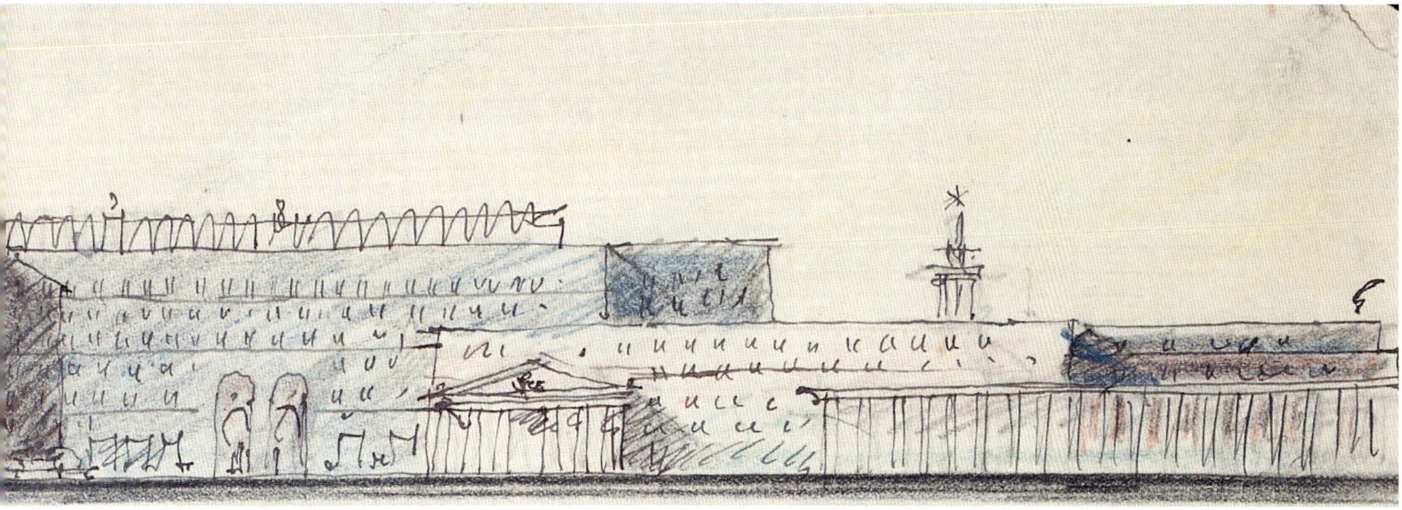
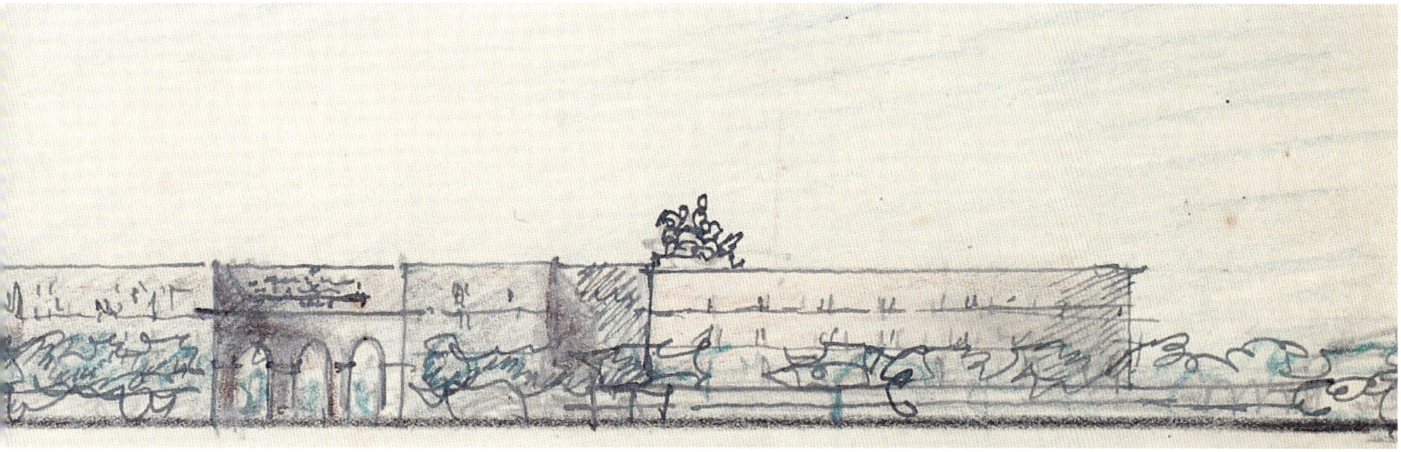
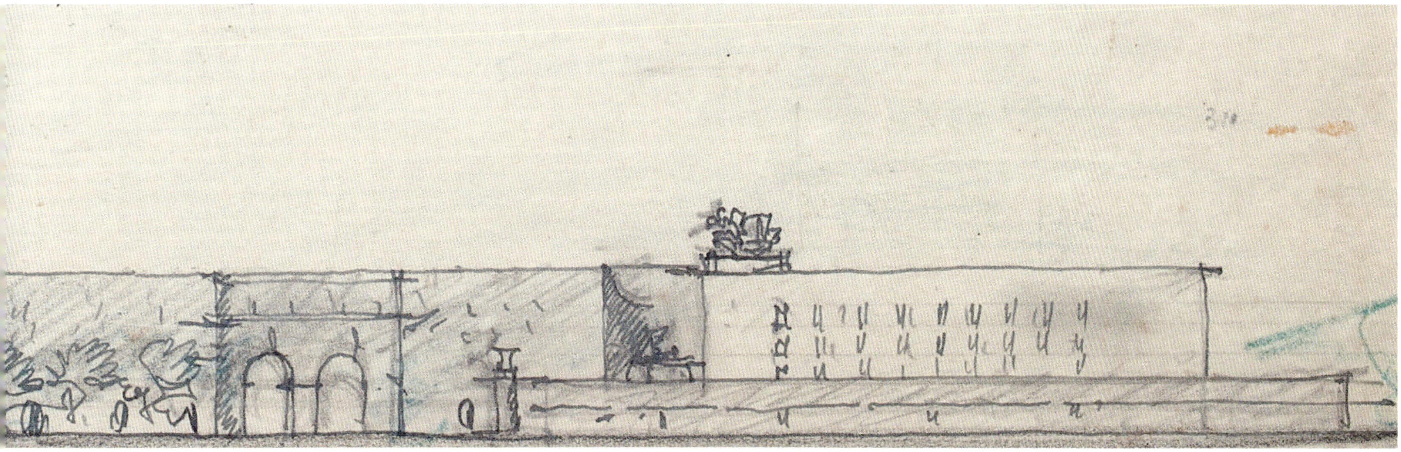

Всесоюзная сельскохозяйственная выставка. Панорама площади механизации. 1939 г.
По материалам журнала «Архитектура СССР»

All-Union Agriculture Exhibition. Panorama of Mechanisation Square. 1939.
Taken from the journal *Arkhitektura SSSR*.

Карта-схема ВСХВ. 1939 г.

Map of VSKhV. 1939.

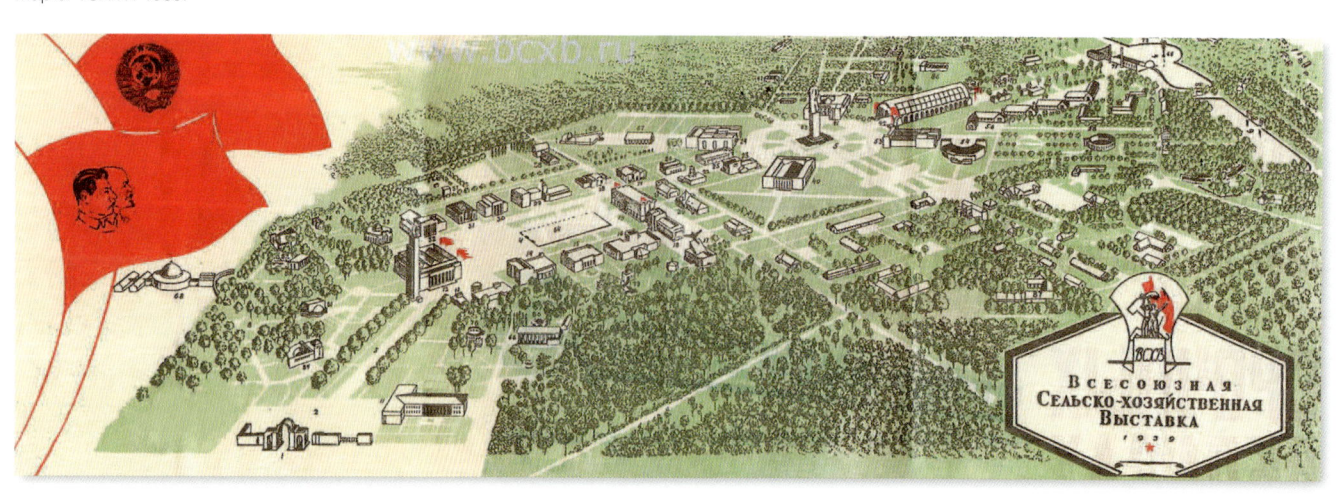

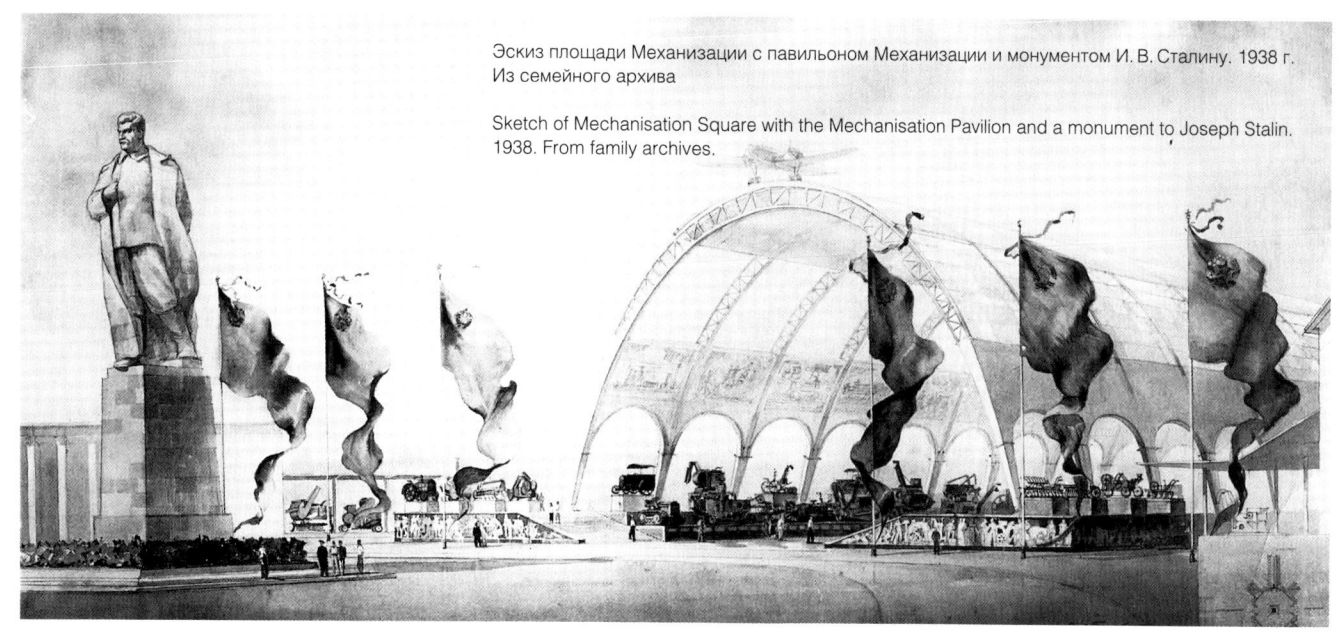

Эскиз площади Механизации с павильоном Механизации и монументом И. В. Сталину. 1938 г. Из семейного архива

Sketch of Mechanisation Square with the Mechanisation Pavilion and a monument to Joseph Stalin. 1938. From family archives.

↓ Пометки в записной книжке С. Е. Чернышева. Недостатки, выявленные во время осмотра ВСХВ. Из семейного архива

Notations in S. Chernyshev's notebook. Deficiencies identified during the inspection of the All-Union Agricultural Exhibition. From family archives.

↓ Проект планировки площади на территории ВСХВ. 1938 г. Из семейного архива

Design of the layout of the square inside the All-Union Agricultural Exhibition. 1938. From family archives.

Павильон «Зерно».
Открытка с видом ВСХВ.
1939 г. Из семейного архива

Grain Pavilion. A postcard from
the All-Union Agriculture Exhibition.
1939. From family archives.

←← Интерьер павильона.
Открытка с видом ВСХВ. 1939 г.
Из семейного архива

Interior of a pavilion. Postcard from
the All-Union Agriculture Exhibition.
1939. From family archives.

← Павильон «Охота
и звероводство». Открытка
с видом ВСХВ. 1939 г.
Из семейного архива

Pavilion of Hunting and
Fur Farming. Postcard from the
All-Union Agriculture Exhibition.
1939. From family archives.

Пасека. Открытка с видом ВСХВ. 1939 г. Из семейного архива

Beekeeping. Postcard with depiction of the All-Union Agriculture Exhibition. 1939. From family archives.

← Монумент И. В. Сталину на площади Механизации. Архитекторы И. Г. Таранов, С. Д. Меркуров. Открытка с видом ВСХВ. 1939 г. Из семейного архива

Monument to Joseph Stalin on Mechanisation Square. Architects: I. Taranov and S. Merkurov. Postcard with depiction from the All-Union Agriculture Exhibition. 1939. From family archives.

← Скульптура «Рабочему и колхознице». Эмблема ВСХВ. 1939 г. Из семейного архива

Monument "Worker and Kolkhoz Woman". Emblem of the All-Union Agriculture Exhibition. 1939. From family archives.

↑ Торжества Узбекской ССР. Открытка с видом ВСХВ. 1939 г. Из семейного архива

Celebration of the Uzbek SSR. Postcard from the All-Union Agriculture Exhibition. 1939. From family archives.

# Глава 14.
# Гранитные берега

Отдельной важной частью Генерального плана реконструкции Москвы 1935 года стал крупный проект, вошедший в историю как «План обводнения Москвы» и, по меркам 1930-х годов, не имевший аналогов в мировой практике ни по масштабу выполненных работ, ни по амбициозности задач адаптации водной среды к реалиям сложившегося пространства города.

Главной практической предпосылкой проекта стала, прежде всего, острая нехватка питьевой воды. Население города увеличивалось стремительными темпами. Если в 1920 году в Москве проживало около одного миллиона человек, то к 1936 число москвичей превысило три с половиной миллиона. Потребности города в питьевой воде специалисты оценивали в 300–350 тысяч кубометров, в то время как водопроводные системы, оставшиеся в наследство от царской России, едва обеспечивали половину этого объёма. Суммарные мощности Рублевского и Мытищинского гидроузлов выдавали в сутки лишь около 160 тысяч кубометров, или 13,5 миллионов ведер водопроводной воды.

Задача существенно осложнялась геологическими условиями — существующий на начало 1930-х годов водный потенциал Москвы-реки физически не мог обеспечить потребности стремительно растущего мегаполиса. Второй предпосылкой для водяной реконструкции стала полная невозможность использования Москвы-реки в качестве

# Chapter 14.
# Granite banks

A distinct component of the 1935 General Plan for the reconstruction of Moscow was a major project which entered history as the "plan for the water supply of Moscow". In the 1930s, there was no equivalent in global life to reflect the amount of work this involved or the ambitious task of adapting the waterways to the realities of the urban space. The main factor that prompted the project was the acute shortage of drinking water. The city's population was growing rapidly. In 1920, the population stood at one million but by 1936 it had reached 3.5 million. Experts assessed the demand for drinking water at 300,000–350,000 cubic metres whereas pipelines inherited from Tsarist Russia could barely meet half this amount. The combined capacity of the Rublyovo and Mitishchi hydro-engineering facilities delivered about 160,000 cubic metres – or 13.5 million bucketfuls of drinking water – every day.

Geological conditions heightened the problem: the water capacity of the Moskva River in the early 1930s was physically insufficient to meet the needs of the burgeoning megalopolis. Another factor that prompted the water reconstruction was that it was impossible to use the Moskva River for transport. The era of heavy transport aviation still belonged to the future. Heavy trucks had not yet been invented and transporting cargoes only by rail threatened to send the cost of carriages sky high and to bring traffic to a standstill. This is why the importance of the river as a waterway was difficult to underestimate.

транспортного маршрута. Эра тяжелой транспортной авиации еще не пришла, крупнотоннажные грузовики не были изобретены, а транспортировка грузов силами только железной дороги грозила колоссальным удорожанием перевозок и потенциальным коллапсом перегруженного транспорта, а потому значение реки как водной магистрали сложно было недооценивать. Трудновыполнимым, но, похоже, единственно возможным решением сразу обеих проблем было включение водной системы Москвы-реки в Волжский бассейн, на практике реализованное строительством канала Москва — Волга, известного с 1947 года как Канал имени Москвы. Идея была не нова — еще Петр I всерьез рассматривал варианты прокладки подобного сооружения, причем два из трех предложенных на высочайшее рассмотрение проекта в своем основном маршруте почти совпадали с каналом, проложенным двумя столетиями позднее. К этой идее не раз обращались впоследствии, и между реками Истрой и Сестрой в 1844 году даже построили первый участок канала, однако момент окончательной реализации проекта пришелся на долгих четыре года и восемь месяцев, с 1932 по 1937 год.

Канал Москва — Волга с его протяженностью в 128 километров считается одним из крупнейших подобных сооружений в мире, уступая по размерам Беломоро-Балтийскому и Суэцкому, но превосходя, к примеру, Панамский канал. Прокладка канала решала не только вопросы водоснабжения, но и делала Москву полноценным портом, подключая ее к маршруту водного сообщения как балтийского, так и черноморского и каспийского судоходства. Резюмировать основные посылки к реализации такого неслыханного проекта можно пространной цитатой из предшественника Сергея Егоровича на посту заведующего отделом планировки Москвы Л. М. Перчика, известного своей нетерпимостью в равной степени как к функционалистскому, так и к традиционным подходам в архитектуре.

От Перчика на страницах «Архитектуры СССР» доставалось как прошлому, за то что «старая дворянско-купеческая Москва была символом ‹рассейской› отсталости, азиатчины, купеческого разгула», так и авангардистскому будущему в лице Эрнста Мая за «все самые уродливые и отвратительные свои черты», которые «строй фабричной каторги и рабочих трущоб пытается приписать социали-

Портрет С. Е. Чернышева. 1939 г.
Из семейного архива

Portrait of S. Chernyshev. 1939.
From family archives.

The only feasible – although somewhat difficult – solution to both problems was to include the Moskva River in the Volga basin, a task that was accomplished by building the Moscow–Volga Canal. Since 1947 it is known as the Moscow Canal. The idea was not new. Peter I also considered building such a canal. Two of the three projects which were submitted to him almost coincided with the waterway which was to be built three centuries later. The idea was revived several times: indeed, in 1844 the first stretch of the canal was built between the Istra River and the Sestra River, although the full project was implemented between 1932 and 1937, taking four years and eight months.

The Moscow–Volga Canal, which is 128 kilometres in length, is considered one of the largest structures of its kind to exist anywhere in the world. It is shorter than the Belomoro-Baltiysky and the Suez Canal, but longer than, for example, the Panama Canal. The canal not only solved problems relating to the water supply but transformed Moscow into a full-fledged port, integrating it with the waterway system of the Baltic, the Black and the Caspian seas. The main premises of this unprecedented project are summarised in this long quotation from L. Perchik, Sergey Chernyshev's predecessor in the job of Chief of the Moscow Planning Department. Perchik was known to be fiercely opposed to the functionalist and traditional approaches in architecture. He reviled the past in articles published in

стическому обществу». О плане обводнения Л. М. Перчик высказался следующим образом: «Москва-река, имеющая протяжение в черте города около 40 километров, была капиталистами загрязнена, испоганена, превращена в дешевый коллектор сточных вод. Эта река должна быть усилиями большевиков превращена в самую удобную для транспорта и привлекательную для спорта и культурного досуга передовую магистраль нашей столицы.

Начиная от Карамышевского шлюза и Шелепихинской набережной на севере и кончая Кожуховской набережной на юге, Москва-река будет застроена жилыми домами и культурными учреждениями, обсажена парками и бульварами, гранитные одежды покроют ее берега, красивые мосты будут перекинуты через нее, и по ее водам пойдут пароходы, катера, речные трамваи, глиссеры и байдарки… Наряду с зелеными массивами Москва должна получить большую сеть каналов внутригородского значения, которая явится естественным продолжением и развитием канала Волга — Москва»*.

В так и не вышедшем в широкий прокат, но ставшем весьма популярным в наши дни фильме 1938 года «Новая Москва» режиссер Александр Медведкин с помощью монтажа и мультипликации показывает, как пустынные и неосвоенные берега Москвы-реки чудесным образом одеваются в облицовку гранита и обрастают чудесными зданиями на фоне бодрого голоса диктора, заявляющего с безапелляционной уверенностью, что «набережные Москвы станут лучшим архитектурным сооружением столицы».

В общих чертах этот подход к проблеме реки в городском пространстве был близок авторскому подходу Сергея Егоровича. В одной из своих многочисленных статей, написанных в 1934 году, Чернышев отмечает: «Москва-река должна стать одной из красивейших рек Союза, рекой, достойной пролетарской столицы. Превращение Москвы-реки в судоходную … ставит перед нами ряд вопросов не только технического порядка, но и открывает исключительно богатые перспективы в отношении архитектурного оформления Москвы-реки и ее берегов». Говоря о практическом

---

\* *Москва, 1935.*
*Издание газеты «Рабочая Москва», 1935, под редакцией Л. Ковалева*

---

*Arkhitektura SSSR* since "the old Moscow of noblemen and merchants was a symbol of Russian backwardness, Asiatic torpor and merchant debauchery. The avant-garde future embodied by Ernst May represents all the ugliest and most disgusting features that the system of factory slavery and workers' slums try to ascribe to socialist society."

L. Perchik wrote on the topic of the water supply system in Moscow: "The Moskva River which is about forty kilometres within city limits has been polluted, befouled by capitalists and turned into a cheap collector of drain water. The Bolsheviks must transform the river into an advanced transport artery of our capital, which is suitable for transport and attractive for sports and cultural leisure activities. Starting from the Karamyshevsky Flood-Gate and Shelepikhinskaya Embankment in the north and ending with Kozhukhovskaya Embankment in the south, the Moskva River must be built up with residential houses and culture institutions, as well as planted with trees, its banks clad in granite. Beautiful bridges should be built across it. Steamers, speedboats, pleasure boats, hydroplanes and kayaks should ply its waters… In addition to green areas, Moscow must have a large network of internal canals which are to be a natural continuation and development of the Volga–Moscow Canal."*

In his 1938 film "The New Moscow", director Alexander Medvedkin used the montage technique as well as animation to portray the deserted and desolate banks of the Moskva River which were miraculously clad in granite, where magnificent buildings arose. In the background, the upbeat voice of the narrator tells the audience that "the embankments of Moscow will become the best architectural feature of the capital." The film was not given a wide release but was very popular at the time.

In general, the approach adopted to the problem of the river inside the city space was similar to that adopted by Sergey Chernyshev. In one of his many articles written in 1934, Chernyshev observes that "the Moskva River must become one of the most beautiful rivers in the Union, a river worthy of the proletarian capital. Making the Moskva River navigable… faces us with a number of problems which are not only of a technical character. However, there is also the heady prospect

---

\* *Moscow, 1935.*
*(Edition of the newspaper* Rabochaya Moskva, *1935, edited by K. Kovalev).*

разрешении этой задачи, он далее утверждает со всей уверенностью: «Условия нашего социалистического хозяйства дают нам полную возможность разработать и осуществить целостную картину, создать единый архитектурный ансамбль на всем протяжении реки». Отвлекаясь ненадолго от архитектурной составляющей реконструкции, напомним о практических задачах строительного характера, которые предстояло реализовать. План обводнения формулирует их следующим образом: «максимально использовать волжскую воду, поступающую в результате сооружения канала Волга — Москва, для чего создать два водных кольца: одно от Клязьминского водохранилища по восточному каналу через Измайловский парк, Текстильщики, Южный порт у Кожухова, по Москве-реке к Химкинскому водохранилищу, другое — внутригородское, получаемое в результате сооружения северного внутригородского канала, соединяющее Химкинское водохранилище с рекой Яузой до Москвы-реки». Строителям предстояло спрямить извилистое русло реки, чтобы обеспечить максимально удобное судоходство, а «для улучшения связи между районами, расположенными по обеим сторонам Москвы-реки, и для обеспечения сквозного прохождения по Москве-реке больших волжских судов построить в течение десятилетия 11 новых мостов на высоте уровня Бородинского моста (до 8,6 м над уровнем воды) и 3 моста реконструировать путем подъема на тот же уровень. Из указанных мостов построить к началу 1938 г. взамен ныне существующих четыре новых моста через Москву-реку: 1) Большой Каменный, 2) Крымский, 3) Москворецкий, 4) Краснохолмский; и три моста через Водоотводный канал: 1) М. Каменный, 2) Чугунный, 3) М. Краснохолмский мосты. К этому же сроку поднять существующие на Москве-реке мосты: 1) Устьинский, 2) Новоспасский, 3) мост М.Б.Б. ж. д.».

Добавив сюда семь мостов через Яузу и мосты через Водоотводный канал, мы получаем невероятный объем работ, который строителям предстояло выполнить в рекордно короткие сроки. По мнению Чернышева, вопрос мостов вообще занимает особое место в проблеме «река и город». По мнению Сергея Егоровича, «мост должен органически сливаться с системой прилегающих улиц и площадей, вливать в них свежесть реки и открывать широкие перспек-

of the architectural beautification of the Moskva River and its banks." Referring to the practical solution to this task he claimed that "the conditions of our socialist economy provide ample opportunity for the development and creation of a coherent image, a single architectural ensemble which spans the length of the river." Digressing briefly from the architectural aspects of reconstruction, practical construction tasks that had to be completed may now be recalled. The design formulates these tasks as follows: "To make the best use of the Volga's water which passes through due to the Volga–Moscow Canal, two water rings are to be created. One is to extend from the Klyazma Reservoir via the Eastern Canal through Izmailovsky Park, Textilshchiki, the Southern Port near Kozhukhov, via the Moskva River to the Khimki Reservoir and the other is to be an internal city ring formed by the construction of the northern inner-city canal, which links the Khimki Reservoir from the River Yauza to the Moskva River."

Construction workers were to straighten the winding riverbed to ensure convenient navigation and "improve the links between the districts on either side of the Moskva River. This is also to secure the traffic of large Volga ships along the Moskva River. Within ten years, eleven new bridges are to be built equal in height to Borodinsky Bridge (up to 8.6 metres above the surface of the water) and three bridges are to be reconstructed by being elevated to the same level. Four new bridges are to be built across the Moskva River by the beginning of 1938: 1) Bolshoy Kammenny, 2) Krymsky, 3) Moskvoretsky, 4) Krasnokholmsky as well as three bridges across the Vodootvodny Canal: 1) Maly Kammenny, 2) Chugunny, 3) Maly Krasnokholmsky. Bridges across the Moskva River are to be erected by the same deadline: 1) Ustinsky, 2) Novospassky, 3) Moscow-Brest Railway Bridge".

Taking the seven bridges across the Yauza into account, as well as the bridges across the Vodootvodny Canal, this presents a remarkable amount of construction work to be carried out in record time. In Chernyshev's opinion, bridges played a key role in the "river and city" problem. He believed that "bridges must be combined with the network of adjacent streets and squares, infusing these with the coolness of the river and obtaining sweeping views". He considered bridges to be predominantly "urban structures" and only secondarily transport facilities.

тивы», а сами мосты обретали в трактовке мастера значение прежде всего «городского строения» и только потом — транспортного объекта. Основные положения концепции «река и город» были разработаны непосредственно Чернышевым. Ему принадлежит не только сама идея использования Москвы-реки для создания целостного ансамбля столицы, но и предложения об архитектурном решении многих участков набережной.

Генплан предписывал «развернуть застройку в ближайшие 3 года домами и архитектурно оформить Краснопресненскую, Смоленскую, Дорогомиловскую, Бережковскую, Причальную, Котельническую, Новоспасскую и Ростовскую набережные и в течение последующих лет, десятилетия — все остальные набережные Москвы-реки, Водоотводного канала и часть набережных реки Яузы: от ее устья — до Садового кольца». Чернышев добавлял, что это «архитектурное оформление» должно быть столично изысканным. Берега одевались в гранит, а сами набережные становились «прекрасными, опоясанными зеленью магистралями». В непосредственное участие в реконструкцию и оформление водных артерий Москвы на известном этапе включается лично Сталин, который пишет в письме Кагановичу, что «берега Москвы-реки лучше построить наклонно». Это решение станет впоследствии основным, за исключением лишь некоторых участков реки.

С особой тщательностью архитектурное оформление прорабатывалось для каждого конкретного участка — к реке проектировались просторные, удобные и даже «монументально-величественные» сходы. Барельефы, эмблемы, статуи и памятники применялись вполне в духе времени, но при этом требование использовать декоративные элементы в строгом соответствии с соображениями единообразности ансамбля оговаривалось отдельно. Присущий Чернышеву ансамблевый подход к застройке в полной мере проявлен и в проектировании набережных. «Эта застройка не может ограничиваться возведением непрерывной полосы домов по обоим берегам реки, образующей ту же улицу-коридор, но лишь более широкую и наполненную водой. Застройке необходимо дать объемно-пространственное решение с использованием богатых возможностей меняющегося рельефа береговой полосы. Фронт зданий следует приблизить

Chernyshev developed the main principles of the "river and city" concept. He is not only credited with the idea of integrating the Moskva River to create a coherent ensemble in the capital, but also provides an architectural solution in the case of many sections of the embankment. The General Plan proposed "beginning the construction of buildings within the next three years and bestowing an architecturally cohesive form to the Krasnopresnenskaya, Smolenskaya, Dorgomilovskaya, Berezhkovskaya, Prichalnaya, Kotelnicheskaya, Novospasskaya and Rostovskaya Embankments. In the following ten years, this will include all the other embankments of the Moskva River, as well as the Vodootvodny Canal and the embankments of the Yauza River which are situated between the river mouth and the Garden Ring."

Chernyshev added that this "architectural design" was to be elegant in a manner befitting the capital. River banks were to be clad in granite and embankments transformed into "beautiful tree-lined transport ways". At one point, even Stalin took part in the reconstruction and beautification of Moscow's water arteries. In a letter to Kaganovich he writes, "it would be best if the Moskva's banks were sloping." With the exception of some stretches of the river, this would later constitute the main design criteria. The architectural form of each concrete section was painstakingly designed. River slopes were designed to be spacious, convenient and even "monumental". Bas-reliefs, emblems, statues and monuments were widely employed in line with the spirit of the time. This was only with the separate proviso that decorative elements were used strictly in accordance with regard to the cohesiveness of the ensemble

Chernyshev's characteristic "ensemble approach" to urban development fully manifested itself in the design of embankments. "This housing development cannot be confined to building continuous lines of houses on both river banks, with the result of a corridor-like street, only wider and filled with water. In terms of volume and space, rich opportunities presented by the interchangeable terrain of the river banks should be grasped. In some cases, building facades should be moved closer to the embankment or – in the case of terraced houses – relocated further away from the river to create space for a park. Alternatively, a sweeping view should be obtained of this or that interesting city ensemble."

к набережной в одних случаях — или террасообразной застройкой его отодвигать от реки, чтобы дать место парку, или открыть глубинную перспективу на тот или иной интересный городской ансамбль».

Значение реки как важнейшего фактора, прямо влияющего на формирование архитектурного облика, Чернышев неустанно подчеркивает в многочисленных выступлениях.

Предвидя всплеск интереса к высотной застройке, он предупреждает, что расстановка высотных объемов должна производиться с особенной осторожностью и продуманностью, чтобы избежать хаотического нагромождения и не отрезать реку от города.

В начале тридцатых годов, на основе предложенных и разработанных Сергеем Егоровичем принципиальных решений архитектурного оформления набережных Москвы-реки, ведущие архитекторы выполняют серию проектных разработок застройки центральных отрезков набережной. Они издаются одновременно с программной статьей Чернышева «Река и город» и станут наглядной иллюстрацией того, как могли воплотиться в жизнь замыслы архитектора.

Несмотря на присущую времени помпезность и гипертрофированную величественность этих сооружений, вполне возможно по ним получить представление о тех базовых принципах, которые предлагал на практике осуществить Чернышев и которые, к сожалению, были реализованы лишь частично.

В тексте «Река и город» Чернышев однозначно высказывается, например, по поводу организации транспортного движения вдоль реки: «При планировке набережных необходимо разработать вопрос отвода транзитного движения за кварталы, прилегающие к набережным, создав параллельную магистраль движения. При таком решении создается лучшее общение с водой парков и скверов, расположенных по берегу реки, а общественные и другие сооружения ... будут поставлены в более благоприятные условия». К реке архитектор предполагал приблизить отнюдь не автомобильные магистрали. В тех местах, где на набережную выходили дома, прибрежная зона должна была стать «общественно-жилой территорией», с которой полностью выводились все виды общественного и грузового транспорта.

The river's importance as a key factor that had a direct impact on the city's architectural appearance was emphasised by Chernyshev in numerous public speeches. Foreseeing a surge of interest in high-rise development, Chernyshev warned that high-rise buildings should be built with particular care and with an eye to avoid cluttering the city in a manner of chaos, cutting it off from the river.

In the early 1930s, basic embankment designs of the Moskva River by Sergey Chernyshev enabled leading architects to produce a series of designs of a housing development on the central stretches before the embankment. These were published at the same time as Chernyshev's flagship article "Rivers and Cities," which is an example of how an architect's ideas can be put into practice. Notwithstanding the pompous style and exaggerated grandeur of these buildings, they allow an insight into the basic planning principles that Chernyshev proposed to implement, which unfortunately was only partially the case. In his article, "Rivers and Cities", Chernyshev expresses a strong opinion on the navigation on the river and how it should be organised: "In the design of embankments, it is necessary to address the issue of diverting transit navigation from the blocks adjacent to the embankments, thus creating a parallel traffic route. This design presents a favourable outcome by establishing a harmony between the water supply, parks and gardens located along the river bank. The general public and other buildings ... would benefit from this."

The architect did not advocate the relocation of motorways closer to the river. In the case of buildings which overlooked the embankment, the bank area was to become "a public and residential territory" without any public or cargo transport Were Chernyshev's design to be implemented in its original form, pedestrian boulevards, pathways and squares would have allowed the banks of the Moskva River to be a popular location for leisure pursuits rather than key transport arteries, as was the case in reality. An impression can be gleaned of the design from the "sports and park" embankments near Gorky Park and the Lenin Hills. The sports facilities which are surrounded by thick greenery and the natural slopes of the high bank create an ensemble where residents are able to appreciate all the advantages a river running through the city brings with it. Nowadays, certain sections of embankments in Moscow are far removed from this ideal.

Пешеходные бульвары, прогулочные дорожки и скверы в проекте Чернышева, будь он реализован в первозданном виде, должны были сделать московские берега излюбленным местом комфортного отдыха, а не ключевыми транспортными артериями, как это произошло впоследствии.

Определенное наглядное представление о воплощении этой идеи дают «спортивно-парковые» набережные в районе Парка культуры и отдыха имени Горького и Ленинских (Воробьевых) гор. Здесь окутанные густой зеленью спортивные сооружения в сочетании с естественными откосами высокого берега создают тот ансамбль набережной, где жители в полной мере способны вкусить все преимущества реки в городе. Остальные участки московских набережных в наши дни далеки от подобных реалий.

Вид на Москворецкую набережную. 1889 г.
Собрание Музея архитектуры им. А. В. Щусева

View of the Moskvoretskaya Embankment. 1889.
Collection of the Shchusev Museum of Architecture.

Вид Смоленской набережной
с Бородинского моста. 1936 г.
Архивное фото

View of the Smolenskaya Embankment
from Borodinsky Bridge. 1936.
Archival Photograph.

← Зарядье. Вид на Китай-
городскую стену с Москвы-реки.
Фото 1920-х гг. Собрание Музея
архитектуры им. А. В. Щусева

Zaryadye. View of the Moskva
River from the Kitay-Gorod wall.
Photograph from the 1920s.
Collection of the Shchusev
Museum of Architecture.

↓ Вид на Бережковскую
набережную. 1935 г.
Архивное фото

View of Berezhkovskaya
Embankment. 1935.
Archival Photograph.

↑ Спортивные соревнования в купальнях
у Краснопресненской набережной. 1930–1940-е гг.
Архивное фото

Sports competition at a public bathing place by the
Kraснопресненская Embankment. 1930s–1940s.
Archival Photograph.

Облицовка гранитом
Котельнической набережной.
1934 г. Архивное фото

Construction of granite walls on
the Kotelnicheskaya Embankment.
1934. Archival Photograph.

Строительство Большого
Москворецкого моста
и Кремлевской набережной.
1937 г. Архивное фото

Construction of the Bolshoy
Moskvoretsky Bridge and the Kremlin
Embankment. 1937.
Archival Photograph.

↑ Проект моста через Москву-реку. Вариант.
Архитекторы Е. Боров, Ю. и К. Яковлевы. 1935 г.
Из книги «Генеральный план реконструкции
города Москвы» (1936 г.)

Design of a bridge across the Moskva River. One version.
Architects: Ye. Borov and Yu. and K. Yakovlev. 1935.
From the book *Master Plan Reconstruction of Moscow* (1936).

↓ Проект Большого Каменного моста.
Вариант железобетонного двухпролетного моста.
Арх. Н. Я. Колли. 1935 г. Из журнала
«Строительство Москвы» № 6, 1936 г.

Design of the Bolshoy Kamenny Bridge.
A version with a two-span concrete bridge.
Architect: N. Kolli. 1935. From the journal
*Stroitelstvo Moskvy*, No. 6, 1936.

Проект Большого Каменного
моста. Вариант металлического
двухпролетного моста.
Архитектор Н. Я. Колли. 1935 г.
Из журнала «Строительство
Москвы» № 6, 1936 г.

Design of the Bolshoy Kamenny
Bridge. A two-span steel version
of a bridge. Architect: N. Kolli. 1935.
From the journal *Stroitelstvo Moskvy*,
No. 6, 1936.

Жилой дом работников правительственных учреждений РСФСР.
Ростовская набережная.
Перспектива.
Авторы проекта акад. арх. Щусев, при участии арх. Ростковского, Чернова и Курэвского
2-я проектная мастерская Моссовета.

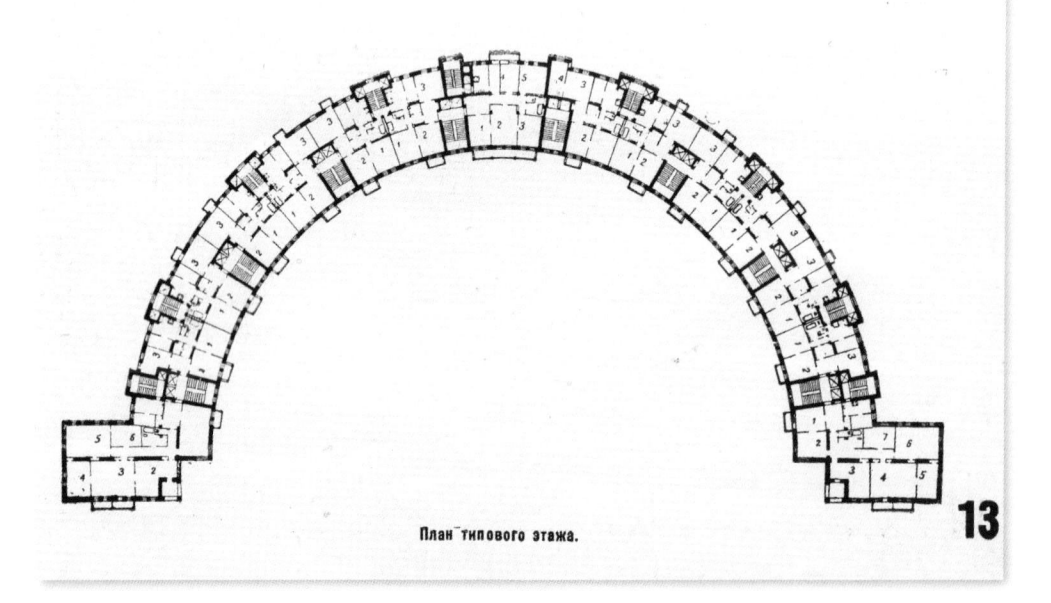

План типового этажа.

Проект жилого дома работников правительственных учреждений РСФСР. Ростовская набережная. Москва. 1936 г. Архитекторы А. В. Щусев, А. К. Ростковский

Design of an apartment house for employees of governmental institutions of the RSFSR. Rostovskaya Embankment. Moscow. 1936. Architects: A. Shchusev, A. Rostkovsky.

Жилой дом на Ростовской набережной. 1939 г. Архитекторы А. В. Щусев, А. К. Ростковский. Архивное фото

Apartment house on the Rostovskaya Embankment. 1939. Architects: A. Shchusev, A. Rostkovsky. Archival Photograph.

Вид на Ростовскую набережную. Современное состояние

View of the Rostovskaya Embankment. Present-day condition.

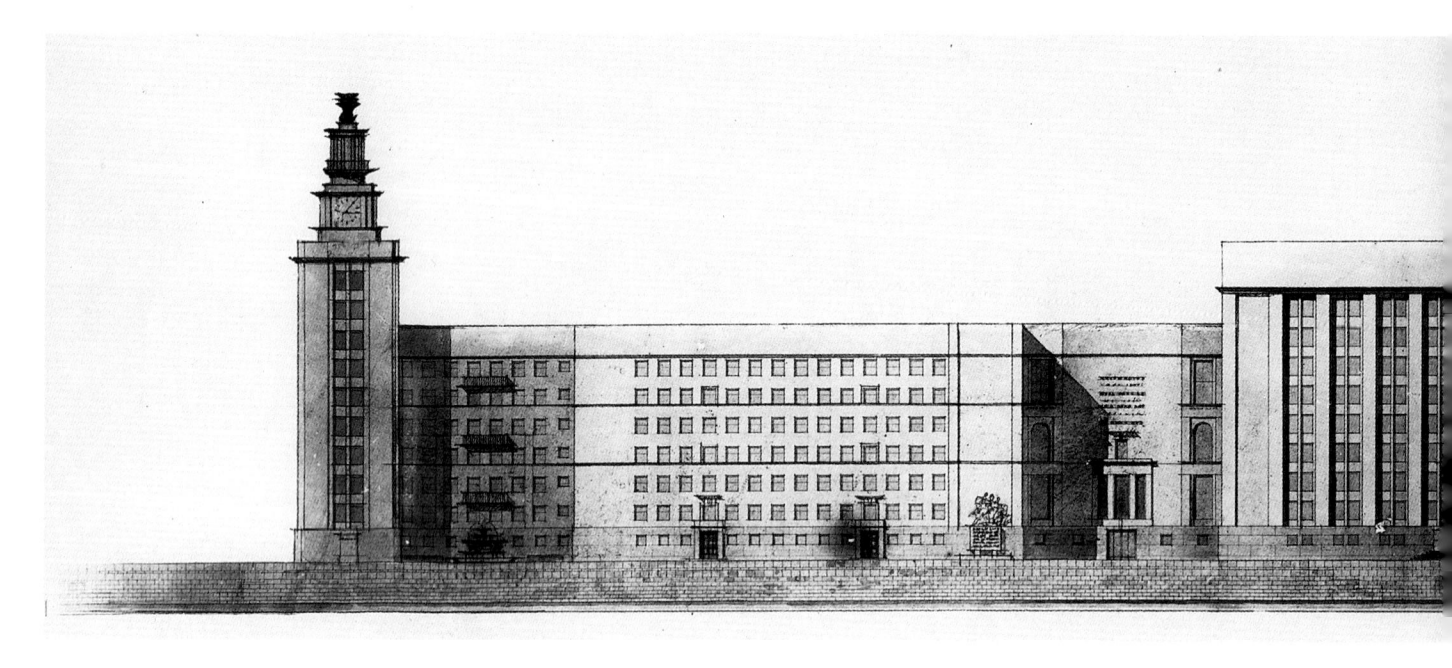

Конкурсный проект Дома Юстиции на Фрунзенской набережной. Архитекторы С. Е. Чернышев, А. К. Иванов, И. И. Мальц, А. П. Кириллов, П. П. Крюков. 1937 г. Главный фасад. Из семейного архива

Competitive design of the Hall of Justice on Frunzenskaya Embankment. Architects: S. Chernyshev, A. Ivanov, I. Malts, A. Kirillov, P. Kryukov. 1937. Main facade. From family archives.

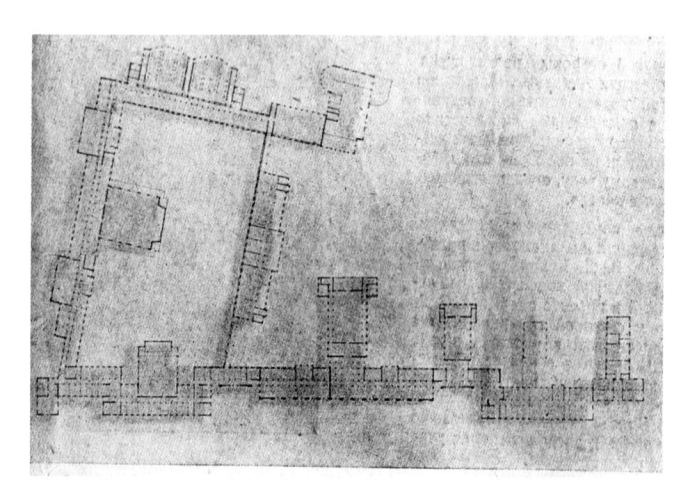

Проект Дома Юстиции на Фрунзенской набережной. План 1-го этажа. Из семейного архива

Design of the Hall of Justice on Frunzenskaya Embankment. Plan of the first storey. From family archives.

Проект Дома Юстиции на Фрунзенской набережной. Перспектива вдоль набережной. Из семейного архива

Design of the Hall of Justice on Frunzenskaya Embankment. View from along the embankment. From family archives.

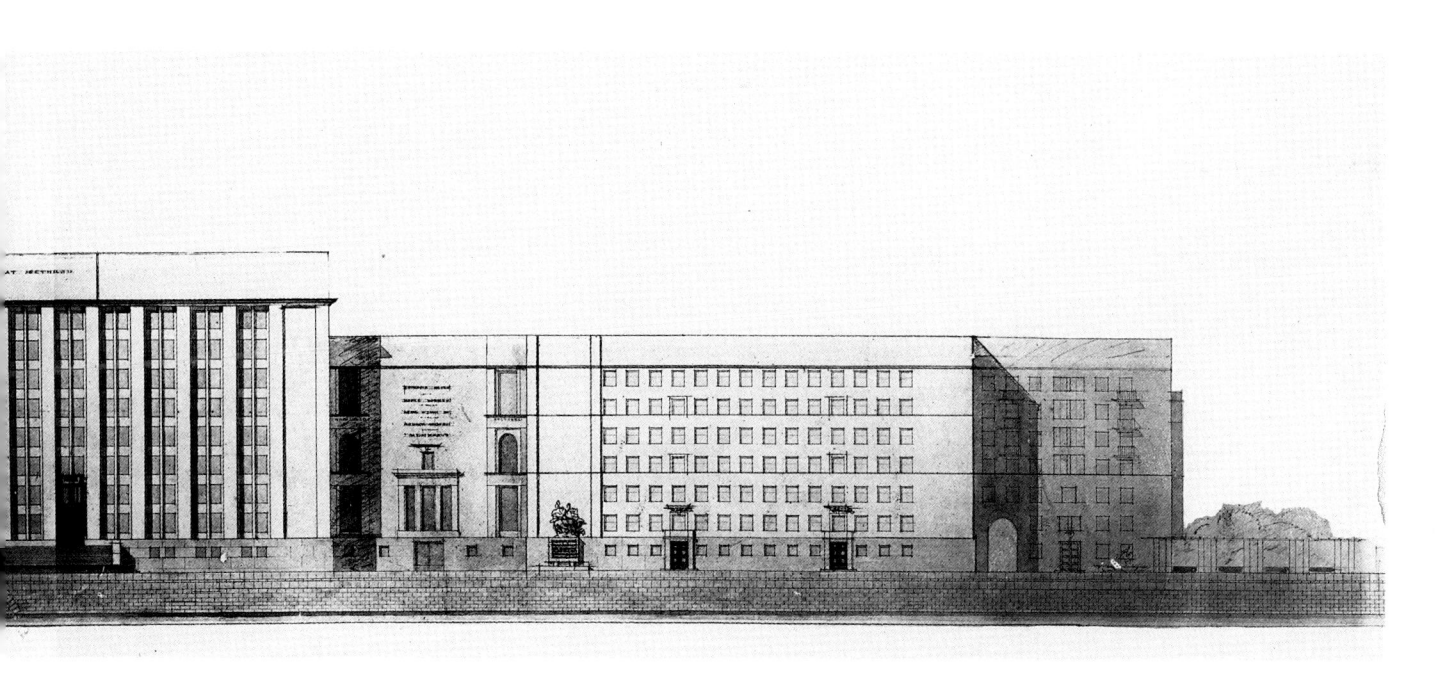

Конкурсный проект Второго дома Совнаркома. Перспектива со стороны Красной площади. Архитекторы С. Е. Чернышев, С. Н. Кожин, А. Сурис. 1940 г. Собрание Музея архитектуры им. А. В. Щусева

Competitive design of the second building of the Council of People's Commissars. View from Red Square. Architects: S. Chernyshev, S. Kozhin, A. Suris. 1940. Collection of the Shchusev Museum of Architecture.

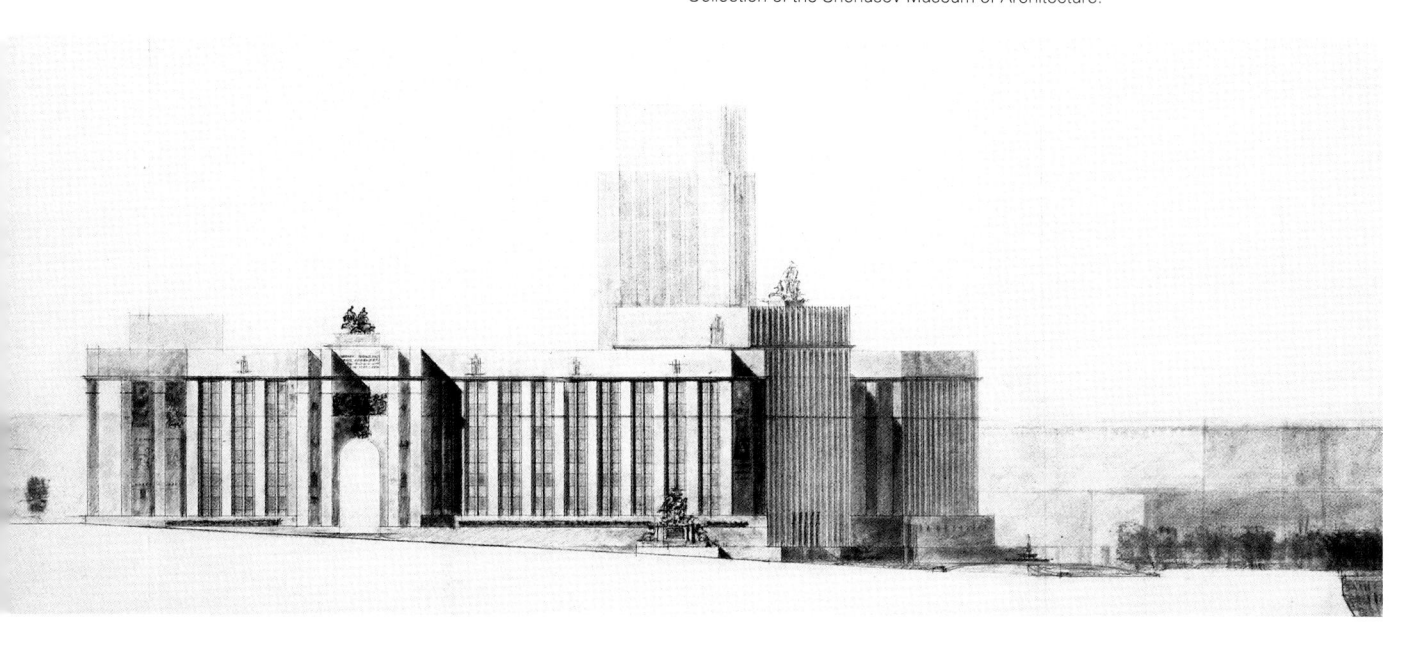

# Глава 15. Империя победителей

Известно, что проект реконструкции Берлина в «Столицу мира Германию» подразумевал, в частности, сооружение на оси север — юг гигантской Триумфальной арки стосемидесятиметровой ширины, стены которой должны были быть украшены именами всех немецких солдат, погибших на фронтах Первой мировой войны.

Даже для цифры в два с лишним миллиона немцев, погибших с 1914 по 1918 год, места было более чем достаточно — однако вместить предстояло гораздо больше. Нацистские идеологи изначально рассматривали Вторую мировую лишь продолжением Первой, не признавая итоги Версальского мира.

Стоит отметить, что и руководство СССР в последовательно негативном ключе отзывалось об этом документе, который Ленин характеризовал как «неслыханный, грабительский мир» и «условия, продиктованные разбойниками с ножом в руках беззащитной жертве», а Сталин назвал «Версальскими цепями», из которых рано или поздно должен вырваться «такой великий народ, как германцы».

Однако когда к июню 1941 года Германия в полном объеме и даже с существенными излишками восстановила территориальный статус-кво и, неожиданно остановив стремительное продвижение своих войск на Запад, напала на СССР, ни о каком «освобождении от цепей», разумеется, вопрос уже не ставился.

# Chapter 15. The empire of victors

The design for the reconstruction of Berlin as "World Capital Germania" envisaged a huge Triumphal Arch (170 metres wide) on the North-South city axis. The names of German soldiers who died in the First World War were to be carved inside the structure. Although there was ample space for the names of two million Germans who died between 1914 and 1918, it became apparent that much more space would be required. Nazi ideologists initially saw the Second World War as a continuation of the First World War since they did not recognise the terms of the Treaty of Versailles. It is worth mentioning that the Soviet leadership consistently criticised this treaty. Lenin described it as an "unheard-of and plunderous peace" with "the terms dictated by robbers holding a knife to a defenseless victim" while Stalin referred to it as the "Versailles chains" which "such a great people as the Germans" would sooner or later shake off".

However, by June 1941 Germany had restored its territorial status quo and even added considerable territories to this list. After suddenly halting the rapid movement of its troops to the West, Germany attacked the USSR. The issue of "shaking off the chains" became irrelevant. The comparatively peaceful twenty-year period in relations between the USSR and Germany ended in a tragedy unprecedented in world history. At the time, when it became apparent that the period of rapid construction was to be replaced by a period of equally rapid technological destruction in the near future, names such

Относительно мирная двадцатилетняя пауза в отношениях СССР и Германии завершилась трагедией, равных которой не было в мировой истории. В тот момент, когда названия «юнкерс» и «мессершмит», знакомые советским гражданам прежде всего как марки авиаперевозчиков внутренних авиалиний, стали ассоциироваться с технологической машиной смерти, утюжившей мирные города, когда очевидным стал факт, что на ближайшую перспективу время стремительного созидания сменилось периодом столь же стремительного и столь же техничного разрушения, архитектурный процесс в обеих странах замер на несколько лет, по причинам вполне очевидным.

Справедливости ради стоит напомнить, что не только советские города испытывали на себе ураганную мощь тяжелых бомбардировок. Душевное состояние жителей, например, Берлина прекрасно передает частное письмо, датированное августом сорок первого, когда советские бомбардировщики Балтийского флота сбросили на столицу Германии груз стокилограммовых бомб ФАБ-100: «Последнее время ночью к нам прилетают бомбардировщики. Всем говорят, что бомбили англичане, но нам точно известно, что в эту ночь нас бомбили русские. Они мстят за Москву. Берлин от разрывов бомб сотрясается ... И вообще скажу тебе: с тех пор как появились над нашими головами русские, ты не можешь представить, как нам стало скверно. Родные Вилли Фюрстенберга служили на артиллерийском заводе. Завода больше не существует! Родные Вилли погибли под развалинами. Ах, Эрнст, когда русские бомбы падали на заводы Симменса, мне казалось, все проваливается сквозь землю. Зачем вы связались с русскими?»*.

Впрочем, писать о полной остановке архитектурного процесса на время войны было бы не совсем справедливо. Достаточно вспомнить такие драматические эпизоды войны, как строительство, например, Новосибирского оперного театра, ставшего ярким памятником советской архитектуры, экспертную оценку проекта которого в свое время давал Сергей Егорович Чернышев. Решение о достройке этого сооружения было принято в один из самых

---

* Ю. А. Виноградов. Операция «Б». М.: Патриот, 1992 г.

Новосибирский театр оперы и балета. Фото конца 1970-х гг.

Novosibirsk Opera and Ballet Theatre. Photograph from the end of the 1970s.

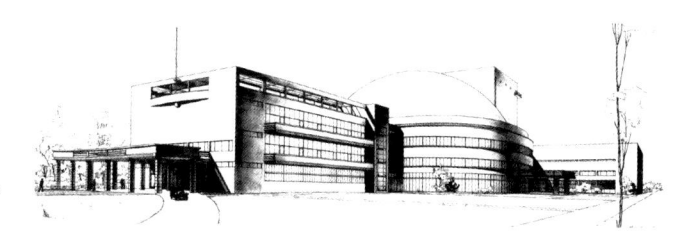

Эскизный проект Новосибирского театра оперы и балета. Архитекторы А. З. Гринберг, М. Т. Смуров, по концепции Т. Я. Бардта и М. И. Курилко. Проект купола: П. Л. Пастернак, Б. Ф. Матери. 1931 г.

Draft design for the Novosibirsk Opera and Ballet Theatre. Architects: A. Greenberg, M. Smurov, according to the concept of T. Bardt and M. Kurilko. Design of the cupola: P. Pasternak and B. Materi. 1931.

as Junkers and Messerschmitt – familiar to Soviet citzens as peaceful brands which manufactured aircraft carriers – came to be associated with the death machine that was responsible for the carpet bombing of peaceful cities. For obvious reasons, the architectural process in both countries ground to a standstill. In the interests of fairness, it should be specified that that it was not only Soviet cities experienced ferocious, heavy bombing. The way the people of Berlin felt is accurately conveyed in

тяжелых моментов войны — летом 1942 года, перед началом битвы за Сталинград. Один из авторов проекта, архитектор Б. И. Дмитриев, с фронта, буквально из окопов, отправлял подробные консультации строителям, разъясняя нюансы проекта и технического выполнения работ.

В осажденном немцами Ленинграде умирающий с голода архитектор А. С. Никольский создает знаменитый цикл гравюр и рисунков с трагическими реалиями задыхающейся в тесном кольце блокады Северной столицы и одновременно добротно и тщательно прорабатывает архитектуру Победы — триумфальные арки и торжественные монументы.

Выразительную оценку советской архитектуры оставил в своих мемуарах личный архитектор Гитлера, рейхсминистр вооружений и военной промышленности Альберт Шпеер: «Если сразу после Октябрьской революции русское зодчество испытало влияние таких авангардистов, как Ле Корбюзье, Май или Эль Лисицкий, то при Сталине, с конца двадцатых годов произошел поворот к консервативно-классическому стилю. Здание для конференций (имеется, очевидно, в виду здание Верховного Совета УССР) могло бы выйти из-под руки усердного ученика парижской Школы изящных искусств. Я поиграл мыслью разыскать архитектора и привлечь его к постройкам в Германии. Построенный также в классицистском стиле стадион был украшен статуями атлетов по античным образцам, трогательно одетыми в плавки или купальники»*.

Описывая архитектуру Днепропетровска, Шпеер оставит весьма выразительное сравнение СССР и Германии: «Больше всего меня поразил незавершенный строительством вузовский городок, который превосходил все в этой области в Германии и служил впечатляющим доказательством решимости Советского Союза превратиться в техническую державу первого ранга».

Внезапное начало войны и весь характер военных действий этого периода — от стремительного продвижения к столице немецких войск и вплоть до момента коренного перелома в битве за Сталинград — поставили перед столичными архитекторами новые и весьма неожиданные задачи.

---

\* А. Шпеер. Мемуары. Смоленск: Русич, 1998 г.

a private letter dated August 1941, when Soviet Baltic Fleet bombers dropped 100 kilogram FAB-100 bombs on Germany: "Of late, bombers have appeared at night. Everybody is told that it is the British, but we know for sure on this night that we were bombed by the Russians. They are taking revenge over Moscow. Berlin is shaken by bomb blasts … I have to tell you that since the Russians started appearing over our heads you can't imagine how wretched things have become. The relatives of Willy Furstenberg served at a munitions plant. The plant no longer exists. Willy's relatives died beneath the ruins. Dear Ernst, when Russian bombs were falling on Siemens factories I felt that everything was falling through. Why did we become involved with the Russians?"*

However, it would not be quite fair to say that the architectural process completely ground to a halt during the war. Suffice it to recall here dramatic episodes during the war such as the construction of the Novosibirsk Opera Theatre, which became an outstanding monument of Soviet architecture. This was built according to a design that was once approved by Sergey Chernyshev.

The decision to complete the building was taken during one of the most tragic moments in the war, namely in the autumn of 1942 on the eve of the Battle of Moscow. One of the architects of the project, B. Dmitriyev, sent detailed instructions to builders from the trenches, explaining the nuances of the design and its technicalities. In Leningrad, which was besieged by the Germans, the starving architect A. Nikolsky created his famous engravings and drawings by holding up a mirror to the tragic realities of the northern capital under siege. At the same time, he conducted extensive work on the architecture of Victory – triumphal arches and celebratory monuments.

A graphic assessment of Soviet architecture is found in the memoirs of Albert Speer, Hitler's personal architect and the Minister of Munitions and the Defense Industry: "Although immediately after the October Revolution, Russian architecture under Stalin was influenced by avant-garde architects such as Le Corbusier, May or Lisitsky, from the late 1920s onwards a pivot towards the conservative-classical style occurred.

---

\* Yu. Vinogradov. Operatsiya B. Moscow: Patriot Publishers, 1992.

Главной из них стала маскировка столицы. Напомним, в эпоху Великой Отечественной пилоты бомбардировщиков не располагали ни системой точного позиционирования, ни радионаведением. Только визуальное восприятие и, в лучшем случае, световые сигналы шпиона-наводчика обеспечивали точность бомбометания, а потому и дезориентировать противника вполне возможно было изменением визуальной среды.

Уже в июле 1941 года «из числа архитекторов и художников» была сформирована Служба маскировки при Моссовете, а в октябре заработал Штаб руководства практическим осуществлением маскировочных работ в городе и области.

Алексей Щусев и Каро Алабян, Сергей Чернышев и Николай Колли, Борис Иофан и Абрам Заславский — ведущие архитекторы страны приступили к разработке проектов маскировочного укрытия главных объектов столицы. Кремль и Большой театр, Мавзолей и гостиница «Москва», многочисленные промышленные и оборонные объекты должны были стать неузнаваемыми с воздуха. Речь шла о том, чтобы изменить вид сверху всего города — для чего над реками создавались фанерные крыши, строились ложные мосты, улицы и площади заполнялись геометрическими узорами. Многие очевидцы рассказывают, что центр города в те дни стал совершенно неузнаваемым.

Декорации, имитирующие городские здания, устанавливались по периметру Александровского сада, а от Тайницкой башни через Москву-реку прошел ложный мост. Фасады Кремлевских стен и Большого театра раскрашивались под городскую застройку, а характерный силуэт Кремлевских башен изменяли фанерные макеты.

Мавзолей Ленина на неузнаваемой Красной площади под руководством Щусева превратился в неприметный городской особнячок, а один из уголков Кремля стал «жилым кварталом XIX века» при помощи драпировки раскрашенными полотнищами.

Узнаваемые детали ландшафта вроде излучины Москвы-реки или Водоотводного канала, спрятанного под листами крашеной фанеры, перестали быть видными с воздуха, а на городских пустырях, напротив, возникли ярко освещенные «заводы» и «предприятия». Любопытно, что в работе по маскировке столицы советские архитекторы

The conference building (probably the building of the Supreme Soviet of the Republic) could have been created by an eager student enrolled in the Paris School of Fine Arts.

"I toyed with the idea of tracking down the architect and introducing him to building projects in Germany. The stadium, also built in a classical style, was adorned with statues of athletes inspired by antique specimens, movingly clad in swimming trunks or bathing suits."*

Describing the architecture of Dnepropetrovsk, Speer draws a very vivid comparison between the USSR and Germany: "What struck me most was an unfinished university compound which surpassed everything built in Germany and was impressive proof of the Soviet Union's determination to become a first-rate technical power."

The sudden outbreak of war and the spirit of warfare in this early period – the rapid advance of the German troops towards the capital prior to October 1942 and up until and including the dramatic reversal in the battle of Stalingrad – meant that the capital's architects were confronted with new and rather unexpected tasks. Chief among these tasks was the need to camouflage the capital. During the Second World War, bomber pilots had neither a system of precise positioning nor of radio targeting at their disposal. Only visual perception or – at best – light signals emanating from the spy on the ground could ensure accurate bombing. This meant that the enemy could easily be disoriented by changing the visual environment.

As early as July 1941, the Moscow Soviet set up a Camouflage Service "for architects and artists". The headquarters in charge of the camouflage of buildings in the city and regions began their work in October. Alexey Shchusev, Karo Alabyan, Sergey Chernyshev, Nikolay Kolli, Boris Iofan and Abram Zaslavsky – the country's leading architects – began to design camouflage covers for the capital's landmarks. Numerous industrial and defense installations – including the Kremlin, Bolshoy Theatre, Lenin Mausoleum and Hotel Moskva – were to be rendered unrecognisable from the air. The view looking down upon the whole city had to be changed. For this purpose, plywood roofs were erected over rivers, false bridges were built

---

* *A. Speer. Memuary. Smolensk: Rusich Publishers, 1998.*

тесно сотрудничали с коллегами из стран антигитлеровской коалиции и, по мнению специалистов, использовали при защите Москвы от воздушных налетов опыт защиты от бомбардировок, к примеру, Лондона.

К сожалению, личный вклад Сергея Егоровича в работу по маскировке Москвы прослеживается не вполне отчетливо — возможно, по причине общего коллективного подхода к проекту и особых условий работы.

Известно, что наряду с другими известными архитекторами того времени его имя названо в докладе Дмитрия Чечулина на XII съезде Правления Союза архитекторов: «К маскировке приступили немедленно и наряду с конкретными маскировочными работами тут же многому учились, слушали лекции военных специалистов и на практике немедленно осуществляли в натуре маскировочные работы крупных промышленных предприятий и отдельных частей города. С энтузиазмом работали архитекторы Алабян, Заславский, Бумажный, Глущенко, Колли, Розенфельд, Иофан, Чернышев и многие другие».

Война внесла свои коррективы во все сферы жизни и, в частности, перераспределила приоритеты в развитии регионов. Тяжелая промышленность, сельское хозяйство, гражданское население спешно эвакуировались в районы, недоступные для тяжелой авиации. На Урал, в Западную Сибирь, Казахстан и республики Средней Азии устремился мощный поток бывших жителей городов европейской части страны. По оценкам историков, в 1941–1942 годах различными видами транспорта было перемещено около 17 миллионов человек и более двух с половиной тысяч промышленных предприятий.

Своевременная эвакуация и оперативное развертывание на новых площадках советской индустрии в первые годы войны стали одним из главных экономических факторов будущей победы в Великой Отечественной войне, а для архитекторов эвакуация означала огромный объем работ по строительству в первую очередь жилого фонда.

Массовое строительство из местных материалов стало главной сферой деятельности Сергея Егоровича в период с конца 1941 и до 1943 года, когда вместе с Московским архитектурным институтом Чернышев работал в Ташкенте в качестве члена Совета по специальным вопросам

and streets and squares were filled with geometric patterns. Many eyewitnesses say that the city centre became totally unrecognisable in this period.

Set designs simulating city buildings were established on the perimeter of Alexandrovsky Gardens and a false bridge was erected across the Moskva River at Tainitskaya Tower. The walls of the Kremlin and Bolshoy Theatre were painted over to blend in with other buildings, whereas the characteristic outlines of the Kremlin towers were boarded up with plywood mockups. Shchusev's team transformed the Lenin Mausoleum in the Red Square – which was now unrecognisable – into an unremarkable city mansion. One corner of the Kremlin became a "nineteenth century residential block" by being draped with painted canvas. Recognisable landscape features, such as the bend of the Moskva River or the Vodootvodny Canal which was hidden under painted plywood sheets, became invisible from the air, while, contrastingly, brightly lit "factories" and enterprises" emerged in empty lots inside the city.

It is interesting to note that the the effort to camouflage the capital meant that Soviet architects worked closely with their colleagues from allied countries. In the opinion of experts, they drew on London's experience of protecting the city against bombing. Unfortunately, it is difficult to trace Sergey Chernyshev's personal contribution to the camouflage work implemented upon Moscow. Most likely this is owing to the fact that this was a collective effort and working conditions were unusual. However, Chernyshev's name is mentioned among prominent architects at the time in Dmitry Chechulin's report to the Twelfth Congress of the Union of Architects' Board: "Camouflage work began immediately. In addition to performing specific jobs, the participants learnt a great deal. They listened to lectures by military specialists and immediately conducted camouflage work on major industrial enterprises and parts of the city. Among the enthusiastic workers were the architects Alabyan, Zaslavsky, Bumazhny, Grushchenko, Kolli, Rozenfeld, Iofan, Chernyshev and many others."

The war brought changes to all spheres of life and – among other things – changed the priorities in regional development. Heavy industry, agriculture and the civilian population were urgently evacuated to areas that were out of reach of enemy aviation. A forceful stream of urban dwellers from the

при штабе МПВО г. Ташкента и руководителя группы научных работников Академии архитектуры СССР. Основной задачей таких групп, развернутых во всех крупных центрах эвакуации, было, согласно отчету Академии за 1942 год, «оказание архитектурно-технической помощи и консультаций по вопросам проектирования и строительства жилых и коммунально-бытовых зданий упрощенного типа из местных строительных материалов».

Из Ташкента, где архитекторы подробно прорабатывали вопросы облегченных конструкций и сводов, адаптации архитектурных решений к климатическим и географическим особенностям среднеазиатского региона, Чернышев неоднократно выезжает в Новосибирск и Кемерово, ставшие новыми центрами индустриальной Сибири. Огромный опыт Сергея Егоровича в области проектирования промышленных сооружений и рабочих поселков, накопленный в эпоху индустриализации, крайне востребован в реалиях военного времени.

Успех стремительного переброса и организации успешной работы эвакуированных предприятий во многом становится возможен благодаря активному участию Сергея Егоровича в разработке обширной теоретической базы для строительства в новых, экстремальных по сути, условиях.

1943 год стал переломным в истории Великой Отечественной войны. Самая крупная в истории человечества танковая битва на Курской дуге окончательно изменяет характер боевых действий — после этого продолжительного сражения стратегическая инициатива окончательно перейдет к Красной Армии. По словам немецкого фельдмаршала Эриха фон Манштейна, Курская битва «была последней попыткой сохранить нашу инициативу на Востоке. С ее неудачей, равнозначной провалу, инициатива окончательно перешла к советской стороне. Поэтому операция «Цитадель» является решающим, поворотным пунктом в войне на Восточном фронте»*.

До конца войны советские войска будут вести наступательные операции, поставив вермахт в позицию обороны, а исход событий станет вполне очевиден даже законченным пессимистам. Впервые в истории в Тегеране лидеры стран

\* *Э. Манштейн.*
*Утерянные победы.*
М.: АСТ — СПб Terra Fantastica, 1999 г.

European part of the country headed for the Urals, Western Siberia, Kazakhstan and the Republics of Central Asia. In 1941 and 1942, approximately seventeen million people and more than 2,500 industrial enterprises were relocated by various types of transport, according to historical estimates.

The timely evacuation of Soviet industry in the early years of the war and its prompt deployment on new sites were among the main economic factors that contributed to the future victory in the war. For architects, evacuation entailed a great deal of construction work, starting with housing construction. Large-scale construction from local materials was the main field of activity for Sergey Chernyshev between late 1941 and 1943 when – together with the Moscow Architecture Institute – he worked in Tashkent as a member of the Council for Special Issues under the local air defence headquarters of Tashkent as well as the head of a group of scientists hailing from the USSR Academy of Architecture.

According to the Academy's report for 1942, the main task awaiting such groups – which were deployed in all major evacuation centres – was "to provide architectural and technical assistance and consultations on design as well as constructing housing and utilities of a simplified type from local building materials".

Although Chernyshev was based in Tashkent, where the group of architects thrashed out the details of buildings and roofs and adapted architectural concepts to the Central Asian climate and geography, Chernyshev made frequent trips to Novosibirsk and Kemerovo which were to emerge as new industrial centres in Siberia. His vast experience of designing industrial buildings and workers' communities – which he had gained during the industrialisation period – proved to be extremely useful in wartime. Successful and rapid mobilisation and the successful evacuation of enterprises was possible in large measure due to Sergey Chernyshev's active involvement in planning the theoretical foundation for construction in new and extreme conditions. 1943 marked a turning point in the history of the Great Patriotic War. The battle of the Kursk Bulge, the largest tank battle in human history, completely altered the course of the war. After this long-lasting battle, the Red Army seized the strategic initiative. According to the German Field Marshal Erich von Mannstein, the Battle of Kursk "was the last

антигитлеровской коалиции обсудят дальнейшую стратегию борьбы с агрессором, а уже в течение года, к лету 1944-го, Советская Армия окончательно освободит от оккупантов все захваченные территории СССР. В ходе этого стремительного наступления армия буквально десятками в день отвоевывает у противника населенные пункты, но в большинстве случаев все они разрушены полностью или частично.

По данным Чрезвычайной государственной комиссии по установлению и расследованию злодеяний немецко-фашистских захватчиков, оккупантами полностью или частично разрушено 1 710 городов и более 70 тысяч сел и деревень, сожжено и уничтожено более шести миллионов зданий и более тридцати тысяч промышленных предприятий. По оценкам специалистов, на оккупированных территориях потеряно две трети национального имущества СССР, а двадцать пять миллионов человек остались без крова*.

Восстановление городов, разрушенных в годы войны, становится основной заботой архитекторов, и в 1943 году Сергей Егорович возвращается в Москву, чтобы продолжить работу в Архитектурном управлении Мосгорисполкома.

В период восстановления советских городов Чернышев делает невероятный объем работы. В своей автобиографии он скромно упоминает, что им «выполнены экспертизы и даны рекомендации по проектам генеральных планов городов Сталинграда, Севастополя, Одессы, Сочи, Ялты, Риги, Вильнюса, Ленинграда, Пскова, Горького, Воронежа, Новосибирска, Томска и других», хотя относительно полный список городов, над генпланами которых работает Чернышев, насчитывает пятнадцать названий и совпадает с перечнем знаменитого постановления Совнаркома СССР № 2722 от 1 ноября 1945 г. «О первоочередном восстановлении 15 российских городов»**.

Личный архив Чернышева сохранил несколько заключений по проектам генеральных планов восстановления разрушенных городов. Сегодня эти архивные документы

---

\* *Сборник материалов Чрезвычайной государственной комиссии по установлению и расследованию злодеяний немецко-фашистских захватчиков и их сообщников*

\*\* *Постановление СНК СССР № 2722 от 1 ноября 1945 г. о мероприятиях по восстановлению разрушенных немецкими захватчиками городов РСФСР: Смоленска, Вязьмы, Ростова-на-Дону, Новороссийска, Пскова, Севастополя, Воронежа, Новгорода, Великих Лук, Калинина*

attempt to retain our initiative in the East. With its setback, which was tantamount to failure, the initiative finally passed to the Soviet side. Therefore Operation Citadel is the decisive turning point in the war on the Eastern front".*

Until the end of the war, Soviet troops conducted offensive operations to keep the Wehrmacht on the defensive. The outcome even became clear to out-and-out pessimists. For the first time in history, Allied leaders meeting in Teheran would discuss the further strategy of fighting the aggressor. Within a year, by the summer of 1944, the Soviet Army had liberated all occupied territories. During its rapid advance the Army retook dozens of cities and villages each day, although most of these had been fully or partially destroyed. According to the Extraordinary State Commission, which was set up to establish and investigate German fascist atrocities, the occupiers fully or partially destroyed 1,710 cities and more than 70,000 villages, as well as burned and destroyed more than six million buildings and more than 30,000 industrial enterprises. Experts estimate that two-thirds of the USSR's national property was lost on occupied territories and twenty-five million people were left homeless.**

The restoration of war-destroyed cities became the primary concern of architects. In 1943, Sergey Chernyshev returned to Moscow to continue his work at the Moscow City Executive Committee's Architectural Directorate. During the period of restoration of Soviet cities, Chernyshev conducted an enormous amount of work. In his autobiography he modestly writes that he "carried out expert assessments and gave recommendations on draft master plans for the cities of Stalingrad, Sevastopol, Odessa, Sochi, Yalta, Riga, Vilnius, Leningrad, Pskov, Gorky, Voronezh, Novosibirsk, Tomsk and others". This list of cities – which is more or less complete – includes fifteen items, which coincides with the list mentioned in the famous decree No. 2722 by the USSR Council of People's Commissars of November 1, 1945 "On Priorities in the Restoration

---

\* *E. Manshteyn (Erich von Manstein).*
*Uteryanniye pobedy (Lost Victories).*
*Moscow: ACT / Saint Peterburg: Terra Fantastica, 1999.*

\*\* *Compilation of materials from the Extraordinary State Commission for the determination and investigation of atrocities committed by Fascist Germany and its accomplices.*

интересны прежде всего тем, что взгляды Сергея Егоровича на вопросы градостроительства сформулированы в них предельно исчерпывающим и конкретным образом. Кроме того, эти авторские замечания относятся к вполне реальным проектам, а значит, сегодняшний читатель имеет возможность наглядно оценивать каждый конкретный случай. Скажем, анализируя проект реконструкции и развития послевоенного Ленинграда, Сергей Егорович весьма положительно оценивает идею перспективного роста Северной столицы на юг и подчеркивает правильность учета природных условий и выхода городской застройки на берега Финского залива. Такой подход позволяет создать любимый архитектором ансамбль береговой полосы, открыть вид на город с моря.

Заслуга сохранения исторического центра Ленинграда во многом принадлежит Чернышеву — он не просто всецело поддерживает и одобряет, но и считает важным местом в проекте тот факт, что авторы максимально используют исторически сложившуюся систему улиц и развивают ее структуру при минимальном сносе старой застройки. Идея сохранения города как ценного образца «эпохи расцвета русского градостроительства» во многом перекликается с идеалами «Новой Москвы» Жолтовского, где Чернышев, как мы помним, начинал свой путь градостроителя. С известной долей фантазии можно рискнуть и предположить, что если бы все идеи «Новой Москвы» были бы в свое время реализованы, Москва Чернышева не уступала бы в культурном и историческом обаянии современному Петербургу.

Работая над Генпланом Ленинграда, Сергей Егорович, как и в работе с московским Генпланом 1935 года, особое место отводит разбору удобных связей районов с центром и между собой. В проектируемых районных центрах внимательно прорабатывается постановка общественных зданий, композиционное решение площадей. Театры Сергей Егорович предполагает использовать как центральные сооружения районных ансамблей, отводя им наиболее выигрышное положение, а в новых кварталах предполагает обязательным образом формировать зеленые массивы для отдыха и спорта, отводить для школ и детских учреждений отдельные участки, формировать общественные и культурные здания в каждом новом квартале. Работая над генпланами послевоенных городов СССР, Чернышев

of Fifteen Russian Cities".* Chernyshev's personal archives contain several statements on draft master plans for the restoration of destroyed cities. These archived documents are primarily of interest today since they succinctly articulate Sergey Chernyshev's ideas on urban development. Furthermore, the architect's remarks concern specific projects so that the present-day reader is given the opportunity to visually assess each case.

For example, in his analysis of the reconstruction design and the development of post-war Leningrad, Sergey Chernyshev advocates the idea of the future expansion of the northern capital to the south and displays sound judgement when taking into account natural conditions. Chernyshev would eventually take urban development to the shores of the Finnish Gulf. This approach made it possible to create a waterfront ensemble – which the architect was fond of building – to afford a view of the city from the sea. A great deal of credit is due Chernyshev for preserving Leningrad's historical centre: not only did he unreservedly support and endorse this, but he emphasised the fact that architects of the project were to make the best use of the historical network of streets and develop its structure with minimum demolition of existing old buildings.

The idea of preserving the city as a valuable specimen of the "flourishing era of Russian urban development" has much in common with Zholtovsky's ideas at New Moscow, where Chernyshev began his career as an urban developer. With some portion of imagination, one might make the claim that if the ideas of New Moscow had been implemented, Chernyshev's Moscow would have matched present-day Saint Petersburg in terms of cultural and historical charm.

Working on the General Plan of Leningrad, Sergey Chernyshev – as in the case of the Moscow General Plan of 1935 – focuses on convenient links between the districts and the centre and between the districts themselves. District centres were designed with particular attention to the location of public buildings and the composition of squares.

* *Decree No. 2722, Council of People's Commissars from November 1, 1945*
*"O meropriyatiyakh po vosstanovleniyu razrushennykh nemetskimi zakhvatchikami gorodov RSFSR*
*(On measures for rebuilding the Russian Federation cities destroyed by German aggressors):*
*Smolensk, Vyazma, Rostov-on-the-Don, Novorossiysk, Pskov, Sevastopol, Voronezh, Novgorord, Velikiye Luki, and Kalinin.*

201

выделяет целый спектр проблем, требующих наиболее пристального внимания проектировщиков. Это своего рода авторский манифест, который позволяет и нам получить представление о творческом методе Чернышева, поэтому эти проблемы имеет смысл рассмотреть и читателю. Среди первоочередных вопросов, которые должны быть отражены и учтены при создании генеральных планов, Сергей Егорович выделяет следующие:

– реальность композиции плана города — связь с рельефом, сложившейся застройкой и промышленной зоной;
– обеспечение связей между районами и районов с центром системой городских магистралей;
– выявление в системе плана центра города и основного каркаса магистралей;
– выверенность планировочной композиции центральных и районных площадей;
– выбор и определение территории для перспективного развития города;
– открытость города к реке, морю и т. д.;
– масштабное озеленение.

Сергей Егорович постоянно подчеркивал, что благоприятное архитектурное решение должно быть обязательным условием практической планировки города. Размещение и конфигурация площадей, зрительное завершение перспектив, учет далекой видимости крупных сооружений, зонирование застройки в зависимости от этажности, когда высотная застройка центра гармонично соединяется с высотными зданиями периферии, создавая ощущение единства архитектурного ансамбля города и целостности силуэта — учет этих факторов Чернышев считал обязательным при формировании общего городского плана.

О том, как Чернышев подходил к подготовке экспертных заключений по тем или иным проектам, можно судить по его работе над проектом застройки знаменитого киевского Крещатика в 1951 году.

А. П. Кудрявцев подчеркивает всю парадоксальность того обстоятельства, что этот гипертрофированно помпезный ансамбль был создан в период партийного руководства ЦК Украины Никиты Хрущева, «грядущего ниспроверга́те-

Sergey Chernyshev proposed using theatres as focal buildings in district ensembles, locating these in the most prominent positions. By the same token, he insisted on wooded areas for leisure pursuits and sport in new neighbourhoods and separate properties for schools and children's institutions. Public and cultural buildings were also to be included in each new neighbourhood.

Working on the general plans of post-war Soviet cities, Chernyshev identifies a range of problems that demand particularly close attention. A type of architect's manifesto offers an insight into his creative method, meaning that the reader is well placed to take a closer look at these problems. Sergey Chernyshev identifies the following priority issues to be addressed in the General Plans:

– the reality of the city plan composition, i.e. connection with the landscape, the historical development and the industrial area;
– providing links between districts as well as between districts and the centre through a system of city thoroughfares;
– identifying the city centre and the main framework of thoroughfares in the plan;
– planning of the composition of central and district squares;
– choosing and marking out the territory for future development;
– an open view of the river, sea, etc.;
– large-scale planting of greenery.

Sergey Chernyshev repeatedly emphasised that a sound architectural concept was crucial for the planning of a city. He insisted that the following factors be taken into account in the general city plan: the location and configuration of squares, a visual perfection of landscapes by ensuring that significant buildings could be seen at a distance, the zoning of construction projects depending on the height of buildings when central high-rise buildings are in harmony with the high-rise buildings on the periphery – thereby creating a sense of cohesiveness in terms of the architectural ensemble and its skyline. Chernyshev's approach to preparing expert statements on various designs is illustrated through his work on the extension plan of the famous Kreshchatik Street in Kiev in 1951. Alexander Kudryavtsev addresses the irony that the extraordinarily

ля «архитектурных излишеств». Сергей Егорович подготовил развернутую рецензию-обобщение, детально проработав все имеющиеся материалы, включая рецензии на проект десяти других архитекторов.

В процессе восстановления Крещатика архитектурное сообщество было изрядно встревожено многочисленными недочетами, которые выявились непосредственно в ходе застройки. Как вице-президент Академии архитектуры СССР Чернышев должен был сказать свое веское слово, сделать финальное заключение, которое должно было исправить сложную ситуацию. Подготавливая рецензию, Сергей Егорович тщательно проработал не только современное состояние улицы, но и всю историю возникновения и формирования Крещатика, характеристики довоенной застройки, планы работ и массу других, казалось бы, второстепенных документов и материалов.

В итоге архитектор высказал целый ряд критических замечаний, которые ценны для нас прежде всего тем, что еще раз подтверждают главные творческие принципы Чернышева. В первую очередь Сергей Егорович раскритиковал перенос в глубину квартала здания Городского совета, что лишало улицу смыслового акцента, отметил «ложно-декоративный характер» стен жилых домов, построенных на изгибе магистрали у площади Калинина, «сплошь облицованных мелкомасштабной плиткой», и подчеркнул, что «такой же характер имеют ничего не несущие колонны, буквально приклеенные к стенам последних двух этажей и так же облицованные узорчатой плиткой». Досталось проекту и за «полное отсутствие ансамблевой увязки этого строительства с противоположной стороной магистрали».

Итогом непосредственного участия Чернышева в проекте стал сегодняшний архитектурный ансамбль Крещатика — одной из главных достопримечательностей украинской столицы, единство и целостность которого не вызывает сомнений даже у неискушенной аудитории. Впрочем, если в послевоенный период статус Киева как столицы вполне независимого и суверенного государства выглядел полным абсурдом, то создание атмосферы столичного лоска в разрушенных боевыми действиями Берлине или Варшаве было вполне логичной и обоснованной задачей, которая также легла на плечи архитекторов СССР. Застройка Берлина,

С. Е. Чернышев за работой дома.
1947 г. Из семейного архива

S. Chernyshev working at home.
1947. From family archives.

С. Е. Чернышев с внуками Сашей и Сережей.
1946 г. Из семейного архива

S. Chernyshev with his grandsons Sasha and Seryozha.
1946. From family archives.

pompous ensemble was created in the Ukrainian capital of Kiev at a time when its party leader was Nikita Khrushchev, "the future crusader against architectural excesses".

Sergey Chernyshev prepared an extensive review on all available materials, including reviews of the design by ten architects. During the expansion of Kreshchatik, the architectural community grew increasingly concerned about the numerous shortcomings which had become manifest during

вернее сказать, его советской оккупационной зоны, помимо практических соображений несла глубокую идеологическую нагрузку. Несмотря на то что столицей Западной Германии демонстративно стал Бонн, Западный Берлин призван был стать своего рода «витриной капитализма».

Впоследствии город станет подлинным эпицентром противостояния социалистического Востока и капиталистического Запада, но еще до постройки Берлинской стены конфронтация двух систем будет проявляться во всем — и в первую очередь в архитектурном облике двух половин разделенной столицы.

Апогеем советского стиля в застройке Восточного Берлина станет монумент воину-освободителю в Трептов-парке скульптора Евгения Вучетича и архитектора Якова Белопольского. Сооружение насыщено символами — солдат с мечом и растоптанная свастика на постаменте, а внутри его — золотой ларец с сафьяновой книгой, в которую вписаны имена павших в битве за Берлин и пространная цитата из Сталина на русском и немецком языках. Однако самым символичным стал стройматериал; монумент построен из руин Рейхсканцелярии Шпеера — одного из немногих в реальности воплощенных сооружений проекта «Столицы мира Германии».

Менее символичной, но не менее значимой доминантой новой архитектуры социалистического Берлина стал масштабный проект знаменитой улицы в округах Митте и Фридрисхайн-Кройцберг, известной ранее как Шталин-аллее (аллея Сталина), а в наши дни носящая имя Карла Маркса. Именно в этом проекте самое непосредственное участие принял Сергей Егорович Чернышев вместе с архитектором А. В. Власовым и немецкими авторами Эгоном Хартманом, Рихардом Пауликом, Хансом Хоппом, Куртом Лойхтом и Карлом Зоурадны.

Широкая улица должна была стать не просто транспортной магистралью, а своего рода лицом столицы, местом проведения маршей и парадов. В отличие от практичных, но безликих проектов типовой изначальной застройки, проект Шталиналлее подразумевал многокилометровый роскошный бульвар, окруженный высотными домами в стиле берлинского классицизма. Одновременно со Шталиналлее в Западном секторе восстанавливался

its construction. As Vice President of the USSR Academy of Architecture, Chernyshev was forced to weigh in to make a final decision that would rectify this difficult situation.

Working on the review, Sergey Chernyshev not only considered the present condition of the street, but also took into account the entire history of Kreshchatik. This included the features of its prewar buildings, the time schedule of operation and a host of – what appeared to be – secondary documents and materials. As a result, the architect made some critical remarks which are valuable since they confirm Chernyshev's main creative principles. To begin with, Sergey Chernyshev heavily criticised the plan to move the City Council building into the depths of the neighbourhood, depriving the street of a focus. He noted the "false decorative character" of the walls of residential houses "covered in small tiles" at the bend of the street near Kalinin Square and emphasised that "the same feature applied to the columns which performed no structural function and were literally glued to the walls of the last two storeys. These were also covered in patterned decorative tiles." He also berated the design for the "total absence of an ensemble co-ordination on the part of this building project with those buildings on the opposite side of the street".

Owing to Chernyshev's direct involvement in the project, today's architectural ensemble of Kreshchatik is one of the most distinctive features of the Ukrainian capital whose cohesiveness and harmony is even discernible to ordinary people. However, in the post-war period the status of Kiev as the capital of an independent and sovereign state was an absurdity. The creation of an atmosphere of metropolitan glamour in war-destroyed Berlin or Warsaw was a logical and reasonable mission that Soviet architects were expected to undertake.

The expansion of Berlin – or rather its Soviet-occupied part – in addition to practical considerations, carried a profound ideological message. Although West Germany pointedly moved the capital to Bonn, West Berlin was designed to be a "show window of capitalism". Later, the city would become the centre of the conflict between socialist East and capitalist West, although the conflict between the two systems was apparent even before the construction of the Berlin Wall. It was predominantly manifest in the architectural appearance of the two halves of the divided capital.

район Ханзафиртель, и, по мнению исследователей, «соперничество архитектурных проектов превратилось в соперничество политических систем».

Стоит отметить, что развертывание в Восточной Европе своего рода буферной зоны из стран соцлагеря, неких доминионов Советской империи, рассматривалось как весьма долгосрочная перспектива. Не только смена существующего строя, но и культурная экспансия социализма и социалистической идеологии в новые социалистические государства стали основными задачами СССР.

Архитектура как наиболее наглядная форма искусства, несущая к тому же характер практической помощи странам, разрушенным военными действиями, была одной из наиболее удобных и востребованных форм культурного и идеологического закрепления СССР на новых территориях. В Берлине и Будапеште, Праге и Бухаресте фундаментальные постройки «сталинского» типа наглядно свидетельствовали о мощи советской империи, формировали образ нового мира — торжественного, помпезного, с приверженностью патриархальным ценностям классического наследия, переработанным в новых формах.

Центральной идеей Шталиналлее стали «дворцы для рабочих», и образ этих «дворцов» не должен был вызывать ни малейших сомнений ни в щедрости новой власти, ни в незыблемости ее идеологических постулатов. Роскошь, когда-то воспетая Маяковским в стихотворении о ванной, теперь предлагалась пролетариату Восточной Европы. Дома на Шталиналлее были оборудованы лифтами, мусоропроводом, в квартирах были изолированные ванные комнаты, паркетный пол, мебельный гарнитур в прихожей, кухонная мебель и централизованное отопление. Фасады домов были выложены мейсенской керамикой. Вся эта роскошь предлагалась за символическую квартплату в 90 пфеннигов за квадратный метр, и до последних дней существования ГДР квартира на этой улице была неосуществимой и сладкой мечтой большинства восточных немцев.

Учитывая всю историческую сложность взаимоотношений России и Польши, а также особенное значение польского вопроса на протяжении всей Второй мировой войны, трудно переоценить то значение, которое отводилось Правительством СССР восстановлению Варшавы.

The peak of Soviet style during the expansion of East Berlin was the monument to the Liberator-Soldier in Treptower Park by the sculptor Yevgeny Vuchetich and architect Yakov Belopolsky. The monument is full of symbolism – a soldier with a sword and shattered swastika on a pediment which contains a golden box with a book in Morocco binding. Inscribed in the book are the names of those who died in the Battle of Berlin and a lengthy quotation from Stalin in Russian and German. However, it was the material used in its construction that carried the most powerful symbolic message: the monument was built from the ruins of Speer's Reich Chancellery, one of the few structures from the World Capital Germania plans to actually be built.

A less symbolic but equally important dominant feature that represents the new architecture of socialist Berlin is the large-scale project of the famous street in Mitte and Friedrichshain-Kreuzberg street. This was previously known as Stalinallee but is now named after Karl Marx. Sergey Chernyshev and the architect Alexander Vlasov, together with the German architects Egon Hartmann, Richard Paulick, Hanns Hopp, Kurt Leucht and Karl Souradny played a very active role in this project.

The wide street was not only meant to carry traffic, but was also intended to be "the face of the capital" – a place for marches and parades. Unlike the practical but featureless designs of the original buildings, Stalinallee was designed as a sumptuous boulevard extending several kilometres, lined with high-rise buildings in the style of Berlin Classicism.

The Hansaviertel District in the Western sector was restored at the same time as Stalinallee. In the opinion of scholars, "the rivalry between architectural designs turned into a rivalry between political systems".

It is worth noting that the emergence of a kind of buffer zone in Eastern Europe comprising socialist countries – in a sense, dominions of the Soviet empire – was expected to last over a long period. The USSR sought not only to change the existing system, but to expand the culture and ideology of socialism in new socialist states. Since architecture was the most visually obvious form of art – and furthermore, offered practical assistance to countries devastated by war – it represented one of the most convenient and sought-after means of cultural and ideological consolidation of the USSR in the new territories.

Сергей Егорович принимал самое деятельное участие в подготовке генерального плана восстановления и реконструкции польской столицы. В 1946 году, совместно с профессором В. В. Бабуровым, он принял участие в обсуждении проекта социалистической Варшавы, подготовленного польским коллективом «Бюро восстановления столицы».

Стоит отметить, что в конференции активно участвовали не только советские и польские специалисты, но и представители западного архитектурного сообщества. В материалах конференции приводятся выступления швейцарского профессора Бернулли, архитектора Люка из Франции, которые, поддержав основные положения плана, критиковали лишь некоторые его позиции.

Однако подход советских архитекторов выгодно отличался от мнения западных коллег четкой привязкой к географическим и историческим особенностям польской столицы. Помня о принципах, которые Чернышев неизменно отстаивал при реконструкции Москвы и Ленинграда, не возникает сомнений в том, что сохранение исторического облика новой Варшавы, хотя бы на уровне столетиями сложившейся планировки, можно считать прямой заслугой Сергея Егоровича.

Если «Бюро восстановления» тяготело к планированию города по линейной структуре, вопреки исторической схеме города, то, по мнению Чернышева и Бабурова, «… Варшава имеет свое великое ядро и расположенные вокруг него, скорее концентрически, чем линейно, районы Жолибож, Волю, Охоту и Мокотув. Система зеленых насаждений располагается кольцом, опять-таки не линейно, отделяя промышленность от центра и жилых микрорайонов. Если бы авторы … строили город в центрической системе, развивающейся дополнительно вдоль реки, то это соответствовало бы правильному пониманию естественных и исторических условий».

Идея «Бюро восстановления» сформировать в центре Варшавы своего рода Сити также подверглась вполне обоснованной критике приглашенных советских экспертов. По их мнению, «функциональное разделение зашло слишком далеко. Неправильным является выделение кинотеатров, кафе, театров в специальном центре, особенно если отдельные жилые районы будут иметь достаточно развитую

In Berlin, Budapest, Prague and Bucharest, massive Stalin-type buildings demonstrated the might of the Soviet empire by projecting an image of a new world: pompous, solemn, with a predilection for outdated values of the classical legacy revised in a new form. The central idea of Stalinallee was "Workers' Palaces". The sight of these palaces ought to erase any doubt regarding the generosity of the new government or the inviolability of its ideological principles.

Luxuries once glorified by Mayakovsky in his poem on a bathroom were now offered to the proletariat of Eastern Europe. The houses in Stalinallee were furnished with elevators and garbage chutes, whereas the flats had en suite bathrooms, parquette floors, a set of furniture in the hall, kitchen furniture and central heating. The facades were covered with Meissen ceramics. All this luxury was available for the symbolic price of 90 pfennings in rent per square metre. Up until the last days of the GDR, a flat in this street was an impossible dream for the majority of East Germans. Considering the historical complexities of the relations between Russia and Poland and the significance of the Polish issue throughout the Second World War, it is hard to underestimate the importance the Soviet Government attached to restoring Warsaw.

Sergey Chernyshev played a very active role in the preparation of the general plan for the restoration and reconstruction of the Polish capital. In 1946, he took part in a discussion with Professor V. Baburov on the design of socialist Warsaw which had been prepared by the Polish Bureau for the Restoration of the Capital. Not only Soviet and Polish but also Western architects took an active part in the conference. The conference materials included contributions by professor Bernoulli of Switzerland and the French architect Luc who criticised some points of the design although he supported its basic principles.

However, the approach adopted by Soviet architects compares favourably with the beliefs of Western colleagues since it combines the geographic and historical features of the Polish capital. Considering the principles Chernyshev promoted during the reconstruction of Moscow and Leningrad, there is no doubt that he should be given the main credit for the preservation of the new Warsaw's historical appearance, even if this was only achieved through the preservation of a centuries-old layout design.

сеть общественного и культурного назначения, а также соответствующую торговую сеть. Все, что непосредственно связано с повседневной жизнью жилых районов, должно снять нагрузку с центра», а для того чтобы центр города продолжал жить и в вечернее время, Чернышев и Бабуров предложили предусмотреть там «какое-то количество жилья».

Помня об опыте Чернышева в проектировании Москвы, Ленинграда, Магнитогорска и многих других городов, не стоит даже гадать, кому из экспертов принадлежит остроумное замечание по поводу отсутствия в проекте «Бюро восстановления столицы» городских площадей: «Во всех схемах проявилась забота о том, как проехать и пройти, а не как остановиться».

К числу прочих, не менее важных поправок и замечаний, которые Чернышев с Бабуровым внесли в польский генплан, стоит отметить и фразу о том, что «восстановление исторических памятников следовало бы проектировать одновременно с окружающей их средой», и настоятельные рекомендации польским коллегам очень внимательно отнестись к размещению в городе высотных зданий.

Они неоднократно подчеркивали, что силуэт исторической Варшавы в своей трактовке требует особенной осторожности, что не помешало полякам включить в свой генплан архитектурное сооружение, до сих пор вызывающее ожесточенные споры польской общественности. Речь идет о знаменитом Дворце науки и культуры, или, как его иногда называют, «восьмой сталинской высотке», стоящей в центре Варшавы.

Согласно легенде, правительство СССР предложило польской стороне некий «подарок на выбор» — построить первую ветку метро, один из жилых районов или высотное здание в качестве «дара советского народа польскому».

В сегодняшней польской прессе эту историю подвергают сомнению и указывают на то, что якобы фундаменты здания появились еще до окончания специально созванной по этому вопросу градостроительной конференции.

Однако суть дискуссии Чернышева с коллегами из «Бюро восстановления столицы», свидетельствующая о чрезмерном тяготении польских коллег к масштабным проектам, вполне, хоть и косвенно, подтверждает искреннее желание застройщиков новой Варшавы обзавестись собственным небоскребом, вопреки предостережениям советской

Although the Restoration Bureau favoured a linear city design – in contrast to a historical city plan – Chernyshev and Baburov were of the opinion that "Warsaw has a large nucleus and is surrounded concentrically rather than lineally by the districts of Zoliborz, Wola, Ochota and Mokotow. The system of greenery also forms a ring rather than a line, which separates industrial sites from the city centre and residential estates. If architects ... built the city according to a centric system, expanding along the river, then this would demonstrate a correct understanding of its natural and historical conditions."

The Restoration Bureau's concept of a kind of "city" in the centre of Warsaw was also, quite rightly, criticised by invited Soviet experts. In their opinion "functional separation has gone too far. It is wrong to isolate cinemas, cafés and theatres within a centre, especially if some residential districts have a sufficiently developed social and cultural network, as well as a suitable retail network. Everything that is directly connected with the daily lives of residential districts must remove the burden from the centre." In order to provide the city with a night life, Chernyshev and Baburov proposed building "a certain amount of housing" here.

If one recalls Chernyshev's experiences in designing Moscow, Leningrad and Magnitogorsk as well as many other cities, it does not take much guesswork to determine the name of the expert who made the ingenuous remark about the absence of city squares in the Bureau for the Restoration of the Capital's project: "All the plans manifest a tendency of being concerned on how to travel and walk, but not about how to stop."

Among other, equally important revisions and remarks Chernyshev and Baburov contributed to the Polish General Plan, the sentence which mentioned that "the restoration of historical monuments should be designed simultaneously with their surrounding environment" deserves to be highlighted, as do their persistent recommendations to Polish colleagues to pay attention to the location of high-rise buildings in the city. Chernyshev and Baburov repeatedly stressed that Warsaw's historical skyline needed to be treated with particular caution. This did not prevent the Poles from including an architectural structure in their general plan which is still the subject of fierce debate in Poland: the famous Palace of Science and Culture or – as it is unofficially referred to – the "Eighth Sister" which is

стороны осторожнее отнестись к высотной застройке. Впрочем, Дворец науки и культуры Льва Руднева стал в наши дни одной из главных достопримечательностей польской столицы. Он оброс множеством городских легенд вроде той, что в дождливые дни стертое в шестидесятые годы имя Сталина, которое Дворец носил до борьбы с культом личности, проявляется вновь, или что все сооружение построено по принципу зиккурата, вытягивающего из поляков жизненную энергию.

Для нас же варшавский «Старина Сталин», как окрестили в народе новое здание, примечателен прежде всего тем, что напрямую связан с, пожалуй, самым известным проектом Сергея Егоровича, реализованным в Москве и ставшим подлинным символом послевоенной столицы, принесшим Чернышеву Сталинскую премию первой степени. Это, конечно же, Главное здание МГУ на Ленинских (Воробьевых) горах.

Истории этого сооружения посвящено немало работ и исследований, этапы его создания детально изложены в десятках научных и популярных работ. Даже по количеству городских легенд Главное здание МГУ, пожалуй, лидирует среди всех московских достопримечательностей: тут и история о подземном заводе, якобы замораживающем зыбкие почвы Ленинских гор, и рассказ об участвующем в стройке заключенном (в другой версии — пленном немецком солдате), улетевшем на волю с верхних этажей на большом листе строительной фанеры, и совсем уже фантастические сплетни о том, что при сооружении здания использовали древние тайны армянских монахов, в определенных пропорциях добавлявших в цемент куриные яйца.

Подобная популярность Главного здания в городском фольклоре, пожалуй, лучше всего свидетельствует о том впечатлении, которое произвела на москвичей самая крупная из семи московских высоток, и о том народном признании, которое получило это без преувеличения легендарное сооружение.

Первоначальная разработка проекта принадлежала Борису Иофану, который в те годы создавал «проекты особой государственной важности» вроде нереализованного проекта Дворца Советов на месте храма Христа Спасителя. Однако Иофан планировал сооружение высотного

situated in the heart of the centre of Warsaw. Legend has it that the Soviet Government offered the Polish "a choice of gifts" to build the first metro line, residential estate or a high-rise building as a "gift from the Soviet people to the Polish people". The Polish press nowadays cast doubt on this story, pointing out that the foundations of the building appeared before the urban development conference took place which had been summoned to discuss this issue. However, Chernyshev's discussion with his colleagues from the Bureau for the Restoration of the Capital – attesting as it does to his Polish colleagues' attachment to large-scale designs – confirms, albeit indirectly, the genuine wish of the architects of new Warsaw to have their own skyscraper, in defiance of Soviet warnings to treat high-rise buildings with caution. Nevertheless, nowadays Lev Rudnev's Palace of Science and Culture is one of the main landmarks in the Polish capital. The building has spawned a great deal of local legends. For instance, on rainy days the name of Stalin which is engraved on the building – this was subsequently erased after the "cult of personality" was denounced in the 1960s – is said to become visible once more, or it is rumoured that the entire structure was built in the style of a ziggurat which sucks all the life energy out of Poles. For the reader, Warsaw's "Uncle Stalin" – as the new building is commonly referred to – is primarily worth noting since it is directly linked to Sergey Chernyshev's most famous design, which was implemented in Moscow as an authentic symbol of the post-war capital. This design earned Chernyshev the Stalin Prize. The landmark being referred to is of course is the main building of Moscow State University on the Lenin Hills (Vorobyovy Hills).

The history of this building has been the subject of many works and studies. Its structure has been examined in great depth in dozens of scholarly and popular works. Even in terms of the number of legends surrounding it, the main building of Moscow State University is arguably streets ahead of any other Moscow landmark: suffice it to mention the legend of an underground factory, which was allegedly built to freeze the flimsy ground of the Lenin Hills, or the story about a convict (other versions claim it was a German soldier) who took part in its construction and fled to freedom from an upper storey on a huge sheet of plywood, or the overwhelmingly improbable claim that builders used the ancient secrets of Armenian monks

корпуса у самой кромки Ленинских гор, там, где теперь расположена смотровая площадка. Такое решение было вне всяких сомнений эффективным, но чрезвычайно дорогостоящим — для строительства потребовалась бы не только закладка фундамента на сверхглубину, но и дополнительное усиление грунтовых оснований и сложная система защиты от грунтовых вод.

Возможно, именно этот проект породил легенду о тайном подземном рефрижераторе, но ему не суждено было реализоваться на практике. Иофан был отстранен от проекта, а для руководства проектированием МГУ был создан новый авторский коллектив, в который, помимо академиков архитектуры Льва Руднева и Сергея Чернышева, вошли архитекторы Павел Абросимов, Александр Хряков и главный конструктор Всеволод Насонов.

Обычно, говоря об авторских коллективах подобного масштаба и о столь крупных проектах, как МГУ, трудно с уверенностью сказать, кому из авторов принадлежит то или иное решение. Однако в случае с Чернышевым можно наверняка утверждать, что его творческий опыт в качестве одного из основных создателей Генерального плана реконструкции Москвы 1935 года, его работа на посту главного архитектора Москвы в период реализации этого документа, его работы по реконструкции и восстановлению множества городов в СССР и за рубежом позволяют считать его наиболее опытным специалистом в области градостроения. Предположения о том, что именно Чернышеву принадлежит разработка генплана МГУ и привязка здания к городскому ландшафту, подтверждают и очевидцы событий, хорошо знавшие Сергея Егоровича и архитектурную среду тех лет.

По воспоминаниям И. Я. Кантарович, работавшей с ним в послевоенные годы, «градостроительная концепция МГУ — заслуга Сергея Егоровича. По словам его соавторов, с которыми мне приходилось беседовать, Чернышев конкретно знал градостроительную концепцию Москвы и участвовал в размещении всех высотных зданий, и в частности МГУ». Стоит отметить, что в кольце знаменитых семи сталинских высоток, строительство и разработка которых велась практически одновременно, университетский комплекс играл самую важную роль. Будучи самым масштабным из всех этих сооружений, Университет выполнял

to determine portions of cement to which chicken egg was to be added. The popularity of the main building of Moscow State University in urban folklore is the best proof of the impression the tallest of the seven Moscow high-rises produced upon Muscovites. The original design was developed by Boris Iofan, who in those years was entrusted with "projects of special national significance" such as the design of the Palace of the Soviets, where the Christ the Savior Cathedral is now situated. However, Iofan's intention was to locate the skyscraper on the very edge of the Lenin Hills, in the spot where the observation area is now located.

There is no doubt that this design was effective but also – by the same token – extremely costly: for the building to be located here, a deep foundation laying would be necessary as well as ground reinforcement and the installation of an intricate system to offer protection against ground water. Perhaps this project gave rise to the legend of a secret "underground refrigerator". However, it was not implemented. Iofan was dismissed from the project and a new team of architects was instead entrusted with designing Moscow State University. In addition to the architecture academicians Lev Rudnev and Sergey Chernyshev, this included Pavel Abrosimov, Alexander Khryakov and chief designer Vsevolod Nasonov.

Usually, when talking about such large teams and major projects such as Moscow University it is hard to attribute ideas to specific architects. In the case of Chernyshev, however, it can be safely said that his creative experience as the mastermind behind the General Plan of the Reconstruction of Moscow of 1935, as well as his work as Chief Architect of Moscow during the time that this document was being implemented and on the reconstruction of many cities, both within and beyond the USSR, are proof that he was the most experienced specialist in urban development.

Claims that Chernyshev developed the General Plan of Moscow State University and adapted the building to the city landscape are confirmed by eyewitnesses who were well acquainted with both Chernyshev and the architectural community in those years. The following quotation is taken from the reminiscences of I. Kantorovich, who worked with Chernyshev in the post-war years: "the urban construction concept of Moscow State University must be attributed to

еще и важную градостроительную функцию, становясь тем самым звеном, которое связывало воедино центр города и Юго-Западный район, бесспорной архитектурной доминантой которого был МГУ. Университет представлял собой грандиозный комплекс, в который помимо высотного здания вошли второстепенные корпуса и спортивные сооружения, парки, ботанический сад, обсерватория, площади, аллеи и бассейн с фонтанами.

Проектирование столь сложного комплекса подразумевало не только удобное и логистически выверенное размещение всех компонентов, но и требовало тщательной проработки всех связей с городом и новым районом, который должен был строиться вслед за МГУ, ориентируя юго-западное направление роста столицы, намеченное еще в Генплане 1935 года.

Сам Чернышев пишет об этом так: «Исходя из значения застраиваемого участка в общем плане города, занимающего ведущее положение в общей застройке главного центра Юго-Западного района Москвы, а также огромного значения крупнейшего сооружения столицы — Московского государственного университета, композиция генерального плана строится как планировочная основа всего университетского комплекса сооружений, связанных с объемно-пространственным решением в целостный архитектурный ансамбль, органически включенный в общегородскую застройку».

Исходя из этих соображений, ансамбль МГУ был сдвинут от кромки горы на 800 метров. Высотный корпус нового комплекса окончательно закрепил Ленинские горы как важный градостроительный узел в системе города. Напомним, высотное строительство в столице еще только начиналось, и Чернышеву предстояло в значительной степени определить основные принципы развития и становления этого нового для Москвы вида застройки.

«С сооружением высотных домов, — пишет он, — советское градостроительство делает решительный шаг от создания отдельных местных ансамблей к формированию пространственного ансамбля целого города. Расположенные на наиболее высоких пунктах, открытые для обозрения с больших далей, высотные здания вознесутся над городом, венчая и обогащая его силуэт, и станут важнейшими

Sergey Chernyshev. According to his co-authors with whom I have talked, Chernyshev had hands-on knowledge of the urban development concept of Moscow and took part in determining the location of all the skyscrapers, including Moscow State University."

It has to be noted that the university complex played a key role in the ring of the famous "Seven Stalin Skysrapers" which were designed and built practically simultaneously. Being the largest of all these structures, the University performed an important urban development function since it provided the link that connected the city centre with the South-Western District – of which Moscow State University was undoubtedly the architectural dominant feature.

The university was a grandiose complex comprising – in addition to its high-rise buildings – secondary buildings, sports facilities, parks, a botanical garden, an observatory, squares, alleys and a pond with fountains. The design of such a massive complex not only demanded a convenient and logistically sound location for each component, but also a thorough planning of all links to the city and the new district which was to be built after Moscow University in the south-west, an idea which can be traced back to the 1935 General Plan.

This is what Chernyshev himself writes on this topic: "Proceeding from the significance of the built-up district in the general city plan – it occupies prime position within the main centre of the South-Western District of Moscow – and also given the huge significance of the biggest structure in the capital, Moscow State University, the General Plan has been drawn up in such a way as to provide the planning basis for the whole complex of university buildings which are linked by the design in terms of volume and spatial to form a coherent architectural ensemble blending organically into the city's built environment."

Proceeding from these considerations, the ensemble of Moscow State University was relocated 800 metres from the edge of the hill. The high-rise part of the new complex definitively consolidated the role of the Lenin Hills as an important urban development hub. It must be borne in mind that high-rise construction in the capital had only just started and that it fell to Chernyshev to determine some of the basic principles for the development and establishment of this new type of building in Moscow.

ориентирами, связывающими пространственное строение города». Размещенное почти на двухсотметровой отметке над уровнем моря, здание МГУ, высотой в 240 метров, соответствовало этой идее как нельзя лучше. Вплоть до сооружения в Чапаевском переулке в начале двухтысячных жилого комплекса «Триумф-палас», Главное здание университета оставалось в Москве самым высоким зданием административно-хозяйственного назначения, а с учетом особенностей его расположения — одной из бесспорных высотных доминант архитектурного силуэта столицы.

Относительно плана здания и участия Чернышева в его разработке архитектор Михаил Григорьевич Бархин выразился предельно емко: «План МГУ, конечно, делал Чернышев, так как он очень много работал над планами и придавал этому очень большое значение, а все остальные авторы делали архитектурно-художественную сторону». Возможно, Бархин и преувеличивает, но то, что Сергей Егорович принимал самое непосредственное участие в разработке планов здания, очевидно — Чернышев обладал потрясающей способностью с удивительной простотой и логикой компоновать планировочные решения любого размера и назначения.

Нельзя сказать, чтобы все архитектурные решения МГУ были близки Чернышеву. Единственный москвич в коллективе, он органически не переносил нарочитость архитектуры, переизбыток сложных деталей. Художественный стиль Руднева был ему чужд, однако чувство такта и умение находить общий язык даже с самыми сложными собеседниками позволили избежать прямых столкновений.

Впрочем, по свидетельству С. П. Кудрявцева, «он никогда не отзывался плохо о своих коллегах. Или уважительно, или с аргументированной, не унижающей, но и не излишне возвышающей профессиональной оценкой. Помню, однажды утром он развернул газету и увидел некролог о смерти Л. В. Руднева. Сильно огорчившись, он произнес: ‹Талантливый архитектор, очень жаль ...› и надолго замолчал».

На долгие годы Главное здание МГУ станет признанным символом Новой Москвы, легендой так называемой сталинской архитектуры, мощного и до конца не исследованного художественного направления, отголосками звучащего на огромном пространстве от Хельсинки до Пхеньяна,

Chernyshev writes: "With the construction of high-rise buildings, Soviet urban development has made a decisive move away from the creation of individual local ensembles in order to create a spatial ensemble of the entire city. Located at the highest points and offering broad vistas, the skyscrapers will soar above the city, crowning and enriching its silhouette, becoming major reference points which serve to bind together the city's spatial construction."

Situated almost 200 metres above sea level, the 240 metre tall building of Moscow University complied perfectly with this idea. Before the Triumph Palace residential complex was built in Chapayevsky Pereulok in the early 2000s, the main University Building in Moscow remained the tallest administrative structure and – considering its location – one of the indisputable dominant features of the capital's skyline. The plan of the building and Chernyshev's participation in its development was aptly described by the architect Mikhail Grigoryevich Barkhin: "The plan of Moscow State University was of course produced by Chernyshev since he worked a great deal on the plans and attached great significance to them, while all the other architects attended to the architectural and artistic aspects." Perhaps Barkhin is exaggerating slightly – the fact that Sergey Chernyshev took a very active role in the formation of the building's plans is obvious: Chernyshev had a remarkable flair for combining planning concepts of any size with those which displayed remarkable simplicity and logic.

It would be incorrect to say that Chernyshev was satisfied with all the architectural designs of Moscow State University. The only Muscovite in the team, he was allergic to embellishments and excessively complicated features. Therefore, he could not identify with Rudnev's artistic idiom, but his tact and ability to find a common ground with even the most difficult interlocutors enabled him to avoid a direct confrontation. However, as S. Kudryavtsev attests, "he never spoke ill of his colleagues. Either with respect or with well-argued but neither humiliating nor excessively praising professional assessment. I recall opening a newspaper one morning and reading an obituary on Lew Rudnev. Chernyshev was greatly saddened and sad: "A talented architect, how sad ..." And he was silent for a long time. For many years, the main building of Moscow State University was a recognised symbol of New Moscow.

от Восточной Европы до стран Дальнего Востока. Не только в «государствах победившего социализма», но и в странах, хотя бы временно сближавшихся в международной политике с СССР, появлялись образцы этого архитектурного направления. Этот стиль станет узнаваемым, а главное — привлекательным лицом социализма, в отличие от функциональной и типовой индустриальной архитектуры следующих десятилетий.

С римских времен империя заполняла пространства архитектурой. В пустынях Сирии и Иордании до сих пор заносит песком римские форумы и амфитеатры, в горах Абхазии и на просторах России звучат отголоски архитектурного мастерства Византии, улицы Испании сохраняют остатки сооружений Арабского халифата.

Опорными точками рухнувшего социализма по всей Восточной Европе стоят монументальные здания, облицованные серым и коричневым камнем, разбегаются от центров разрушенных в годы войны столиц широкие магистрали, тянутся по кварталам жилой застройки широкие клинья зеленых массивов. Пусть мир отверг от себя лицо социализма — но основные черты этого лица без труда читаются на физиономиях современной Европы и современной России. И в этом, вне всяких сомнений, огромная заслуга и неоценимый вклад мастера Новой Москвы, Сергея Егоровича Чернышева.

It consitutes a legend of "Stalinist architecture", a powerful artistic trend which has not been fully researched, whose echoes continue in the vast spaces from Helsinki to Pyongyang, from Eastern Europe to Far Eastern states. Buildings of this kind appeared not only in "the states of victorious socialism", but in all the countries that were ever, albeit if temporarily, close to the USSR in international politics. This style would become the recognisable and, most importantly, appealing face of socialism, in contrast with the functional standard industrial architecture in the decades that followed.

Since the Roman times, empires have been filling space with architecture. In the deserts of Syria and Jordan, Roman forums and amphitheatres are still buried in the sands. It is possible to find echoes of Byzantine architectural craftsmanship in the mountains of Abkhazia and amid the vast plains of Russia. Remains of buildings which can be traced back to the Arab Khalifate are to be found in the streets of Spain. The monumental buildings covered in grey and brown masonry stand like reminders of collapsed socialism all over Eastern Europe. Wide thoroughfares, which were destroyed during the war, fan out from the centres. Broad swathes of greenery stretch across residential estates. The world may have rejected the face of socialism, but the main features of this face are easily discernible in the physiognomies of modern Europe and modern Russia. Sergey Chernyshev, the master of New Moscow, is undoubtedly credited with and has made a priceless contribution to all this.

С. Е. Чернышев за работой дома.
1947 г. Из семейного архива

S. Chernyshev working at home.
1947. From family archives.

С. Е. Чернышев, В. В. Бабуров,
Б. М. Иофан на осмотре
стройплощадки.
Сталинград. 1953 г.
Из семейного архива

S. Chernyshev, V. Baburov, and
B. Iofan at the inspection
of a building site. Stalingrad.
1953. From family archives.

А. В. Власов и С. Е. Чернышев в Берлине. 1951 г. Из семейного архива

A. Vlasov and S. Chernyshev in Berlin. 1951. From family archives.

Эскизы ансамбля застройки основных магистралей восстановленного Днепропетровска.
Развертки основных улиц. 1940–1950-е гг.
Из собрания Музея МАРХИ

Design sketches of the ensemble development of the main thoroughfares for rebuilding Dnepropetrovsk (after the war).
Presentation of the main streets. 1940–1950s.
Collection of the MARKhI Museum.

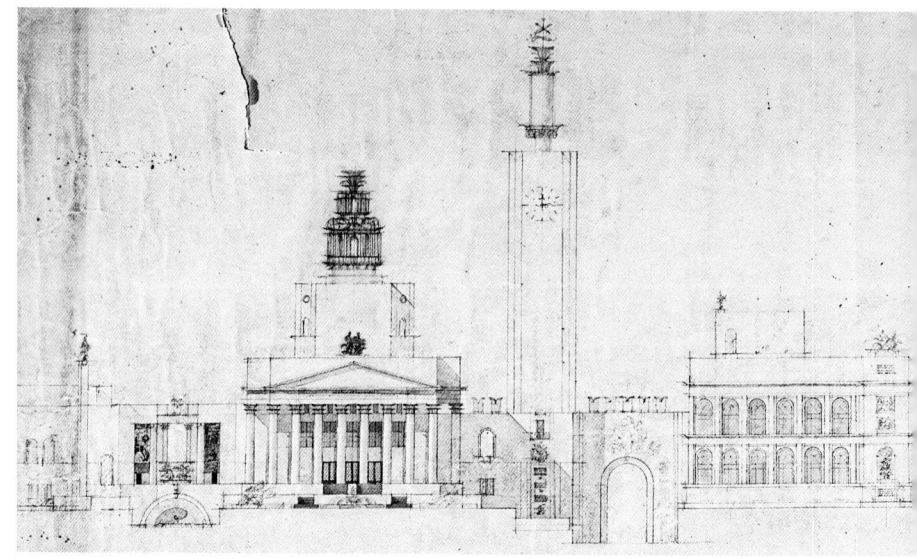

Эскизы для Днепропетровска. Ансамбль центральной площади. 1940–1950-е гг. Из собрания Музея МАРХИ

Sketches of Dnepropetrovsk. Main square ensemble.
1940–1950s. Collection of the MARKhI Museum.

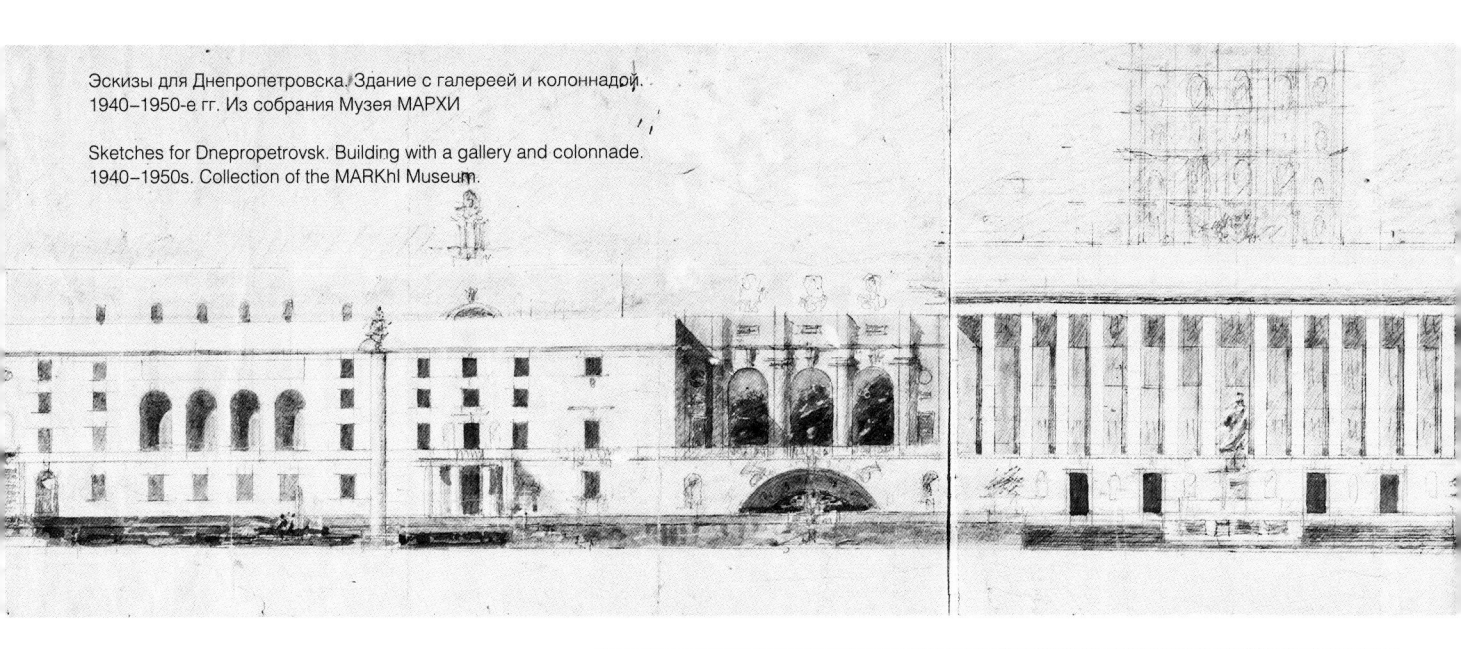

Эскизы для Днепропетровска. Здание с галереей и колоннадой.
1940–1950-е гг. Из собрания Музея МАРХИ

Sketches for Dnepropetrovsk. Building with a gallery and colonnade.
1940–1950s. Collection of the MARKhI Museum.

Эскизы для Днепропетровска.
Оформление въездных ворот во двор.
1940–1950-е гг. Из собрания Музея МАРХИ

Sketches of Dnepropetrovsk.
Design of courtyard entry gates. 1940–1950s.
Collection of the MARKhI Museum.

Панорама аллеи Карла Маркса
(Karl-Marx-Allee, бывшая Шталиналлее)
в Берлине. Фото середины 1950-х гг.

View of Karl-Marx-Allee, Berlin.
Photograph from the mid-1950s.

А. В. Власов и С. Е. Чернышев
в Берлине. 1951 г.
Из семейного архива

V. Vlasov and S. Chernyshev in Berlin. 1951.
From family archives.

Панорама Берлина. Вид на аллею Карла Маркса.
Фото 1970-х гг.

View of Karl-Marx-Allee, Berlin.
Photograph from the 1970s.

Панорама Берлина. Вид на аллею Карла Маркса.
Современный вид

View of Karl-Marx-Allee, Berlin.
Present-day view.

Фото послевоенной
Варшавы. 1947 г.

Photograph of post-war
Warsaw. 1947.

В. В. Бабуров, С. Е. Чернышев с польскими коллегами. Варшава. 1951 г. Из семейного архива

V. Baburov and S. Chernyshev with Polish colleagues. Warsaw. 1951. From family archives.

Строящееся здание Университета
на Ленинских горах. 1951 г. Архивное фото

University building on Lenin Hills under construction.
1951. Archival photograph.

Генеральный план Главного здания Московского
государственного университета на Ленинских горах.
Архитекторы Л. Руднев, С. Чернышев, П. Абросимов,
А. Хряков, В. Насонов. 1948 г. Из семейного архива

General plan of the main building of Moscow State
University on Lenin Hills. Architects: L. Rudnev,
S. Chernyshev, P. Abrosimov, A. Khryakov, and
V. Nasonov. 1948. From family archives.

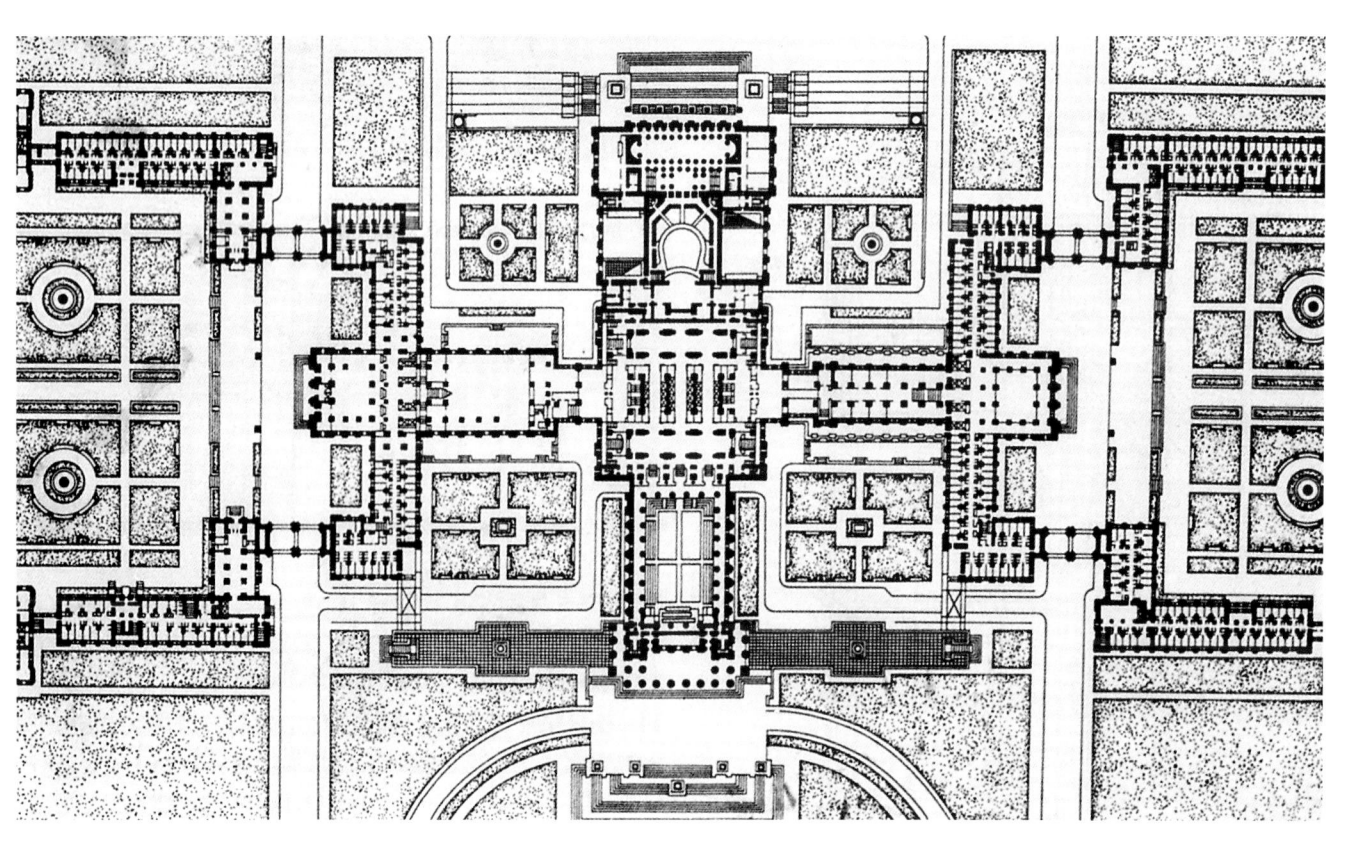

Вид на Главное здание Московского
государственного университета на Ленинских горах.
1955 г. Из семейного архива

View of the main building of Moscow State University on
Lenin Hills. 1955. From family archives.

С. Е. Чернышев и П. В. Абросимов — лауреаты Сталинской премии
1-й степени за проект 26-этажного здания Московского государственного
университета на Ленинских горах. Публикация в газете «Правда»
от 17 апреля 1949 г. Из семейного архива

S. Chernyshev and P. Abrosimov received the Stalin Prize (first category) for
their design of the twenty-six-storey building of the Moscow State University
on Lenin Hills. Publication in the newspaper *Pravda* (January 17, 1949).
From family archives.

Генеральный план территории Университета
на Ленинских горах, набережных Москвы-реки,
Лужников и части Парка им. Горького.
1950-е гг. Из семейного архива

General plan of the University premises on Lenin Hills and
the Moskva River embankments, Luzhniki, and parts of
Gorky Park. 1950s. From family archives.

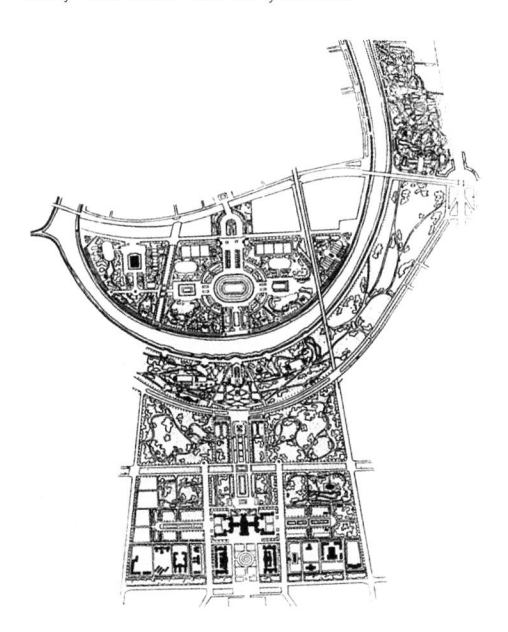

Здание Московского государственного университета
на Ленинских (Воробьёвых) горах. Современный вид

Moscow State University, main building on Lenin Hills
(Sparrow Hills). Present-day view.

← Институт геохимии и аналитической химии им. Вернадского. Ул. Косыгина, Москва. Фрагмент фасада. Архитектор С. Е. Чернышев, скульптор С. Т. Коненков. 1955 г. Современный вид

Vernadsky Institute of Geochemistry and Analytical Chemistry. Kosygin Street, Moscow. A section of the facade. Architect: S. Chernyshev, sculptor: S. Konenkov. 1955. Present-day view.

→ Институт им. Вернадского. Главный корпус. Современный вид

Vernadsky Institute. Main Wing. Present-day view.

→ Институт им. Вернадского. Декор фасада и въездные ворота во двор. Современный вид

Vernadsky Institute. Facade embellishments and courtyard entry gates. Present-day view.

Реконструкция здания Института геохимии и аналитической химии им. Вернадского.
Ул. Косыгина, Москва. Архитектор С. Е. Чернышев, скульптор С. Т. Коненков. 1955 г. Современный вид

Reconstruction of the Vernadsky Geochemistry and Analytical Chemistry building.
Kosygin Street, Moscow. Architect: S. Chernyshev, sculptor: S. Konenkov. 1955. Present-day view.

↑ Проект Московского автодорожного института (МАДИ). Вариант главного фасада. Ленинградский проспект, д. 64, Москва. Архитекторы С. Е. Чернышев, А. М. Алхазов. Середина 1940-х гг.
Из семейного архива

Design of the Moscow Automobile and Roadways Institute. One version of the main facade. 64 Leningradsky Avenue, Moscow. Architects: S. Chernyshev and A. M. Alkhazov. 1940s. From family archives.

→ Проект Московского автодорожного института (МАДИ). Фрагмент главного фасада. Середина 1940-х гг.
Из семейного архива

Design of the Moscow Automobile and Roadways Institute. Section of the main facade. 1940s. From family archives.

← С. Е. Чернышов и А. М. Алхазов на строительстве МАДИ. Середина 1950-х гг. Из семейного архива

S. Chernyshev and A. Alkhazov at the construction of the Moscow Automobile and Roadways Institute. 1950s. From family archives.

Московский автодорожный институт (МАДИ).
Главное здание. Архитекторы С. Е. Чернышев,
А. М. Алхазов, И. Оршанский, при участии
А. Е. Зильберга. Фото конца 1950-х гг.
Собрание Музея архитектуры им. А. В. Щусева.

Moscow Automobile and Roadways Institute.
Main building. Architects: S. Chernyshev, M. Alkhazov,
I. Orshansky, with assistance from A. Zilberg.
Photograph from the late 1950s.
Collection of the Shchusev Museum of Architecture.

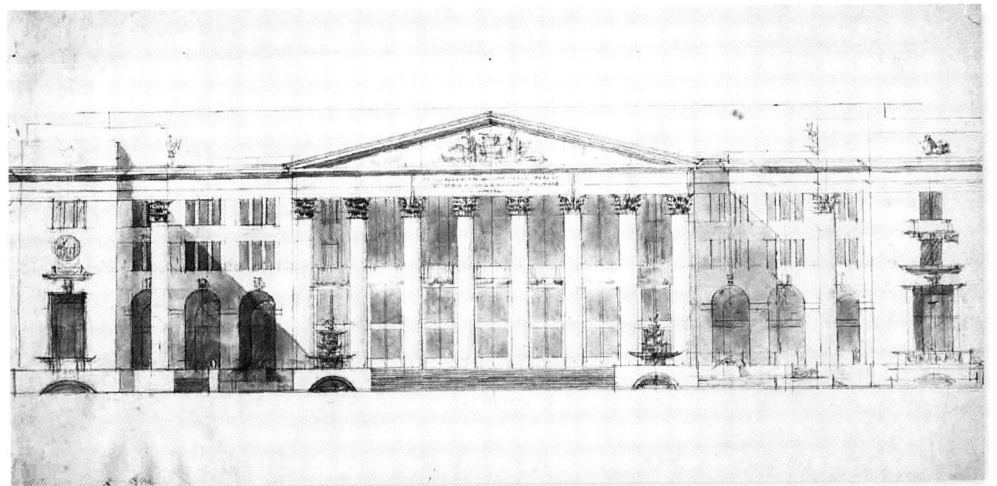

Проект Московского
автодорожного института (МАДИ).
Фрагмент главного фасада.
Начало 1950-х гг.
Из собрания Музея МАРХИ

Design of the Moscow Automobile
and Roadways Institute.
Section of the main facade.
Beginning of the 1950s.
Collection of the MARKhI Museum.

Московский автомобильный институт (МАДИ). Главное здание. Ленинградский проспект, д. 64, Москва. Архитекторы
С. Е. Чернышев, А. М. Алхазов, И. Оршанский, при участии А. Е. Зильберга. Современный вид

Moscow Automobile and Roadways Institute. Main building. 64 Leningradsky Avenue, Moscow. Architects: S. Chernyshev, M. Alkhazov, I. Orshansky, with assistance from A. Zilberg. Present-day view.

Московский автомобильный институт (МАДИ). Двор перед главным входом. Современный вид

Moscow Automobile and Roadways Institute. Courtyard in front of the main entrance. Present-day view.

↑ Н. Я. Колли, С. Е. Чернышев и О. Нимейер.
Москва. 1954 г. Из семейного архива

N. Kolli, S. Chernyshev and Oscar Niemeyer.
Moscow. 1954. From family archives.

← Московский автодорожный институт (МАДИ).
Боковой ризалит с колоннадой. Современный вид

Moscow Automobile and Roadways Institute.
Side risalit with colonnade. Present-day view

↑ Московский автодорожный институт (МАДИ).
Капители на боковом ризалите. Современный вид

Moscow Automobile and Roadways Institute.
Capitols on the side risalite. Present-day view.

← Московский автодорожный институт (МАДИ).
Панорама вдоль Ленинградского проспекта.
Современный вид

Moscow Automobile and Roadways Institute.
Panorama along Leningradsky Avenue.
Present-day view.

# Заключение

Трудно поспорить с тем очевидным фактом, что первая половина XX века стала эпохой глобальных свершений и перемен. Кровавый пролог англо-бурской войны 1899–1902 годов определил характер и направление, пожалуй, самого бурного из столетий во всей истории человечества. Двадцатый век сметал с лица планеты веками существовавшие империи и создавал новые, столь же стремительно исчезающие. Триумф технологий определил не только масштабы и способы созидания, но и невиданные прежде объемы уничтожения. Человечество строило сооружения, превосходящие все семь чудес света, научилось летать по воздуху и плавать под водой, изменять ландшафты и поворачивать реки, но одновременно и обрело возможность уже не тысячами — миллионами уничтожать себе подобных.

Первая мировая война сокрушила старый мир. Атомный взрыв в конце Второй мировой поставил точку в истории цивилизации старой Европы. Монархии стали анахронизмом, экономика обрела глобальный характер — взгляду из двадцать первого века со всей очевидностью открывается четкость разлома двадцатого века на две половины, где первая, довоенная, по большей части принадлежит классическому прошлому, где в Лигу наций приходят в высоких цилиндрах и апеллируют к возвышенному историческому наследию предков, будь то одноименный проект «Аненербе» Третьего рейха, «квадратный Колизей»

# Conclusion

One can hardly dispute the fact that the first half of the twentieth century was an era of global transformation and change. The bloody prologue of the Anglo-Boer war between 1899 and 1902 set the character and direction of what is arguably the stormiest century in human history. The twentieth century swept empires – which had existed for centuries – off the face of the planet and created new empires in their place, which vanished just as rapidly. The triumph of technology determined not only the scale and methods of creation, but also the unprecedented scale of destruction. Mankind built structures which surpassed the seven wonders of the world, learnt how to fly and swim underwater, change landscapes and reverse the flow of rivers, but at the same time to destroy its own kind by the million rather than by the thousand.

The First World War destroyed the old world. Atomic bombs dropped at the end of the Second World War meant the period of the civilisation of Old Europe was confined to history. Monarchies became an anachronism, the economy became global: from a twenty-first century perspective, it is clear to see that the twentieth century falls into two halves. The first half, which takes place prior to the war, belongs largely to the classical past where members of the League of Nations wore top hats and invoked the noble historical heritage of their ancestors, be it the Ahnenerbe project of the Third Reich, Mussolini's square-shaped Colosseum or the gilded Tsarist shoulder straps

Муссолини или золото царских погон на плечах вчерашних комдивов Красной Армии рабочих и крестьян, превратившихся в одночасье в, страшно сказать, офицеров армии государственной. Во второй половине XX века мир перестанет оглядываться назад. Выйдя в пространство космоса, освоив ядерную энергию и микропроцессоры, человечество постепенно оставит в прошлом все те традиционные ценности, нормы и догмы, которые казались незыблемыми постулатами бытия в начале столетия.

Мир искусства и творчества, пожалуй, не переживал более драматического периода. Поэты отказывались от слов, заменяя их звукоподражаниями, живописцы — от образа, а музыканты — от нот, мелодии и гармонизма. Архитектура не стала никоим образом исключением из общих тенденций, и здесь развернулась подлинная борьба течений и взглядов, особенно остро сталкивавшихся в идеологизированных условиях новых режимов. Фашистская Италия, Третий рейх, Союз Советских Социалистических Республик — все эти странные государственные образования двадцатого века, претендующие на статус империй, начинали как государства революционеров. До конца своих дней считал себя революционером Муссолини, о ценностях революции любил рассуждать Гитлер, а уж о революционном рвении основателей СССР не стоит и говорить. Однако общим знаменателем некогда революционных диктатур стала империя, и если древняя Римская республика трансформировалась в империю десятилетиями, новые диктаторы превращались из Цезаря в Октавиана за пару лет.

Искусство менялось вместе с идеологическими установками. Уже в двадцать втором году Ленин оставит свои знаменитые «Вздор!», «Ха-ха!» и «Вот каша-то!» на полях программной статьи Валериана Плетнева «На идеологическом фронте», проповедующей ценности Пролеткульта и нового искусства.

Если вспомнить слова Дантона, что «революция пожирает своих детей», то представители новых искусств были проглочены диктатурами стремительно, и, как казалось, совсем без остатка.

Германия избавилась от Баухауза и «дегенеративной культуры», а СССР, в точности следуя заветам Ильича «сечь за футуризм», нашел-таки «надежных анти-футуристов»

worn by yesterday's Red Army commanders, workers and peasants who became overnight officers of the state army. In the second half of the twentieth century, the world ceased looking back. Having conquered outer space, harnessed nuclear energy and invented microprocessors, humanity gradually abandoned all of its traditional values, norms and dogmas – which had seemed inviolable as late as the beginning of the century – to the past.

The world of art and creativity has arguably never experienced such a dramatic period. Poets renounced words – replacing these with onomatopoeia, painters renounced the image and musicians renounced notes, melody and harmony. Architecture was by no means an exception to this widespread trend. It became a battleground for currents and views which had dramatic consequences under new regimes driven by ideology. Peculiar state entities in the twentieth century which claim the status of empires, such as fascist Italy, the Third Reich and the Union of Soviet Socialist Republics, began as state revolutionaries. Mussolini considered himself a revolutionary until his dying days, whereas Hitler liked to talk about revolutionary values – there is no need to discuss the revolutionary zeal of the founders of the USSR. However, the common denominator among these formerly revolutionary dictatorships became the empire. Although it took the ancient Roman republic decades to transform itself into an empire, these new dictators made the transformation from a Caesar into an Octavian within a couple of years.

Art was also changing in accordance with ideological principles. As early as 1921, Lenin would famously write "rubbish", "ha-ha" and "what a mess" in the margins of Valerian Pletnev's flagship article "On the Ideological Front," in which he preached the values of Proletkult and new art. If the reader recalls Danton's words – to the effect that "the revolution devours its children" – then it may be argued that the representatives of the new arts were rapidly and entirely devoured by dictatorships. Germany abolished the *Bauhaus* and "degenerative culture", whereas the USSR, scrupulously following Lenin's behest to "whip people for Futurism", proceeded to find "reliable anti-Futurists" in loyal socialist writers, composers, artists and architects propagating the stagnant and static form of imperial Socialist Realism.

в лице проверенных социалистических писателей, композиторов, художников и архитекторов, пропагандирующих застывшую и статичную форму имперского соцреализма.

Примерно так выглядят художественные процессы двадцатого века в привычной трактовке современных искусствоведов. Если свести все к черно-белой трактовке советского телеэкрана, то подобная версия имеет право на существование. Однако именно творческое наследие Чернышева, этапы его творчества и выполненные им работы заставляют пересмотреть привычную схему. «Сталинская архитектура» против «конструктивистов», «излишества» против «рациональности» — минусы и плюсы исследователи расставляют в весьма произвольном порядке, в зависимости от собственных идеологических воззрений. Соблазн обвинить убежденных авангардистов 1920-х годов, ставших впоследствии не менее убежденными сталинскими неоклассиками, в «прогибании» и «пресмыкательстве» перед режимом овладевает сегодня некоторыми историками архитектуры, однако, по трезвому размышлению, это весьма упрощенный и схематичный подход. Здравый смысл, полезность и красота в привычном понимании ее человеком — наверное, эти три критерия можно считать основными в работе Сергея Егоровича Чернышева. В ряду архитекторов своего времени он занимает непривычное, но принадлежащее только ему одному по праву, место. Это место глобального проектировщика, предлагающего принципиальные решения и подходы в масштабах, с которыми ни одному архитектору мира не приходилось работать в реальных условиях.

Генеральный план реконструкции Москвы 1935 года был проектом, которому ни по масштабам преобразований, ни по объему проектируемых работ, ни по уровню принципиально новых решений не было аналогов в мировой истории. Четыре транспортных системы — автомобильная, железнодорожная, водная и подземная, невероятные объемы коммуникаций, жилые кварталы и промышленные районы — все это требовало выверенной системы связей и внутренней логики.

Если вспомнить о радикальных подходах к Генплану Ле Корбюзье или Эрнста Мая, идея отказа от старого города и постройки нового в том или ином виде выглядит вполне обоснованной с экономической и идеологической точки зрения. Поэтому именно Чернышеву Москва, да и многие

This is a rough picture of artistic processes in the twentieth century, as habitually interpreted by modern art scholars. Based on the black-and-white interpretation of Soviet television, this version may seem credible. However, the creative legacy of Chernyshev – including the stages of his work and his creations – compels a rethinking of this recognised pattern: "Stalinist architecture" versus "the Constructivists" and "excesses" versus "rationality". Scholars award pluses and minuses very arbitrarily, depending on their own ideological views. The temptation to accuse convinced avant-garde artists in the 1920s of "caving in" or "kow-towing" to the regime is a characteristic trait of many contemporary historians of architecture. However, on closer inspection this is a simplistic and schematic approach. Common sense, effectiveness and aesthetics as habitually understood are the three main criteria that formed the basis of Sergey Chernyshev's work. Among the architects of his time, he occupies a special place in a league of his own and deservedly so: the place of a global designer who makes critical descisions and adopts approaches on a scale no architect in the world had ever implemented.

The General Plan of the Reconstruction of Moscow of 1935 was an unprecendented project in global history in terms of the scale of transformation it entailed, the amount of work involved and the standard of pioneering new designs. Four transport systems – road, rail, waterway and underground – as well as staggering volumes of communications, residential quarters and industrial areas demanded a clear communications system and inner logic. If the radical strategies for the General Plan of Le Corbusier or Ernst May are recalled, then the idea of renouncing the old city and building a new one in this or that form seems perfectly reasonable from an economic and ideological perspective. Therefore, Moscow and many other cities in Russia and Europe owe the preservation of their traditional appearances, historical centres and ancient streets to Chernyshev. The greenery of what is now "Old Moscow" near Lenin Hills and Neskuchny Garden, as well as the wooded parks situated in the outskirt districts, can also be attributed to Sergey Chernyshev. Familiar wide thoroughfares – such as Prospekt Mira, Leninsky and Komsomolsky avenues – and the cosy bystreets of Khamovniki, as well as the idyllic view of the Novodevichy Monastery reflect his basic approach to urban

другие города России и Европы обязаны сохранением своего традиционного облика, исторического центра и старинных улиц. Зеленые массивы теперь уже старой Москвы в районе Ленинских гор, Нескучного сада, лесопарковых зон отдаленных районов — это тоже авторский вклад Сергея Егоровича.

Привычные перспективы широких магистралей Ленинского, Комсомольского и проспекта Мира, уютные переулки Хамовников и идиллическая панорама Новодевичьего монастыря предусмотрены им на уровне принципиального подхода к градостроению. «Сберечь и раскрыть», а не «уничтожить и выстроить заново» — очень хочется именно так сформулировать его идею на уровне лозунга.

Однако в реальности архитектура Москвы Чернышева — это своего рода золотая середина между слепым охранительным консерватизмом, готовым идти на любые уступки во имя памяти прошлого, и безоглядным новаторством авангарда, готовым отряхнуть историческое наследие, «как прах». Можно много говорить об уничтоженных в ходе сталинской реконструкции памятниках архитектуры — но лучше представить, как сложно было отстаивать то, что удалось сохранить. Чем бы ни объяснялись смелые эксперименты Генделя по переносу зданий на Тверской — но эти здания перенесли, а не перестроили, как это нередко случается в наши дни. Бесспорной трагедией можно считать то обстоятельство, что в тридцатые годы Москва утратила высотную и архитектурную доминанту храма Христа Спасителя, однако, какое счастье, что ей не стал и Дворец Советов. Представим себе Москву, действительно ограниченную пятимиллионными рамками населения, Москву, окруженную зеленым массивом Паркового кольца на уровне современного третьего, где Тимирязевский парк переходит в Останкинский, Останкинский — в Сокольники, Сокольники — в Измайловский парк и так далее, причем до городского центра от этих парков ведут непрерывные клинья парковых зон. Силуэт этой Москвы не обезображен хаотичной высотной застройкой, дома ее кварталов отделены друг от друга зелеными скверами. В этом городе нет спальных районов, характерных для наших дней, нет индустриальных гигантов «брежневского» Генплана. Наверное, этот город не в полной мере соответствует современным стандартам функционализма и рациональности, в нем мало

development: "to preserve and develop" rather than "to destroy and build anew". These phrases arguably formulate his concept.

However, in reality Chernyshev's architecture in Moscow is a kind of golden mean between unthinking conservatism – which is willing to make any concessions in order to preserve the memory of the past – and the heedless innovations of the avant-garde, prepared to shake off the historical heritage "like dust". One can talk at length about the architectural monuments destroyed during the Stalinist reconstruction, but it makes much more sense to consider how difficult it was to protect buildings which had been preserved. Whatever the motives of Gendel's bold experiments in moving buildings on Tverskaya Street, these buildings were at least moved and not rebuilt, as is often the case today. It should be lamented that Moscow lost the towering architectural landmark of Christ the Savior Cathedral in the 1930s, but also considered extraordinary good luck that the Palace of Soviets was not built in its place.

Let the reader picture a Moscow with its population limited to five million, encircled by the "park ring" where the third ring road is currently situated, where Timiryazevsky Park merges into Ostankinsky, Ostankinsky into Sokolniki and Sokolniki into Izmaylovsky Park and so on. Numerous park wedges lead into the city centre. The skyline of this Moscow is not disfigured by chaotic high-rise buildings. Rather, its residential neighbourhoods are separated from each other by green squares. This city is devoid of "sleeping towns" – characteristic of nowadays – and industrial giants built under "Brezhnev's" general plan. Perhaps this city does not quite match the modern standards of functionalism and rationality, since it has few gaunt concrete cubes and parallelepipeds. Nor does it suffer from an excess of porticos, columns, pilasters and bas-reliefs (the reader should cast their mind to Chernyshev's upset when his straight columns of the main entrance of the MADI Institute were replaced with entasis ones). This was the kind of Moscow Chernyshev wanted to see and might even have done so. However, Moscow never became this and never will for a number of reasons, chief of which is the dizzying pace of historical change.

Stalin died in 1953, with the wheel of history seeming to roll back in 1956. The forgotten ideology of world revolution was resurrected and returned to the agenda. At the same time,

голых бетонных кубов и параллелепипедов, но в нем нет и пафосного излишества портиков и колонн, пилястров и барельефов. (Вспомним, кстати, как переживал Чернышев, когда задуманные им прямые колонны портала МАДИ сменились энтазисными.) Такой должна была и могла бы стать Москва Чернышева — такой она не стала и не станет уже никогда по целому ряду причин, главная из которых — стремительное изменение исторических реалий.

В 1953 году умер Сталин, в 1956 году колесо истории, кажется, вновь повернулось вспять. Забытая идеология мировой революции вновь возвращается на повестку дня и реабилитируется вместе с ее носителями — идеология масс, реформизма и нового мира. На площадях поэты читают стихи в ритмике Маяковского, а только было оправившиеся после коллективизации крестьяне лишаются личных хозяйств, героические офицеры Великой Отечественной превращаются в полицейских карателей, разгоняющих митинги в Грузии и Будапеште, а наметившаяся оттепель в отношениях Церкви и государства сменяется жесткой антирелигиозной кампанией, сопоставимой по масштабам с гонениями на Церковь первых большевиков.

Обобщая суть перемен, стремительно разворачивающихся на пространстве СССР под общим названием «хрущевские реформы», можно смело сказать о реванше революционной идеологии 1920-х годов, почти утраченной в послевоенный период. Это отчетливо сформулировано в тексте постановления переворотного XX съезда: «Заслушав доклад тов. Хрущева Н. С. о культе личности и его последствиях, XX съезд Коммунистической партии Советского Союза … поручает ЦК КПСС последовательно осуществлять мероприятия, обеспечивающие полное преодоление чуждого марксизму-ленинизму культа личности, ликвидацию его последствий во всех областях партийной, государственной и идеологической работы …»

Декларируемый «возврат к ленинским нормам» и борьба за «чистоту идеалов марксизма-ленинизма» самым непосредственным образом наложатся на другой, чуть ранее принятый документ — знаменитое Постановление Центрального Комитета КПСС и Совета Министров СССР № 1871 «Об устранении излишеств в проектировании и строительстве». Сочетание «борьбы с излишествами» и «возврат к чистоте

the ideologues of the masses, reformism and the new world were revived. Poets in squares recited verses by imitating Mayakovsky whereas peasants, still reeling from the effects of collectivisation, were deprived of their private plots of land. Heroic officers of the Great Patriotic War turned into punitive members of the police, dispersing rallies in Georgia and Budapest, while the thaw in relations between Church and State was replaced with a vicious anti-religious campaign which is comparable in scale to the hounding of the church by the early Bolsheviks.

The essence of this shift unfolding in the USSR was captured by the blanket title of "Khrushchev reforms". It is safe to describe these as a resurgence of the revolutionary ideology of the 1920s, which was almost lost in the post-war period. This was precisely stated in the text of the decree at the landmark Twentieth Congress of the Communist Party: "Having heard the report by comrade Khrushchev on the cult of personality and its consequences, the Twentieth Congress of the Communist Party of the Soviet Union … hereby instructs the Central Committee of the CPSU to consistently implement measures to ensure the overcoming of the cult of personality that is alien to Marxism-Leninism, the liquidation of its consequences in all areas of party, state and ideological work …"

The proclaimed "return to Leninist norms" and the crusade for the "purity of Marxist-Leninist ideals" corresponded to an earlier document, the famous decree by the Central Committee of the CPSU and the Council of Ministers of the USSR, No. 1871 "On Eliminating Excesses in Design and Construction." A combination of the "struggle against excesses in architecture" and a "return to the pure ideals" in practice amounted to a decimation of all architectural ideas and achievements of the period between the early 30s and the late 1950s, known today as "Stalinist architecture". Monumental Neoclassicism, evolving from the traditional school of Russian architecture, was obstructed under the pretext of "budget savings" and the conflict between the industrial and artistic approach to construction – which Sergey Chernyshev encountered in Magnitogorsk – was to be elevated to the state level. "The wrong direction" or "the wrong direction in architecture" – even the vocabulary of the decree was very close to the language and actions of Khrushchev, who described his opponents as "drosophila" and tried to drive away aggressive American

идеалов» обернется буквальным погромом всех тех архитектурных идей и достижений, которые успели сформироваться с начала 1930-х и до конца 1950-х годов и известны сегодня под условным определением «сталинская архитектура».

Монументальный неоклассицизм, эволюционирующий из традиционной школы русской архитектуры, подвергнется настоящей обструкции под предлогом необходимости «экономии бюджетных средств», и конфликт индустриального и художественного подходов к строительству, с которым Сергей Егорович в свое время столкнулся в Магнитогорске, выйдет на государственный уровень.

«Ошибочная направленность», «неправильное направление в архитектуре» — сама лексика постановления будет вполне соответствовать языку и образу действий самого Хрущева, обзывающего оппонентов «дрозофилами» и кидающегося в своих зарубежных вояжах початками кукурузы в надоедливых американских журналистов. По воспоминаниям академика С. О. Хан-Магомедова, злосчастному постановлению предшествовала пространная речь Никиты Сергеевича на совещании строителей 7 декабря 1954 г. «Я слышал эту речь, находясь в зале заседаний Госстроя СССР (в Театральном проезде), куда транслировалось совещание строителей. Я хорошо помню, как после речи Хрущева мы большой группой шли к метро и обменивались впечатлениями. Все, что говорил Хрущев о развитии жилищного строительства, о внедрении крупных панелей, о снижении стоимости строительства, ни у кого не вызывало сомнений. А вот вмешательство власти в художественные проблемы формообразования в архитектуре и в стилистику у всех вызывало недоумение и неприятие. Я помню даже такие реплики: Дурак, куда он вмешивается.

Особенно возмутил всех Градов, который выступал до речи Хрущева, поддержавшего его. Градов прямо критиковал стилистику советской архитектуры. Он ненавидел ордерную классику и говорил: Когда я смотрю на Адмиралтейство, меня душит классовая ненависть. Кроме того, Градов предложил вместо Академии архитектуры создать Архитектурно-строительную академию». (Впоследствии Градов станет главным погромщиком традиционной архитектуры и получит из уст Чернышева характеристику «бесталанного карьериста».)

journalists by throwing ears of corn at them during foreign trips. Selim Khan-Magomedov recalls that before the notorious decree was issued, Nikita Khrushchev delivered a marathon speech at a meeting of builders on December 7, 1954.

"I heard that speech in the conference room of Gosstroy (on Teatralny Alley) where the Builders' Congress was televised. I remember how, after Khrushchev's speech a large group of us walked towards the metro station, exchanging our impressions. Everything Khrushchev said about the development of housing construction, the introduction of large prefabricated panels and cutting construction costs raised no objections. But the intervention of the government into artistic problems concerning the form and style of architecture caused consternation. I remember voices saying: 'The fool, why is he poking his nose in all this?'"

Gradov, who spoke before Khrushchev and supported him, created ripples of shock when he attacked the style of Soviet architecture. He despised Classicism and said: "When I look at the Admiralty, class hatred chokes me." Gradov proposed replacing the Architecture Academy with an Academy of Architecture and Construction. (Later, Gradov would lead the attack on traditional architecture and was described by Chernyshev as a "talentless career seeker"). The overall spirit of his speech was reflected in the text of the decree which proposed: "In order to avoid excesses and amateurishness, our architects and engineers must become the proponents of all that is new and progressive in architectural design and construction. Construction must be carried out according to the most economic standard designs, developed on the basis of achievements made by the Soviet and foreign building industry, as well as industrial production methods."

In other words, any individuality in construction was outlawed. Throughout the country, many buildings and their architects were publicly berated for not showing due respect to standard designs. Returning to the age-old temptation to present Khrushchev's architectural ideas as a kind of official return to Constructivism, it is true that he read aloud the definition of Constructivism from the *New Soviet Encyclopedia* in his speech to the Builders' Congress. As Khan-Magomedov recalls, he said something along the lines of, "What's wrong with that? I think everything is correct here."

Общий дух этой речи полностью отразился в тексте Постановления, прямо предписывающего: «Чтобы избежать излишеств и кустарщины, наши архитекторы и инженеры должны стать проводниками всего нового, прогрессивного в проектировании и строительстве. Строительство должно осуществляться по наиболее экономичным типовым проектам, разработанным с учетом лучших достижений отечественного и зарубежного строительства, на основе индустриальных методов производства».

Иными словами, любая индвидуальность в строительстве ставилась практически вне закона, а многочисленные постройки и их авторы по всей стране подвергались показательно-обличительной порке за недостаточную любовь к типовым проектам.

Вернемся к известному историческому соблазну представить архитектурную деятельность Хрущева как некий официальный возврат к конструктивизму. Действительно, в своей речи на съезде строителей он зачитывает определение конструктивизма из Большой советской энциклопедии, и, по воспоминаниям Хан-Магомедова, сказал что-то вроде «что же тут плохого, по-моему, тут все правильно». Однако печатная публикация этого выступления трансформирует слова генсека в прямо противоположную по смыслу формулировку: «Борьба с конструктивизмом должна проводиться разумными средствами».

Борьба с излишествами вовсе не означает официальной борьбы авангарда с классической архитектурой. Речь, к сожалению, шла об искоренении творческого подхода к промышленному строительству вообще, абсолютной унификации проектов, процессе, символом которого станет на долгие годы строение, метко названное в народе «хрущобой». Энтузиазм и рвение исполнителей на местах всегда отличали советскую номенклатуру. «Борьба с излишествами» приобретает настолько уродливые и гротескные формы, что с недостроенных зданий сбивают запроектированные колонны и лепнину, снимают облицовочную плитку и достраивают верхние этажи как бог на душу положит — лишь бы не обвинили в излишествах. Печальными образцами такого подхода стали целые кварталы. Например, в Челябинске жители любят шутить, что «постановление проходит по линии третьего этажа» — здесь ряд домов

However, the printed version of the speech twisted the General Secretary's words to mean the opposite: "The fight against Constructivism must be pursued by reasonable means." The fight against excesses does not signify an official fight of the avant-garde against classical architecture. Unfortunately, it was more concerned with eradicating the creative approach to industrial construction and in favour of a total unification of designs. For many years, the symbol of this process became the five-storeyed blocks of flats which were popularly known as "Khrushchoby" ("Khrushchev slums").

The enthusiasm and zeal of those who were entrusted with fulfilling party edicts have always been a feature of Soviet nomenklatura. "The fight against excesses" went to grotesque and ugly lengths: projected columns and moldings were knocked down, facing tiles were removed and upper storeys were built at random. This was all to avoid being accused of "excesses." Entire neighbourhoods are witness to this approach. For example, in Chelyabinsk residents like to joke that "the decree was issued at the level of the third floor" since the blocks of flats in Chelyabinsk seemed to be made of two different slabs. Similar to many Central Committee decrees concerned with "criticising" and "eradicating" various things, the text was structured in a manner that fuelled drama: first, outrageous examples of architectural excesses and embellishments were listed and condemned, followed by the apportionment of blame.

To develop an understanding of this epoch, it is worth quoting extensively from this document which is stunning in its arrogance and Vishynsky-style peremptory rhetoric: "The presence of major flaws and distortions in architecture is due in large measure to the fact that the former Architecture Academy of the USSR (President Mordvinov) oriented architects towards solving the external aspects of architecture, to the detriment of a convenient planning, its technical feasibility, construction costs and the operation of the building. This erroneous direction is reflected in the work of many architects and design organisations and contributed to the development of 'aesthetic archaism' in architecture… In many of its works, the Academy was the proponent of a one-sided, aesthetic interpretation of architecture, exaggerating and distorting the role of the classical heritage, as well as encouraging an uncritical attitude towards it."

составлен будто из двух разных кусков. В стиле всех «бичующих» и «искореняющих» постановлений ЦК, текст был построен с известным драматизмом — сначала перечислялись и порицались вопиющие примеры излишеств, потом назывались виновные. Чтобы понять дух эпохи, имеет смысл привести пространные выдержки из документа, поражающего своей безапелляционностью и прокурорской риторикой в стиле Вышинского: «Наличие крупных недостатков и извращений в архитектуре в значительной мере объясняется тем, что быв. Академия архитектуры СССР (президент т. Мордвинов) ориентировала архитекторов на решение главным образом внешних сторон архитектуры, в ущерб удобствам планировки, технической целесообразности, экономичности строительства и эксплуатации зданий. Эта ошибочная направленность нашла отражение в работе многих архитекторов и проектных организаций и способствовала развитию эстетских вкусов и архаизма в архитектуре … Во многих своих работах эта Академия была носителем одностороннего, эстетского понимания архитектуры, преувеличивала и искажала роль классического наследия, прививала некритическое отношение к нему».

Однако главные виновники назывались чуть ниже: «Большая ответственность за отрыв архитектуры от насущных задач строительства ложится на Союз советских архитекторов СССР, бывшие руководители которого (тт. Чернышев, Рзянин, Захаров) не поняли необходимости устранения излишеств в строительстве и под флагом борьбы с конструктивизмом содействовали распространению этих излишеств».

Стоит ли говорить о том, какое значение имела в годы «возврата к ленинским нормам» подобная характеристика? Вопрос, наверное, риторический.

Обиднее всего осознавать, что именно помпезность и гипертрофированный пафос послевоенной архитектуры вызывал крайнее внутреннее неприятие Чернышева, которое он никогда не считал необходимым скрывать. В борьбе с излишествами Сергей Егорович справедливо усматривал прежде всего борьбу с архитекторами, с поколением мастеров старой школы, носителями культуры и хранителями лучших традиций русского зодчества. Под ударами номенклатуры гибла не «сталинская архитектура», не лепнина

The main culprits were named below: "Much of the responsibility for the divorce of architecture from the urgent tasks of construction rests on the Union of Soviet Architects whose former leaders (comrades Chernyshev, Ryaznin, Zakharov) failed to understand the need to get rid of excesses in construction and, under the flag of fighting Constructivism, contributed to the spread of these excesses."

One need hardly mention the characteristics being implied during the years of the "return to Lenin's norms". The most depressing fact is the knowledge that it was the pomp and pathos of post-war architecture that Chernyshev resented most of all, an attitude he never bothered to conceal. Sergey Chernyshev rightly viewed the crusade against excesses as a crusade directed primarily against architects, the generation of old-school masters, custodians of culture and the best Russian architectural traditions. This public naming destroyed not only "Stalinist architecture", moldings on facades and marble lining but the very notion of architecture as an art or a form of creativity. The creative approach itself was consigned to the category of "thought crime" in Orwellian "newspeak".

The final period of Chernyshev's life and work can safely be described as sad, if not tragic. The administrative-communal steamroller of Soviet bureaucracy crushed the master's ideology, distorting everything that had been conceived and designed over decades. As Alexander Kudryavtsev once phrased it, Sergey Chernyshev "retired into honorable shadows".

For many years, prefabrication would epitomise the drabness and greyness of the final stages of socialism. Depressing, identical blocks of flats became the favourite settings of the works of dissidents and films made in the 1980s, which were afflicted with a sense of hopelessness. Green areas in Moscow were practically destroyed and spacious streets and squares were mercilessly built up. However, the main monuments to the architect's work have survived, such as Khamovniki and Moscow University, as well as the large buildings of the Moscow Automobile and Road Institute, the modest houses on the Gorenki estate, the granite embankments of the Moskva River and the wide spaces of Karl Marx Alley.

Sergey Chernyshev was buried in the spring of 1963 in a leafy and quiet corner of the capital in Novodevichy Cemetery. He was incredibly fond of this location since his work at

на фасадах и мраморная облицовка — само понимание архитектуры как вида искусства, творческого начала и творческого подхода фактически относилось в категорию того, что Оруэлловский словарь новояза определял как Thoughtcrime, или «мыслепреступление».

Финал творческого и жизненного пути уверенно можно назвать если не трагическим, то весьма печальным. Административно-коммунальная система советской бюрократии тяжелым катком раздавила всю идеологию мастера, изуродовав и исказив все то, что задумывалось и проектировалось десятилетиями.

Сергей Егорович ушел в почетную тень, ушел из архитектурной практики в свою библиотеку, в тихую семейную жизнь. Его занимали проблемы и интересы внуков — студентов МАРХИ, которых он с удовольствием наставлял и консультировал.

Вот как об этом периоде вспоминает А. П. Кудрявцев: «На третьем курсе, в 1957 году, вечным заданием был гараж. Решение дед одобрил — очень простой в плане прямоугольный объем с двумя пандусами. Главный фасад — глухой из панелей, остальные — прозрачные, из стеклоблоков. Дед предложил отметить вход карманом-портиком, без всяких деталей и украшений. Потом сел за чертеж, достал виндзоровскую акварель и начал рисовать в этом замере фреску — яркую и экспрессивную — и со словами ‹Вот так!› передал мне кисточку. Минимальными художественными средствами он привел проект к триумфу. После оценки деду позвонил А. С. Фисенко, известный архитектор и кафедрал (он знал, чей я внук), и восторженно рассказывал, какое впечатление произвела на них эта работа: ‹Как горели эти краски!› Хотя его сердце было отдано классицизму (больше всего он любил ионический ордер), он уважительно относился к современной архитектуре, до конца жизни выписывал излюбленный ‹АА› (журнал L'Architecture d'Aujourd'hui) и с иронией цитировал слова Жолтовского о Ле Корбюзье ‹Блоха пускай прыгает›. Его привлекало стремление к простоте, здравый смысл и функциональность. В современной ему финской архитектуре он восхищался и умным планом, и продуманностью, и рациональностью, но ‹если бы архитектор включил детали, художественные элементы, интерьер стал бы милее и человечнее› — говорил он в начале 1950-х.

Zholtovsky's New Moscow. It would be improper to assess people of such stature. Chernyshev's designs can be viewed as monuments to an extraordinary architect, a man who managed to preserve rich, old traditions and lay the foundation for new ones which will undoubtedly be taken up and continued by the new masters of new Moscow. Chernyshev's designs are testament to the master's talent and his role in architecture, not only in Russia and not only in the Soviet era.

П. Н. Кудрявцев, Т. С. Чернышева, А. П. Кудрявцев,
Н. Н. Чернышева, С. П. Кудрявцев, С. Е. Чернышев.
1953 г. Из семейного архива

P. Kudryavtsev, T. Chernysheva, A. Kudryavtsev,
N. Chernysheva, S. Kudryavtsev, S. Chernyshev.
1953. From family archives.

Уже в преклонном возрасте он пришел по приглашению нэровцев на публичное представление этого футуристического проекта и там был встречен знаменитыми авангардистами прошлого — ректором МАИ (будущего МАРХИ) И. С. Николаевым и заведующим кафедрой основ архитектурного проектирования, одним из основных идеологов рационализма В. Ф. Кринским. Глядя на мечты молодых, им было что вспомнить…

Промышленная застройка на долгие годы станет олицетворением безликости и серости позднего социализма — депрессивные типовые кварталы будут излюбленной декорацией диссидентских произведений и полных мучительной безысходности кинофильмов восьмидесятых. Зеленые клинья Москвы будут практически уничтожены, а открытые перспективы улиц и площадей — безжалостно застроены. Однако главные памятники творчеству архитектора сохраняются до наших дней. Хамовники и МГУ, массивные корпуса МАДИ и скромные постройки усадьбы Горенки, гранитные набережные Москвы-реки и широкие пространства Карл-Маркс-аллее.

В зеленом и тихом уголке столицы, в любимых еще со времен работы в «Новой Москве» Хамовниках, на Новодевичьем кладбище, Сергей Егорович был похоронен весной 1963 года. Оценку людям такого масштаба давать неправильно — лучше любых возвышенных слов о таланте мастера и его значении в архитектуре не только России, и не только советского времени скажут его проекты, хранящие память о выдающемся архитекторе, человеке, сумевшем сберечь все богатство старых традиций и заложить фундамент новых, которые, без сомнения, будут востребованы и продолжены новыми мастерами новой Москвы.

↑ М.П. Парусников и С.Е. Чернышев в Долгом переулке. 1950-е гг.
Из семейного архива

M. Parusnikov and S. Chernyshev on Dolgy Lane. 1950s.
From family archives.

↓ С.Е. Чернышев и В.Н. Семенов. Москва. 1950-е гг.
Из семейного архива

S. Chernyshev and V. Semyonov. Moscow. 1950s.
From family archives.

# Имена

# Biographies

## Каро Алабян
### 1897–1959

Обладатель 1-й премии в конкурсе на проект Дворца Советов, вице-президент Академии архитектуры СССР, член-корреспондент Британского Королевского института архитектуры и муж знаменитой актрисы Людмилы Целиковской — Каро Алабяна можно по праву считать одним из наиболее успешных представителей золотого века советской архитектуры. Уроженец Елизаветополя, Алабян закончил архитектурное отделение московского ВХУТЕМАСа и вернулся в родную Армению, чтобы возглавить ереванский Госпроект. Армения, получившая в составе СССР статус относительно независимого национального образования после сотен лет турецкой оккупации и окончания беспрецедентного на тот момент геноцида, переживала заметный творческий подъем, в том числе и в архитектуре и градостроении. Всего два года плодотворной работы Каро Алабяна на исторической родине оставили Еревану реализованные проекты Клуба строителей, жилого дома Электрохимического треста, Дома главного геолого-разведочного управления, многие другие объекты. Причем эту практическую работу Алабян совмещал с преподаванием на архитектурном факультете Ереванского политехнического института. В 1929-м Алабян заканчивает Московский высший художественно-технический институт и в том же году

## Karo Alabyan
### 1897–1959

Winner of the First Prize in the Competition of the Palace of the Soviets Project, Vice President of the USSR Academy of Architecture, Corresponding Member of the British Royal Institute of Architecture and husband of famous actress Lyudmila Tselikovskaya. Karo Alabyan can rightly be regarded as one of the most successful representatives of the golden age of Soviet architecture. Born in Yelizavetopol, Alabyan graduated from the Architecture Department of VKhUTEMAS (Higher Art and Technical Workshop) to return to his native Armenia where he became the head of Yerevan's Gosproyekt. Armenia, which, as part of the USSR, gained the status of a relatively independent national entity after centuries of Turkish occupation and an unprecedented genocide, experienced a period of creative upsurge which also applied to architecture and urban development. In his two years of fruitful work in his historic homeland, Karo Alabyan implemented designs such as the Builders' Club, a residential house of the Electrochemical Trust, the building of the Main Geological Prospecting Directorate, as well as many other buildings in Yerevan. Alabyan combined his practical work with teaching at the Yerevan Polytechnic's Architecture Faculty. In 1929, he graduated from the Moscow Higher Art and Technical Institute. In the same

становится одним из основателей Всероссийского общества пролетарских архитекторов (ВОПРА), после ликвидации которого в 1932 году занял пост ответственного секретаря Союза советских архитекторов. Среди наиболее известных работ Алабяна: павильон СССР на международной выставке в Нью-Йорке в 1939 году, павильон Армянской ССР на ВСХВ и ВДНХ, морской вокзал в Сочи и наземный вестибюль станции метро «Краснопресненская». Каро Алабян принимал активное участие в разработке Генерального плана реконструкции Москвы 1935 года, в годы войны возглавлял специальную мастерскую Академии архитектуры, где разрабатывались планы маскировки важнейших промышленных и оборонительных сооружений. После известного спора с Л. П. Берией избежал ареста только благодаря вмешательству земляка — А. И. Микояна, который срочно отправил Каро Алабяна в Армению без объяснения причин. Похоронен в Москве на Новодевичьем кладбище.

## Григорий Бархин
### 1880–1969

Судьбы Сергея Егоровича Чернышева и Григория Борисовича Бархина во многом похожи. Бархин, сын деревенского иконописца, после церковно-приходской школы и Одесского художественного училища поступил в Императорскую Академию художеств в один год с Чернышевым, правда, учился под руководством другого мэтра — А. Н. Померанцева. Предреволюционный период ознаменовался для будущего мастера работой над интерьерами и отделкой Музея изящных искусств имени А. С. Пушкина и строительством мавзолея Юсуповых в подмосковном Архангельском, а в период 1920-х годов Григорий Борисович активно занимается реконструкцией московских больниц, проектированием жилых домов Сормовской электростанции, рабочего поселка на 12 тысяч жителей в Мытищах под Москвой. Проблемам послереволюционного строительства Бархин посвящает книги «Рабочий дом и рабочий поселок-сад» и «Современное рабочее жилище». Известность Бархину приносят проекты полиграфкомбината «Известий» на Пушкинской площади и ряда промышленных сооружений. В 1930-е годы активно участвует в разработке Генплана реконструкции Москвы — «его» Дзержинский район тянется на 25 километров по оси север — юг и занимает в Генплане

year, he became one of the founders of the All-Russian Society of Proletarian Architects (VOPRA). Upon its liquidation in 1932 he became executive secretary of the Union of Soviet Architects. Among Alabyan's best known works are the Soviet Pavilion at the 1939 International Exhibition in New York, the pavilion of the Armenian SSR at the Agricultural Exhibition, the Exhibition of National Economic Achievements, the marine terminal in Sochi and the surface vestibule of Krasnopresnenskaya Metro Station. Karo Alabyan took an active part in the development of the General Plan of the Reconstruction of Moscow in 1935 by heading up the Architecture Academy Special Studio that developed plans for camouflaging key industrial and defence structures during the war. After his famous quarrel with Lavrenty Beriya, he only managed to avoid arrest since a fellow Armenian, Anastas Mikoyan, whisked Karo Alabyan to Armenia without explaining the reason why. He is buried in Novodevichy Cemetery in Moscow.

## Grigory Barkhin
### 1880–1969

There are many similarities between the lives of Sergey Chernyshev and Grigory Barkhin. After leaving the parish school and the Odessa Art School, Barkhin, the son of a village icon painter, entered the Imperial Academy of Arts in the same year as Chernyshev. However, he studied in the class of another master, A. Pomerantsev. In the pre-revolutionary period the future master worked on the interiors and finishings of the Pushkin Museum of Fine Arts and the Yusupov Mausoleum in Arkhangelskoye outside Moscow. During the 1920s, he helped to build hospitals in Moscow and design residential houses for the Sormovo Electrical Power Plant, a workers' township of 12,000 people in Mytishchi outside Moscow. Barkhin's books *A Workers' House* and *A Workers' Garden Village* and *A Modern Workers' Dwelling* explore the problems of post-revolutionary construction. Barkhin became known on account of his designs such as *Izvestiya's* printing shop on Pushkin Square, as well as several other industrial buildings. In the 1930s he was actively involved in developing the General Plan of the Reconstruction of Moscow. The Dzerzhinsky district, which he is responsible for, stretches 25 kilometres north to south and occupies one of

одну из главных позиций. Любимой сферой деятельности архитектора было проектирование театральных зданий. Кроме театральных залов, являющихся частью клубов, Народных домов, Дворцов культуры, Бархин увлеченно проектировал театры для ряда городов. Работа по проектированию театров была им обобщена в капитальном труде «Архитектура театров», изданном в 1947 году. После войны участвовал в восстановлении разрушенных городов — проект восстановления и реконструкции Севастополя относят к числу крупнейших градостроительных работ Бархина. В качестве своеобразного творческого кредо архитектора исследователи любят цитировать его высказывание: «Одного функционирования в искусстве недостаточно, вместе с тем я думаю, что не найдется никого, кто стал бы уверять, что красивому позволительно плохо функционировать».

## Леонтий Бенуа
### 1856–1928

Представитель знаменитой петербургской династии Бенуа, выпускник Императорской Академии художеств, Леонтий Николаевич Бенуа известен как последовательный и стойкий приверженец принципов историзма в архитектуре. Влияние французского классицизма XVII–XVIII вв. в ранних работах сменилось приверженностью неовизантийскому стилю. Русский модерн и романская архитектура, эклектизм и неоклассицизм — независимо от стилистических предпочтений для Бенуа характерны четкость композиции, элегантность форм и продуманность архитектурного ансамбля в целом. Подобный подход к архитектурному творчеству Леонтий Бенуа всячески поощрял и прививал своим ученикам. Из мастерской Бенуа вышла плеяда выдающихся архитекторов советской эпохи. Владимир Щуко, Алексей Щусев, Лев Руднев, Иван Фомин, Владимир Покровский, Ной Троцкий, Леонид Веснин, Сергей Чернышев — без преувеличения можно сказать, что весь цвет советской архитектуры сталинского неоклассицизма формировался в классах Леонтия Бенуа.

the key positions in the General Plan. The architect's favourite field of interest was the design of theatre buildings. In addition to theatre halls at clubs, People's Houses and Palaces of Culture, Barkhin enthusiasticall designed theatres for many cities. He summed up his work on theatre design in a book entitled *The Architecture of Theatres*, which was published in 1947. After the war, he helped to restore devastated cities – the project of the restoration and construction of Sebastopol being among Barkhin's major urban development works. His oft-quoted artistic credo is: "Functioning alone is not enough in art. However, I think no one would assert that what is beautiful can afford to be dysfunctional."

## Leonty (Leon) Benois
### 1856–1928

A representative of the famous Petersburg Benois dynasty and a graduate of the Imperial Academy of Arts, Leonty Nikolayevich Benois is known as a consistent and staunch champion of historical principles in architecture. Originally influenced by French Classicism of the seventeenth and eighteenth centuries, he was later inspired by Russian Art Nouveau, Byzantine and Romanesque Revival architecture, Historicism and Neoclassicism. Regardless of his stylistic tastes, Benois is noted for his clear composition, elegant form and well-thought-out architectural ensembles. Leonty Benois encouraged such an approach to architecture and instilled it in his pupils. Benois's class produced a galaxy of outstanding Soviet-era architects. Vladimir Shchuko, Alexey Shchusev, Lev Rudnev, Ivan Fomin, Vladimir Pokrovsky, Noi Trotsky, Leonid Vesnin and Sergey Chernyshev – it is no exaggeration to say that the cream of Soviet architecture in terms of Stalinist Neoclassicism blossomed under the guidance of Leonty Benois.

## Братья Веснины

Леонид Александрович 1880–1933
Виктор Александрович 1882–1950
Александр Александрович 1883–1959

Если приверженцы академического подхода к искусству в первые годы советской власти испытывали определенные трудности с адаптацией своего художественного языка к веяниям времени, то для представителей авангарда это время стало эпохой максимально свободного самовыражения. Исследователи творчества братьев Весниных неизменно отмечают, что хотя в начале карьеры талантливые архитекторы Веснины весьма успешно участвовали в профессиональных конкурсах, ни один из существующих стилей не удовлетворял художественных потребностей братьев. Они тщетно пытались сформировать свой собственный художественный язык, однако, по словам Весниных: «В реакционной царской России не было почвы, не было социальных условий, которые могли бы дать толчок исканиям новой формы в архитектуре». Смена строя и жизненного уклада позволили Весниным в полной мере заявить о себе языком конструктивизма. Простота форм и линий, сочетание глухих поверхностей с панорамным остеклением, плоские крыши и открытые опоры в сочетании с новыми для своего времени материалами сделали конструктивизм одним из наиболее перспективных и удивительных открытий эпохи, по достоинству оцененным в мире современной архитектуры функциональности и рационализма. Знаменитый Ле Корбюзье высоко оценит вклад братьев в формирование нового стиля, назвав Александра Веснина «основателем конструктивизма». Вплоть до тридцатых годов Веснины будут задавать тон в архитектурном процессе — исполинский ДнепроГЭС, Дворец культуры завода имени Лихачева, застройка района Сокол — эти шедевры стиля сохранятся до наших дней. Однако уже с середины 1930-х проекты Весниных перестают реализовываться, старший Веснин, ученик Леонтия Бенуа, Леонид Александрович, умрет в 1933 году, не дожив до сорока четырех лет. Виктор Веснин в качестве главного архитектора Наркомтяжпрома станет осуществлять руководство всем промышленным строительством СССР, а в проектном творчестве братьев возобладает неоклассицизм.

## The brothers Vesnin

Leonid Alexandrovich 1880–1933,
Viktor Alexandrovich 1882–1950,
Alexander Alexandrovich 1883–1959

Although adherents of the academic approach to art had certain difficulties adapting their artistic idiom to current in the early Soviet years, for representatives of the avant-garde this was an era of maximum self-expression. Students of the Vesnin brothers' work repeatedly note that although the Vesnins, who were both talented architects, successfully took part in professional competitions during the early stage of their careers, there was no one style which existed at the time to fulfill the brothers' artistic ambitions. The brothers attempted in vain to form their own artistic idiom but in their own words, "in reactionary Tsarist Russia, there was no soil or social conditions which could drive a search for new forms in architecture." The change in social system and lifestyle enabled the Vesnin brothers to assert themselves through the language of Constructivism. Simple forms and lines, a combination of flat surfaces with panoramic glass windows, as well as flat roofs and exposed supports combined with new materials made Constructivism one of the most promising and remarkable discoveries of the era, deservedly appreciated in the world of modern architecture which was associated with functionality and rationalism. The great Le Corbusier appreciated the brothers' contribution to this new style, referring to Alexander Vesnin as "the founder of Constructivism". Up until the the 1930s, the Vesnin brothers were trendsetters in the architectural process: the giant Dnieper Power Plant, the Likhachev Factory Palace of Culture and the Sokol district are stylistic masterpieces that have survived to this day. However, from the mid-1930s onwards, the designs of the Vesnin brothers ceased to be implemented. The elder brother, Leonid, a pupil of Leonty Benois, died in 1933 at the age of forty-four. Viktor Vesnin, then Chief Architect of the People's Commissariat of Heavy Industry, was put in charge of all industrial construction in the USSR. Neoclassicism would prevail in the work of the brothers.

## Эммануил Гендель
1903–1994

Эммануила Матвеевича Генделя любят шутливо характеризовать в качестве «архитектора-передвижника». В историю архитектуры этот выдающийся инженер вошел, прежде всего, как человек сумевший сохранить, восстановить или уберечь от уничтожения множество зданий и памятников. Под руководством Генделя передвигали дома и дворцы, выпрямляли покосившиеся минареты и колокольни. Саввинское подворье и здание Моссовета на Тверской улице, пятиэтажные дома на Комсомольском проспекте, жилой дом на Садовнической улице и Глазная больница, павильон «Октагон» на Красной Пресне — даже в детских стихах отразилась удивительная деятельность Эммануила Матвеевича.

*Сёма бросился к соседям,*
*А соседи говорят:*
*— Мы все время, Сёма, едем,*
*Едем десять дней подряд.*
*Тихо едут стены эти, И не бьются зеркала,*
*Едут вазочки в буфете,*
*Лампа в комнате цела.*
*— Ой, — обрадовался*
*Сёма, —*
*Значит, можно ехать*
*Дома?*

Сегодня эти строки Агнии Барто выглядят детской психоделикой, однако для москвичей 1930-х годов переезд вместе с домом, без отселения, выглядел реальным и прозаическим мероприятием. Своему удивительному труду Эммануил Матвеевич посвятил всю жизнь — последней работой великого инженера стало выпрямление девятиэтажного здания в Большом Афанасьевском переулке в 1988 году. Сегодня имя его знакомо главным образом специалистам, а уникальная технология передвижки зданий, в которой СССР занимал когда-то лидирующие позиции, практически не применяется в нашей стране.

## Emmanuil Gendel
1903–1994

Emmanuil Gendel is sometimes jokingly referred to as the "mover architect". This outstanding engineer entered the history of architecture as the man who managed to preserve, restore or prevent many buildings and monuments from being destroyed. Under Gendel's supervision, houses and palaces were moved and leaning mosques and bell towers were straightened. Savinskoye Podvorye and the Moscow Soviet building on Tverskaya Street, five-storeyed houses on Komsomolsky Avenue, the residential block on Sadovnicheskaya Street, Glaznaya Hospital, Octagon Pavilion on Krasnaya Presnya. Emmanuil Gendel's remarkable work even inspired Agnia Barto to write a children's verse on this topic which sounds like it could have emanated from a child's psychedelic dreams. However, for Muscovites in the 1930s the event of moving with their house – as opposed to moving out – was a real and almost mundane occurrence. Emmanuil Gendel devoted his whole life to this unusual occupation. The great engineer's final assignment was the straightening of a nine-storeyed building in Bolshoy Afanasyevsky Pereulok in 1988. Today his name is primarily known to specialists. The unique technology used to move buildings, which once put the USSR on the cutting edge in this field, is barely used nowadays.

## Эбенизер Говард
1850–1928

Сегодня идея гармоничного существования человека и природы выглядит общим местом, однако отчетливая формулировка принципов подобного симбиоза впервые встречается в единственном произведении британского философа-утописта Эбенизера Говарда «Будущее: мирный путь к реальным реформам». Во втором издании расплывчатое название было изменено на вполне конкретное «Города-сады будущего», и концепция построения городских поселений, где люди смогут пользоваться благами городской жизни, не отрываясь от сельской местности, станет бестселлером довоенной советской градостроительной идеологии. Термин «город-сад» не только зазвучит рефреном знаменитого стихотворения Маяковского — даже на страницах Большой медицинской энциклопедии концепции Говарда будет отведена пространная статья: «Вначале книга вызвала скептическое отношение, но скоро завоевала успех, так как нашла себе известное подкрепление и оправдание в существовавшей уже в то время практике устройства заводов и рабочих жилищ за городом. Говард вел успешную пропаганду идеи городов-садов, разъезжая по Англии с публичными докладами и устраивая митинги. 10 июля 1899 г. Говардом была основана первая ассоциация для распространения идеи городов-садов. Говард жил в основанном по его инициативе первом городе-саде Лечворте (Letchworth) в коллективном коттедже-фаланстере и, несмотря на преклонный возраст, продолжал вести интенсивную агитацию во всех странах в пользу идеи городов-садов, используя для этой цели, между прочим, международный язык эсперанто». Бесспорным вкладом концепции Говарда в советское градостроительство стало, вне всяких сомнений, использование зеленых насаждений. Большая советская энциклопедия формулирует это следующим образом: «Идеи города-сада нашли претворение в широком озеленении (как на территории жилых массивов, так и в общественных центрах и пригородных зонах) и усилении роли природного ландшафта, что улучшает архитектурный облик городов и способствует созданию хороших условий жизни и деятельности людей».

## Ebenezer Howard
1850–1928

Nowadays, the idea of a harmonious co-existence between man and nature is commonplace. However, the principles of this symbiosis were first formulated in the only piece of work by the British utopian philosopher Ebenezer Howard, *Tomorrow: A Peaceful Path to Real Reform*. In the second edition, the vague title was replaced with one more concrete: *Garden Cities of Tomorrow*. The concept of building urban communities where people could enjoy the benefits of city life without being separated from the countryside became a bestseller under prewar Soviet urban planning ideology. The term "Garden City" was only taken up as a refrain in Mayakovsky's famous poem, but earned Howard's concept a lengthy entry in the *New Medical Encyclopedia*: "Initially the book was met with a skeptical reception, although it soon became popular since it was in some ways reinforced and justified by the already existing practice to construct factories and workers' houses outside city limits. Howard successfully promoted the idea of garden cities in public lectures and staging rallies in his travels across England. On July 10, 1899 Howard founded the first association for the promotion of garden cities and proceed to live in the first garden city of Letchworth in a collective cottage colony. In spite of his venerable age, he continued to promote the idea of garden cities in other countries using the Esperanto international language for this purpose." Howard's undisputed contribution to Soviet urban development was the use of greenery. *The New Soviet Encyclopedia* writes that "the ideas of the 'Garden City' were implemented through the large-scale planting of greenery (in residential areas, public centres and suburbs) and the strengthened role of the natural landscape, which enhances the architectural appearance of cities and helps to create excellent conditions for the benefit of people's professional and personal lives."

## Братья Голосовы
Илья Александрович 1883–1945
Пантелеймон Александрович 1882–1945

Если братьев Весниных заслуженно считали основателями и лидерами конструктивизма и воспринимали как единый творческий коллектив, то Пантелеймон и Илья Голосовы не сформировали устойчивого творческого тандема. Хотя им принадлежат выдающиеся памятники конструктивистской школы, исследователи, в частности С. О. Хан-Магомедов, склонны считать, что братья «были, пожалуй, наиболее удачливыми интерпретаторами художественно-стилистических приемов конструктивизма». Поскольку Голосовы работали отдельно друг от друга, принято рассматривать их творчество также по отдельности, отдавая предпочтение более склонному к яркому самовыражению и поиску новых форм младшему брату Илье. Как пишет С. О. Хан-Магомедов: «После триумфальных успехов проектов Весниных 1923–1924 гг. и до расцвета творчества И. Леонидова (в конце 20-х годов) именно И. Голосов был наиболее популярным архитектором, работавшим в духе конструктивизма. Его популярность быстро росла, а художественный талант сверкал многими гранями… На короткий срок (1925–1927) И. Голосов стал восприниматься многими архитекторами, переходившими на позиции конструктивизма, чуть ли не творческим лидером этого течения. Конструктивизм становился модным течением, и в работах многих новообращенных конструктивистов перерастал в «конструктивный стиль». И, пожалуй, Голосов был одним из тех, кто немало способствовал популярности этого «конструктивного стиля». Пантелеймона Голосова принято считать более последовательным приверженцем конструктивизма как школы — по словам того же С. О. Хан-Магомедова, «Пантелеймон Александрович был, пожалуй, менее темпераментным, менее склонным к разработке оригинальной концепции формы или созданию своей творческой школы. Поверив в конструктивизм как в отвечающее современным требованиям творческое течение, он основательно и углубленно осваивает как приемы функционального метода, так и художественно-композиционные средства «конструктивного стиля».

## The brothers Golosov
Ilya Alexandrovich 1883–1945
Panteleymon Alexandrovich 1882–1945

While the Vesnin brothers were rightly considered to be the founders and leaders of Constructivism and perceived as a single creative team, Panteleymon and Ilya Golosov did not form a steady creative duo. Although they excelled in outstanding Constructivist monuments, scholars — notably Selim Khan-Magomedov — are inclined to believe that the brothers "were probably the most successful interpreters of the artistic and stylistic methods of Constructivism". Since the Golosovs worked separately, their work is usually also discussed independently, with preference given to the more aggressively individual younger brother Ilya, who was eager to discover new forms. Khan-Magomedov writes that "after the triumphant success of the Vesnin projects of 1923–1924 and before I. Leonidov's creative work flourished (in the late 1920s), Ilya Golosov was the most popular architect to adhere to the Constructivist style. His popularity rocketed since his artistic talent displayed many brilliant facets… For a brief period (1925–1927), Ilya Golosov was seen by many architects who embraced Constructivism as an almost certain leader of that trend. Constructivism became fashionable … a "constructive style" developed in the work of many born-again Constructivists. Golosov belonged to those who greatly contributed to the popularity of this "constructive style". Panteleymon Golosov is usually regarded as a more consistent adherent of Constructivism as a school of thought. According to Selim Khan-Magomedov, "Panteleymon Golosov was less temperamental and less inclined to develop original forms or create his own school of thought." Having embraced Constructivism as a trend that met contemporary requirements, he explored this functional method in depth, as well as the artistic and compositional means of the "constructive style".

## Вальтер Гропиус
1883–1969

Потомственный немецкий архитектор, Вальтер Гропиус известен главным образом как директор и основатель легендарной Высшей школы строительства и художественного конструирования (Баухауза), появившейся в Германии периода Веймарской республики и уничтоженной нацистами как «церковь марксизма». Манифест Баухауза 1919 года называл архитектуру ведущим направлением в дизайне, а принцип равенства между прикладными и изящными искусствами провозглашался в качестве основного. Баухауз принято считать одним из основных предшественников и идеологов формирования функционализма в архитектуре, а сам Гропиус предполагал, что в новую эпоху архитектура должна быть экономичной и строго ориентированной на технологии массового производства. В конце 1920-х — начале 1930-х годов Гропиус становится одним из самых авторитетных архитекторов Германии, жилые и промышленные здания по его проектам строятся в крупных немецких городах. Он принимает участие и в советских конкурсах, в частности на проекты театра в Харькове и Дворца Советов в Москве. С 1928-го Гропиус сосредоточился на проблеме дешевого жилья и разработал знаменитый прием «строчной застройки», при которой стандартные корпуса располагаются параллельными рядами; создал также несколько прототипов экономичных квартир, широко использующихся в Западной Европе. После прихода к власти нацистов Гропиус эмигрировал в США и возвратился к работе на родине только в конце 1950-х годов. Свой подход к архитектуре сам Гропиус сфомулировал следующим образом: «Цель архитектуры всегда остается одна — создавать пространство и тела. В этом никакая техника и никакая теория не может ничего изменить. Объемное тело можно составить из любых материалов, а художественный гений находит средства и пути, чтобы с помощью таких материалов, как стекло и металл, устроить закрытые пространства и непроницаемую телесность. Нельзя не заметить, что стремление этого рода к формотворчеству в наши дни началось с первоначальной свежестью, началось как раз при развитии индустриальных форм».

## Walter Gropius
1883–1969

Heralding from a German family of architects, Walter Gropius is known chiefly as the director and founder of the legendary Higher School of Construction and Artistic Design, or the *Bauhaus*, which appeared in Germany during the period of the Weimar Republic and was destroyed by the Nazis as the "church of Marxism". The 1919 Bauhaus "manifesto" described architecture as the leading trend in design and affirmed the principle of equality between applied and fine arts. The *Bauhaus* is considered to be one of the main precursors and ideologists of functionalism in architecture, and Gropius believed that in the new era architecture ought to be economical and strictly oriented towards mass production technology. In the late 1920s and early 1930s, Gropius became one of Germany's most authoritative architects. He designed residential and industrial buildings which emerged in major German cities, as well as participated in Soviet competitions – which notably concerned the design of a theatre in Kharkov and the Palace of the Soviets in Moscow. Since 1928, Gropius primarily focused on the problem of cheap housing. This led him to develop his famous "linear" method whereby standard buildings were arranged in parallel rows. He also created several types of economy flats which were widely used in Western Europe. When the Nazis came to power, Gropius emigrated to the USA and only resumed work in Germany in the late 1950s. Gropius formulated his approach to architecture as thus: "The aim of architecture is always the same: to create space and body. No technique or theory can change that. A body can be made from any material – an artistic genius finds ways and means to use materials such as glass and metal to create enclosed spaces and impenetrable corporeality. One cannot help noticing that this enthusiasm for creating new forms has been restored today to its original freshness due to the development of industrial forms."

## Иван Жолтовский
### 1867–1959

Если рассматривать вклад Ивана Владиславовича Жолтовского в культуру Советской России в целом, его имя для архитектуры будет означать примерно то же, что в филологии и философии имя Лосева или в историографии — Тарле. На пике всеобщего отрицания классической и национальной культуры именно Жолтовскому в наибольшей степени принадлежит заслуга своего рода возврата к корням и классическим ценностям, хотя парадоксальным образом эти корни уходят по большей своей части в итальянское Возрождение. Уроженец Пинской губернии, Жолтовский блестяще стартовал еще до революции, а после, в смутное время начала двадцатых, на фоне разрухи и голода уже рассматривал варианты преобразования старинной столицы России в Новую Москву — с максимально историческим и традиционным уклоном. Поклонник палладиевой архитектуры с ее четким следованием классическому ордеру и строгой симметрии, Жолтовский сумел совершенно по-новому адаптировать стиль Ренессанса и классики к новым условиям, что блестяще иллюстрирурует открытая им «функция Жолтовского». Изучая пропорции, Иван Владиславович находит производную функцию золотого сечения (528 : 472), которая навсегда войдет под его именем в теорию пропорций. На фоне исторического противостояния конструктивистов и неоклассиков Жолтовский исторически олицетворяет традиционное и классическое начало. Его массивный дом на Моховой, навеянный лоджией Капитанио в Виченце архитектора Палладио, современники назовут «гвоздем в гроб конструктивизма», а В. Веснин заметит по поводу этого «гвоздя», что «кажется, что из-за стены сейчас выглянет мушкетер, и вы невольно думаете, что эта лестничная клетка сделана в XVI веке». В заслугу Жолтовскому ставят тот бесспорный факт, что целое поколение будущих мастеров архитектуры, выпускников ВХУТЕМАСа, увлеченных поиском новых форм и грезящих футуристическими экзерсисами из бетона и стали, именно он сумет развернуть в сторону классики и традиционной школы. «… Не надо искать готовых засекреченных формул. Их нет! А нужно в поте лица стараться овладеть ‹тайной› этого соответствия … Гармония — вот что лежит в основе всех видов искусства на всем протяжении

## Ivan Zholtovsky
### 1867–1959

If Ivan Zholtovsky's contribution to the culture of Soviet Russia is considered as a whole, his name would carry the same gravitas in architecture as the names of Losev in philology and Tarle in historiography. While classical and national culture was being universally rejected, Zholtovsky is mostly credited with the return to traditional values although, paradoxically, these values for the most part can be traced back to the Italian Renaissance. Born in Pinsk governorate, Zholtovsky made a brilliant start before the 1917 Revolution. Subsequently, in the chaos of the early 1920s amid economic disarray and famine, he contemplated transforming the ancient Russian capital into a "New Moscow". Historical and traditional features were to be predominantly preserved. A follower of Palladian architecture, which strictly followed classical orders and rigorous symmetry, Zholtovsky managed to adapt the Renaissance and Classical style. This is brilliantly illustrated in his discovery of what came to be known as the "Zholtovsky function". Studying proportions, Ivan Zholtovsky found a derivative function of the golden section (528 : 472) which would forever become part of his theory of proportions which bore his name. Amid the historical conflict between Constructivists and Neoclassicists, Zholtovsky embodies traditional and classical principles. The House on Mokhovaya Street, which he was responsible for, echoes Palladio's Loggia del Capitanio in Vicenza and was described as a "nail in the coffin of Constructivism" by contemporaries. Viktor Vesnin remarked that "it is as if a musketeer is about to appear from behind the wall. One cannot help thinking that the staircase was made in the sixteenth century." Zholtovsky is credited with the indisputable fact that he was the reason a whole generation of future master architects – namely graduates of VKhUTEMAS who were enthralled by the search for new forms and dreamt of futuristic experiments with concrete and steel – drifted towards classical and traditional schools of thought. "Do not look for ready-made encrypted formulas. There are none. You should labour in the sweat of your brow to master the 'secret' of this correspondence … Harmony is what underlies all types of art throughout human history. True, it is always embodied in concrete styles. But style is a transient

человеческой истории. Правда, она всегда олицетворяется в конкретных стилевых формах. Но стиль — явление преходящее, и каждый стиль это только вариация на единственную тему, которой жива человеческая культура, на тему гармонии». Эти слова стали своего рода завещанием мастера, квинтэссенцией его творчества. Впрочем, бесчисленные поколения студентов архитектурных вузов помнят и любят Жолтовского за парадоксальное определение, сказанное по поводу обрывающегося внезапно карниза в знаменитом доме на Смоленской: «Тема устала».

## Борис Иофан
### 1891–1976

С именем уроженца Одессы и выпускника Римского института изящных искусств Бориса Михайловича Иофана связаны, пожалуй, самые амбициозные архитектурные проекты эпохи. Зачастую стремительный взлет карьеры Иофана объясняют его отсутствием в России вплоть до 1924 года и тем, что архитектор сумел избежать внутренних споров советской архитектурной среды, сразу привнеся в нее определенную свежесть взглядов. С другой стороны, не стоит забывать и о том, что в свой «итальянский период» Иофан был если не учеником, то близким сподвижником Армандо Бразини, которого принято считать основоположником «тоталитарного неоклассицизма». Исследователи любят сравнивать циклопические проекты реконструкции Рима с монументальными работами Иофана и прямо говорят о тесном творческом взаимодействии мастеров. Вплоть до периода разработки проекта Главного здания МГУ Борис Иофан оставался ведущим проектировщиком своего рода «спецпроектов» советской власти. Это о его павильоне на парижской выставке 1937-го напишет в воспоминаниях Альберт Шпеер: «С высокого цоколя прямо на немецкий павильон триумфально надвигалась десятиметровая скульптурная группа. Я быстро сделал новый набросок нашего павильона в виде массивнейшего куба, расчлененного на тяжелые прямоугольные колонны, о которые, казалось, должен был разбиться вражеский порыв ... За это сооружение я получил золотую медаль, мой советский коллега — тоже». Дом на набережной и павильон СССР на Нью-Йоркской выставке в 1939-м, станция метро

phenomenon and every style is but a variation on the self-same theme that makes human culture tick, the theme of harmony." These words, the quintessence of his art, became the master's testament. However, countless generations of architecture students remember and revere Zholtovsky for his paradoxical evaluation of an abruptly dismantled cornice in the famous house on Smolenskaya: "The theme is tired."

## Boris Iofan
### 1891–1976

The name of Boris Iofan, born in Odessa and a graduate of the Rome Institute of Fine Arts, is perhaps associated with the most ambitious architectural projects of the era. Iofan's meteoric career rise is often attributed to the fact that he was absent from Russia until 1924 and thus was spared the arguments that raged within the Soviet architectural community. He was then able to bring a fresh perspective. On the other hand, it must be remembered that during his "Italian period" Iofan was – if not a pupil – then a close co-worker of Armando Brasini, who is regarded as the founder of "totalitarian Neoclassicism". Scholars like to compare the cyclopic projects for the reconstruction of Rome with Iofan's monumental works and note the close, creative interaction between the two masters. Before designing the main building of Moscow University, Boris Iofan was the chief designer of what might be called "Special projects of the Soviet Government". His pavilion at the 1937 Paris Exhibition is given this mention in Albert Speer's memoirs: "From a high pediment, a ten-metre high sculpture advanced triumphantly on to the German pavilion. I quickly made a new sketch of our pavilion in the shape of a massive cube divided into heavy rectangular columns, against which the enemy charge was to crash ... That structure earned me a gold medal, and my Soviet colleague earned one too." "The House on the Embankment" and the Soviet pavilion at the New York exhibition of 1939, the Baumanskaya Metro Station and "Stalin skyscrapers" are some of the outstanding specimens of Soviet architecture authored by Boris Iofan. However his best known work, which was never

«Бауманская» и сталинские высотки — Борису Иофану принадлежат одни из самых ярких проектов советской архитектуры. Однако самой известной его работой, так и не реализованной в реальном мире, стал знаменитый Дворец Советов на месте взорванного храма Христа Спасителя. Увенчанное огромной скульптурой Ленина, здание почти пятисотметровой высоты должно было стать самым высоким в мире, однако воплощению амбициозного проекта Иофана помешала война. Он скончался в возрасте 85 лет, в стенах им же построенного санатория «Барвиха». Санитар обнаружил его, неподвижно сидящим над калькой с проектом реконструкции пьедестала знаменитого символа времени, «эталона соцреализма» — «Рабочего и колхозницы».

## Николай Колли
1894–1966

Путаница с отчеством Николая Колли, который в разных источниках называется то Яковлевичем, то Джемсовичем, объясняется шотландским происхождением архитектора, начавшего свой творческий путь в знаменитой «Мастерской Новой Москвы» Ивана Жолтовского при непосредственном участии Сергея Егоровича Чернышева. Первой работой будущего председателя правления Московского отделения Союза архитекторов стал проект сельскохозяйственной выставки 1923 года, а уже в 1926 году мастер выполнил свой первый крупный авторский проект — жилой дом «Новая Москва», в частично перестроенном виде сохранившийся и до наших дней. Николай Колли до середины 1930-х годов работал в духе конструктивизма и прославился непосредственным сотрудничеством с Ле Корбюзье в работе над зданием Центросоюза. По мнению ряда исследователей, Ле Корбюзье был, по сути, «почетным», номинальным автором проекта, а заниматься непосредственным его воплощением и согласованием пришлось самому Николаю Яковлевичу. Сам он писал впоследствии: «Со стороны Ле Корбюзье имелись лишь общие и притом эпизодические указания, поэтому ответственность за художественное качество интерьеров в значительной степени падает уже на непосредственных проектировщиков этих интерьеров». Строительство обернулось настоящим долгостроем — здание удалось сдать в эксплуатацию только в 1936 году, причем уже другому

materialised, was the famous Palace of Soviets which was to be erected in place of the demolished Christ the Savior Cathedral. Crowned with a huge sculpture of Lenin, the nearly 500-metre high building was to be the tallest in the world. However, the war prevented Iofan's ambitious project from being implemented. He died at the age of eighty-five at Barvikha Sanatorium – which he had built. A nurse found him sitting motionless over a blueprint detailing the reconstruction of the pediment belonging to the "Worker and Kolkhoz Woman" – a famous symbol of the time and an "icon of Socialist Realism".

## Nikolay Kolli
1894–1966

The architect began his career at Ivan Zholtovsky's famous New Moscow Studio under the tutelage of Sergey Chernyshev. The first assignment of the future chairman of the board of the Moscow Department of the Architects' Union was the design of the Agricultural Exhibition in 1923. In 1926 he implemented his first major project, the New Moscow residential house which has survived to this day, albeit with some modifications. Until the mid-1930s, Nikolay Kolli worked in the spirit of Constructivism and became famous due to his collaboration with Le Corbusier in the construction of Tsentrosoyuz. Le Corbusier was a figurehead project designer whereas it fell to Nikolay Kolli to execute he design and secure approvals for the building. He would later write: "Le Corbusier only provided general and occasional instructions, so the responsibility for the artistic quality of the interiors largely rests upon those who directly designed these interiors." Its construction lasted an inordinately long time. The building was only finished in 1936 and was then transferred to another client, the People's Commissariat of the Light Industry. However, it was this project that made Kolli one of the most established and revered masters. He oversaw the design of the Central Stadium in Izmaylovo and his Workshop No.6 executed several projects for Moscow metro stations. Kolli personally designed Paveletskaya and Kirovskaya (now known as Chistye Prudy) stations, although the lat-

заказчику — Народному комиссариату легкой промышленности, однако именно этот проект вывел Колли в число авторитетных и уважаемых мастеров первого ряда. Под его руководством ведутся проектные работы Центрального стадиона СССР в Измайлове, его мастерская № 6 выполняет несколько проектов станций Московского метрополитена. Сам Колли разрабатывает проекты станций метро «Павелецкая» и «Кировская» (ныне «Чистые пруды»), однако последний в авторской разработке будет реализован только после его смерти — в начале 1970-х. К сожалению, подобная судьба ожидает многие крупные проекты Колли: Центральный стадион СССР так и не будет построен в Измайлове, а реконструкция северной стороны Комсомольской площади, с перестройкой Ленинградского и Ярославского вокзалов, не будет реализована. На посту руководителя мастерской № 6 Николая Колли заменит Борис Иофан, а сам Николай Джемсович до конца дней будет руководителем НИИ архитектуры общественных и промышленных сооружений.

## Николай Ладовский
1881–1941

Творческий лидер популярного на рубеже 1930-х годов течения рационалистов, Николай Ладовский создал гораздо менее исследованное, но не менее интересное, чем конструктивизм, направление советского авангарда. В оценке творческих баталий неоклассиков школы Жолтовского и конструктивистов из ОСА, сам факт существования некоей «третьей стороны» в лице Ладовского и созданной им Ассоциации новых архитекторов (АСНОВА) нередко обходится стороной, хотя творческий метод рационалистов был менее радикален, чем у конструктивистов. Ладовский нисколько не отрицал наработок прошлого, как это делали вожди конструктивизма, скорее, напротив, он призывал изучать классическое наследие и ни в коей мере не ограничиваться только утилитарной функцией проектируемого здания. В 1919 году Ладовский возглавил оппозицию Ивану Жолтовскому и вышел из состава «Мастерской Новой Москвы». Для обучения будущих архитекторов им были учреждены мастерские Обмас (Объединенные мастерские) при ВХУТЕМАСе, просуществовавшие всего три года, но привнесшие в архитектурный процесс

ter was only implemented after his death in the early 1970s. Unfortunately, many of Kolli's major projects shared the same fate. The Central Stadium at Izmailovo was never built and the reconstruction of the northern side of Komsomolskaya Square – which would have involved the reconstruction of Leningrad and Yaroslavl stations – also never took place. As the head of Workshop No. 6, Nikolay Kolli was succeeded by Boris Iofan who, in turn, would be the head of the Public and Industrial Structures Architecture Research Institute until his death.

## Nikolay Ladovsky
1881–1941

The creative leader of the Rationalist Trend that was popular at the turn of the 1930s, Nikolay Ladovsky created an avant-garde trend that has been far less studied but is no less exciting than Constructivism. Those who assess the creative battle between the Neoclassicists belonging to Zholtovsky's school of thinking and the Constructivists from OSA, often tend to ignore the existence of a "third party" in the person of Ladovsky, as well as the Association of New Architects (ASNOVA) which he created. This is despite the Rationalists preaching a method that was less radical than that of Constructivists. Ladovsky did not deny the legacy of the past, as was the case with the leaders of Constructivism. On the contrary, he advocated the study of the classical heritage and warned against exclusively focusing on the utilitarian function of buildings. In 1919, Ladovsky – in an act of defiance – led the opposition against Ivan Zholtovsky and withdrew from the New Moscow Workshop. He founded United Workshops (*Obmas*) under VKhUTEMAS for training future architects.

немало нового, например дисциплину «Пространство», в рамках которой студенты сначала делали творческие экизы на пространственных макетах и лишь потом переносили их на бумагу. С именем Ладовского связано немало удивительных проектов, и речь не только о знаменитой «Параболе Ладовского» — концептуальной схеме развития Москвы в рамках гигантской параболы, вплоть до последующего ее соединения с Ленинградом. Один из его любимых учеников Георгий Крутиков всерьез рассматривал перспективы создания «парящих коммун», которые висели бы в стратосфере и сообщались над землей с помощью универсальной и многофункциональной кабины, способной двигаться по воздуху, по земле и по воде. Собственно, «летающими» были бы даже не сами города (они трактовались, как неподвижно размещенные в строго отведенном пространстве). Летать должны были жители этих городов. В начале 1930-х годов, с упразднением всех творческих объединений кроме официального Союза советских архитекторов и провозглашения соцреализма в качестве единственно возможного творческого метода, движение рационалистов сошло на нет. Николай Ладовский умер, всеми забытый, в 1941 году, оставив после себя в качестве воплощенных проектов станцию метро «Дзержинская» (ныне «Лубянка») и наземный павильон станции «Красные ворота».

## Никита Лазарев
1866–1932

По словам Игоря Грабаря, архитектор Никита Герасимович Лазарев «вывел Арбат и Пречистенку в новый век». Его легендарный особняк купца Миндовского не только вошел во все сборники и учебники благодаря удивительной планировке и знаменитым приземистым «бочкообразным» колоннам. Сгладивший смелой ротондой острый угол Пречистенского и Староконюшенного переулков, дом признан шедевром неоклассицизма, в котором, по словам историка архитектуры А. В. Иконникова, «особенности московского стиля ампир доведены почти до гротеска». Именно эту постройку Борис Пастернак опишет в «Докторе Живаго» как «особняк Свентицких», в «трехстенной помпейской гостиной» которого отчаявшаяся Лара попытается застрелить Комаровского. Потомок известного рода московских армян

It only existed for three years, although it nevertheless made a considerable contribution to the architectural process. For example it introduced the "Space" discipline, in the framework of which students first made creative sketches on 3D mock-ups before transferring these to paper. Ladovsky's name is associated with many remarkable projects, such as the famous "Ladovsky Parabola" – a conceptual scheme for the development of Moscow which is in the shape of gigantic parabola until it links up with Leningrad. One of his favourite pupils, Georgy Krutikov, seriously considered creating "floating communes" – these would float in the stratosphere and communicate with earth through a universal multifunctional cabin. In addition to floating, this cabin could also move along the ground and across water. In fact, it was not the cities that were supposed to "float" (these were to be located in a strictly defined space), but rather their inhabitants. In the early 1930s, the Rationalist Movement faded out owing to the closure of all creative associations – with the exception of the official Union of Soviet Architects – as well as the proclamation of Socialist Realism being the only feasible constructive method. Nikolay Ladovsky died in oblivion in 1941, leaving behind the implemented projects of Dzerzhinskaya Metro Station (now known as Lubyanka) and the surface pavilion of Krasnye Vorota station.

## Nikita Lazarev
1866–1932

According to Igor Grabar, the architect Nikita Gerasimovich Lazarev "brought the Arbat and Prechistenka into the new century". The legendary mansion he designed for the merchant Mindovsky has entered all textbooks and collections. This is not only owing to its remarkable layout and famous squat, barrel-like columns, but also its bold rotunda which soften the acute angle formed by Prechistensky and Starokonyushny Lanes. The house has been recognised as a masterpiece of Neoclassicism – one in which, according to architecture historian Andrey Ikonnikov, "all the features of the Moscow Empire-style have been made to seem almost grotesque." This is precisely the building Boris Pasternak would go on to describe in *Doctor Zhivago* as the "Sventitsky mansion",

Лазаревых, Никита Герасимович успешно сочетал талант архитектора с искусством предпринимателя, самостоятельно проектируя многочисленные доходные дома, возводимые его фирмой. Широко известны его проекты в стиле модерн, однако подлинное признание Лазареву принес неоклассицизм. Особняк Миндовских, одна из первых в Москве неоклассицистических построек, по мнению многих, предвосхитила известные работы В. А. Щуко на международных выставках 1911 г. в Риме и Турине. До наших дней сохранилось и другое удивительное сооружение архитектора — первый и единственный в России Холодильник, приспособленный для хранения исключительно меховых вещей, платья и ковров. Лазарев опередил время, используя множество уникальных и оригинальных идей: воздух вентиляции охлаждается артезианской водой, стены камер облицованы панелями из экзотического пробкового дерева, с третьего по восьмой этаж полностью отсутствуют окна. Огромный Холодильник станет первым в мире сооружением такого рода и породит в Москве моду сдавать сюда на лето не только все меха, но даже ковры. После революции, в 1920 году, Меховой холодильник был национализирован, передан в распоряжение Народного комиссариата внешней торговли и получил в среде специалистов-меховщиков неофициальный статус «Мировой академии пушнины». Сам же автор знаменитой постройки после 1917 года оставил архитектурную практику и больше никогда не возвращался к строительству, однако, по свидетельствам В. Н. Лазарева, И. Э. Грабаря и других мемуаристов, оставался вполне обеспеченным (по советским меркам) человеком до самой смерти.

## Ле Корбюзье
1887–1965

Тяжелые круглые очки в роговой оправе и галстук-бабочка отца-основателя интернациональной архитектуры Шарля-Эдуара Жаннере-Гри, известного миру под фамилией дедушки — Ле Корбюзье, стали таким же символом авангарда, как закрученные усы Сальвадора Дали или седой парик Энди Уорхола. История взаимоотношений Ле Корбюзье с Советской Россией заслуживает особого внимания. По мнению ряда исследователей, Ле Корбюзье быстро воспринял СССР

in whose three-walled Pompei-styled living room Lara would try to shoot Komarovsky. A descendant of the famous Lazarev family of Moscow Armenians, Nikita Gerasimovich successfully combined the talent of an architect with the art of an entrepreneur, independently designing numerous apartment buildings which were erected by his firm. Although his moderne-style designs are widely known, it was Neoclassicism that gained Lazarev true recognition. In the view of many, the Mindovsky mansion – one of the first Neoclassicist buildings in Moscow – foreshadowed the famous works of V. Shchuko at 1911 international exhibits in Rome and Turin. Another remarkable structure by the architect has survived to this day – "The First and Only Cold-Storage in Russia adapted specifically for the storage furs, clothing, and carpets." Lazarev was ahead of his time in employing a variety of unique and original ideas, using artesian water to cool the ventilation air, lining the walls of chambers with panels made of exotic cork and entirely eliminating windows between the third and eighth floors. The huge cold-storage facility was the first to exist in the world and made it fashionable in Moscow to drop off not only furs, but even carpets for storage during the summer. Following the revolution of 1920, the "fur refrigerator" was nationalised and handed over to the People's Commissariat of Foreign Trade. It enjoyed the unofficial status of a "World Fur Academy" among furrier specialists. After 1917, the designer of this famous building left the architectural practice, never to return to practical construction. However, as attested by V. Lazarev, I. Grabar and others who left memoirs, he remained quite well-to-do (by Soviet standards) up until his death.

## Le Corbusier
1887–1965

The heavy horn-rimmed glasses and bowtie of the founding father of international architecture, Charles-Edouard Jeanneret-Gris – known to the world by his grandfather's name, Le Corbusier – became as much a symbol of the avant-garde as the curled moustache of Salvador Dali or Andy Warhol's grey wig. There is no point trying to write a biography on his career path since he was a legend of the

в качестве свободного и перспективного полигона для реализации самых смелых идей, однако с практической реализацией своих замыслов он опоздал. Его непосредственные контакты с Россией установились только в конце 1920-х годов, а к тому времени волна всеобщего увлечения авангардными поисками конструктивистов и рационалистов уже сходила на нет. Он по достоинству оценивает достижения русских архитекторов, восторгаясь одновременно и работами Александра Веснина, которого назовет «основателем конструктивизма», и Институтом Ленина Чернышева, который конструктивистами будет встречен без особых восторгов. Его Дом Центросоюза на Мясницкой, построенный в соавторстве с Николаем Колли, станет примером беспрецедентного для предвоенной Европы решения делового здания и первой по-настоящему крупной работой. Однако другим проектам Ле Корбюзье в России не суждено будет реализоваться. Его проект Дворца Советов с потолком в Большом зале, подвешенным на тросах, укрепленных на параболической железобетонной арке, по мнению исследователей, представлял собой самую смелую по замыслу работу Ле Корбюзье, однако он не вошел в число победителей конкурса. Слишком уж расходилось его авторское видение будущего Москвы с замыслами и идеями советских властей. Он принял участие и в разработке Генплана реконструкции Москвы — его предложение вкратце сводилось к тому, чтобы снести всю историческую застройку и возвести город заново, в традициях новой архитектуры. И хотя не этот проект, а реконструкция Роттердама вызвали в свое время негодование Иосифа Бродского, сформулированное им на страницах «Роттердамского дневника», эти же строки уместно было бы применить как яркую иллюстрацию восприятия творчества архитектора с точки зрения традиционной культуры:

У Корбюзье то общее с Люфтваффе,
что оба потрудились от души
над переменой облика Европы.
Что позабудут в ярости циклопы,
то трезво завершат карандаши.

Советскому же обывателю Ле Корбюзье был особенно неприятен своей научно обоснованной системой расчета архитектурных соотношений по «модулору». Именно эти расчеты стали теоретическим фундаментом индустриального строительства жилых помещений с высотой потолков в классические 2,5 метра…

avant-garde world. However, the history of his relationship with Soviet Russia merits attention. Scholars attest that Le Corbusier quickly came to perceive the USSR as the most free and promising test range for the boldest ideas. However, he was too late in implementing his ideas. His direct contacts with Russia were established only in the late 1920s; by that time, the wave of universal enthusiasm for the avant-garde quests of Constructivists and Rationalists had subsided. Le Corbusier appreciated the achievements of Russian architects, admiring the works of Alexander Vesnin whom he called "the founder of Constructivism", as well as Chernyshev's Lenin Institute which met a lukewarm reception among Constructivists. Tsentrosoyuz House on Myasnitskaya Street, which he co-designed with Nikolay Kolli, became an example of an office building unprecedented in prewar Europe and his first truly major work. However, Le Corbusier's other projects in Russia were not implemented. Many scholars are of the opinion that his design in the competition regarding the Palace of Soviets – featuring a ceiling in the Grand Hall which was suspended on steel ropes, fastened to a parabolic reinforced concrete arch – was his boldest work. However, it did not win the contest. His vision of the future concerning Moscow was too far removed from the plans and ideas of Soviet authorities. Le Corbusier took part in the development of the General Plan for the Reconstruction of Moscow in which his proposal boiled down to the demolishment of historical buildings and the reconstruction of the city according to new architectural ideas. It was not this project, however, but the reconstruction of Rotterdam that outraged Iosif Brodsky – who proceeded to pour out his rage in his *Rotterdam Diary*. The ordinary Soviet people disliked Le Corbusier for his scientific-based system of calculating architectural proportions "according to the modular system". These calculations presented the scientific rationale for the prefabricated construction of dwellings with 2.5 metre high ceilings …

# Эрнст Май
1886–1970

Автора концепции рационального жилья и последовательного сторонника принципов типовой застройки современники подчас называли «диктатором» и «Муссолини в архитектуре». Эти нелестные эпитеты нисколько не помешали сыну владельца кожевенной мануфактуры последовательно и упорно отстаивать свои идеалы. «Строчная застройка» жилых кварталов ровными параллельными линиями и идея децентрализации городских поселений стали своего рода визитной карточкой немецкого архитектора и главным признаком архитектурного стиля Эрнста Мая предвоенного образца. Вместе с группой немецких коллег Эрнс Май активно участвовал в проектировании и строительстве целого ряда новых советских городов. Группа Мая создавала типовые проекты жилых зданий, школ, детсадов, больниц, а также разработала генеральные планы застройки почти двух десятков советских городов, в том числе Кемерова, Нижнего Тагила, Новокузнецка, Орска, Харькова. Как и многие западные специалисты, Эрнст Май идеалистически видел в новой России пространство для реализации самых смелых творческих идей. Его план реконструкции Москвы, например, мало отличался по степени радикальности от плана Ле Корбюзье и предполагал массовый снос исторической застройки и полное изменение градостроительной концепции по принципу поселений-спутников. Свое возмущение неготовностью СССР к подобному новаторству Май сформулировал в своем знаменитом письме Сталину, в котором, в частности, говорилось: «Я считаю своим долгом проинформировать Вас о том, что в отношении возведения новых городов, связанного с быстрым экономическим развитием страны, исключительные возможности, которые в данный момент существуют именно в этой области, не используются так, как этого требует современное состояние градостроительной науки … Результатом этого является то, что сегодня заново совершаются те ошибки, которые капиталистическое градостроительство старого мира старается исправить ценой огромных жертв». Возмущение Мая было проигнорировано: архитектор, разорвав контракт, в 1933 году переселился на африканский континент. В Уганде, Танзании и Кении до сих пор сохранились здания, построенные в рамках его проекта «Новая Африка».

# Ernst May
1886–1970

Author of the concept of rational housing and a consistent advocate of the principles of standard buildings, he was described by his contemporaries as a "dictator" and "the Mussolini of architecture". These unflattering epithets did not deter the son of an owner of a leather factory from consistently and stubbornly promoting his ideas. "The linear pattern" of residential quarters – which featured houses in straight parallel lines – and the idea of decentralising urban communities was a kind of calling card for the German architect and the most recognisable feature of Ernst May's architecture prior to the war. Together with a group of German colleagues, Ernst May took an active part in designing and building a number of new Soviet cities. May's group developed standard designs of residential houses, schools, kindergartens, hospitals and general plans for more than several Soviet cities, including Kemerovo, Nizhny Tagil, Novykuznetsk, Orsk and Kharkov. Similar to many Western specialists, Ernst May idealised the new Russia as a space to try out his bold creative ideas. For example, his plan for the reconstruction of Moscow was almost as radical as that of Le Corbusier, since it envisaged the demolition of historical buildings and a complete change of the urban development concept in line with the principles of a "satellite community". May lamented the fact that the USSR was unprepared for such an innovatory approach in his famous letter to Stalin, which read in part: "I deem it my duty to inform you that with regard to the building of new cities connected with the country's rapid economic development, the exceptional opportunities currently existing in this field are not being used in a way that is required by the current state of architectural knowledge … The result is that today the same mistakes are being made as capitalist urban development in the old world, which are now being rectified at the price of enormous sacrifice." May's letter was ignored. The architect broke off the contract and in 1933 moved to the African continent. There are still buildings erected under his New Africa project in Uganda, Tanzania and Kenya.

## Константин Мельников
1890–1974

В советской архитектуре 1920–1930-х годов трудно найти более противоречивого и легендарного мастера, чем Константин Мельников. Его, вне всяких сомнений, авангардное творчество нельзя отнести ни к одному из существующих в те годы архитектурных концепций, причем сам Мельников демонстративно дистанцируется от конструктивистской школы. В начале 1920-х он окончательно разорвал отношения с неоклассиками школы Жолтовского и стал самым молодым архитектором, принявшим участие в проектировании Всероссийской сельскохозяйственной выставки, создав знаменитый павильон «Махорка», вошедший в наши дни во все возможные справочники и хрестоматии архитектурного авангарда. Уже в начале 1930-х его называли «великим русским архитектором». На знаменитой триеннале 1933 года в Милане он представляет в рамках собственной персональной экспозиции новую архитектуру СССР. Францию на выставке представлял Ле Корбюзье, Германию — Вальтер Гропиус и Мис ван дер Роэ, Австрию — Йозеф Хоффманн, США — Фрэнк Ллойд Райт. Такое соседство вполне соответствует авторитету и статусу Мельникова в те годы. Дома культуры и клубы, выставочные павильоны и гаражи — период до 1933 года исследователи называют «золотыми годами» творчества Константина Мельникова. Своего рода «охранной грамотой» архитектору стала его основная идеологическая работа — саркофаг В. И. Ленина, расположенный в Мавзолее. Впрочем, во второй половине 1930-х, после окончательного утверждения соцреализма в качестве главного принципа социалистического искусства, Мельников становится невостребован. Последний его проект реализован в 1936 году, и до конца жизни главным занятием Мельникова стала преподавательская деятельность. Уже после смерти, в 2001 году, по опросу членов Российской академии архитектуры и строительных наук, Константин Мельников был признан наиболее выдающимся русским архитектором XX века.

## Konstantin Melnikov
1890–1974

In Soviet architecture of the 1920s–1930s, it is hard to find a more controversial and renowned master than Konstantin Melnikov. Although his work undoubtedly belongs to the avant-garde, Melnikov cannot be pigeonholed into any one architectural concept that existed in those years and pointedly distanced himself from the Constructivist school of thinking. In the early 1920s, he finally turned his back on the Zholtovsky School of Neoclassicists to become the youngest architect to participate in the design of the All-Russian Agricultural Exhibition. Here he created his famous Makhorka pavilion which is now included in all architectural avant-garde reference books and anthologies. In the early 1930s, he was already being hailed "the great Russian architect". At the famous 1933 Triennale in Milan he represented the new Soviet architecture at his personal exposition. France was represented by Le Corbusier, Germany by Walter Gropius and Ludwig Mies van der Rohe, Austria by Joseph Hoffmann, and the USA by Frank Lloyd Wright. Being in that company is a measure of the authority and status Melnikov commanded in those years. The houses of culture and clubs, exhibition pavilions and garages – the period until 1933 is described by scholars as Konstantin Melnikov's "golden years". The Sarcophagus of Vladimir Lenin in the Lenin Mausoleum, an ideological work, was a kind of laissez-passes for the architect. However, in the latter half of the 1930s, after Socialist Realism was established as the main principle of socialist art, Melnikov's services were no longer needed. His last project was implemented in 1936. Melnikov devoted the rest of his life to teaching. In 2001, long after his death, an opinion poll among the members of the Russian Academy of Architecture and Construction Sciences revealed that Konstantin Melnikov was regarded as the most brilliant architect of the twentieth century.

# Владимир Семенов
1874–1960

Если бы академик архитектуры СССР Владимир Николаевич Семенов не вошел в историю как выдающийся градостроитель, деталей его биографии все равно хватило бы на хороший и увлекательный приключенческий роман. В разгар англо-бурской войны молодой выпускник Петербургского института гражданских инженеров оставляет престижную работу сотрудника главного архитектора Гатчины В. Н. Дмитриева, чтобы уехать в Трансвааль. На этой войне русский доброволец познакомился с начинающим журналистом Уинстоном Черчиллем, захваченным в плен при атаке на бронепоезд. Черчилль впоследствии из плена бежал, а Семенов попал в лазарет с приступом аппендицита, который ему удалили без анестезии — со стаканом виски и бамбуковой палкой, зажатой в зубах. Возможно, именно случайное знакомство с будущим премьером сыграло решающую роль в судьбе Семенова, когда в лихом 1905-м за поддержку революционного движения ему вместе с семьей предложили покинуть империю в течение сорока восьми часов. На Британских островах семья Семеновых прожила до 1912 года. За это время архитектор успел поучаствовать в проектировании и застройке знаменитого Лечворта — первого города-сада Эбенизера Говарда, и войти в состав учредительной конференции по градостроительству, которую в 1910 году проводил Королевский институт британских архитекторов. Опыт работы с Говардом Семенов успешно применит на практике при сооружении первого российского города-сада вблизи станции Прозоровская, совместно с Таманяном. В том же 1912 году Семенов опубликует программную работу «Благоустройство городов» — первое научное исследование на тему градостроительства, планировки и обустройства городов на русском языке. Необходимость выработать для России особый тип русского города, отвечающий суровому климату, земельному простору и национальным особенностям, патриотизм и убежденность в том, что планировку городов нужно рассматривать как дело общественное и органически связанное с родной страной, станут лейтмотивами книги, а главные принципы градостроительной политики, сформулированные Семеновым, определят характер его творчества на долгие годы. В 1927 году Семенов организует и возглавит знаменитое «Бюро по планировке

# Vladimir Semyonov
1874–1960

Even if Vladimir Nikolayevich Semyonov, the academician of architecture, had not entered history as an outstanding urban planner, the details of his biography would still be suitable for an excellent and fascinating adventure novel. At the height of the Boer War, the young graduate of the Saint Petersburg Institute of Civil Engineers left his prestigious job as an associate of V. Dmitriyev, the chief architect of Gatchina, to head off for the Transvaal. During the war, the Russian volunteer met the budding journalist Winston Churchill, who had been captured during an attack on an armored train. Churchill subsequently escaped from captivity, while Semyonov ended up in hospital with a bout of appendicitis; he would endure the subsequent operation without any anesthesia – just a glass of whiskey and a bamboo stick clamped between his teeth. Perhaps it was exactly this chance acquaintance with the future prime minister that would play a decisive role in the fate of Semyonov, who – due to his support of the revolutionary movement – was asked in the tumultuous year of 1905 to take his family and leave the Russian Empire within forty-eight hours. The Semyonov family would live in the British Isles until 1912. During this time, the architect was involved in the design and development of Ebenezer Howard's famous Letchworth Garden City, and attended the inaugural conference on urban planning conducted by the Royal Institute of British Architects in 1910. The experiences he gained working with Howard were successfully applied to both his overall practice as well the construction of Russia's first "garden city" in Prozorovskaya in conjunction with Tamanyan. In that same year of 1912, Semyonov published his flagship work *Urban Improvement* – the first scientific study on the urban design, planning and construction of cities in the Russian language. The need for Russia to develop a special type of Russian city to address the harsh climate, expanse of territory and widely varying ethnic characteristics – along with the belief that urban planning needed to be viewed as a matter of public policy, organically connected with his native country – would become the leitmotif of the book, while the basic principles of an urban planning policy, formulated by Semyonov, determined the nature of his work for years to come. In 1927, Semyonov organised and

городов» (на базе которого в 1929 году был организован «Гипрогор» — институт для проектирования генеральных планов городов и рабочих поселков, разработки проектной документации для новостроек первых пятилеток). Проекты планировки Астрахани, Владимира, Кисловодска, Минеральных Вод, Сталинграда, Хабаровска, Ярославля и других городов составлены в этот период под руководством Семенова. Вершины практической градостроительной деятельности он достигнет в 1932-м. В должности руководителя Архитектурно-планировочного управления — главного архитектора Москвы он разработает «Эскиз генерального плана Москвы», основные положения которого лягут в основу Генерального плана реконструкции Москвы, утвержденного в 1935 году.

## Александр Таманян
1878–1936

Близкий друг и единомышленник Щусева, Фомина и Жолтовского, Александр Ованесович Таманян (известный до революции как Александр Иванович Таманов) по праву считается не только основоположником современной национальной архитектуры Армении, но и одним из основоположников советского неоклассицизма. Он родился в 1878 году в семье банковского служащего из Екатеринодара, уже в 1914-м, в тридцать шесть лет, был удостоен звания академика архитектуры, а спустя три года, в 1917-м, стал председателем Совета Академии художеств на правах вице-президента и председателем Совета по делам искусств. Заслуженное признание коллег ему принесли проекты особняков Абамелика Лазарева в Петербурге и князя Кочубея в Царском Селе, ушедшие на дно Рыбинского водохранилища имения «Иловна» и «Борисоглеб» в Ярославской области, город-сад для служащих Московско-Казанской железной дороги и больничный комплекс на станции Прозоровская. Построенный по его проекту дом князя Щербатова в Москве признан лучшим среди построенных в 1913 году зданий с красивыми фасадами и удостоен золотой медали. Несмотря на блестящие стилизации в псевдорусском стиле, интерес к национальной армянской культуре отчетливо проявляется уже на ранних этапах творчества, например в реконструкции армяно-григорианской церкви в Петербурге. Всю судьбу

headed the famous "Bureau of Urban Planning" (upon which was founded "Giprogor" in 1929 – an institute for designing master plans for cities and workers' settlements, as well as new building projects under the first Five Year Plan). Projects for the layout of Astrakhan, Vladimir, Kislovodsk, Mineralnye Wody, Stalingrad, Khabarovsk, Yaroslavl and other cities were compiled during this period under the leadership of Semyonov. He would reach the pinnacle of his practical urban development activities in 1932. As Director of the Architecture and Planning Administration – the chief architect of Moscow, he developed a "Draft Master Plan for Moscow", the main principles of which would go on to form the basis of the Master Plan for Reconstruction of Moscow, approved in 1935.

## Alexander Tamanyan
1878–1936

A close friend and associate of Shchusev, Fomin and Zholtovsky, Alexander Ovanesovich Tamanyan (known prior to the revolution as Alexander Ivanovich Tamanov) is rightly considered to be not only the founder of modern Armenian national architecture, but one of the founders of Soviet Neoclassicism as well. Born in 1878 to the family of a Yekaterinodar bank employee, by 1914 – at the age of thirty-three – Tamanyan had already been awarded the title of academician of architecture, and three years later, in 1917, he became the Chairman of the Board of the Academy of Arts by virtue of his position as Vice President and Chairman of the Board for the Arts. This well-deserved recognition by his colleagues was gained through his designs of mansions for Abamelik Lazarev in Saint Petersburg and Prince Kochubey in Tsarskoye Selo (now submersed in the Rybinsk Reservoir at the Ilovna and Borisogleb estates in the Yaroslavl province), the "Garden City" for Moscow–Kazan Railway employees, and a hospital complex in Prozorovskaya. His design of Prince Shcherbatov's house in Moscow – with its beautiful facades – was recognised by the award of a gold medal and acknowledged as the best of those built in 1913. Despite his use of brilliant pseudo-Russian styling, his interest in national Armenian culture is clearly manifest in the early stages of his creative work – for example,

и творческий путь архитектора определит появление на карте послевоенного мира первого за долгие столетия независимого государства армян — Республики Армения. Таманян поспешит присоединиться к истерзанному геноцидом родному народу, чтобы воплотить на пыльном пространстве сельской провинции вековую мечту миллионов армян — величественную столицу из красного туфа. Новый Ереван стал первой столицей, построенной в двадцатом веке. Архитектор стремится создать идеальный город, объединенный единым обликом и уникальной планировкой. Единственной национальной чертой послевоенной Эривани — города хаотичной мусульманской застройки и казенных имперских зданий — остаются армянские храмы, которые архитектор выбирает в качестве базовых точек для организации своего проекта. Однако стремительный ход исторических событий и вхождение Первой республики в состав СССР внесут свои коррективы — большинство церквей будет уничтожено буквально на глазах Таманяна. Тем не менее уход в сферу национальной архитектуры позволит ему избежать повального увлечения новыми концепциями и идеями — он останется верен единожды избранному пути, войдя в историю как создатель и основоположник великой школы армянской архитектуры, сочетавший уникальные традиции своего народа с классическими европейскими канонами.

in the reconstruction of the Gregorian-Armenian church in Saint Petersburg. The architect's whole fate and career determined the appearance of an independent Armenian state – the Republic of Armenia – on the first map of the post-war world for many centuries. Tamanyan rushed to join his genocidally-tormented native people to bring to fruition – in this dusty, rural province – the century-old dream of millions of Armenians: a majestic capital city built of red travertine. The new Yerevan was the first capital to be built in the twentieth century. The architect strove to create the ideal city, united by a common appearance and unique layout. The only remaining national/ethnic feature of post-war Yerevan – a city of chaotic Muslim construction combined with formal imperial buildings – would be the Armenian churches, which the architect chose as key anchor points for the organisation of his overall design. However, the rapid course of historical events and the entry of the First Republic into the Soviet Union would have an impact – most of the churches would be destroyed before Tamanyan's very eyes. Nonetheless, his move into the sphere of national/ethnic architecture enabled him to escape the epidemic passion for new concepts and ideas – he remained faithful to his one and only chosen path, entering history as the creator and founder of the great school of Armenian architecture who combined the unique traditions of his own people with classical European canons.

## Альберт Шпеер
### 1905–1981

По словам личного секретаря Адольфа Гитлера Траудль Юнге, Шпеер «был единственным человеком, к которому Гитлер испытывал какие-то чувства, кого слушал и с кем иногда даже беседовал». Многие исследователи склонны считать, что Гитлер видел в молодом архитекторе своеобразное альтер эго и возможность реализовать собственные замыслы и амбиции. Шпеера принято называть главным идеологом не только нацистской архитектуры, но и культуры в целом — его работы стали бесспорными символами эпохи и культуры Третьего рейха. Гигантский римский орел со свастикой, противопоставленный на парижской выставке бурному натиску советских «Рабочего и колхозницы», мистически величественное здание Рейхсканцелярии

## Albert Speer
### 1905–1981

According to Hitler's personal secretary Traudle Junge, Speer "was the only person Hitler had any feeling for, to whom he listened and with whom he even sometimes talked". Many scholars are inclined to believe that Hitler saw the young architect as an "alter ego" and viewed him as a means to implement his own plans and ambitions. Speer is usually regarded as the chief ideologist – not only of Nazi architecture – but of culture as a whole: his works have certainly become symbols of the culture and era of the Third Reich. Examples of these are the gigantic Roman eagle with a swastika juxtaposed at the Paris exhibition with the violent impact of the Soviet "Worker and Kolkhoz Woman", the mystical and imposing building of the

и даже зенитные прожектора в качестве архитектурного инструмента. Сам он писал об этом: «Эффект значительно превзошёл мою фантазию. 130 резких лучей, расположенных вокруг всего поля на расстоянии всего 12 метров друг от друга, достигали высоты в 6–8 километров и там соединялись в сияющую плоскость. Так возникал эффект огромного помещения, причем отдельные лучи смотрелись как огромные пилястры бесконечно высоких внешних стен. Иногда через этот световой венец проходило облако и придавало грандиозному эффекту сюрреалистический оттенок. Я думаю, что этот «световой собор» стал родоначальником световой архитектуры такого рода, и для меня он остается не только прекраснейшим, но и единственным в своем роде пространственным творением, пережившим свое время. ‹Одновременно торжественно и прекрасно, как будто находишься в ледяном дворце›, — писал британский посол Хендерсон». По сравнению с другими министрами гитлеровского кабинета, судьбу Шпеера можно назвать «удачной». По приговору Нюрнбергского трибунала он получил двадцать лет тюремного заключения, вышел на свободу в 1966-м и скончался на семьдесят седьмом году жизни во время встречи с любовницей в одном из отелей Лондона.

## Алексей Щусев
1873–1949

Алексей Щусев является, пожалуй, одним из наиболее ярких и успешных примеров адаптации таланта к новым условиям. Став академиком архитектуры еще в 1910 году, Щусев дореволюционного периода известен как автор выдающихся трактовок древнерусской архитектуры в стилистике раннего модернизма. После революции Щусев-стилизатор пошел дальше — его проект Центрального телеграфа на Тверской улице был более новаторским и конструктивистским, чем проект основателей конструктивизма братьев Весниных, а самой известной работой архитектора в советский период стало главное идеологическое сооружение страны — Мавзолей В. И. Ленина. По мнению некоторых исследователей, только этот великий проект позволит Щусеву избежать репрессий в 1930-х. Чуть позже именно Щусев и Жолтовский станут буквальным олицетворением сталинской архитекту-

Reich Chancellery and even his use of anti-aircraft spotlights as an architectural instrument. He himself remarked: "The effect far exceeded my fantasies. 130 sharp rays located around the entire field, spaced twelve metres from each other, extending to a height of six to eight kilometres to combine in a shining plane. This created the effect of a vast space, with individual rays being perceived as huge pilasters of infinitely high external walls. Sometimes a cloud would sail through this crown of light to introduce a surrealist touch to this grandiose effect. I think that this 'cathedral of light' was the precursor of the light architecture of this type. To me it remains not only the most beautiful, but the only spatial work that survived its time". 'At once solemn and beautiful, as if one is inside an ice palace', wrote the British Ambassador Hendelson." Compared with other ministers in Hitler cabinet, Speer might be considered "lucky". He was sentenced to twenty years in prison by the Nuremberg Tribunal, was released in 1966 and died at the age of seventy-six while dating his mistress at a London hotel.

## Alexey Shchusev
1873–1949

Alexey Shchusev was probably one of the most remarkable examples of a talented individual who adapted himself to new conditions. He became a member of the Architecture Academy in 1910. Prior to the 1917 Revolution, Shchusev made his name by adapting old Russian architecture to early modernism. After the revolution, Shchusev continued his experiments in relation to style: the Central Telegraph in Gorky Street was more innovative and Constructivist than the Vesnin brothers' project, the founders of Constructivism. His best known work during the Soviet period was the country's main ideological structure, the Lenin Mausoleum. In the opinion of some scholars, it was this great project alone that saved Shchusev from becoming a victim of the Stalin purges in the 1930s. Later, Shchusev and Zholtovsky would become by-words

ры. Его ассиметричный фасад гостиницы «Москва» породит знаменитую легенду о том, как Сталин якобы подписал два разных чертежа ровно посредине, а о стилизаторских способностях Щусева его ученик Чечулин напишет с восторгом: «Щусеву была чужда национальная ограниченность. С тем же увлечением, с каким строил в духе русской архитектуры здание Казанского вокзала, в тридцатые и сороковые годы он создавал такие выдающиеся сооружения, как филиал Института марксизма-ленинизма в Тбилиси, в котором нашли яркое отражение принципы грузинской народной архитектуры, и Театр оперы и балета имени А. Навои в Ташкенте, в архитектуре которого чувствуется прекрасное знание узбекского зодчества и его творческая трактовка». В то же время о Щусеве нередко вспоминают как о веселом цинике — известно его высказывание о знаменитом здании НКВД на Лубянке: «Попросили меня построить застенок. Ну, я и построил им застенок повеселее…»

for Stalinist architecture. His asymmetric facade of the Hotel Moskva would give rise to a famous legend whereby Stalin allegedly signed two different plans exactly in the middle. Shchusev's ability in terms of style received glowing comments from his pupil, Chechulin: "National parochialism was alien to Shchusev. He brought the same level of enthusiasm to the construction of Kazansky Train Station in the spirit of Russian architecture, as well as outstanding structures of the 1930s and 1940s such as the Branch of the Marxism-Leninism Institute in Tbilisi – which highlighted the principles of Georgian folk architecture – and the Navoi Opera and Ballet Theatre in Tashkent. This demonstrates a profound familiarity with Uzbek architecture and a creative approach to interpreting it". At the same time, Shchusev is often remembered for his mischievous and cynical remarks. One remark was prompted by the design of the NKVD headquarters on Lubyanka: "They asked me to build a prison. Well, I thought I would make it a bit more cheerful …"

# Алфавитный список биографических врезок справочного характера с указанием страниц

# Index of names

**А**
Алабян, Каро, 155, 197, 198, 236
**Б**
Бархин, Григорий, 24, 237
Бенуа, Леонтий, 26–28, 30, 37, 47, 238
**В**
Веснины, Леонид, Александр и Виктор, 36, 100, 155, 239
**Г**
Гендель, Эммануил, 148, 229, 240
Говард, Эбенизер, 96, 97, 241
Голосовы, Илья и Пантелеймон, 100, 125, 129, 130, 140, 242
Гропиус, Вальтер, 107, 108, 121, 243
**Ж**
Жолтовский, Иван, 87, 116, 125, 129, 131, 135, 136, 142, 164, 201, 234, 235, 244
**З**
Заславский, Абрам, 197, 198
**И**
Иофан, Борис, 155, 162, 197, 198, 208, 209, 245
**К**
Каганович, Лазарь, 123, 150, 151, 184
Казаков, Матвей, 126, 148, 149
Колли, Николай, 99, 100, 125, 155, 189, 197, 198, 246
**Л**
Ладовский, Николай, 143, 247
Лазарев, Никита, 33–36, 38, 248
Ле Корбюзье, 68, 72, 142, 196, 228, 234, 249

**A**
Alabyan, Karo, 155, 197, 198, 236
**B**
Barkhin, Grigory, 24, 247
Benois, Leonty, 25–28, 36, 47, 238
**C**
Chechulin, Dmitry, 150, 158, 198
**F**
Fomin, Ivan, 128
**G**
Gendel, Emmanuil, 148, 150, 229, 240
Golosov, Ilya and Panteleymon, 100, 125, 128, 129, 140, 242
Gropius, Walter, 1007, 108, 121, 243
**H**
Howard, Ebenezer, 96, 97, 241
**I**
Iofan, Boris, 155, 162, 197, 198, 209, 213, 245
**K**
Kaganovich, Lazar, 123, 151, 152, 184
Kazakov, Matvey, 126, 148, 150
Kolli, Nikolay, 98, 99, 125, 155, 189, 197, 198, 246
**L**
Ladovsky, Nikolay, 143, 247
Lazarev, Nikita, 33–38, 248
Le Corbusier, 68, 72, 142, 196, 228, 249

**М**
Май, Эрнст, 107, 108, 114–119, 121, 143, 196, 181, 228, 251
Мельников, Константин, 125, 130, 139, 252
Милютин, Николай, 110, 111
**О**
Олтаржевский, Вячеслав, 141, 161
**Р**
Руднев, Лев, 155, 208, 209, 211, 218
**С**
Семенов, Владимир, 48, 64, 101, 102, 150, 151, 235, 253
Суслов, Владимир, 25
**Т**
Таут, Бруно, 107, 108
Таманян, Александр, 30, 254
**Ф**
Фомин, Иван, 129
**Ч**
Чечулин, Дмитрий, 149, 157, 198
**Ш**
Шехтель, Федор, 47, 51, 130, 135
Шпеер, Альберт, 123, 196, 204, 255
**Щ**
Щуко, Владимир, 30, 129, 130
Щусев, Алексей, 67, 125, 130, 142, 149, 155, 164, 190, 191, 197, 256

**M**
May, Ernst, 107, 108, 113–119, 121, 143, 182, 196, 228, 251
Melnikov, Konstantin, 125, 129, 139, 252
Milyutin, Nikolay, 109, 110
**O**
Oltarzhevsky, Vyacheslav, 141, 161
**R**
Rudnev, Lev, 155, 208, 209, 211, 218
**S**
Semyonov, Vladimir, 48, 64, 100, 102, 151, 152–153, 235, 253
Suslov, Vladimir, 25
Shekhtel, Fyodor, 47, 51, 129, 135
Speer, Albert, 122, 196, 197, 205, 255
Shchuko ,Vladimir, 30, 128
Shchusev, Alexey, 67, 125, 129, 142, 149, 155, 164, 190, 191, 197, 198, 256
**T**
Taut, Bruno, 107, 108
Tamanyan, Александр, 30, 254
**V**
Vesnin, Leonid, Alexander and Viktor, 34, 36, 100, 155, 239
**Z**
Zaslavsky, Abram, 197, 198
Zholtovsky, Ivan, 87, 115, 125, 128, 130, 135, 136, 142, 164, 201, 234, 244

# Основная литература и источники

1. Bienert, M., Buchholz, E. L. Die Zwanziger Jahre in Berlin. Ein Wegweiser durch die Stadt. Berlin: Berlin Story Verlag, 2005.
2. Jochmann, W. Adolf Hitler: Monologe im Fuehrerhauptquartier 1941–1944. Hamburg: Knaus, 1980.
3. Orlov, A. A. Handbook of Intelligence and Guerilla Warfare. Ann Arbor: University of Michigan Press, 1962.
4. Podmore, F. Robert Owen: A Biography. New York: Appleton and Co., 1907.
5. Антипов, И. П. Конкурс на кинофабрику «Совкино» // Строительная промышленность. 1927. № 9. С. 614–616.
6. Антипов, И. П. Архитектура электростанций // Архитектура СССР. 1933. № 3–4. С. 26–32.
7. Аранович, Д. М. Реконструкция московских площадей: Обзор проектов // Архитектура СССР. 1935. № 10–11. С. 37–43.
8. Архитектура городской площади // Архитектура СССР. 1934. № 2. С. 10–17.
9. Астафьева-Длугач, М. И. О первом плане реконструкции Москвы // Зодчество. М.: Стройиздат, 1975. № 1 (20). С. 141–154.
10. Астафьева-Длугач, М. И. О некоторых художественно-образных проблемах генерального плана реконструкции Москвы 1935 г. // Проблемы истории советской архитектуры. М.: ЦНИИП градостроительства, 1980. С. 82–91.
11. Афанасьев, К. Н. Борьба течений во ВХУТЕМАСе // ВХУТЕМАС–МАРХИ 1920–1980. Традиции и новаторство: Материалы научной конференции. М., 1986. С. 31–32.
12. Бартенев, И. Архитектурная школа Академии художеств // Архитектура СССР. 1983. № 3–4. С. 56–64.
13. Бархин, М. Г. Метод работы зодчего: Из опыта советской архитектуры 1917–1957. М.: Стройиздат, 1981.
14. Бархин, М. Г. Время — промышленность — архитектура // Архитектура СССР. 1985. № 1. С. 18–22.
15. Бархина, А. Г. Г. Б. Бархин. М.: Стройиздат, 1981.
16. Белоусов, В. Н., Смирнова, О. В. В. Н. Семенов. М.: Стройиздат, 1980.
17. Бондаренко И. Горенки // Старые годы. 1911. № 12. С. 68–70.
18. Бунин, А. В. Центральная магистраль столицы // Архитектура СССР. 1934. № 8. С. 25–27.
19. Васильев, Е. Автор считался неизвестным // Советская культура. 12.01.1973.
20. Вендеров, В. Архитектура старой и новой Москвы // Строительство Москвы. 1927. № 7–12. С. 42–46.
21. Виноградов, Н. Д. Воспоминания о монументальной пропаганде в Москве // Искусство. 1939. № 1. С. 32–49.
22. Виноградов, Ю. А. Операция «Б». М.: Патриот, 1992.
23. Во Всекопромсоюзе // Вестник промысловой кооперации. 1923. № 1. С. 35.
24. Гехт, С. Дорога гиганта // Экран. 1926. № 8. С. 10–12.
25. Гусев, В. Хранилище уникальных ленинских документов // Вечерняя Москва. 21.01.1978.
26. Дмитриев, Н. А. Училище живописи, ваяния, зодчества. М.: Искусство, 1951.

27. Докладная записка Восьмого очередного съезда представителей промышленности и торговли о мерах к развитию производительных сил России и к улучшению торгового баланса. СПб., 1914.
28. Докучаев, Н. Конкурс на планировку Магнитогорска // Строительство Москвы. 1930. № 4. С. 25–28.
29. Ежегодник Московского архитектурного общества 1910–1911. М.: Издание Московского архитектурного общества, 1911. № 2.
30. Ежегодник Московского архитектурного общества 1912–1913. М.: Издание Московского архитектурного общества, 1913. № 3.
31. Ежегодник Московского архитектурного общества 1914–1916. М.: Издание Московского архитектурного общества, 1916. № 4.
32. Ежегодник Московского архитектурного общества. М.: Издание Московского архитектурного общества, 1928. № 5.
33. Ежегодник Московского архитектурного общества. М.: Издание Московского архитектурного общества, 1930. № 6.
34. Застройка проспекта Конституции // Строительная газета. 18.08.1940.
35. Иваницкий, А. П. Конкурс проектов показательных домов для рабочих квартир в г. Москве // Архитектура. 1923. № 3–5. С. 34–42.
36. Известия Литературно-художественного кружка. 1915. Вып. 12. С. 29–35.
37. Ильин, М. А. Подмосковье. М.: Искусство, 1974. С. 55–56.
38. Каганович, Л. М. За социалистическую реконструкцию Москвы и городов СССР. М.: Московский рабочий, 1931.
39. Казусь, И. А. Советская архитектура 1920-х гг.: Организация проектирования. М.: Прогресс – Традиция, 2009.
40. Ковалев, В. А. Архитектура тепловых электростанций, сооружавшихся по плану ГОЭЛРО // Проблемы истории советской архитектуры. М.: ЦНИИП градостроительства, 1980. С. 15–23.
41. Козелков, Г. Я. Магистраль Всехсвятское — завод имени Сталина // Архитектура СССР. 1935. № 10–11. С. 17–20.
42. Козелков, Г. Я. Реконструкция района ул. Горького — Ленинградское шоссе // Строительство Москвы. 1935. № 7–8. С. 20–21.
43. Коккинаки, И. В. Градостроительный проект зоны спорта, науки и культуры для Москвы // Проблемы истории советской архитектуры. М.: ЦНИИП градостроительства, 1985. С. 68–79.
44. Коммунистическая академия. Москва // Библиотека Коммунистической академии, 1928. С. 160–162.
45. Конышева, Е., Меерович, М. Берег левый, берег правый: Эрнст Май и открытые вопросы советской архитектуры // Архитектон. Известия ВУЗов. 2010. № 30.
46. Конышева, Е. В., Меерович, М. Г. Эрнст Май и проектирование соцгородов в годы первых пятилеток (на примере Магнитогорска). М.: Леланд, 2012.
47. Корбюзье (Le Corbusier). Планировка города. М.: ОГИЗ, 1933.
48. Коршунов, Б. Дипломные работы Московского архитектурного института // Архитектура СССР. 1934. № 16. С. 32–36.
49. Коэн, Жан-Луи. Ле Корбюзье и мистика СССР: Теории и проекты для Москвы 1928–1936. М.: Арт Волхонка, 2012.
50. Красин, Л. Б. О памятниках Владимиру Ильичу // О памятнике Ленину. Л., 1924.
51. Красин, Л. Б. Архитектурное увековечение Ленина // Известия. 07.02.1924.
52. Кусаков, В. Улица Конституции (Новый Арбат) в Москве // Архитектура СССР. 1940. № 9. С. 40–44.
53. Лисовский, В. Г. Леонтий Бенуа и петербургская школа художников-архитекторов. СПб.: Коло, 2006.
54. Луначарский, А. В. Десять лет культурного строительства в стране рабочих и крестьян. М.–Л.: Госиздат, 1927.
55. Луначарский, А. В. Доклад на юбилейной сессии ЦИК СССР. 16.10.1927.
56. Луначарский, А. В. Воспоминания и впечатления. М.: Советская Россия, 1968.
57. Манштейн, Э. (Erich von Manstein). Утерянные победы. М.: АСТ – СПб.: Terra Fantastica, 1999.
58. МАО. Конкурсы 1923–1926. М.: Издание Московского архитектурного общества, 1926.
59. Меерович, М. Г. Рождение и смерть советского города-сада // Вестник Евразии. 2007. № 1. С. 118–166.
60. Милютин, Н. Борьба за новый быт и советский урбанизм // Известия. 29.10.1929.

61. Мировая экономика: Глобальные тенденции за 100 лет. М.: Юристъ, 2003.
62. Москва, 1935. Издание газеты «Рабочая Москва». 1935. Под редакцией Л. Ковалева.
63. Николаев, И. Проект застройки участка Донские огороды // Строительство Москвы. 1928. № 11. С. 7–8.
64. Обухова, Н. Ю. Голуби в городе // В мире животных. 2001. № 3. С. 6–11.
65. Окунев, Н. П. Дневник москвича 1917–1924. М.: Воениздат, 1997.
66. Опочинская, А. И. Подготовка кадров в Академии архитектуры // Архитектура СССР. 1985. № 4. С. 101–104.
67. Пекарева, Н. А. Годы учения: Воспоминания архитектора // Панорама искусств. М.: Советский художник. 1984. Вып. 7. С. 250–257.
68. Постановление Политбюро ЦК ВКП(б) «О перестройке литературно-художественных организаций». 23.04.1932.
69. Постановление СНК СССР, ЦК ВКП(б) № 1435 «О генеральном плане реконструкции города Москвы». 10.07.1935.
70. Постановление СНК СССР № 2722 «О мероприятиях по восстановлению разрушенных немецкими захватчиками городов РСФСР: Смоленска, Вязьмы, Ростова-на-Дону, Новороссийска, Пскова, Севастополя, Воронежа, Новгорода, Великих Лук, Калинина». 01.11.1945.
71. Программа конкурса на планировку Магнитогорска // Строительная промышленность. 1930. № 3. С. 195–197.
72. Пузис, Г. Магнитогорск. М., 1930.
73. Пузис, Г. Социалистический Магнитогорск (На путях решения проблемы) // Революция и культура. 1930. № 1. С 14–19.
74. Рабочее жилищное строительство. М.: Издательство Моссовета, 1924. С. 66–68.
75. Рабочие жилища (примерные проекты архитекторов: Л. А. Веснина, К. А. Грейнерта, А. К. Иванова, А. П. Иваницкого, В. Д. Кокорина, Н. Я. Колли, Б. А. Коршунова, Э. И. Норверта, Н. И. Чайковского, С. Е. Чернышева). Л.: Вопросы труда, 1924.
76. Революция и гражданская война в России: 1917–1923 гг. Энциклопедия в 4 томах. М.: Терра, 2008.
77. Сборник материалов Чрезвычайной государственной комиссии по установлению и расследованию злодеяний немецко-фашистских захватчиков и их сообщников.
78. Семенов, В. Н. Москву планировать и планово застраивать // Строительство Москвы. 1932. № 2. С. 2–6.
79. Семенов, В. Н. Как планировать и застраивать Москву // Строительство Москвы. 1933. № 8. С. 8–11.
80. Соколова, И. Монумент В. И. Ленину // Искусство. 1957. № 7. С. 12–18.
81. Справка Правления Общества строителей Международного Красного Стадиона. 19.07.1924.
82. Стригалев, А. А. Первые архитектурные памятники В. И. Ленину // Архитектура СССР. 1969. № 4. С. 2–10.
83. Тер-Акопян, К. Институт В. И. Ленина // Архитектура. 1987. № 18. С. 3.
84. Тихомиров, Н. Я. Архитектура подмосковных усадеб. М.: Гос. издательство литературы по строительству и архитектуре, 1955. С. 116–120.
85. Тоталитарное обаяние // Недвижимость и строительство Петербурга. 05.07.2010. № 26 (610). С. 10.
86. Ученические работы в Академии // Зодчий. 1904. № 52. С. 607.
87. Уэллс, Г. Россия во мгле (Перевод А. Голембы) // Г. Уэллс. Собрание сочинений в пятнадцати томах. М., 1964. Т. 15. С. 313–376.
88. Фадеев, А. А. Молодая гвардия. М.: Молодая гвардия, 1951.
89. Федосихин, В. С., Хорошанский, В. В. Магнитогорск — классика советской социалистической архитектуры. 1918–1991 гг. Магнитогорск, 2003.
90. Федосихин, В. С. Наследие школы БАУХАУЗ в Магнитогорске // BAUHAUS на Урале: От Соликамска до Орска. Материалы международной научной конференции. Екатеринбург, 2007.
91. Фейхтвангер, Л. Москва 1937: Отчет о поездке для моих друзей (Перевод с немецкого). М.: Художественная литература, 1937.
92. Хазанова, В. Э. Из истории советской архитектуры 1917–1925 гг.: Документы и материалы. М.: Издательство Академии наук СССР, 1963.
93. Хазанова, В. Э. Советская архитектура первых лет Октября. М.: Наука, 1970.

94. Хазанова, В. Э. Советская архитектура первой пятилетки: Проблемы города будущего. М.: Наука, 1980.
95. Хазанова, В. Э. Из истории советской архитектуры 1926–1932 гг.: Документы и материалы. М.: Наука, 1984.
96. Хан-Магомедов, С. О. Архитектура советского авангарда (в 2 кн). Кн. 1: Проблемы формообразования: Мастера и течения. М.: Стройиздат, 1996.
97. Хроника строительства // Современная архитектура. 1927. № 1. С. 35–36.
98. Хроника строительства // Современная архитектура. 1927. № 2. С. 71–73.
99. Чернышев, С. Е. Советская площадь // Архитектура СССР. 1934. № 2. С. 12.
100. Чернышев, С. Е. Река и город // Архитектура СССР. 1934. № 4. С. 12–15.
101. Чернышев, С. Е. Обогащенная архитектура // Советское искусство. 17.05.1934.
102. Чернышев, С. Е. Реконструкция улицы Горького // Архитектура СССР. 1934. № 8. С. 22–24.
103. Чернышев, С. Е. Архитектурный ансамбль города // Строительство Москвы. 1934. № 12. С. 3–5.
104. Чернышев, С. Е. План реконструкции столицы // Строительство Москвы. 1935. № 7–8. С. 11–14.
105. Чернышев, С. Е. Архитектурное лицо новой Москвы // Архитектура СССР. 1935. № 10–11. С. 6–11.
106. Чернышев, С. Е. Ансамбли и магистрали социалистической Москвы // Архитектура СССР. 1936. № 8. С. 17–23.
107. Чернышев, С. Е. Контуры новой Москвы // Строительство Москвы. 1936. № 15. С. 1–4.
108. Чернышев, С. Е. Генеральный план реконструкции Москвы и вопросы планировки городов СССР. М.: Издательство Всесоюзной академии архитектуры, 1937.
109. Чернышев, С. Е. Большие творческие задачи: Проект Нового Арбата // Архитектура СССР. 1940. № 87. С. 2.
110. Чернышев, С. Е. Пять лет работы над ансамблем Москвы // Строительство Москвы. 1940. № 11–12. С. 33–35.
111. Чернышев, С. Е. Творческие задачи архитектора в промышленном строительстве // Советская архитектура. 1951. № 1, С. 59–63.
112. Шпеер, А. Мемуары. Смоленск: Русич, 1998.
113. Щербаков, В. Конкурс на здание Промакадемии // Строительство Москвы. 1928. № 3. С. 26–28.
114. Щербаков, В. Конкурс на здание универмага Мосторг // Строительство Москвы. 1928. № 12. С. 6.
115. Щусев, А. В. К конкурсу проектов планировки сельскохозяйственной выставки // Архитектура: Ежемесячник. 1923. № 1–2. С. 32.
116. Щусев, А. В. Реконструкция магистрали ул. Горького в Москве // Архитектура СССР. 1933. № 1. С. 3–6.

For reasons of legibility, the slightly modified BGN/PCGN romanisation of Russian was used for Russian names and terms throughout the book, with the exception of proper nouns which have been naturalised in English, such as Tchaikovsky. Other spellings of the name Chernyshev (Чернышёв) include Chernyshov, Tchernyshev, Tchernysheff, Černyšëv (scholarly), Tchernychiov (French), and Tschernyschow (German).

The *Deutsche Bibliothek* lists this publication in the *Deutsche Nationalbibliografie*; detailed bibliographic data is available on the internet at http://dnb.d-nb.de

ISBN 978-3-86922-314-8 (English edition)
ISBN 978-3-86922-315-5 (Russian edition)

© 2015 by DOM publishers, Berlin
www.dom-publishers.com

This work is subject to copyright. All rights are reserved, whether the whole or part of the material is concerned, specifically the rights of translation, reprinting, recitation, broadcasting, reproduction on microfilms or in other ways, and storage or processing in data bases. Sources and owners of rights are given to the best of our knowledge; please inform us of any we may have omitted.

| | |
|---|---|
| Editor-in-Chief | Petr Kudryavtsev |
| Scientific Editor | Alexander Kudryavtsev |
| Editor | Yelena Petukhova |
| Translation | Yevgeny Filippov<br>Stephen Ebert |
| Design | Oxana Kudrich |
| Proofreading | Clarice Knowles (English)<br>Elvira Pak (Russian)<br>Adil Dalbai |
| Printing | Tiger Printing (Hong Kong) Co., Ltd<br>www.tigerprinting.hk |

Publishing project is implemented with the support of:
Citymakers, Copenhagen/Moscow
Territory Development Insitute, Moscow
Shchusev State Museum of Architecture, Moscow

---

Немецкая национальная библиотека внесла данное издание в Немецкую национальную библиографию; подробные библиографические данные см. в интернете по адресу http://dnb.d-nb.de

ISBN 978-3-86922-314-8 (английское издание)
ISBN 978-3-86922-315-5 (русское издание)

© 2015 by DOM publishers, Berlin
www.dom-publishers.com

Все права на данное издание защищены. Любое использование фрагментов книги, нарушающее законы об авторском праве, не допускается без разрешения издательства и преследуется по закону. Это особенно касается копирования, перевода, создания микрофильмов, сохранения и обработки в электронных системах. Источники и обладатели прав приведены в меру наших лучших знаний. Пожалуйста, сообщите нам о любом упущении.

| | |
|---|---|
| Главный редактор: | П. А. Кудрявцев |
| Научный редактор: | А. П. Кудрявцев |
| Редактор, бильдредактор: | Е. Г. Петухова |
| Перевод: | Е. Н. Филиппов,<br>С. Эберт |
| Верстка: | О. Н. Кудрич |
| Корректура: | К. Ноулз (английский язык)<br>Э. Пак (русский язык)<br>А. Далбай |
| Печать | Tiger Printing (Hong Kong) Co., Ltd.<br>www.tigerprinting.hk |

Издательский проект реализован при поддержке:
Компания Citymakers, Копенгаген/Москва
Компания TDI, Москва
Государственный научно-исследовательский музей архитектуры им. А. В. Щусева